本书受科技部国家软科学研究计划项目和湖北省高等学校人文社会科学重点研究基地——湖北县域经济发展研究中心的资助，在此一并致以最诚挚的谢意！

# 中部地区产业
## 发展研究

钟新桥 著

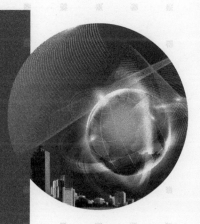

科学出版社
北京

# 内 容 简 介

本书是作者近年来主持完成的多项科研项目的系列研究成果的综合汇总、总结提高与理论创新。主要从四个方面展开探讨研究：一是中部地区产业发展状况、资源禀赋、比较优势、战略意义、布局沿革与现状；二是中部地区产业发展分析、存在问题与原因；三是中部地区产业发展理论创新与战略思路；四是中部地区产业战略性布局建议与优化发展建议。

本书可供高等院校、经济研究院所、党政政策研究等部门的区域经济、产业经济研究及学习人员，关注"中部地区崛起"战略的相关研究人员和政府相关部门人员参考。

**图书在版编目(CIP)数据**

中部地区产业发展研究／钟新桥著.—北京:科学出版社,2017.2
ISBN 978-7-03-051858-3

Ⅰ.①中… Ⅱ.①钟… Ⅲ.①区域经济发展-产业发展-研究-中国
Ⅳ.①F127

中国版本图书馆 CIP 数据核字(2017)第 033518 号

责任编辑：林　剑／责任校对：张凤琴
责任印制：张　伟／封面设计：耕者工作室

**科学出版社** 出版
北京东黄城根北街 16 号
邮政编码：100717
http://www.sciencep.com
**北京京华虎彩印刷有限公司**印刷
科学出版社发行　各地新华书店经销
*
2017 年 2 月第 一 版　　开本：720×1000　1/16
2017 年 2 月第一次印刷　　印张：19 1/2
字数：371 000

**定价：118.00 元**
（如有印装质量问题，我社负责调换）

# 前　言

　　中部地区是指地跨东经108°~119°，北纬25°~40°的中国内陆腹地，东西宽约1190千米，南北长约2474千米，由湖北、湖南、河南、安徽、江西、山西6个相邻省份组成。

　　中部地区是中华民族的发祥地，长江、黄河孕育了辉煌灿烂的中国古代文明，从而奠定了中国中世纪世界最强大国家的基石；中部地区是中国重要的粮食生产基地、能源原材料基地、现代装备制造及高技术产业基地，是连接东西、贯通南北的综合交通运输枢纽，也是中国人口最密集的地区之一。经过新中国成立后60多年的发展，中部地区形成具有一定特色、门类比较齐全的产业结构和体系，在粮食生产、水电能源、钢铁冶炼、石油化工、运输设备、光电机械、有色金属、原材料、农产品加工、商贸物流等方面具有比较雄厚的产业基础。截至2015年年底，中部地区土地面积102.8万平方千米，占全国总量的10.7%；人口36 487.7万人，占全国总人口的26.54%；地区生产总值147 139.64亿元，占全国国内生产总值的21.74%。

　　中部地区"得中独优"，是我国东部发达地区与西部发展中地区的结合点，位于国家区域经济发展的两横（长江、陇海）、两纵（京广、京九）经济带的交汇地带，区位优势明显；既具有相比于东部地区的纵深回旋余地，能够承接东部地区的产业梯度转移，又连接西部地区，可利用自身具备的产业基础和区位、科教等优势，承担西部地区资源的进一步开发利用的重任。"得中原者得天下"，促进中部地区崛起，"事关国家经济社会发展全局，事关全面建设小康社会全局"。因此，中部地区在国家安全、经济发展和社会稳定中，扮演着承东启西、连南接北、梯度发展、带动全局的极其重要的战略保障角色。

　　改革开放以来，特别是自2004年国家明确提出"促进中部地区崛起"以来，中部地区的产业和经济社会的发展取得了长足的进步，其地区生产总值、三次产业增加值呈现明显的逐年上升态势。GDP总量从1978年的749.85亿元，增加到

2015 年的 147 139.64 亿元，37 年增长了 195.23 倍；GDP 总量上升曲线的倾斜程度在 2004 年后逐年变大，说明 GDP 总量增长在加速，不断跃上新的台阶，2005年突破 37 000 亿元，2010 年突破 86 000 亿元，2015 年一举跃过 140 000 亿元大关。由此表明，中部地区经济在产业结构的不断调整中获得了持续较快的发展，综合经济实力显著增强，生产力水平不断提高，在一定程度上实现了产业发展与结构调整的良性互动。

但是，也应该看到中部地区与东部地区的经济社会发展相比，尤其是中部六省与东部的先进省份相比还有较大的差距。2015 年东部的广东、江苏、山东、浙江四省的 GDP 分别为 72 812.55 亿元、70 116.40 亿元、63 002.30 亿元、42 886.00 亿元，分列全国第一位至第四位，四省 GDP 合计为 248 817.25 亿元；2015 年中部河南、湖北、湖南、安徽、江西、山西六省的 GDP 分别为 37 010.25 亿元、29 550.19亿元、29 047.20 亿元、22 005.60 亿元、16 723.80 亿元、12 802.60 亿元，六省GDP 合计为 147 139.64 亿元；2015 年东部、中部、西部地区的人均 GDP 分别为 70980 元、40 326 元、39 191 元，东部与中部人均 GDP 之比为 1.76 倍，西部与中部人均 GDP 之比为 0.97，表明中部地区与东部地区的差距仍然很大，西部地区与中部地区的差距却是越来越小。因此，从横向比较的动态发展分析，发展不够仍然是当前中部地区经济社会发展中的根本问题。具体表现为产业发展战略性布局缺乏全盘统筹，三次产业层次水平不高，产业优化升级速度偏慢，产业整体竞争力不强，经济外向度较低，县域经济发展不快，科教资源开发利用不足，中心城市产业辐射不强，周边县（市）承接转移不够，地区之间发展不平衡等。

可见，比较优势不等于竞争优势，资源丰富不等于经济发展。面对国家促进中部地区崛起的战略机遇，如何从中部地区乃至国家区域经济板块发展的战略性高度，来运筹规划中部地区产业的战略性布局与发展，既充分利用、发挥中部地区的资源禀赋与比较优势，更着重培育、壮大主要由产业创新与优化升级、价值观念、文化理念、经济结构、社会历史等各种因素形成的竞争优势，形成合理的产业集聚和产业结构布局，促进社会的分工与协作，提高三次产业的经济效益，促进中部地区的整体崛起和繁荣等，均具有重大的现实意义与深远的战略意义。

正是在这样的背景下，我主持承担的"中部地区战略性产业结构布局研究""促进中部地区崛起产业发展战略研究""湖北中部崛起产业结构调整战略研究"

"湖北战略性新兴产业发展战略研究""湖北县域经济发展战略研究"等国家级、省部级相关科研项目相继进入了全面研究与完成阶段。为了掌握中部地区的实际区情,在科学发展观全面、协调、统筹发展的思想指导下,贯彻落实创新、协调、绿色、开放、共享的发展理念,我们对中部地区和湖北、湖南、河南、安徽、江西、山西等六省的产业发展情况进行了系统、详细的调查研究,涵盖了中部地区及各省的产业发展基本状况、总体布局状况、具体布局状况、特色优势产业发展状况及发展战略等诸多方面。在此基础上,我们对中部地区进行了全面的分析研究,绘制了中部地区、中部六省和所属的 88 个市(州、区)及其所辖的712 个县(市、区)的产业布局图、产业具体布局状况与特色优势产业发展战略表等图表 490 幅;提交相关科学研究报告 8 部,公开发表论文数十篇,公开出版《中国中部地区产业布局与发展战略研究》《湖北产业与县域经济发展研究》《湖北产业战略性布局与发展研究》《中部地区产业发展研究》学术专著 4 部。

作为科研项目完成的前提基础之一,我们对当代西方经济学前沿理论、高级经济学理论、区域经济学新发展、粮食经济理论新发展等进行了全面、系统的梳理、学习、理解、吸收和消化,并将当代西方经济学理论的潜心学习心得整理成《经济学前沿理论研究》《高级经济学理论研究》《西方区域经济学新发展研究》《西方粮食经济理论新发展研究》等 4 部系列著作出版。归纳当前国际上比较典型的区域经济和产业经济理论,主要有罗森斯坦·罗丹的大推进理论、纳克斯的贫困恶性循环论和平衡发展理论、赫希曼的不平衡发展理论、威廉姆逊的倒 U 形理论、佩鲁的增长极理论、萨伦巴和马利士的点轴开发理论、弗里德曼的中心–外围理论等,还有一批经济学家集众家之长,相互吸收、完善、形成产业梯度转移理论、比较优势理论和竞争优势理论、三次产业划分理论、产业结构演变趋势理论、产业结构调整理论、产业布局区位理论、产业布局比较优势理论和产业政策理论等。这些理论及模式在西方国家产业与经济发展的不同时期产生了不同的影响,但对于现阶段我国经济社会发展而言,以上理论及发展模式均不能完全适用于当前我国以及各区域板块、各省份产业与经济的比例、协调、全面、综合性发展的要求。如何理论联系实际地深入研究中部地区和各大区域经济板块,乃至全国产业的战略性布局与发展,寻求产业与区域经济发展理论创新,是摆在我们面前的重大而现实的课题。

总结国内外产业与区域经济发展的成功经验及失败教训,广泛吸收经济学、管理学、物理学、数学、哲学、社会学等领域的相关研究成果，我们发现社会经济现象和自然科学现象都具有共同的规律。在经济发展过程中，一个国家、一个地区的产业和区域经济发展的诸多现象，仍然可以用电磁场、引力场等经典物理场的"场理论"来解释，它们都具有场源、场力、场强、场势等相互作用要素，都是空间和时间的函数，随时空的变化而变化，是具有连续无穷维自由度的系统，是可以相互叠加的；它们都具有相互作用、连续性等主要的特性，并通过相互作用，形成作用网络，形成"场"的一体化，且处于持续不断的变化之中，构成动态场或时变场。为此，我们提出并创建了"经济发展场论"，并以此来解释和指导当前中部地区和各省的产业战略性布局与发展的探索与研究。

经济发展场是指在一定区域范围内，在经济发展过程中由"场源""场力""场强""场势"等各种经济要素构成的，随时空的变化而变化，具有相互作用、相互影响、连续性等主要特征的无穷维自由度的时空系统。这个时空系统具有空间的层次性和立体性；时间的动态性和持续性；时空的互动性和综合性；影响因素的多维性和多重性等显著特点。

经济发展场的空间维度——"极、核、圈（群）、带、面"。按照科学发展观全面、协调、可持续发展的基本思想，遵循创新、协调、绿色、开放、共享的发展理念，我们认为，经济发展场的空间特性具体体现在产业与区域经济发展的"极、核、圈（群）、带、面"五个层次上。"极"又称为经济增长极，是指在经济发展过程中起决定性作用的发展综合体，具有极化效应和扩散效应，在地理空间上一般表现为某个经济实力强大的中心城市或区域中心城市；"核"又称为经济增长核，它自身能够较快发展，也能带动周边地区的发展，但影响和辐射力小于增长极，一般是省域内的副中心城市等；"圈（群）"又称为经济圈或城市群，是指"极""核"发展起来之后，在其周围吸引、集聚了一批城市，形成城市群落，构成了一个较大的空间区域范围；"带"又称为经济带或产业带，指不同城市圈（群）之间相互联系的纽带，通常以产业带、经济带为表现形式，它通过联结、传动和融通作用，把不同的圈（群）联结成一个相互影响、相互作用的共同区域；"面"又称经济区域或一个地区、一个国家，是指在"极、核、圈（群）、带"的发展基础上，形成一个区域、一个地区、一个国家甚至跨国界的经济板块，最终，由"极、核、圈（群）、带、面"五个层次形成全方位的、立体式的产业与经济结合"体"。

"极""核""圈（群）""带""面"的上升、演变过程体现了产业与区域经济由不平衡发展到不平衡协调发展，再到统筹协调发展的思想。"极""核"是"点"的发展，具有不平衡发展的特征，会导致产业与区域经济发展的差异；随着由"点"到"线"，由"线"形成"圈（群）""带"的发展，产业与区域经济发展逐渐辐射、扩散开来；之后，"极""核""圈（群）""带"相互融合、相互促进，产业与区域经济不断扩大为全范围、全面、可持续的发展。这样，就由不平衡发展到不平衡协调发展，再到统筹协调发展，最终消除工业与农业、城市与农村、发达地区与欠发达地区的发展差异。这是一条由不平衡发展破解发展不平衡问题的有效途径，也是科学发展观协调、统筹发展思想和创新、协调、绿色、开放、共享发展理念的具体体现。

经济发展场的时间维度——30 年、60 年、90 年、120 年、150 年……经济发展场是时空变化的函数，时间是经济发展场的自变量之一，运动是绝对的，静止是相对的，随着时间的变化，经济发展场也在不断变化。根据科学发展观以人为本的基本指导思想和创新、协调、绿色、开放、共享的发展理念，产业与经济社会的发展是人类社会经济活动结果的体现，它应该服从人类生命周期规律和人类活动周期规律的制约。

人的生命周期一般可划分为出生、幼年、少年、青年、壮年、中年、老年、衰亡这八个阶段；人的活动周期一般也对应划分为几个基本阶段，孔子早在两千多年前，就把人类活动的周期规律归纳为：吾十有五而志于学，三十而立，四十而不惑，五十而知天命，六十而耳顺，七十而从心所欲，不逾矩。人的幼年、少年、青年阶段主要是努力学习，掌握本领；人的青年、壮年阶段主要是安身立命，繁衍生息；人的中年阶段一般是思维理性，事业有成；人的老年阶段一般是遵纪守法，安享晚年。人类社会的变迁和经济的发展往往受人的生命周期和活动周期规律的影响较大，经济社会的发展往往是一代人又一代人不断传承、积累的结果，故古人就有"三十年河东，三十年河西""长江后浪推前浪""六十花甲子"之说。所以，一个国家、一个区域的产业与经济社会的发展历程往往是人的生命周期和活动周期规律影响的代代相传的结果。具体而言，30 年应该为产业与经济社会的发展奠定一定的基础，60 年应该取得一定的发展成就，90 年、120 年后往往走向繁荣昌盛阶段，依此类推，循环往复。因此，从历史发展轨迹来看，30 年、60 年、90 年、120 年、150 年、180 年、210 年、240 年、270 年、

300 年……是人类产业与经济社会发展历史阶段划分的基本的时间维度。

经济发展场的多维度——时空共同作用。经济发展场是时间和空间的函数，时空的共同作用形成了统一的场。空间三维，加上时间维度，就是四维。如果一个事物是由 n 个因素决定的（不考虑其影响程度），就可以说是 n 维。我们认为经济发展场是个具有连续无穷维自由度的复杂系统。在这个系统中，"点"发展成"线"，"线"发展成"面"，"面"发展成"体"。在人类可见的时空影响下，这个系统不断地发生着变化。科学发展观强调全面、协调、统筹、可持续的发展，这种发展是在空间和时间共同作用下产生和形成的，经济发展场的多维性也体现了科学发展观的思想和创新、协调、绿色、开放、共享的发展理念。

经济发展场的多维度时空模式的作用是客观存在的，人类社会的进步和发展是几千年来空间维度和时间维度共同作用的结果，随时空的变化而变化。无论是过去、现在还是将来，无论是产业、经济还是社会的发展，都不能逃避时空共同作用的现实存在，都必须遵守时空共同作用的客观规律。

在科学发展观的统领下，牢固树立和贯彻落实创新、协调、绿色、开放、共享的发展理念，依据经济发展场论的指导思想，我们提出以"极、核、圈（群）、带、面"的时空动态立体发展模式为中部地区产业发展战略性布局的总体思路，包括五个层次的内容，即"一极五次极，二十经济核，六主圈九副圈，两纵三横五主带，中部整体崛起"。按照中部地区产业发展战略性布局的"主圈（群）""主带"概括，简称为"六圈五带、两纵三横"的总体架构，如表 0-1 所示。

表 0-1　中部地区产业发展战略性布局表

| 战略层次 | 战略区域 | | 战略定位 | 战略作用 |
|---|---|---|---|---|
| 极 | "一中心极" | 武汉 | 中部地区中心增长极 | 引领、辐射、带动中部地区，特别是湖北的产业与经济社会发展 |
| | "五次极" | 郑州、长沙、合肥、南昌、太原 | 中部地区次增长极 | 配合中心增长极，辐射、带动中部地区，尤其是各自省域的产业与经济社会发展 |

| 战略层次 | 战略区域 | | 战略定位 | 战略作用 |
|---|---|---|---|---|
| 核 | "二十增长核" | 宜昌、襄阳、岳阳、常德、衡阳、怀化、张家界、洛阳、开封、南阳、安阳、驻马店、芜湖、蚌埠、九江、赣州、宜春、大同、临汾、长治 | 中部地区增长核 | 自身发育和接受极点的辐射影响,带动周边地区的产业与经济社会发展 |
| 圈(群) | "六主圈(群)" | "1+8"武汉城市圈、"3+7"泛长株潭经济圈、中原城市群、泛皖江经济圈、环鄱阳湖经济圈、太原经济圈 | 中部地区主要的经济发展圈或城市群 | 中部地区的产业与经济社会发展主要经济圈或城市群,大幅度扩散城市辐射面和影响力,促进圈(群)内产业与经济社会的发展 |
| | "九副圈(群)" | 鄂西生态文化旅游圈、大湘西生态文化旅游圈、豫北城市群、黄淮城市群、豫西南城市群、赣南生态文化经济圈、皖北经济圈、晋南经济圈、晋北经济圈 | 中部地区省域副经济发展圈或城市群 | 中部地区产业与经济社会发展的省域副经济圈或城市群,在一定程度上扩散城市辐射面和影响力,促进圈(群)内产业与经济社会的发展 |
| 带 | "两纵主带" | 京广经济带、京九经济带 | 国家和中部地区纵向经济带 | 国家和中部地区连南接北的经济发展带 |
| | "三横主带" | 长江经济带、陇海经济带、沪昆经济带 | 国家和中部地区横向经济带 | 国家和中部地区承东启西的经济发展带 |
| | "三副带" | "汉十"经济带、"合淮宣"经济带、"吕太阳"经济带 | 中部地区省域经济发展带 | 省域内经济带,配合区域主带促进省域产业与经济社会的发展,进而共同促进区域经济社会的发展 |
| 面 | 区域面 | 整个中部地区 | 中部地区全面发展 | "极、核、圈(群)、带"的层次性和立体性有机结合体,是全国产业与区域经济社会发展的重要板块之一 |

注:武汉—孝感—随州—襄阳—十堰沿线经济发展带,简称"汉十"经济带;淮北—宿州—蚌埠—淮南—合肥—巢湖—芜湖—铜陵—宣城沿线经济发展带,简称"合淮宣"经济带;吕梁—太原—晋中—阳泉沿线经济发展带,简称"吕太阳"经济带

首先，中部地区以武汉为中心增长极，引领、辐射、带动整个中部产业与经济社会的发展，同时辅之以长沙、郑州、合肥、南昌、太原等五个次增长极，形成"一中心极五次极"或"一主五副"的多极化发展格局，共同带动、促进中部地区的发展。中部其余的省域副中心城市，如宜昌、襄阳、岳阳、常德、衡阳、怀化、张家界、洛阳、开封、南阳、安阳、驻马店、芜湖、蚌埠、九江、赣州、宜春、大同、临汾、长治等20个城市，作为中部地区产业与经济发展的增长核，来配合、呼应中部"一极五次极"的多极化发展。

　　以"一极五次极，二十增长核"为基础，形成中部地区的六大经济发展圈（群），分别是"1+8"武汉城市圈、"3+7"泛长株潭城市群、中原城市群、泛皖江经济圈、环鄱阳湖经济圈、太原经济圈。圈（群）与圈（群）之间的传动、联结和融通，形成中部地区的"两纵三横"五大经济发展带，即南北走向的京广经济带、京九经济带与东西走向的长江经济带、陇海经济带、沪昆经济带，它们在中部地区交叉、融合、贯通，构成了中部产业与经济发展的主轴和纽带。

　　以武汉，长沙、郑州、合肥、南昌、太原"一极五次极"为"引擎"，以六大经济圈（群）为"齿轮"，以五大经济带为"传动带"，形成六圈（群）驱动五带，五带带动六圈（群）的联动发展模式，实现"极、核、圈（群）、带"优势互补、相互联动、全面发展的格局，即"极、核、圈（群）、带、面"的时空动态立体发展模式，有力推动中部地区经济社会的全面发展，实现中部地区的整体崛起和繁荣。中部地区产业发展战略性布局，如图0-1所示。

　　本书是我近年来主持完成的多项科研项目的系列研究成果的综合汇总、总结提高与理论创新。本书的主要特色在于：一是对中部地区的产业发展状况、资源禀赋、比较优势、战略意义、布局沿革与现状等进行了全面的调查分析和探索研究，并对中部地区产业发展总量、产业增长速度、产业结构、产业开放程度、居民生活水平等进行了深入的剖析，探究了中部地区产业发展存在问题与原因；二是在科学发展观的指导下，贯彻落实创新、协调、绿色、开放、共享的发展理念，在广泛深入地实际调查研究的基础上，创建"经济发展场论"及其理论体系，并以此来解释和指导当前中部地区及各省的产业发展战略性布局、产业优化发展的探索与研究；三是创新性地提出以"极、核、圈（群）、带、面"的时空动态立体发展模式为中部地区产业发展战略性布局思路，理论联系实际地提出经济增长极带动发展，经济增长核集聚发展，"两纵三横"经济带联动发展，"六

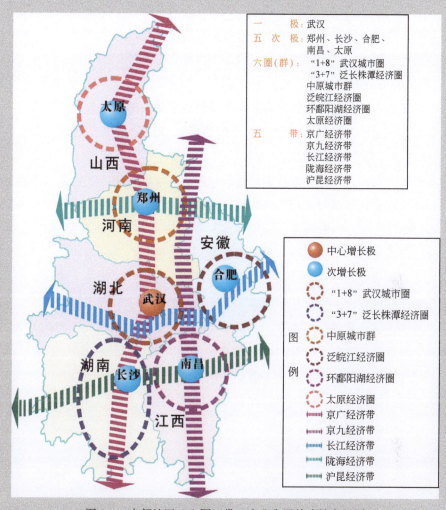

图 0-1　中部地区"六圈五带"产业发展战略性布局图

圈五带"协调发展,"极、核、圈(群)、带、面"时空动态发展,各省产业战略性布局统筹发展等六大战略性布局建议;四是结合中部地区的产业状况,基于产业发展战略性布局思路,创新性地提出经济发展方式转变发展,战略性新兴产业跨越发展,支柱产业重点发展,产业基地集群发展,综合交通通信枢纽联通发展,传统产业优化升级发展,县域经济突破发展,区域一体化统筹发展等八大产业发展建议。

　　尽管相关科研成果倾注了我们的心血与努力,但是"中部地区产业发展研究"是关乎中部地区经济社会发展的重大课题，仅凭我们的学识水平和能力是很难驾驭的，课题的研究成果与本书内容难免存在一些不足乃至错误之处，我们真诚地恳请各位领导、专家学者及广大读者不吝赐教，批评指正。

"问渠哪得清如许，为有源头活水来。"上述科研任务的完成和本书的出版，实质上是深入学习和广泛吸收国内外相关科研成果获得的结晶。在项目研究与成书过程中，应用了大量的国家和各级政府的经济统计数据资料及其政府工作报告、"十三五"规划等相关信息，参考借鉴众多专家学者的论文、专著、研究报告等各类研究成果；得到科学技术部、教育部、国家粮食局、中部六省各级人民政府和政府职能管理部门及相关研究机构，尤其是湖北省各级人民政府和省教育厅、省财政厅、省发展和改革委员会、省科学技术厅、省经济和信息化委员会、省统计局及武汉市科学技术局、武汉市发展和改革委员会等政府职能管理部门的深切关心与大力支持；得到武汉大学、华中科技大学、武汉理工大学、华中农业大学、中南财经政法大学、华中师范大学、武汉地质大学、湖北大学、武汉科技大学、长江大学、武汉纺织大学、武汉工程大学、湖北工业大学、江汉大学、湖北省社会科学院、武汉市社会科学院等高校与研究机构，特别是武汉轻工大学、湖北县域经济发展研究中心等相关研究机构的精诚合作与鼎力支持。在此，谨对所有关心、支持、帮助科研项目研究和系列著作出版的人们，一并致以最诚挚的谢意！

钟新桥

2016 年盛夏

于武汉金银湖畔

# 目 录 CONTENTS

# 第一章

## 中部地区产业发展状况

### 第一节 中国区域经济板块的发展与构成

中国中部地区是国家重要的区域经济板块之一，属于区域经济的范畴。中部地区概念由来已久，但作为区域经济板块直到2004年才由国家明确提出来，成为与我国东部、西部、东北和港澳台四大区域经济板块并驾齐驱的战略板块。

在改革开放前，我国行政区划概念远超于区域经济概念，行政区划色彩大大重于区域经济色彩。传统的我国省级以上的行政区划，主要指的是行政大区的划分。我国的大行政区是新中国成立初期在地方设置的一级政权机构，当时共设立了六大行政区，分别是东北地区，包括黑龙江、吉林、辽宁三省；华北地区，包括北京、天津、河北、山西、内蒙古等省份；华东地区，包括江苏、山东、浙江、福建、安徽、江西、上海等省份；西北地区，包括陕西、宁夏、新疆、青海、甘肃等省份；西南地区，包括西藏、云南、贵州、四川等省份；中南地区，包括湖北、湖南、河南、广东、广西、海南等省份。当时这六大行政区都设立了相应的领导和管理机构，随着新中国经济社会的逐步稳定、恢复和发展，尤其是中央权力的加强和进行有计划的经济建设，大区体制逐步显露其不适应经济发展的弊端，1954年4月后，各行政大区就被撤销了。

各行政大区虽然从实体和行政管理上被撤销，但人们在经济社会发展和经济社会统计方面有时仍在沿用这一区域划分框架。在此需要特别强调的是，若要引用原来的行政大区概念，我国除原六大行政区划外，还应包括港澳台地区。

1978年中共十一届三中全会以后，我国开始实行改革开放。我国改革开放的初期采取的是地区不平衡发展战略，其战略思路基本是沿海、沿边开放发展。在20世纪70年代末期，国家首先设立深圳、珠海、汕头和厦门4个经济特区，其中有3个位于珠江三角洲地区（简称珠三角地区），由此可见当时改革开放的重点是珠三角地区；80年代末期国家提出浦东大开发，倾力建设由上海、江苏、浙江组成的长江三角洲地区（简称长三角地区）；90年代中期国家重点建设由北京、天津、唐山组成的京津唐环渤海地区，以后延伸至河北全省，即现在的京津冀环渤海地区；90年代末期国家实施西部大开发战略，重点建设发展四川、重庆、贵州、云南、西藏、陕西、甘肃、青海、宁夏、新疆、内蒙古、广西等西部12个省份；2003年国家又提出振兴由黑龙江、吉林、辽宁组成的东北老工业基地的改革开放。原中南地区的湖北、湖南、河南，华东地区的安徽、江西，华北地区的山西等中部六省似乎被排除在改革开放的版图之外，既不属于沿海改革开放的范畴，又不属于沿边改革开放的范畴。在全国大开放、大改革的发展格局中，中部六省处于"不东不西"的尴尬境地，使得其产业与经济社会发展处于相对落后的状态，这引起中部六省的党政领导和专家学者们的极大关注，他们强烈呼吁国家要重视中部地区的发展，以免中部六省陷入经济塌陷的困境。由此我国内地区域经济发展的东部、西部、东北和中部四大板块概念，随着改革开放的进程正式形成。

随着改革开放的不断深入发展，国家逐渐调整了最初的区域经济不平衡发展战略，取而代之的是不平衡协调发展战略，并把中部崛起发展战略列入了议事日程。2004年3月温家宝总理在十届人大二次会议上所作的政府工作报告中首次明确提出，要促进中部地区崛起，形成东中西互动、优势互补、相互促进、共同发展的新格局；在2004年12月召开的中央经济工作会议上，党中央郑重提出促进中部地区崛起；次年3月，温家宝总理在政府工作报告中再次提出抓紧研究制定促进中部地区崛起的规划和措施；2006年2月温家宝总理主持召开国务院常务会议，研究促进中部地区崛起问题；2006年3月胡锦涛总书记主持召开中共中央政治局会议，进一步指出促进中部地区崛起，这是党中央、国务院继作出鼓励东部地区率先发展、实施西部大开发、振兴东北地区等老工业基地战略后，从我国现代化建设全局出发作出的又一重大决策，是落实促进区域协调发展总体战略的重大任务；2006年4月《中共中央国务院关于促进中部地区崛起的若干意见》正式出台，强调促进中部地区崛起，是我国新阶段总体发展战略布局的重要组成部分，对于形成东中西互动、优势互补、相互促进、共同发展的新格局，对于贯彻落实科学发展观、构建社会主义和谐社会，具有重大的现实意义和深远的历史意义；2006年5月国务院办公厅下发《国务院办公厅关于落实中共中央国务院关于促进中部地区崛起若干意见有关政策措施的通知》；2009年9月温家宝总理主持国务院常务会讨论并原则通过《促进中部地区崛起规划》，提出到2015年，中部地区经济发展水平显著提高，经济发展活力明显增强，可持续发展能力不断提升，和谐社会建设取得新进展；2010年8月国家发展和改革委员会公布《〈促进中部地区崛起规划〉实施意见》以及《关于促进中部地区城市群发展的指导意见》，围绕规划中的"三基地一枢纽"的任务、目标、金融配套政策、保障措施和如何建设中部的六大城市群等提出具体的指导意见；2012 年 8 月，国务院颁发《国务院关于大力实施促进中部崛起战略的若干意见》，指出当前和今后一个时期是中部地区巩固成果、发挥优势、加快崛起的关键时期，为大力实施促进中部地区崛起战略，推动中部地区经济社会又好又快发展提出若干意见。

至此，我国区域经济发展的五大经济板块格局完全形成，分别是东部地区的北京、天津、河北、上海、江苏、浙江、福建、山东、广东和海南等 10 个省份①；西部地区的四川、重庆、贵州、云南、西藏、陕西、甘肃、青海、宁夏、新疆、内蒙古、广西等 12 个省份；东北地区的辽宁、吉林、黑龙江等 3 个省份；中部地区的湖北、湖南、河南、安徽、江西、山西等 6 个省份；香港、澳门、台湾地区。

# 第二节　中部地区产业发展基本状况

我国区域经济板块的中部地区，由湖北、湖南、河南、安徽、江西、山西6 个相邻省份组成。中部地区在我国五大区域经济板块中起着承东启西、连南接北、梯度发展、带动全局的作用。据 2015 年的统计，中部地区土地面积 102.8 万平方千米，占我国陆地国土面积的 10.7%；人口 36 487.7 万人，占全国总人口的 26.54%；地区生产总值 147 139.64 亿元，占全国国内生产总值的 21.74%②。中部地区的综合实力在我国内地的四大经济发展区域中位列第二，是我国的人口大区、经济腹地和重要市场，在我国地域经济分工中扮演着极其重要的战略角色。

---

① 随着改革开放的不断深入和经济社会的持续发展，东部地区经济区域板块又可进一步分为珠三角地区，主要指广东省，泛珠三角还包括香港、澳门；长三角地区，主要指上海、江苏、浙江；环渤海地区，主要指京津冀的北京、天津、河北，辽东南地区的丹东、大连、营口、鞍山、锦州、盘锦、葫芦岛和山东省的胶东半岛；海西地区，主要指海峡西岸的福建，海峡两岸地区还包括海东的台湾。国家最近三年分别制定颁布的区域经济规划中的长三角地区主要指上海和江苏、浙江两省的南京、苏州、无锡、常州、镇江、扬州、南通、泰州、杭州、宁波、绍兴、湖州、嘉兴、舟山、台州等 15 个城市；环渤海地区主要指京津冀、胶东半岛和辽中南（沈阳、辽阳、本溪、丹东、大连、营口、鞍山、锦州、盘锦、葫芦岛等城市）。

② 本书中，2015 年中部地区的统计数据，均根据中部地区的湖北、湖南、河南、安徽、江西、山西六省的统计局各自发布的《2015 年国民经济和社会发展统计公报》的数据整理计算而得；全国的统计数据根据国家统计局《中国 2015 年国民经济和社会发展统计公报》的数据整理计算而得。

中部地区"得中独优",交通发达,是我国重要的交通枢纽。铁路方面,京广线、京九线、焦柳线、洛湛线、同蒲线、太焦线等纵穿境内;陇海线、沪昆线、京包线、大秦线、石太线、襄渝线、汉丹线等横贯域内;我国铁路网长期规划中的南北向和东西向的客运专线多在中部地区交汇,武广高铁和沪汉蓉高铁等运行良好,武汉、郑州是全国铁路名副其实的枢纽;截至2014年年末,中部地区铁路营运里程26 039.8千米,占全国铁路营运总里程的23%①。中部地区的高速公路和国道、省道四通八达。南北向的京港澳、济广、大广、二广、京台等全国性的高速公路干线均纵穿中部;东西向的连霍、宁洛、沪陕、沪蓉、沪渝、杭瑞、沪昆、福银等国家高速公路干线均横贯中部;2014年年末中部地区高速公路通车里程29 695千米,占全国的26.52%。中部地区六大省会城市都建有现代化的航空港,与全国及国外均有密切的航班往来。其中,武汉天河机场、长沙黄花机场和郑州新郑机场是中部地区的三大国际机场,2014年分别完成旅客吞吐量1727.71万人、1802.05万人和1580.54万人。

中部地区河网密布,湖泊众多,水资源丰富。亚洲第一、世界第三大河流长江,横贯中部的湖北、湖南、江西、安徽四省;中国第二、世界第五大河流黄河,流经中部的河南、山西两省;我国第五大河流淮河,流经中部的湖北、河南、安徽三省;我国第六大河流海河,流经中部的山西、河南两省;中部六省境内均有区域性的大江和大河,如湖北的汉江、湖南的湘江、河南的洛河、江西的赣江、安徽的新安江、山西的汾河等。中部地区拥有全国第一大湖鄱阳湖、第二大湖洞庭湖、第五大湖巢湖,还拥有众多地方性的淡水湖泊,如湖北自古就有"千湖之省"的美誉。中部地区丰富的水资源和发达的水运交通体系,有力地支撑了区域内经济社会的持续发展。

中部地区矿藏资源丰富,已发现的矿种大约160种,拥有煤炭、铁、铜、铝、铅、锌、金、银、锰、稀土、石油等不可再生资源,且储量巨大,由此成为我国重要的能源与原材料生产基地。山西号称"全国煤都",江西誉为"稀土王国",湖南素称"有色金属之乡"和"非金属矿之乡",湖北是举世闻名的"水电大省",河南的铝土和煤炭、安徽的硫铁矿和明矾都在全国占有重要的地位。

中部地区是我国重要的经济发展区域,拥有江汉平原、洞庭湖平原、鄱阳湖平原、巢湖平原、黄淮平原等五大平原和汾河灌区,自古以来就是我国传统的农业生产基地。中部地区农业发展基础雄厚,历史上就是我国稻谷、小麦、棉花、油料、水产、畜牧、经济作物等农产品重要的产区,2015年中部地区第一产业

---

① 根据中华人民共和国国家统计局《中国统计年鉴2015》的数据整理计算而得。

增加值达 15 868.80 亿元,占全国总量的 26.15%。新中国成立后,中部地区是我国工业布局的重点战略区域,经过 60 多年的建设发展,现已形成重工业、轻工业、战略性新兴产业等较为完善的工业化体系,金属冶炼、矿产能源、汽车制造、装备制造、食品轻工、石油化工、节能环保、纺织服装、电子信息、生物医药、新型材料等产业门类齐全,是全国重要的工业生产基地之一;2015 年中部地区第二产业增加值达 69 702.22 亿元,占全国总量的 25.41%。中部地区的第三产业发展较快,交通运输、邮电通信、批发零售和住宿餐饮业等传统产业再上台阶,金融保险、房地产、文化传媒、信息服务等发展迅速;2015 年中部地区第三产业增加值达 61 568.62 亿元,占全国总量的 18.02%;第三产业增加值占中部地区生产总值的 41.84%。

新中国成立后,中部地区的经济社会发展成就巨大,有目共睹,特别是改革开放三十多年来,中部地区的经济社会发展发生了翻天覆地的变化。1978 年,中部地区生产总值为 749.86 亿元,2008 年达到 63 305.06 亿元,30 年增长了83.4 倍;2015 年中部地区生产总值高达 147 139.64 亿元,较 1978 年增长 195.22倍,较 2008 年亦增长 1.32 倍。中部地区人均 GDP 从 1978 年的 289.22 元,增长到 2008 年的 17 830.32 元,30 年增长 60.65 倍;2015 年中部地区人均 GDP 为40 326元,较 1978 年增长 138.43 倍,比 2008 年亦增长 1.26 倍。

1978 年中部地区第一产业增加值为 293.95 亿元,2015 年达到 15 868.80 亿元,37 年增长 52.98 倍;1978 年中部地区第二产业增加值为 318.04 亿元,2015年高达 69 702.22 亿元,37 年增长了 218.16 倍;1978 年中部地区第三产业增加值为 137.87 亿元,2015 年达 61 568.62 亿元,37 年增长 445.57 倍;1978 年中部地区全社会固定资产投资为 121.25 亿元,2015 年达到 145 875.1 亿元,37 年增长 1202.09 倍;1978 年中部地区社会消费品零售总额为 308.99 亿元,2015 年达到 64 591.48 亿元,37 年增长 208.04 倍;1978 年中部地区进出口总额为 5.39 亿美元,2015 年达到 2473.76 亿美元,37 年增长 457.95 倍。

2015 年,中部地区生产总值 147 139.64 亿元,占全国国内生产总值的21.74%,其中第一产业增加值 15 868.80 亿元,第二产业增加值 69 702.22 亿元,第三产业增加值 61 568.62 亿元,分别比上年增加 3.38%、0.78%、13.68%;人均地区生产总值为 40 041.26 元,比上年增长 5.13%;全地区固定资产投资 145 875.1 亿元,其中房地产投资 19 121.86 亿元,分别比上年增长16% 和 4.44%;社会消费品零售总额达到 64 591.48 亿元,比上年增长 48.38%;地方财政收入 14 789.84 亿元,比上年增长 9.67%;城镇居民可支配收入26 788.17元,农民人均纯收入 10 850.67 元,分别比上年增长 7.85% 和10.03%。整个中部地区呈现出和谐稳定、蓬勃发展的局面。

# 第三节　中部地区产业发展主要指标

## 一、中部地区国内生产总值发展情况

中部地区国内生产总值（GDP）发展情况如图 1-1 和图 1-2 所示。

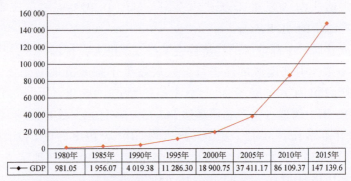

| | 1980年 | 1985年 | 1990年 | 1995年 | 2000年 | 2005年 | 2010年 | 2015年 |
|---|---|---|---|---|---|---|---|---|
| GDP | 981.05 | 1 956.07 | 4 019.38 | 11 286.30 | 18 900.75 | 37 411.17 | 86 109.37 | 147 139.6 |

图 1-1　中部地区国内生产总值发展变化图（单位：亿元）

资料来源：根据《湖北统计年鉴 2015》《湖南统计年鉴 2015》《河南统计年鉴 2015》《安徽统计年鉴 2015》《江西统计年鉴 2015》《山西统计年鉴 2015》和中部地区湖北、湖南、河南、安徽、江西、山西六省的 2015 年国民经济和社会发展统计公报数据编制

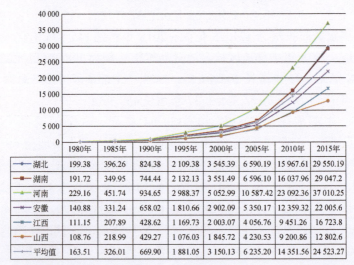

| | 1980年 | 1985年 | 1990年 | 1995年 | 2000年 | 2005年 | 2010年 | 2015年 |
|---|---|---|---|---|---|---|---|---|
| 湖北 | 199.38 | 396.26 | 824.38 | 2 109.38 | 3 545.39 | 6 590.19 | 15 967.61 | 29 550.19 |
| 湖南 | 191.72 | 349.95 | 744.44 | 2 132.13 | 3 551.49 | 6 596.10 | 16 037.96 | 29 047.2 |
| 河南 | 229.16 | 451.74 | 934.65 | 2 988.37 | 5 052.99 | 10 587.42 | 23 092.36 | 37 010.25 |
| 安徽 | 140.88 | 331.24 | 658.02 | 1 810.66 | 2 902.09 | 5 350.17 | 12 359.32 | 22 005.6 |
| 江西 | 111.15 | 207.89 | 428.62 | 1 169.73 | 2 003.07 | 4 056.76 | 9 451.26 | 16 723.8 |
| 山西 | 108.76 | 218.99 | 429.27 | 1 076.03 | 1 845.72 | 4 230.53 | 9 200.86 | 12 802.6 |
| 平均值 | 163.51 | 326.01 | 669.90 | 1 881.05 | 3 150.13 | 6 235.20 | 14 351.56 | 24 523.27 |

图 1-2　中部六省分省国内生产总值发展变化图（单位：亿元）

资料来源：同图 1-1

## 二、中部地区人均 GDP 发展情况

中部地区人均 GDP 发展情况如图 1-3 所示。

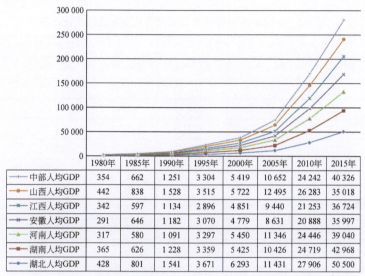

| | 1980年 | 1985年 | 1990年 | 1995年 | 2000年 | 2005年 | 2010年 | 2015年 |
|---|---|---|---|---|---|---|---|---|
| 中部人均GDP | 354 | 662 | 1 251 | 3 304 | 5 419 | 10 652 | 24 242 | 40 326 |
| 山西人均GDP | 442 | 838 | 1 528 | 3 515 | 5 722 | 12 495 | 26 283 | 35 018 |
| 江西人均GDP | 342 | 597 | 1 134 | 2 896 | 4 851 | 9 440 | 21 253 | 36 724 |
| 安徽人均GDP | 291 | 646 | 1 182 | 3 070 | 4 779 | 8 631 | 20 888 | 35 997 |
| 河南人均GDP | 317 | 580 | 1 091 | 3 297 | 5 450 | 11 346 | 24 446 | 39 040 |
| 湖南人均GDP | 365 | 626 | 1 228 | 3 359 | 5 425 | 10 426 | 24 719 | 42 968 |
| 湖北人均GDP | 428 | 801 | 1 541 | 3 671 | 6 293 | 11 431 | 27 906 | 50 500 |

图 1-3　中部地区人均 GDP 发展变化图（单位：元）

资料来源：同图 1-1

## 三、中部地区产业结构变化情况

中部地区产业结构变化情况如表 1-1 所示。

表 1-1　中部地区主要年份三次产业结构统计表

| 年份 | 三次产业增加值（亿元） | | | 三次产业构成（%） | | |
|---|---|---|---|---|---|---|
| | 第一产业 | 第二产业 | 第三产业 | 第一产业 | 第二产业 | 第三产业 |
| 1980 | 379.21 | 417.67 | 184.17 | 38.65 | 42.58 | 18.77 |
| 1985 | 732.88 | 785.45 | 437.74 | 37.47 | 40.15 | 22.38 |
| 1990 | 1 397.25 | 1 490.33 | 1131.80 | 34.76 | 37.08 | 28.16 |
| 1995 | 3 195.51 | 4 504.11 | 3 586.68 | 28.31 | 39.91 | 31.78 |
| 2000 | 4 015.57 | 7 640.62 | 7 244.56 | 21.25 | 40.42 | 38.33 |
| 2005 | 6 031.08 | 17 499.24 | 13 880.85 | 16.12 | 46.78 | 37.10 |
| 2010 | 11 221.07 | 45 130.31 | 29 757.99 | 13.03 | 52.41 | 34.56 |
| 2015 | 15 868.80 | 69 702.22 | 61 568.62 | 10.79 | 47.37 | 41.84 |

资料来源：同图 1-1

## 四、中部地区产业从业人员构成情况

中部地区产业从业人员构成情况如表 1-2 所示。

表 1-2　中部地区主要年份三次产业从业人员构成统计表

| 年份 | 三次产业从业人员数（万人） | | | 三次产业从业人员构成（%） | | |
|---|---|---|---|---|---|---|
| | 第一产业 | 第二产业 | 第三产业 | 第一产业 | 第二产业 | 第三产业 |
| 1980 | 8 971.26 | 1 555.76 | 1 150.03 | 76.83 | 13.32 | 9.85 |
| 1985 | 9 282.45 | 2 491.88 | 1 872.08 | 68.02 | 18.26 | 13.72 |
| 1990 | 10 639.10 | 3 046.53 | 2 527.29 | 65.62 | 18.79 | 15.59 |
| 1995 | 10 235.71 | 3 964.64 | 3 740.36 | 57.05 | 22.10 | 20.85 |
| 2000 | 10 952.58 | 3 960.92 | 4 524.98 | 56.34 | 20.38 | 23.28 |
| 2005 | 10 005.80 | 4 583.20 | 5 857.98 | 48.93 | 22.42 | 28.65 |
| 2010 | 9 203.53 | 5 623.53 | 7 077.37 | 42.02 | 25.67 | 32.31 |
| 2014 | 8 668.91 | 6 341.64 | 8 017.71 | 37.64 | 27.54 | 34.82 |

资料来源：根据《湖北统计年鉴 2015》《湖南统计年鉴 2015》《河南统计年鉴 2015》《安徽统计年鉴 2015》《江西统计年鉴 2015》《山西统计年鉴 2015》《新中国 60 年统计资料汇编》数据编制

## 五、中部地区产业比较劳动生产率变化情况

中部地区产业比较劳动生产率变化情况如图 1-4 所示。

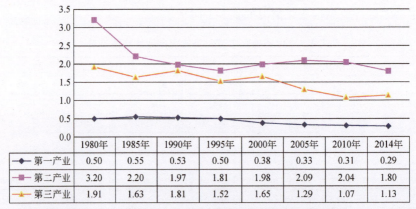

| | 1980年 | 1985年 | 1990年 | 1995年 | 2000年 | 2005年 | 2010年 | 2014年 |
|---|---|---|---|---|---|---|---|---|
| 第一产业 | 0.50 | 0.55 | 0.53 | 0.50 | 0.38 | 0.33 | 0.31 | 0.29 |
| 第二产业 | 3.20 | 2.20 | 1.97 | 1.81 | 1.98 | 2.09 | 2.04 | 1.80 |
| 第三产业 | 1.91 | 1.63 | 1.81 | 1.52 | 1.65 | 1.29 | 1.07 | 1.13 |

图 1-4　中部地区三次产业比较劳动生产率发展变化图

注：某产业比较劳动生产率=该产业增加值占地区生产总值比重/该产业劳动力人数占总就业人数比重

资料来源：同表 1-2

## 六、中部地区农业发展情况

中部地区农业发展情况如图1-5所示。

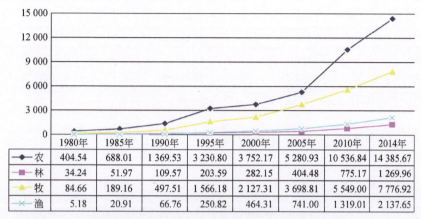

| | 1980年 | 1985年 | 1990年 | 1995年 | 2000年 | 2005年 | 2010年 | 2014年 |
|---|---|---|---|---|---|---|---|---|
| 农 | 404.54 | 688.01 | 1 369.53 | 3 230.80 | 3 752.17 | 5 280.93 | 10 536.84 | 14 385.67 |
| 林 | 34.24 | 51.97 | 109.57 | 203.59 | 282.15 | 404.48 | 775.17 | 1 269.96 |
| 牧 | 84.66 | 189.16 | 497.51 | 1 566.18 | 2 127.31 | 3 698.81 | 5 549.00 | 7 776.92 |
| 渔 | 5.18 | 20.91 | 66.76 | 250.82 | 464.31 | 741.00 | 1 319.01 | 2 137.65 |

图1-5  中部地区农、林、牧、渔业总产值发展变化图（单位：亿元）

资料来源：同表1-2

## 七、中部地区工业发展情况

中部地区工业发展情况如表1-3所示。

**表1-3  2000～2014年中部地区规模以上工业企业发展情况统计表**

| 年份 | 规模以上工业企业单位数（个） | 规模以上工业企业利润总额（亿元） | 规模以上工业企业工业销售产值（现价）（亿元） |
|---|---|---|---|
| 2000 | 31 524 | 353.4 | 11 790.19 |
| 2001 | 31 167 | 443.52 | 12 849.95 |
| 2002 | 31 760 | 611.08 | 14 758.89 |
| 2003 | 32 151 | 916.56 | 18 259.54 |
| 2004 | 39 039 | 1 353.06 | 25 396.74 |
| 2005 | 39 823 | 1 796.37 | 33 099.14 |
| 2006 | 44 964 | 2 668.89 | 42 838.41 |
| 2007 | 51 318 | 4 315.34 | 59 386.31 |
| 2008 | 66 332 | 5 609.31 | 79 187.54 |

| 年份 | 规模以上工业企业<br>单位数（个） | 规模以上工业企业<br>利润总额（亿元） | 规模以上工业企业工业<br>销售产值（现价）（亿元） |
|---|---|---|---|
| 2009 | 71 127 | 6 113.06 | 87 378.77 |
| 2010 | 77 923 | 9 735.81 | 118 407.85 |
| 2011 | 64 026 | 11 992.9 | 158 011.95 |
| 2012 | 70 099 | 12 241.31 | 177 365.85 |
| 2013 | 77 119 | 13 591.61 | 203 147.97 |
| 2014 | 82 092 | 13 367.46 | 224 000.52 |

资料来源：根据《中国统计年鉴2001～2015》数据编制

## 八、中部地区服务业发展情况

中部地区服务业发展情况如表1-4所示。

表1-4　中部地区第三产业内部结构统计表　　（单位：亿元）

| 年份 | 交通运输仓储<br>及邮电通信业 | 批发零售贸<br>易及餐饮业 | 金融、<br>保险业 | 房地产业 | 其他 | 合计 |
|---|---|---|---|---|---|---|
| 2000 | 1 447.35 | 1 803.73 | 774.42 | 573.04 | 2 362.44 | 6 960.98 |
| 2001 | 1 588.02 | 1 956.75 | 813.27 | 658.45 | 2 668.16 | 7 684.65 |
| 2002 | 1 761.23 | 2 135.98 | 830.24 | 736.37 | 3 167.00 | 8 630.82 |
| 2003 | 1 974.79 | 2 425.20 | 873.37 | 829.96 | 3 488.58 | 9 591.90 |
| 2004 | 2 348.19 | 2 751.03 | 932.39 | 951.41 | 4 084.30 | 11 067.32 |
| 2005 | 2 368.80 | 3 516.62 | 736.87 | 1 247.84 | 5 742.94 | 13 613.07 |
| 2006 | 2 689.91 | 3 972.86 | 924.05 | 1 418.83 | 6 639.62 | 15 645.27 |
| 2007 | 3 082.18 | 4 658.08 | 1 252.08 | 1 779.94 | 7 936.27 | 18 708.55 |
| 2008 | 3 559.47 | 5 599.35 | 1 455.08 | 1 994.88 | 9 159.50 | 21 768.28 |
| 2009 | 3 557.32 | 6 800.65 | 2 267.94 | 2 546.35 | 10 244.72 | 25 416.98 |
| 2010 | 4 086.51 | 8 241.28 | 2 808.07 | 2 866.58 | 11 755.55 | 29 757.99 |
| 2011 | 4 633.35 | 9 926.17 | 3 424.47 | 3 402.05 | 14 250.27 | 35 636.31 |
| 2012 | 5 227.78 | 11 269.67 | 4 304.31 | 3 952.64 | 16 641.92 | 41 396.32 |
| 2013 | 5 930.72 | 12 406.04 | 5 572.23 | 4 913.97 | 19 468.10 | 48 291.06 |
| 2014 | 6 457.64 | 13 418.96 | 6 257.83 | 4 909.87 | 21 914.28 | 52 958.58 |

注：其他服务行业，主要包括信息传输、计算机服务和软件业，租赁和商务服务业，科学研究、技术服务和地质勘查业，水利、环境和公共设施管理业，居民服务和其他服务业，教育，卫生、社会保障和社会福利业，文化、体育和娱乐业等行业

资料来源：根据《中国统计年鉴2001～2015》数据编制

## 九、中部地区全社会固定资产投资发展情况

中部地区全社会固定资产投资发展情况如图 1-6 所示。

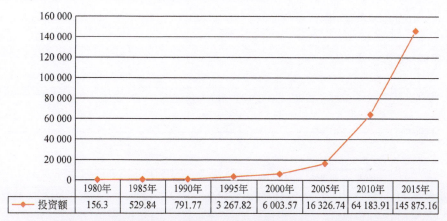

| | 1980年 | 1985年 | 1990年 | 1995年 | 2000年 | 2005年 | 2010年 | 2015年 |
|---|---|---|---|---|---|---|---|---|
| 投资额 | 156.3 | 529.84 | 791.77 | 3 267.82 | 6 003.57 | 16 326.74 | 64 183.91 | 145 875.16 |

图 1-6　中部地区全社会固定资产投资发展变化图（单位：亿元）

资料来源：根据《湖北统计年鉴 2015》《湖南统计年鉴 2015》《河南统计年鉴 2015》《安徽统计年鉴 2015》《江西统计年鉴 2015》《山西统计年鉴 2015》《新中国 60 年统计资料汇编》和中部地区湖北、湖南、河南、安徽、江西、山西六省的 2015 年国民经济和社会发展统计公报数据编制

## 十、中部地区全社会消费品零售总额发展情况

中部地区全社会消费品零售总额发展情况如图 1-7 所示。

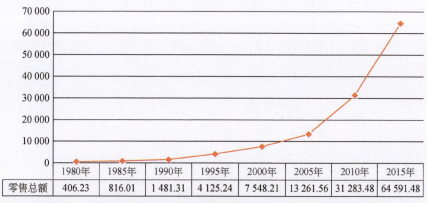

| | 1980年 | 1985年 | 1990年 | 1995年 | 2000年 | 2005年 | 2010年 | 2015年 |
|---|---|---|---|---|---|---|---|---|
| 零售总额 | 406.23 | 816.01 | 1 481.31 | 4 125.24 | 7 548.21 | 13 261.56 | 31 283.48 | 64 591.48 |

图 1-7　中部地区全社会消费品零售总额发展变化图（单位：亿元）

资料来源：同图 1-6

## 十一、中部地区外贸进出口发展情况

中部地区外贸进出口发展情况如图1-8所示。

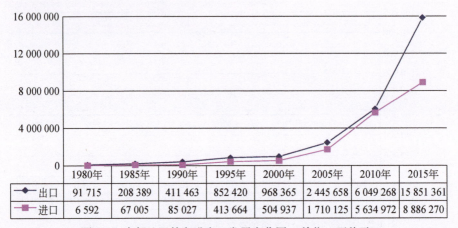

| | 1980年 | 1985年 | 1990年 | 1995年 | 2000年 | 2005年 | 2010年 | 2015年 |
|---|---|---|---|---|---|---|---|---|
| 出口 | 91 715 | 208 389 | 411 463 | 852 420 | 968 365 | 2 445 658 | 6 049 268 | 15 851 361 |
| 进口 | 6 592 | 67 005 | 85 027 | 413 664 | 504 937 | 1 710 125 | 5 634 972 | 8 886 270 |

图1-8　中部地区外贸进出口发展变化图（单位：万美元）

资料来源：同图1-6

# 中部地区产业发展资源禀赋与比较优势

## 第一节 区位优势

中部地区地处中国内陆腹地，全国六大河流中的长江、黄河、淮河、海河都流经中部地区，拥有全国五大淡水湖泊中的鄱阳湖、洞庭湖和巢湖；四大水系、众多淡水湖泊泽润中部广袤大地。在全国东部、中部、西部、东北四大经济区域中，中部占据中心位置，是我国东部发达地区与西部发展中地区的结合点，位于国家区域经济发展两横、两纵经济带的交汇地带。长江、陇海经济带是我国东西向区域经济发展最重要的两大横向经济带，长江经济带横贯中部地区鄂、湘、赣、皖四省的主要经济区域，陇海经济带横穿中部的豫、晋、皖三省的主要经济区域；京广、京九经济带是我国南北向区域经济发展最重要的两大纵向经济带，京广经济带纵贯中部的鄂、湘、豫、晋四省的主要经济区域，京九经济带纵穿中部的豫、皖、鄂、赣四省的主要经济区域。2015 年统计资料显示，中部地区土地面积 102.8 万平方千米，占我国陆地国土面积的 10.7%；人口 36 487.7 万人，占全国总人口的 26.54%；地区生产总值 147 139.64 亿元，占全国国内生产总值的 21.74%；综合实力位于我国内地四大区域经济板块的第二位。由此可见，中部地区经济社会的发展对于全国经济社会的发展具有极其重要的战略意义，这种"得中独厚"的区位优势，也为中部地区产业与经济社会的快速发展提供了巨大的发展潜力。

从全国区域经济发展战略层面来看，长江、京广两大经济带是当前国家提出重点建设打造的两大战略经济带。尤其是长江经济带，是中国新一轮改革开放实施东部、中部、西部互动合作的协调发展带，是沿海、沿江、沿边全面推进的对内、对外开放带。国务院关于依托黄金水道推动长江经济带发展的指导意见中指出："长江是货运量位居全球内河第一的黄金水道，长江通道是我国国土空间开发最重要的东西轴线，在区域发展总体格局中具有重要战略地位。依托黄金水道推动长江经济带发展，打造中国经济新支撑带，是党中央、国务院审时度势，谋划中国经济新棋局作出的既利当前又惠长远的重大战略决策。"从沿海起步、溯内河向纵深腹地梯度发展，是世界经济史上的重要规律，也是许多发达国家在现代化进程中的共同经历。长江横贯东中西部，连接沿海和广袤内陆，依托黄金水道打造新的经济带，有独特优势。贯彻落实党中央、国务院关于建设长江经济带的重大决策部署，对于有效扩大内需、稳定经济增长、调整区域结构、实现中国经济升级具有重要意义①。长江经济带是长江流域上中下游地区经济梯度发展、产业转移、东引西联的载体和重点区域，是长江流域东中西部地区经济社会联动发展的国家层面的经济传动带。中部地区的鄂、湘、赣、皖四省的主要经济区域，地处长江经济带中游，向东沟通长三角地区，向西贯达成渝经济区，物流通畅、腹地广阔，这种"得中独秀"的区位优势为中部地区经济社会发展提供了无与伦比的前提条件。京广经济带纵贯京、冀、豫、鄂、湘、粤六省份，连接京津冀环渤海、中部豫鄂湘、珠三角三大经济区域，是真正的中国南北经济脊梁。中部地区最重要的豫、鄂、湘三省位于京广经济带的中央，北接京津冀及环渤海地区，南通珠三角及港澳地区，这种"得中独优"的经济地理中心区位优势明显。

从当前全球产业发展趋势来看，世界的产业正在向发展中国家、新兴市场国家逐步梯度转移，中国是承接产业梯度转移的主要国家。中国的产业发展也形成了由先行发展的东部地区逐渐向中西部地区转移的态势，注定离不开中部地区这一产业发展和转移的桥梁和纽带。中国现在是世界第二大经济体，经济建设需要消耗大量的资源，国内资源主要靠中西部地区的供给，尤其是西部地区资源的开发和利用。无论是东部的产业向内陆转移，还是西部的资源向东部输出，整个国家的区域经济发展和产业的振兴都离不开中部这一中心枢纽和集散区域。中部地区向东承接长三角地区和海峡两岸的产业转移，向南承接珠三角地区及港澳地区的产业转移，向北承接京津冀及环渤海地区的产业转移，向西承接西部地区的资源转移和开发加工。中部地区接北连南、承东贯西，是全国区域经济发展不可或缺的经济地理中心，是全国重要的粮食生产基地、能源原材料基地、装备制造业基地和综合交通运输枢纽。

从国家安全、经济安全和社会稳定来看，中部地区位于我国的腹地内陆，具有良好的纵深防御优势。我国作为世界第二大经济体，对现有的国际经济秩序影响巨大，必然引起各既得利益获得者的阻击，我国想走和平崛起之路可能是一厢情愿。为此，我们必须在战略上做好准备，保护我国的国家安全、经济安全和社会稳定。我国东部地区经济发达，其经济比重占全国的份额最大，但东部地处沿

---

① 李克强. 2014-04-28. 建设长江经济带，确保一江清水绵延后世. http：//www. xinhuanet. com.

海，容易受到外敌的威胁和入侵；西部地区资源丰富，但经常受到"三股势力"的骚扰和挑衅。相比之下，中部地区"得中独优"，既具有相比于东部的纵深回旋地带，能够承接东部的产业梯度转移；又靠近西部，可利用自身具备的区位优势和产业基础，承接西部资源的进一步加工开发。因此，中部地区在国家安全、经济安全和社会稳定中扮演着极其重要的战略保障角色。

从我国区域版图的形态来看，中国犹如一只巨大的雄鸡。东北地区是鸡头，京津冀地区是鸡脖，以上海为中心的东部地区是鸡肚，西部地区是鸡尾，中部地区就是名副其实的雄鸡的鸡胸。雄鸡的心肺等最重要的内脏器官理所当然地位于鸡胸中，也就是说，中部地区是我国经济地理的心脏区域。只有心脏强健，跳动有力，肺叶舒展，肝肾协调，向雄鸡的全身输送新鲜的血液和营养，促进新陈代谢，加速系统循环，才能保证雄鸡的勃勃生机和健康成长。中部地区的区位优势是我国任何区域经济板块都无法比拟和替代的。中部地区在全国经济地域分工中应该扮演更为重要的角色，真正发挥其在我国产业与区域经济社会发展和对外开放由东向西、从南到北的推移过程中的战略推动作用，实现促进中部地区崛起和全国区域经济协调发展的国家层面的重大战略部署。

# 第二节  交通通信优势

中部地区"得中独秀"，拥有由铁路、公路、水运、航空等多种现代化、立体式交通运输方式和通信信息高速公路等组成的交通通信网络，是我国重要的交通通信枢纽。长江、黄河、沪蓉高速公路、沪渝高速公路、沪汉蓉高铁、陇海铁路、沪昆铁路等横贯东西，京港澳高速公路、大广高速公路、京广铁路、京九铁路、焦柳铁路、京汉广高铁等纵穿南北，中部的水、陆、空现代化交通网络四通八达。

从铁路来看，中部区域内铁路纵横交错，承东启西，连南接北。南北向的京广线、京九线、焦柳线、洛湛线、同蒲线、太焦线等纵穿中部地区；东西向的陇海线、沪昆线、京包线、大秦线、石太线、襄渝线、汉丹线等横贯中部地区；几十条干线铁路和几百条支线铁路与主干线铁路融会贯通，构建了中部地区现代化的铁路交通网络。据统计[①]，截至 2014 年末，中部地区铁路营运里程达 26 039.8 千米，占全国铁路营运总里程的 23.28%；中部地区铁路运输业就业人数 507 795

人，占全国铁路运输业就业总人数的 26.69%。2014 年中部地区完成铁路客运量 56 593 万人，占全国铁路客运总量的 24.01%；完成铁路旅客周转量① 3978.72 亿人·千米，占全国铁路旅客总周转量的 34.29%；完成铁路货运量 113 044 万吨，占全国铁路总货运量的 29.64%；完成铁路货物周转量② 7356.31 亿吨·千米，占全国铁路总货物周转量的 26.72%。我国铁路网长期规划中的南北向和东西向的客运专线多在中部地区交汇，目前已通车的京汉广高铁和沪汉蓉高铁等运行良好。根据国家的铁路发展中长期规划，计划到 2020 年我国将建成"四纵四横"的铁路客运专线。"四纵"分别是北京—上海客运专线、北京—武汉—广州—深圳客运专线、北京—沈阳—哈尔滨（大连）客运专线、杭州—宁波—福州—深圳客运专线，其中京汉广客运专线纵穿中部大地；"四横"分别是徐州—郑州—兰州客运专线、杭州—南昌—长沙客运专线、青岛—石家庄—太原客运专线、南京—武汉—重庆—成都客运专线，这 4 条横向高速铁路客运专线都横贯中部地区。中部的大都市武汉、郑州位居国家铁路交通网络的两大中心关键节点，是全国名副其实的铁路交通枢纽中心。

从公路来看，中部地区公路纵横密布，高速公路、国道、省道以及成千上万条县道、乡道，织成一张四通八达的公路交通网，公路里程从 1995 年的 2.4 万千米增加到 2014 年的 1193.36 万千米，其中高速公路从 1995 年的 535 千米增加到 2014 年的 29 695 千米，占全国的 26.52%。南北向的京港澳、济广、大广、二广、京台等全国性的高速公路干线均纵穿中部地区；东西向的连霍、宁洛、沪陕、沪蓉、沪渝、杭瑞、沪昆、福银等国家高速公路干线均横贯中部地区。在由"五纵七横" 12 条国道主干线组成的国家公路网中，五条"纵线"分别是同江—三亚公路、北京—福州公路、北京—珠海公路、二连浩特—河口公路、重庆—湛江公路等，其中，除二连浩特—河口公路外，其余公路都纵穿于中部地区；七条"横线"分别是绥芬河—满洲里公路、丹东—拉萨公路、青岛—银川公路、连云港—霍尔果斯公路、上海—成都公路、上海—瑞丽公路、衡阳—昆明公路等，其中，除绥芬河—满洲里公路外，其余公路都横贯于中部地区。据统计，2014 年中部地区道路运输业就业人数 811 648 人，占全国道路运输业就业总人数的 20.91%；完成公路客运量 584 833 万人，占全国公路客运总量的 30.64%；完成公路旅客周转量 3403.06 亿人·千米，占全国公路旅客总周转量的 28.16%；完

---

① 旅客周转量：指在一定时期内，由各种运输工具运送的旅客数量与其相应运输距离的乘积之总和，以复合单位人·千米表示。计算公式为：旅客周转量 $= \sum$ 旅客运输量×运输距离。

② 货物周转量：是指在一定时期内，由各种运输工具实际完成运送过程的以重量和运送距离的复合单位（吨·千米）计算的货物运输量。计算公式为：货物周转量 $= \sum$ 货物运输量×运输距离。

成公路货运量 953 734 万吨，占全国公路货运总量的 28.61%；完成公路货物周转量 21 570.69 亿吨·千米，占全国公路货物总周转量的 35.35%。

从水运来看，全国六大河流的长江、黄河、淮河、海河都流经中部地区。区域内水运以内河航道为主，长江、黄河两大主航道横贯东西，上百条河流与之相连，通航里程达 32 943 千米，占全国内河航道的 26.08%。长江是亚洲第一、世界第三大长河，干流通航里程达 2800 多千米，素有"黄金水道"之称，是我国东西向的水运大动脉。从湖北宜昌到江西湖口为长江中游，横贯中部地区的鄂、湘、赣、皖四省的主要经济区域。长江水量和水利资源丰富，盛水期时，万吨轮船可直通武汉，小轮船可上溯宜宾。"长江是货运量位居全球内河第一的黄金水道，长江通道是我国国土空间开发最重要的东西轴线，在区域发展总体格局中具有重要战略地位。"① 2014 年长江干线完成货物通过量 20.6 亿吨，同比增长 7.3%，再创历史新高。这也是自 2005 年长江货物通过量首次跃居世界内河榜首后，连续 10 年夺得世界内河第一，实现"十连冠"②。长江有南通、苏州、镇江、南京、马鞍山、芜湖、安庆、九江、黄石、武汉、岳阳、荆州、宜昌、重庆、泸州等主要港口，在这 15 个港口中，中部地区占有 9 个，占港口总数的 60%。据统计，2014 年中部地区水上运输业就业人数 45 946 人，占全国水上运输业就业总人数的 9.35%；完成水运客运量 2838 万人，占全国水运客运总量的 10.79%；完成水运旅客周转量 7.14 亿人·千米，占全国水运旅客总周转量的 9.6%；完成水运货运量 182 598 万吨，占全国水运货运总量的 30.52%；完成水运货物周转量 9155.42 亿吨·千米，占全国水运货物总周转量的 9.87%。

从空港来看，中部六省都拥有国际性和全国性的大型现代化航空港。湖北拥有武汉天河国际机场、宜昌三峡国际机场、襄阳刘集机场、恩施许家坪机场、神农架机场、十堰武当山机场等；湖南拥有长沙黄花国际机场、张家界荷花机场、常德桃花源机场、怀化芷江机场、衡阳南岳机场等；河南拥有郑州新郑国际机场、洛阳北郊机场、南阳姜营机场等；江西拥有南昌昌北国际机场、赣州黄金机场、景德镇罗家机场、井冈山机场、宜春明月山机场、九江庐山机场等；安徽拥有合肥新桥国际机场、黄山屯溪机场、阜阳西关机场、池州九华山机场、安庆天柱山机场等；山西拥有太原武宿国际机场、运城张孝机场、长治王村机场、大同云冈机场、吕梁机场等。中部区域内的这些大型现代化的航空港有大量航班通航

① 中华人民共和国国务院. 2014. 国务院关于依托黄金水道推动长江经济带发展的指导意见（国发〔2014〕39 号）.

② 程璐，周国东. 2015-01-08. 2014 年长江干线完成货物通过量 20.6 亿吨. http：//www.zgsyb.com.

国内外，连接各地、方便快捷，把中部地区与全国乃至世界各地连贯起来，促进了中部的内外交流和经济社会发展。以武汉、长沙、郑州、南昌、合肥、太原为中心的国际航空港开通国内几百条航线，可直达全国各主要城市及港澳台地区，还开通了众多的与国际大都市来往的国际航线。据统计，2014年中部地区航空运输业就业人数36 442人，占全国航空运输业就业总人数的7.18%。2014年武汉、长沙、郑州、南昌、合肥、太原六大国际航空港分别完成旅客吞吐量1727.71万人、1802.05万人、1580.54万人、724.09万人、597.46万人、793.19万人；分别完成货邮吞吐量143 029.6吨、125 037.8吨、370 420.7吨、46 066.4吨、46 426.0吨、44 863.9吨①。

从通信网络来看，全国的重大通信干线、光缆干线都交汇于中部地区。我国已建成"八纵八横"光缆通信干线网，长度总计约8万千米。贯经中部的光缆有纵向的齐齐哈尔—北京—三亚线、呼和浩特—太原—北海线、北京—九江—广州线等，横向的有连云港—乌鲁木齐—伊宁线、上海—武汉—重庆—成都线，杭州—长沙—成都线等，还有许多支线光缆、连接光缆、特殊光缆、架空光缆等都穿越中部各省。以后，国家又建成了武汉—北京—沈阳—天津—南京—武汉、武汉—南京—上海—广州—武汉、武汉—重庆—成都—西安—武汉3个高速环网，武汉居于中部和全国最重要的通信枢纽中心。由于这些通信干线的支撑，有力地促进了中部通信事业的快速发展，2014年中部地区电话普及率90部/百人，互联网普及率为40.4%。据统计，中部地区2014年电信业务收入3517亿元，占全国电信业务收入总量的19%；局用交换机5901万门，占全国总量的14.56%；移动电话交换机43 288万户，占全国总量的21%；固定电话用户4866万户，占全国用户总量的20%；移动电话用户达到27 533万户，占全国用户总量的21.11%；长途光缆线路总长度达到179 896千米，占全国总长度的19.17%；互联网上网人数14 284万人，占全国上网人数的22.02%；移动互联网用户17 111万户，占全国用户的19.55%；互联网宽带接入用户4271.8万户，占全国用户的21.3%。所有这些通信网络设施，为中部产业与经济社会的发展打下了坚实的信息流通的基础，2014年中部仅信息技术服务收入就达到7 037 242.5万元。

综上所述，中部地区是我国的综合交通枢纽和通信枢纽，形成由公路、铁路、航空、水路等组成的立体式、现代化的四通八达的交通网络，建立连接南北、沟通东西的通信信息高速公路，为中部地区产业与经济社会的发展奠定坚实的设施基础，有力地促进了中部地区的持续发展和进步。

---

① 中国民航局.2015-04-03.2014年全国机场生产统计公报.http：//www.caac.gov.cn.

# 第三节　农业资源优势

中部地区地域广大，人口众多，气候适宜，是我国传统的农业生产基地。中部六省除山西外，都是我国的粮棉油和其他特色农产品生产大省，农业资源丰富。湖北江汉平原及鄂北岗地地区、湖南洞庭湖平原及湘中南丘陵地区，形成以平原为主的优质双季香稻、"双低"油菜、武昌鱼（团头鲂）及蟹虾鳖鳝鳅颡鮰鳜莲①等名特水产品、三元猪产业带，以丘陵山地为主的优质茶叶、柑橘、板栗、烟叶、银杏、魔芋、中药材产业带；江西鄱阳湖平原及赣中地区形成了"双低"油菜、优势棉花产业带，赣南脐橙、南丰蜜橘、赣北早熟梨产业带，鄱阳湖区大闸蟹与青虾、彭泽鲫鱼等水产品产业带；安徽淮河平原及皖中南山圩地区形成优质小麦、水稻、"双低"油菜、脱毒山芋产业带，皖北黄牛产业带，沿淮、淮北优良猪产业带和沿江水产品产业带；河南豫北黄淮平原及南阳盆地地区形成优质高筋、低筋小麦、高蛋白饲用玉米、脱毒红薯、优质苹果、"四大怀药"、烟叶、茶叶产业带，沿黄优质稻米产业带，南阳黄牛、固始鸡、槐山羊产业带；山西汾河谷地及雁北地区形成了太行、吕梁两山优质杂粮、干鲜果产业带，雁门关绒山羊产业带，汾河谷地瘦肉型猪、秸秆养牛产业带等。

自古以来，中部地区的农业资源就在我国占有极其重要的战略地位。2014年我国四大经济区域农业资源状况与构成比重，如表2-1和表2-2所示。

**表 2-1　2014 年中国四大经济区域农业资源统计表**

| 类　别 | 总计 | 东部地区 | 中部地区 | 西部地区 | 东北地区 |
|---|---|---|---|---|---|
| 耕地灌溉面积（千公顷） | 64 539.53 | 18 405.19 | 18 799.60 | 18 927.14 | 8 407.60 |
| 农用机械总动力（万千瓦） | 108 056.58 | 36 498.25 | 33 212.23 | 27 541.27 | 10 804.83 |
| 大中型拖拉机（台） | 5 679 500 | 1 042 300 | 985 400 | 2 026 000 | 1 625 800 |
| 小型拖拉机（台） | 17 297 700 | 4 870 500 | 7 679 900 | 3 130 000 | 1 617 300 |
| 农用排灌柴油机（台） | 9 361 300 | 3 814 700 | 2 905 400 | 1 901 500 | 739 700 |
| 粮食作物播种面积（千公顷） | 112 722.58 | 25 144.54 | 33 167.96 | 34 477.82 | 19 932.26 |

---

① 指盛产于长江中游江汉平原、洞庭湖平原淡水产品产业带的武昌鱼、河蟹、小龙虾、龟鳖、黄鳝、泥鳅、黄颡、斑点叉尾鮰、鳜鱼、莲藕等特色优势水产品。

| 类 别 | 总计 | 东部地区 | 中部地区 | 西部地区 | 东北地区 |
|---|---|---|---|---|---|
| 稻谷（万吨） | 20 650.74 | 4 497.79 | 8 312.39 | 4 550.40 | 3 290.17 |
| 小麦（万吨） | 12 620.84 | 4 975.54 | 5 416.15 | 2 179.61 | 49.54 |
| 玉米（万吨） | 21 564.63 | 4 179.35 | 3 630.16 | 6 507.71 | 7 247.41 |
| 棉花（万吨） | 617.83 | 131.99 | 105.59 | 380.16 | 0.09 |
| 花生（万吨） | 1 648.17 | 644.09 | 711.46 | 170.81 | 121.81 |
| 油菜籽（万吨） | 1 477.22 | 145.27 | 746.88 | 584.83 | 0.25 |
| 芝麻（万吨） | 62.99 | 4.12 | 52.51 | 5.47 | 0.88 |
| 烟叶（万吨） | 299.45 | 29.28 | 73.41 | 179.56 | 17.20 |
| 茶叶（万吨） | 209.57 | 64.47 | 63.16 | 81.95 | 0.00 |
| 水果（万吨） | 26 142.24 | 9 739.37 | 6 815.70 | 8 228.12 | 1 359.06 |
| 柑橘（万吨） | 3 492.66 | 1 053.45 | 1 266.35 | 1 172.86 | 0.00 |
| 肉猪出栏头数（万头） | 73 510.45 | 20 696.76 | 24 257.51 | 22 074.71 | 6 481.47 |
| 禽蛋（万吨） | 2 893.89 | 1 090.83 | 910.96 | 416.15 | 475.95 |
| 蜂蜜（万吨） | 46.82 | 14.69 | 17.42 | 11.26 | 3.45 |
| 淡水产品（万吨） | 3 165.30 | 1 267.34 | 1 255.70 | 475.90 | 166.36 |
| 鱼类（万吨） | 2 770.31 | 1 055.52 | 1 095.30 | 464.97 | 154.51 |
| 虾蟹类（万吨） | 288.74 | 156.89 | 117.71 | 3.88 | 10.26 |

资料来源：根据《中国统计年鉴 2015》的数据编制

表 2-2  2014 年中国四大经济区域农业资源构成比重统计表  （单位:%）

| 类 别 | 东部地区 | 中部地区 | 西部地区 | 东北地区 | 合计 |
|---|---|---|---|---|---|
| 耕地灌溉面积 | 28.52 | 29.13 | 29.33 | 13.03 | 100 |
| 农用机械总动力 | 33.78 | 30.74 | 25.49 | 10.00 | 100 |
| 大中型拖拉机 | 18.35 | 17.35 | 35.67 | 28.63 | 100 |
| 小型拖拉机 | 22.16 | 44.40 | 18.09 | 9.35 | 100 |
| 农用排灌柴油机 | 40.75 | 31.04 | 20.31 | 7.90 | 100 |
| 粮食作物播种面积 | 22.31 | 29.42 | 30.59 | 17.68 | 100 |
| 稻谷 | 21.78 | 40.25 | 22.04 | 15.93 | 100 |
| 小麦 | 39.42 | 42.91 | 17.27 | 0.39 | 100 |
| 玉米 | 19.38 | 16.83 | 30.18 | 33.61 | 100 |

| 类　　别 | 东部地区 | 中部地区 | 西部地区 | 东北地区 | 合计 |
|---|---|---|---|---|---|
| 棉花 | 21.36 | 17.09 | 61.53 | 0.01 | 100 |
| 花生 | 39.08 | 43.17 | 10.36 | 7.39 | 100 |
| 油菜籽 | 9.83 | 50.56 | 39.59 | 0.02 | 100 |
| 芝麻 | 6.54 | 83.37 | 8.68 | 1.40 | 100 |
| 烟叶 | 9.78 | 24.52 | 59.96 | 5.74 | 100 |
| 茶叶 | 30.76 | 30.14 | 39.10 | 0.00 | 100 |
| 水果 | 37.26 | 26.07 | 31.47 | 5.20 | 100 |
| 柑橘 | 30.16 | 36.26 | 33.58 | 0.00 | 100 |
| 肉猪出栏头数 | 28.15 | 33.00 | 30.03 | 8.82 | 100 |
| 禽蛋 | 37.69 | 31.48 | 14.38 | 16.45 | 100 |
| 蜂蜜 | 31.38 | 37.21 | 24.05 | 7.37 | 100 |
| 淡水产品 | 40.04 | 39.67 | 15.03 | 5.26 | 100 |
| 鱼类 | 38.10 | 39.54 | 16.78 | 5.58 | 100 |
| 虾蟹类 | 54.34 | 40.77 | 1.35 | 3.55 | 100 |

资料来源：根据《中国统计年鉴 2015》的数据编制

## 一、粮棉油资源

我国有六大水稻产区，分别是东北半湿润早熟单季稻作区、西北干旱单季稻作区、华北半湿润单季稻作区、西南湿润单季稻作区、长江流域湿润单双季稻作区、华南湿润双季稻作区。中部地区的湖北、湖南、江西、安徽、河南南部属于长江流域产区，是我国主要的水稻产区。据 2014 年的统计，中部地区稻谷产量 8312.39 万吨，占全国总产量的 40.25%，居全国四大经济区域之首。其中，湖南产量 2634 万吨，雄踞全国之首；江西产量 2025.2 万吨，居全国第三位；湖北产量 1729.5 万吨，居全国第五位；安徽产量 1394.6 万吨，居全国第七位[①]。

我国小麦主产区为河南、山东、河北、安徽、江苏、新疆、湖北、四川、陕西、山西、甘肃、内蒙古等省份，其中河南、安徽、湖北、山西均位于中部地区，在全国占有重要地位。2014 年，中部地区小麦产量为 5416.15 万吨，占全国

---

① 根据中华人民共和国国家统计局《中国统计年鉴 2015》的数据整理计算而得，本章余同。

总量的 42.91%，居全国四大经济区域榜首。其中，河南产量 3329 万吨，居全国第一位；安徽产量 1393.6 万吨，居全国第四位；湖北产量 421.6 万吨，居全国第八位；山西产量 259.1 万吨，居全国第十一位。

我国玉米种植面积有 3 亿亩①左右，分布在约 24 个省份，产量居世界第二，其中黑龙江、吉林、内蒙古、山东、河南、河北、辽宁、山西、四川、云南、新疆、甘肃、陕西、安徽、贵州、湖北等是玉米产量较高的省份。2014 年，中部地区玉米总产量 3630.16 万吨，占全国总产量的 16.83%。其中，河南产量 1732.1 万吨，居全国第五位；山西产量 938.1 万吨，居全国第八位；安徽产量 465.5 万吨，居全国第十四位。

棉花是我国主要的经济作物，棉田约占我国经济作物播种面积的三分之一。我国是世界上最大的棉花生产国和消费国，也是最大的纺织品和服装的生产国和出口国，棉花总产量占世界棉花产量的 25% 左右，在世界具有举足轻重的地位。我国有三大棉花产区，一是黄河流域棉区，包括山东、河北、河南、山西、陕西及北京、天津 7 个省份，是我国最大的棉花产区，其种植面积约占全国棉田面积的 50%。二是长江流域棉区，包括上海、浙江、江苏、安徽、江西、湖北、湖南等省份，其中湖北、江苏两省产量最大；该区是我国棉花单产和商品率最高的棉区，也是我国第二大产棉区，但棉花质量不如黄河流域棉区。三是西北内陆棉区，包括新疆和甘肃河西走廊地区；该区地处干旱地区，降水少，光照条件优越，温差大，病虫害少，棉花品质好，是我国第三大产棉区，也是我国优质长绒棉产区。

中部地跨长江、黄河两大流域，是产棉的重要区域。2014 年中部地区棉花总产量 105.59 万吨，占全国总量的 17.09%。其中，湖北产量 36.0 万吨，居全国第五位；安徽产量 26.3 万吨，居全国第八位；河南产量 14.7 万吨，居全国第九位；江西产量 13.4 万吨，居全国的第十位；湖南产量 12.9 万吨，居全国第十一位。

中部六省都是我国重要的油菜籽产区，2014 年中部地区油菜籽总产量为 746.88 万吨，占全国总产量的 50.56%，长期居全国四大经济区域榜首。其中，湖北油菜籽产量 257.2 万吨，连续 19 年雄踞全国榜首；湖南产量 202.6 万吨，居全国第三位；安徽产量 127.8 万吨，居全国第四位；河南产量 86.4 万吨，居全国第七位；江西产量 72.3 万吨，居全国第八位。

我国是世界四大芝麻生产国（中国、印度、苏丹、缅甸）之一，种植面积约 1000 万亩，总产量和单产量均雄踞世界首位。我国芝麻的主产区主要是河南、

---

① 1 亩约为 666.67 平方米。

湖北、安徽、江西、湖南、陕西、江苏、新疆、河北、浙江、吉林、广西、重庆、四川等省份。中部豫、鄂、皖、赣四省芝麻播种面积和总产量一直占全国总产量的70%以上，单产水平较一般种植区和零星种植区高，其中河南是我国最大的芝麻生产区域，总产量占全国总产的40%左右。2014年中部地区芝麻总产量52.51万吨，占全国总产量的83.36%，长期独占全国四大经济区域鳌头。其中，河南产量为25.9万吨，长期独霸全国首位；湖北产量为14.5万吨，居全国第二位；安徽产量为6.7万吨，居全国第三位；江西产量为3.7万吨，居全国第四位；湖南产量为1.5万吨，居全国第七位。

花生在我国各地均有种植，主要分布于河南、山东、河北、广东、安徽、湖北、四川、辽宁、广西、吉林、江西、江苏、湖南、福建、重庆、贵州等省份。2014年中部地区产花生711.46万吨，占全国总产量的43.17%，长期雄踞全国四大经济区域之首。其中，河南产量为471.3万吨，居全国首位；安徽产量为94.4万吨，居全国第五位；湖北产量为69.1万吨，居全国第六位；江西产量为45.7万吨，居全国第十一位；湖南产量为29.5万吨，居全国第十三位。


## 二、特色农产品资源

中部地区汇集了长江、黄河、淮河、海河、汉江、赣江、湘江、洛河、新安江等众多大江大河，拥有鄱阳湖、洞庭湖、巢湖、洪湖、梁子湖、太平湖、柘林湖、石燕湖、天堂湖等淡水湖泊，河网密布，湖泊众多，十分适合淡水养殖业的发展。从湖泊面积来看，江西拥有443.2千公顷，安徽拥有350.5千公顷，湖南拥有359.3千公顷，湖北拥有294.7千公顷，条件优越，淡水养殖业十分发达，青鱼、草鱼、鲢鱼、鲫鱼、虾蟹等的产量在全国占有极其重要的地位。2014年中部地区淡水产品总产量1255.70万吨，占全国总产量的39.67%。其中，湖北产量为433.3万吨，连续19年雄踞全国首位；江西产量为253.7万吨，居全国第四位；湖南产量为248.2万吨，居全国第五位；安徽产量为223.7万吨，居全国第六位；河南产量为91.8万吨，居全国第十三位。2014年中部地区淡水产品的鱼类总产量为1095.30万吨，占全国总产量的39.54%，居全国四大经济区域首位。其中，湖北产量为359.7万吨，连续19年独占全国鳌头；湖南产量为239.0万吨，居全国第四位；江西产量为224.3万吨，居全国第五位；安徽产量为178.6万吨，居全国第六位；河南产量为88.7万吨，居全国第十位。2014年中部地区淡水产品的虾蟹类总产量为117.71万吨，占全国总产量的40.77%。其中，湖北产量为65.1万吨，居全国第二位；安徽产量为31.8万吨，居全国第三位；江西产量为15.3万吨，居全国第五位；湖南产量为3.2万吨，居全国第十三位；河南产量为 2.3 万吨，居全国第十四位。

我国东南西北各地都有水果生产，且各具特色。2014 年中部地区水果产量
6815.70 万吨，占全国总产量的 26.07%。其中，河南产量为 2560.2 万吨，居全
国第二位；湖北产量为 972.3 万吨，居全国第五位；安徽产量为 965.3 万吨，居
全国第六位；湖南产量为 920.0 万吨，居全国七位；山西产量为 770.8 万吨，居
全国第十一位；江西产量为 627.1 万吨，居全国第十三位。从大宗水果来看，柑
橘是我国重要的水果之一，其产量居世界第三位，主要产区有广东、广西、湖
南、湖北、江西、四川、福建、浙江、重庆和台湾等省份，著名的柑橘品种有湖
南石门与浙江温州的蜜橘、湘西椪柑、湖南怀化甜橙、广东四会沙糖橘、江西南
丰蜜橘、江西赣南脐橙、湖北宜昌柑橘、浙江衢州椪柑等。中部地区的柑橘生产
在我国占有重要地位，2014 年中部地区柑橘产量为 1266.35 万吨，占全国总产量
的 36.26%，一直位居全国首位。其中，湖南产量为 438.5 万吨，居全国第三位；
湖北产量为 437.1 万吨，居全国第四位；江西产量为 382.5 万吨，居全国第五
位。中部的河南、山西盛产苹果，2014 年河南产量为 441.7 万吨，居全国第三
位；山西产量为 417.3 万吨，居全国第四位。中部的梨产量在全国也具有较大影
响，2014 年中部产梨 367.3 万吨，占全国总产量的 20.45%。其中，河南产量为
112.9 万吨，居全国第四位；安徽产量为 108.1 万吨，居第五位；山西产量为
59.3 万吨，居全国第十位；湖北产量为 54.6 万吨，居全国第十一位。

我国有四大产茶区，一是西南茶区，位于我国西南部，包括云南、贵州、四
川、重庆四省份，以及西藏东南部，以云南普洱茶为代表；二是华南茶区，位于
我国东南部，包括广东、福建、台湾、广西、海南等，以广东、福建、台湾乌龙
茶，福建武夷岩茶为代表；三是江南茶区，位于我国长江中下游南部，包括浙
江、湖南、江西等省和鄂南、鄂西、皖南、苏南等地，为我国茶叶最大产区，年
产量约占全国总产量的三分之二左右，以浙江西湖龙井、安徽黄山毛峰、安徽祁
门红茶、湖南洞庭碧螺春、江西庐山云雾、湖北宜昌邓村绿茶、湖北五峰采花毛
尖等为代表；四是江北茶区，位于黄河中下游北部，包括河南、陕西、甘肃、山
东等省和皖北、苏北、鄂北等地，以安徽六安瓜片、河南信阳毛尖等为代表。
2014 年中部地区茶叶产量为 63.16 万吨，占全国总产量的 30.14%。其中，湖北
茶叶产量为 25.0 万吨，居全国第三位；湖南茶叶产量为 16.2 万吨，居全国第六
位；安徽茶叶产量为 11.1 万吨，居全国第七位。

我国烟叶的第一大产区是西南地区，包括云南、贵州、四川、重庆等省份；
第二大产区就是中部地区。2014 年中部地区烟叶产量为 73.41 万吨，占全国总产
量的 24.51%。其中，河南烟叶产量为 30.0 万吨，居全国第三位；湖南烟叶产量
为 23.3 万吨，居全国第四位；湖北烟叶产量为 8.8 万吨，居全国第七位；江西

烟叶产量为 5.9 万吨，居全国第十二位。

中部地区是我国重要的畜产品生产基地。2014 年中部地区肉猪出栏量为 24 257.51 万头，占全国总量的 33%，居全国四大经济区域之首。其中，河南肉猪出栏量为 6310 万头，居全国第二位；湖南肉猪出栏量为 6220.3 万头，居全国第三位；湖北肉猪出栏量为 4475.1 万头，居全国第五位；江西肉猪出栏量为 3325.1 万头，居全国第十位；安徽肉猪出栏量为 3089.2 万头，居全国第十一位。2014 年中部地区产禽蛋 910.96 万吨，占全国总量的 31.48%。其中，河南产禽蛋 404 万吨，居全国第一位；湖北产禽蛋 155.1 万吨，居全国第六位；安徽产禽蛋 122.5 万吨，居全国第八位；湖南产禽蛋 97.9 万吨，居全国第十一位；山西产禽蛋 83.7 万吨，居全国第十二位。2014 年中部地区蜂蜜产量为 17.42 万吨，占全国总量的 37.21%，居全国四大经济区域首位。其中，河南蜂蜜产量为 9.5 万吨，居全国第一位；湖北蜂蜜产量为 2.7 万吨，居全国第四位；安徽蜂蜜产量为 1.9 万吨，居全国第五位；江西蜂蜜产量为 1.6 万吨，居全国第九位；湖南蜂蜜产量为 1.3 万吨，居全国第十三位。

# 第四节　矿产资源优势

中部地区拥有丰富的矿产资源，矿产不仅储量巨大，而且种类齐全。其中，煤炭、铁、铜、铝、铅、锌、金、银、锰、稀土、石油等主要矿产资源蕴藏量大。相比东部、西部地区，中部地区的矿产资源远多于东部地区，矿产资源的开发、加工能力又远强于西部地区，矿产业及相关产业发展潜力不可限量。目前，中部地区已发现的矿种约为 160 种，中部六省均为矿产资源大省。

湖北矿产资源丰富且多样化，全省已发现矿产 136 种（不含亚矿种，下同），约占全国已发现矿种数的 81%。其中已查明资源储量的矿产有 90 种，约占全国已查明资源储量矿产的 56%；已列入《湖北省矿产储量表》的矿种有 80 种；按人均占有量计算，全省有 29 种矿产高于全国平均水平，已探明的矿产储量潜在价值达 14 697 亿元，列全国第十四位。

湖南矿产资源丰富，矿种齐全，素有"有色金属之乡"和"非金属矿之乡"的美誉。有色金属品种繁多，储藏量大，其中锑储量居世界第一位；钨、铋储量均居全国第一位；铅储量居全国第三位；锌、汞储量均居全国第五位。

河南是全国矿产资源大省之一，现已发现各类矿产 127 种，居全国首位的有 8 种，居全国前 3 位的有 19 种，居全国前 5 位的有 26 种，煤、铝、钼、金、石油、天然气、天然碱、萤石、耐火黏土等储量较大，其中石油保有储量居全国第十二位，煤炭居全国第八位，天然气居全国第十七位。

安徽矿藏品种繁多、储量大，目前共发现各类矿产 135 种，查明资源储量的矿种共计 118 种，其中能源矿产 5 种，金属矿产 19 种，非金属矿产 92 种，水气矿产 2 种。煤、铁、铜、硫、明矾石等为五大优势矿产，其中明矾储量居全国第二位，煤、铁、铜等 37 种矿产的保有储量居全国前 10 位，两淮地区是我国重要的煤炭基地之一，马鞍山是我国十大钢铁基地之一。

江西是我国主要的有色金属、稀有金属、稀土矿产基地之一，在目前已知的150 多种矿产中，已发现各类固体矿产资源 140 多种；在探明的 89 种矿产储量中，居全国前 5 位的有 33 种，其中铜、钨、钽、铯、铊、铷、金、银、铀、钍、伴生硫、溶剂白云岩等居全国第一位，稀土、硒、碲、铷、锂等居全国第二位，磷钇矿、铋、铍、岩盐、蛇纹岩等居全国第三位，钼、铌、萤石等居全国第四位，锡、锆、玻璃用白云岩等居全国第五位，尤其是铜、钨、铀钍、钽铌和稀土号称"五朵金花"，江西德兴铜矿和西藏玉龙铜矿是全国仅有的储量大于 500 万吨的铜矿。

山西矿产资源优越，储量极其丰厚。煤炭、煤层气、铝矾土、耐火黏土、珍珠岩、镓、沸石等矿产资源储量居全国首位，其中煤炭是山西最大的优势资源，2014 年统计煤炭基础储量占全国总量的 38.37%，为全国第一产煤大省。山西全境含煤面积 6.2 万平方千米，占全省面积的 40%，全省 98 个县产煤，自北向南分布着大同煤田、宁武煤田、河东煤田、西山煤田、沁水煤田、霍西煤田等六大煤田，其中大同是全国最大的优质动力煤产地，太原西山煤田是省内最大的炼焦煤产地，阳泉是全国最大的无烟煤产地。山西的铁矿蕴藏量也较大，已探明储量的有 30 亿吨以上，居全国第四位。

据 2014 年的统计数据，中部地区煤炭基础储量 1104.64 亿吨，占全国总量的 46.03%，居中国四大经济区域之首，其中山西的煤炭基础储量为 920.89 亿吨，占全国总量的 38.37%，居全国各省份之冠；铁矿基础储量为 34.79 亿吨，占全国的 16.84%；铜矿基础储量为 1023.32 万吨，占全国的 36.08%，其中江西的铜矿基础储量为 576.82 万吨居全国首位；铅矿基础储量为 180.91 万吨，占全国的 10.51%；锌矿基础储量为 230.08 万吨，占全国的 5.70%；铝土矿基础储量为30 229.41 万吨，占全国的 30.75%，其中河南的基础储量为 14 933.61 万吨居全国第二位，山西基础储量为 14 481.50 万吨居全国第三位；硫铁矿基础储量为41 309.13 万吨，占全国的 30.86%，其中安徽、江西的基础储量都在 1.3 亿吨以上，河南、湖南、湖北基础储量也十分丰富；磷矿基础储量为 9.26 亿吨，占全国的 30.13%，其中湖北基础储量为 8 亿吨，居全国第一位；高岭土基础储量为

5716.9 万吨，占全国的 9.94%，其中江西基础储量为 2975.75 万吨，居全国第五位，湖南的基础储量为 1986.07 万吨，居全国第六位。2014 年我国东部、中部、西部及东北四大经济区域主要矿产资源及其比重统计，如表 2-3 和表 2-4 所示。

表 2-3　2014 年中国四大经济区域主要矿产基础储量统计表

| 类别 | 总量 | 东部地区 | 中部地区 | 西部地区 | 东北地区 |
|---|---|---|---|---|---|
| 煤炭（亿吨） | 2 399.93 | 141.69 | 1 104.64 | 1 054.2 | 99.4 |
| 铁矿（亿吨） | 206.56 | 46.33 | 34.79 | 68.75 | 56.69 |
| 铜矿（万吨） | 2 836.36 | 194.12 | 1 023.32 | 1 457.56 | 161.36 |
| 铅矿（万吨） | 1 720.82 | 211.03 | 180.91 | 1 295.37 | 33.51 |
| 锌矿（万吨） | 4 034.06 | 430.05 | 230.08 | 3 281.66 | 92.27 |
| 铝土矿（万吨） | 98 321.9 | 186.91 | 30 229.41 | 67 905.58 | 0.00 |
| 硫铁矿（万吨） | 133 859.93 | 19 294.61 | 41 309.13 | 71 237.26 | 2 018.93 |
| 磷矿（亿吨） | 30.73 | 2.06 | 9.26 | 18.6 | 0.81 |
| 高岭土（万吨） | 57 521.17 | 14 028.07 | 5 716.9 | 37 191.37 | 584.83 |

资料来源：根据《中国统计年鉴 2015》的数据编制

表 2-4　2014 年中国四大经济区域主要矿产基础储量构成比重统计表

（单位：%）

| 类别 | 东部地区 | 中部地区 | 西部地区 | 东北地区 | 合计 |
|---|---|---|---|---|---|
| 煤炭 | 5.90 | 46.03 | 43.93 | 4.14 | 100.00 |
| 铁矿 | 22.44 | 16.84 | 33.28 | 27.44 | 100.00 |
| 铜矿 | 6.84 | 36.08 | 51.39 | 5.69 | 100.00 |
| 铅矿 | 12.26 | 10.51 | 75.28 | 1.95 | 100.00 |
| 锌矿 | 10.66 | 5.70 | 81.35 | 2.29 | 100.00 |
| 铝土矿 | 0.19 | 30.75 | 69.06 | 0.00 | 100.00 |
| 硫铁矿 | 14.41 | 30.86 | 53.22 | 1.51 | 100.00 |
| 磷矿 | 6.70 | 30.13 | 60.53 | 2.64 | 100.00 |
| 高岭土 | 24.39 | 9.94 | 64.66 | 1.02 | 100.00 |

资料来源：根据《中国统计年鉴 2015》的数据编制

# 第五节　水资源和森林资源优势

中部地区水资源丰富。在全国十大流域中，中部拥有长江流域、黄河流域、淮河流域、海河流域。在中国五千多年的历史中，长江、黄河及沿岸流域给人类文明带来了巨大的影响，是中华民族最主要的发源地。在全国五大淡水湖中，中部更是拥有鄱阳湖、洞庭湖和巢湖。

长江是亚洲第一、世界第三大河流，流域面积 178.27 万平方千米，年径流量 9857 亿立方米，河长 6300 千米，干流流经青海、西藏、四川、云南、重庆、湖北、湖南、江西、安徽、江苏、上海等 11 个省份。长江支流众多，主要有雅砻江、岷江、嘉陵江、沱江、乌江、湘江、汉江、赣江、青弋江、黄浦江等重要支流。长江可供开发的水能总量达 2 亿千瓦，是我国水能最富有的河流，在中部的长江干流上现建有葛洲坝、三峡两大闻名中外的梯级水电站。葛洲坝水电站位于湖北宜昌市境内的长江西陵峡出口、南津关以下，是长江干流上修建的第一座大型水电工程，也是世界上最大的低水头大流量、径流式水电站，年均发电量 140 亿千瓦·时；三峡水电站又称三峡工程，位于湖北省宜昌市境内的三斗坪镇，是世界上规模最大的水电站，也是中国有史以来建设的最大型工程项目，具有防洪、发电和航运等多种功能，共安装 32 台 70 万千瓦水轮发电机组，总装机容量 2250 万千瓦，年均发电量达到 847 亿千瓦·时，远超排位世界第二的巴西伊泰普水电站。

黄河流域面积为 75.28 万平方千米，年径流量 592 亿立方米，河长 5464 千米，干流流经青海、四川、甘肃、宁夏、内蒙古、陕西、山西、河南、山东等 9 省份，是仅次于长江的中国第二大河，也是世界第五大河。黄河干流上现建有刘家峡、盐锅峡、八盘峡、青铜峡、三盛公、天桥、三门峡、小浪底等骨干工程，其中位于中部地区的有三门峡和小浪底两大水利枢纽工程。三门峡水利枢纽亦称三门峡水电站，现有装机容量 40 万千瓦，年发电能力可达 14 亿千瓦·时，被誉为"万里黄河第一坝"；小浪底水利枢纽亦称小浪底水电站，总装机容量为 156 万千瓦，年平均发电量为 51 亿千瓦·时。

淮河流域面积为 26.90 万平方千米，年径流量 595 亿立方米，河长 1000 千米，干流流经河南、安徽、江苏等省份，淮河流域年平均地表水资源为 621 亿立方米，浅层地下水资源为 374 亿立方米，扣除两者相互补给的重复部分，水资源总量为 854 亿立方米，人均占有量为 450 立方米。

海河流域面积为 26.55 万平方千米，年径流量 163 亿立方米，河长 1090 千米，流经山西、河南等 8 个省份。海河流域包括海河、滦河和徒骇马颊河 3 大水系、7 大河系、10 条骨干河流，其中海河水系是主要水系。

除长江、黄河、淮河、海河外，中部地区还拥有众多的区域性大江大河。汉江流经湖北全省，是长江的最大支流，中部区域水质标准最好的大河，南水北调中线方案的渠首。在汉江上游兴建了丹江口水利枢纽工程，丹江口水库最大库容 209 多亿立方米，为南水北调中线源头，可灌溉两岸江汉平原 400 多万亩农田，总装机容量达 90 万千瓦。湘江是湖南最大的河流，也是长江七大支流之一，湖南还有资江、沅江、澧水等河流。赣江南北流贯江西，是长江的第七大支流，也是江西最大的河流。汾河纵贯山西全省，是境内的主要河流，全长 761 千米，为仅次于渭河的黄河第二大支流。洛河为河南境内黄河下游南岸的大支流，流域内的洛阳盆地，土地肥沃，水源充沛。新安江在安徽省境内，干流长 242.3 千米，流域面积 6500 平方千米，河系发育健全，河网密度大。2014 年我国主要河流基本情况，如表 2-5 所示。

表 2-5　2014 年中国主要河流基本状况统计表

| 名称 | 流域面积（平方千米） | 河长（千米） | 年径流量（亿立方米） |
|---|---|---|---|
| 长江 | 1 782 715 | 6 300 | 9 857 |
| 黄河 | 752 773 | 5 464 | 592 |
| 松花江 | 561 222 | 2 308 | 818 |
| 珠江 | 442 527 | 2 214 | 3 381 |
| 淮河 | 268 957 | 1 000 | 595 |
| 海河 | 265 511 | 1 090 | 163 |
| 辽河 | 221 097 | 1 390 | 137 |

资料来源：根据《中国统计年鉴 2015》的数据编制

鄱阳湖是我国第一大淡水湖，地处江西省的北部，长江中下游南岸，面积 3913 平方千米，蓄水量 300 亿立方米；鄱阳湖南北长 173 千米，东西最宽处达 74 千米，平均宽 16.9 千米，湖岸线长 1200 千米，湖区最大丰水期面积 5100 平方千米，平均水深 6.4 米，最深处 25.1 米左右，容积约 300 亿立方米。

洞庭湖是我国第二大淡水湖，位于长江中游荆江南岸，跨湖南、湖北两省，包括荆江河段以南，面积 2740 平方千米，蓄水量 187 亿立方米；洞庭湖盆周长为 803.2 千米，总容积 220 亿立方米，其中天然湖泊容积 178 亿立方米，河道容积 42 亿立方米。洞庭湖是长江流域重要的调蓄湖泊，具有强大的蓄洪能力。

巢湖是我国第五大淡水湖，位于安徽省中部，为长江水系下游湖泊，面积 769 平方千米，蓄水量 36 亿立方米；巢湖东西长 54.5 千米，南北平均宽 15.1 千米，湖岸线最长约 181 千米；巢湖最大水域面积约 825 平方千米，最大容积

48.10 亿立方米，最大深度 7.98 米。

中部地区除拥有上述三大淡水湖泊外，还拥有众多地方性的淡水湖泊。湖北有"千湖省"之称，其淡水湖泊多分布在江汉平原，境内的洪湖、梁子湖等面积均在 200 平方千米以上。安徽的太平湖、江西的柘林湖、湖南石燕湖、天堂湖等也都拥有丰富的淡水资源。

据 2014 年的统计，我国东部、中部、西部、东北四大经济区域全年降水总量为 28 323 毫米，中部为 6646.40 毫米，占全国的 23.47%。中部六省水资源总量为 5518.38 亿立方米，占全国总量的 20.24%。中部地区林地面积为 4886 万公顷，占全国总量的 15.74%；森林面积为 3749.51 万公顷，占全国总量的 16.39%；森林蓄积量为 147 501.39 万立方米，占全国总量的 9.98%。2014 年我国东部、中部、西部及东北四大经济区域水资源、森林资源状况及其比重，如表 2-6 和表 2-7 所示。

表 2-6　2014 年中国四大经济区域水资源和森林资源统计表

| 类别 | 总量 | 东部地区 | 中部地区 | 西部地区 | 东北地区 |
|---|---|---|---|---|---|
| 全年降水（毫米） | 28 323.00 | 11 188.70 | 6 646.40 | 9 263.20 | 1 224.70 |
| 水资源总量（亿立方米） | 27 267.02 | 5 186.48 | 5 518.38 | 15 165.86 | 1 396.30 |
| 林地面积（万公顷） | 31 046.18 | 4 231.23 | 4 886.00 | 18 165.47 | 3 763.48 |
| 森林面积（万公顷） | 22 879.17 | 3 429.34 | 3 749.51 | 12 417.01 | 3 283.31 |
| 森林蓄积量（万立方米） | 1 477 908.82 | 155 212.89 | 147 501.39 | 893 403.87 | 281 790.67 |

资料来源：根据《中国统计年鉴 2015》的数据编制

表 2-7　2014 年中国四大经济区域水资源和森林资源构成比重统计表

（单位：%）

| 类别 | 东部地区 | 中部地区 | 西部地区 | 东北地区 | 合计 |
|---|---|---|---|---|---|
| 全年降水 | 39.50 | 23.47 | 32.71 | 4.32 | 100 |
| 水资源总量 | 19.02 | 20.24 | 55.62 | 5.12 | 100 |
| 林地面积 | 13.63 | 15.74 | 58.51 | 12.12 | 100 |
| 森林面积 | 14.99 | 16.39 | 54.27 | 14.35 | 100 |
| 森林蓄积量 | 10.50 | 9.98 | 60.45 | 19.07 | 100 |

资料来源：根据《中国统计年鉴 2015》的数据编制

湖北的神农架以纪念中华民族的祖先神农氏而得名，是我国唯一以"林区"命名的行政区，神农架最高峰神农顶海拔 3105.4 米，为华中第一峰，有"华中屋脊"之称。神农架是当今世界北半球中纬度内陆地区唯一保存完好的亚热带森林生态系统，境内森林覆盖率 88%，保护区内森林覆盖率达 96%，保留了珙桐、鹅掌楸、连香等大量珍贵古老孑遗植物。神农架被誉为世界同纬度地区的"绿色宝地"，现有森林面积 1618 平方千米，活立木蓄积量 2019 万立方米，实施"天保工程"后，森林年净增长量达 29 万立方米，是名副其实的"物种基因库""天然动物园""绿色宝库"。

湖南的张家界森林资源非常丰富，森林覆盖率达 97.7%。成片的原始次生林中，保存有如珙桐、银杏、红豆杉、鹅掌楸等古老珍贵树种。仅木本植物就有93 科，517 种，比整个欧洲还多出一倍以上。国家一级保护的珍贵树种珙桐，国家二级、三级保护的珍贵树种钟萼木、银杏、香果树以及鹅掌楸、香叶楠、杜仲、金钱柳、猫儿屎（第三纪残遗树种）、银鹊、南方红豆杉等，世界上的菊科、兰科、豆科、蔷薇科、禾本科五大名科植物，应有尽有，号称森林宝库。

# 第六节　旅游资源优势

中部六省都是旅游资源大省，既有天作地造、令人叹为观止的自然风貌、原始生态和秀丽风景，又有举世闻名、令人难忘的历史古迹、人文景观与近现代革命遗迹。中部地区拥有独一无二的、具有市场竞争力的、珍奇的旅游资源优势，被联合国授予世界遗产的风景名胜多达 13 处，其中世界自然遗产 4 处，世界文化遗产 9 处；中国历史文化名城 29 座，国家 5A 级旅游景区 52 处，国家重点风景名胜区 52 处，国家地质公园 24 处，国家级自然保护区 52 处，国家森林公园156 处。中部地区的名山大川、淡水湖泊、历史名楼、原始森林、宗教道场、革命圣地等均举世无双、中外闻名。

中部地区拥有我国著名的"五岳三山"的北岳恒山、中岳嵩山、南岳衡山和黄山、庐山等天下名山。"恒山之奇""嵩山之峻""衡山之秀"，久负盛名，天下皆知；黄山以奇松、怪石、云海、温泉"四绝"闻名于世，有"五岳归来不看山，黄山归来不看岳"的美誉；庐山享有"匡庐奇秀甲天下"的赞誉，其飞瀑气势雄伟、名扬天下。举世闻名的世界大河长江、黄河都横贯中部地区，黄河、长江是中华文明的摇篮与发源地，名副其实的"母亲河"。长江三峡雄伟壮观，以平湖高峡、风景如画而驰名中外；黄河壶口瀑布，汹涌澎湃，滚滚向前，是中华民族五千年文明历史的象征。中部地区的鄱阳湖、洞庭湖和巢湖三大湖湖面辽阔，水产肥美，帆影点点，禽鸟飞翔，菱藕飘香，渔舟唱晚，景色宜人。历史上久负盛名的江南三大名楼——黄鹤楼、岳阳楼、滕王阁雄踞中部地区，历代文人墨客、风流人物争相写诗、题词、作赋、绘画，留下了许多脍炙人口的千古绝唱。神农架、张家界等原始森林景区山峰瑰丽，林海茫茫，清泉甘冽，气候宜人，拥有完好的原始生态系统，丰富的生物多样种群，素以"天然动植物园"

"物种基因库""地球纪念物"等享誉海内外。五台山、九华山、武当山、三清山、龙虎山、老君山等均为全国宗教道场而名闻天下，尤其是以少林、武当功夫著称于世的少林禅寺、武当道观；以革命发源地蜚声中外的井冈山、大别山、韶山等都位于中部地区。这些珍贵的旅游资源每年吸引海内外众多游客汇聚中部地区。总之，中部地区的旅游资源具有不可估量的比较优势，发展潜力巨大。中部地区的世界遗产、历史文化名城、国家5A级旅游景区与国家重点风景名胜区、国家地质公园、国家级自然保护区和国家森林公园情况，如表2-8~表2-13所示。

### 表2-8 中部地区世界遗产统计表

| 省份 | 世界遗产 | 地点 | 简介 |
|---|---|---|---|
| 湖北 | 武当山古建筑群 | 丹江口市 | 世界文化遗产；著名道教圣地，其古建筑群坐落在沟壑纵横、风景如画的武当山麓，规划严密、建筑杰出，集中体现中国元、明、清三代建筑学和艺术成就，代表近千年的中国艺术和建筑的最高水平 |
| | 明显陵 | 钟祥市 | 世界文化遗产；明追谥恭睿献皇帝朱佑杬和皇后的合葬墓，蜿蜒起伏于山岚叠嶂之中，原始风貌保存完好，整个陵寝山环水抱，布局构思巧夺天工；"一陵双冢"，举世罕见；地下玄宫，神秘莫测 |
| | 神农架 | 神农架林区 | 世界自然遗产；峰峦叠嶂，飞瀑山湖，莽莽林海，幽幽川谷，"野人"之谜，白化动物；原始生态，生物种群；奇特的华中地理人文景观，神秘的远古神农炎帝文化 |
| 湖南 | 武陵源 | 张家界市 | 世界自然遗产；"三千峰林八百水"，砂岩峰林地貌，素以峰、谷、水、林、洞著称 |
| 河南 | 安阳殷墟 | 安阳市 | 世界文化遗产；商代后期都城遗址，甲骨文发现地 |
| | 龙门石窟 | 洛阳市 | 世界文化遗产；石窟延续时间长，跨越朝代多，南北长达1千米；中国"四大石窟"之一 |
| 安徽 | 黄山 | 黄山市 | 世界自然遗产，世界文化遗产；"五岳归来不看山，黄山归来不看岳"；奇松、怪石、云海、温泉，为黄山"四绝"；"天下第一奇山" |
| | 皖南古村落：西递、宏村 | 黟县 | 世界文化遗产；"中国画里的乡村"；"湖光山色与层楼叠院和谐共处，自然景观与人文内涵交相辉映" |
| 江西 | 庐山 | 九江市 | 世界文化遗产；雄、奇、险、秀，名扬天下；"匡庐奇秀甲天下" |
| | 三清山 | 玉山县 | 世界自然遗产；"三峰峻拔，如三清列坐其巅" |
| 山西 | 云冈石窟 | 大同市 | 世界文化遗产；造像气势宏伟，内容丰富多彩，堪称公元5世纪中国石刻艺术之冠；中国"四大石窟"之一 |
| | 平遥古城 | 平遥县 | 世界文化遗产；2700多年历史的文化名城，"华夏第一古城"，保存最为完好的"四大古城"之一 |

资料来源：根据《中华人民共和国分省地图集》、中华人民共和国国家旅游局官方网站资料编制

表 2-9　中部地区历史文化名城统计表

| 省份 | 城市 | 地点 | 简介 |
|---|---|---|---|
| 湖北 | 武汉 | 武汉市 | 江南三大名楼之首——黄鹤楼；中国最大的城中湖——东湖；辛亥首义之城——武昌 |
| | 荆州 | 荆州市 | 楚庄王、伍子胥；三国文化，古城墙 |
| | 襄阳 | 襄阳市 | 三国文化之乡；隆中对，出师表 |
| | 随州 | 随州市 | 汉湘咽喉，荆豫要冲，炎帝神农故里，编钟古乐之乡 |
| | 钟祥 | 钟祥市 | 钟聚祥瑞，神秘显陵，帝王之乡 |
| 湖南 | 长沙 | 长沙市 | 楚汉名城，马王堆汉墓，走马楼简牍 |
| | 岳阳 | 岳阳市 | "洞庭天下水，岳阳天下楼"；"先天下之忧而忧，后天下之乐而乐" |
| | 凤凰 | 凤凰县 | "画中长廊、梦里水乡"；"中国最美的古城"，画乡，沈从文的故乡 |
| 河南 | 洛阳 | 洛阳市 | 千年帝都，牡丹花城，丝路起点，山水洛阳 |
| | 郑州 | 郑州市 | 中华人文始祖轩辕黄帝故里；夏朝都城阳城（登封）；商朝开国君主商汤亳都 |
| | 南阳 | 南阳市 | 南都帝乡，五圣故里，千年玉都，卧龙之地 |
| | 商丘 | 商丘市 | 上古帝王之都，商朝、商人起源之地 |
| | 浚县 | 浚县 | 浚县古庙会历史悠久；夏初大禹治水到大伾山 |
| | 濮阳 | 濮阳市 | 蚌壳龙，考古界公认"中华第一龙" |
| | 开封 | 开封市 | 清明上河图，七朝古都 |
| | 安阳 | 安阳市 | 殷墟、甲骨文 |
| 安徽 | 亳州 | 亳州市 | 华佗故里，药材之乡 |
| | 歙县 | 歙县 | 徽文化主要发祥地、集中展示地；徽墨之都、歙砚之乡、徽商故里 |
| | 寿县 | 寿县 | "淝水之战"古战场；安丰塘（芍陂）是我国古代四大水利工程之一 |
| | 安庆 | 安庆市 | 万里长江此封喉，吴楚分疆第一州 |
| | 绩溪 | 绩溪县 | 徽州文化发源地之一；"徽厨之乡"；无徽不成镇，无绩不成街" |
| 江西 | 景德镇 | 景德镇市 | 享誉世界的瓷都，中国"四大古镇"之一 |
| | 赣州 | 赣州市 | 中华苏维埃共和国临时政府所在地，世界钨都 |
| | 南昌 | 南昌市 | 新中国第一面军旗升起之地，"八一"起义之城 |
| 山西 | 大同 | 大同市 | 中国"雕塑之都""中国煤都" |
| | 平遥 | 平遥县 | 华夏第一古城，保存最为完好的"四大古城"之一 |
| | 新绛 | 新绛县 | 唐代古州城 |
| | 祁县 | 祁县 | "一城四街二十八巷，六十个圪道，四十个大院，万余间房室" |
| | 代县 | 代县 | 长城第一楼边靖楼（楼悬"声闻四达"巨匾，为亚洲第一匾） |

资料来源：根据《中华人民共和国分省地图集》编制

表 2-10 中部地区国家 5A 级旅游景区与国家重点风景名胜区统计表

| 省份 | 风景名胜区 | 地点 | 简介 |
|---|---|---|---|
| 湖北 | 长江三峡 | 巴东县、秭归县 | 万里长江山水壮丽的大峡谷，奇峰陡立、峭壁对峙，气势恢宏、雄伟壮观；素以"瞿塘雄、巫峡秀、西陵险"而驰名海内外 |
| | 黄鹤楼 | 武汉市 | "天下江山第一楼"，江南三大名楼之首；"黄鹤楼中吹玉笛，江城五月落梅花" |
| | 东湖 | 武汉市 | 中国最大的城中湖。山下有湖，水中有山；登高峰望清涟，踏白浪览群山 |
| | 三峡大坝 | 宜昌市 | 世界上最大的水利枢纽工程、自然风光和人文景观的有机结合，寓游览、科教、休闲、娱乐为一体的长江旅游胜地 |
| | 三峡人家 | 宜昌市 | 位于长江三峡最为奇幻壮丽的西陵峡内，"一肩挑两坝，一江携两溪"；三峡人家融合三峡文化之精髓，巴风楚韵，峡江今昔，一览无余 |
| | 武当山 | 丹江口市 | "亘古无双胜境，天下第一仙山"；以其绚丽多姿的自然景观、规模宏大的古建筑群、源远流长的道教文化、博大精深的武当武术著称于世 |
| | 神农溪 | 巴东县 | 神农"三峡"，绝壁峭耸，溪水碧澈，"一里三湾"，"湾湾见滩"；岩棺栈道，"纤夫文化"，巴山歌舞，土家风情 |
| | 神农架 | 神农架林区 | 峰峦叠嶂，飞瀑山湖；莽莽林海，幽幽川谷；"野人"之谜，白化动物；原始生态，生物种群；奇特的华中地理人文景观，神秘的远古神农炎帝文化 |
| | 清江画廊 | 长阳县 | 峰峦叠嶂，高峡绿林，黛江烟波，翡翠岛屿；"八百里清江美如画，三百里画廊在长阳" |
| | 屈原故里 | 秭归县 | 伟大爱国诗人屈原故乡，毗邻三峡大坝；高峡平湖，巴风楚韵，屈原文化，天筑情怀；"路漫漫其修远兮，吾将上下而求索"；"沧浪之水清兮，可以濯吾缨；沧浪之水浊兮，可以濯吾足" |
| | 木兰文化生态 | 黄陂区 | 花木兰从军，木兰将军故里。木兰山：宗教香火圣地——西陵胜景，三楚极冠；木兰天池：绝壁峡谷——幽谷美景，浪漫山水；木兰草原：草长马肥——民族韵味，草原风情 |
| | 恩施大峡谷 | 恩施市 | 清江大峡谷；百里绝壁、千丈瀑布、傲啸独峰、原始森林、远古村寨，美不胜收；天坑、地缝、绝壁、峰丛、岩柱群、溶洞、暗河等地质景观，一应俱全 |
| | 明显陵 | 钟祥市 | 明追谥恭睿献皇帝朱佑杬和皇后的合葬墓；"一陵双冢"，举世罕见；地下玄宫，神秘莫测 |
| | 大洪山 | 随州市 | 中国四大火山遗址之一；山势雄伟，峰峦叠翠；溶洞众多，绚丽多姿 |
| | 隆中 | 樊城区 | 三顾茅庐，《隆中对》；"非澹泊无以明志，非宁静无以致远" |
| | 九宫山 | 通山县 | 道场，闯王陵；既有江南山峰之奇秀，又具塞北岭岳之雄险 |
| | 陆水湖 | 赤壁市 | 因三国东吴名将陆逊在此驻军而得名，素以山幽、林绿、水清、岛秀而闻名遐迩 |

| 省份 | 风景名胜区 | 地点 | 简介 |
|---|---|---|---|
| 湖南 | 衡山 | 南岳区 | "惟有南岳独如飞","五岳独秀" |
| | 武陵源 | 张家界市 | "三千峰林八百水";砂岩峰林地貌,素以峰、谷、水、林、洞著称 |
| | 岳阳楼—洞庭湖 | 岳阳市 | "洞庭天下水,岳阳天下楼";江南三大名楼之一;"先天下之忧而忧,后天下之乐而乐" |
| | 凤凰古城 | 凤凰县 | "画中长廊、梦里水乡";"中国最美的古城",画乡,沈从文的故乡 |
| | 韶山 | 韶山市 | 革命圣地,领袖故乡,全国爱国主义教育基地;"三湘灵秀地,洞中别有天" |
| | 岳麓山—橘子洲 | 长沙市 | 岳麓书院、爱晚亭、麓山寺、云麓宫;"独立寒秋,湘江北去,橘子洲头" |
| | 花明楼 | 宁乡县 | 伟人故里,全国爱国主义教育基地;大夫堂楚文化遗址,芙蓉寨旅游休闲 |
| | 东江湖 | 资兴市 | 峰青峦秀,溪幽湖阔,"万顷碧波照大千";集雄山、秀水、奇石、幽洞、岛屿、漂流等自然景观和人文景观于一体 |
| | 崀山 | 新宁县 | 丹霞之魂,国之瑰宝 |
| | 猛洞河 | 永顺县 | 疑无路,又一潭 |
| | 桃花源 | 桃源县 | 陶渊明,《桃花源记》 |
| | 紫鹊界梯田—梅山龙宫 | 新化县 | 世界最美、最大梯田;九层洞穴,由上万个溶洞组成 |
| | 德夯 | 吉首市 | 绝壁高耸,峰林重叠;峡谷深壑,瀑布飞泻;四季如春,气候宜人 |
| 河南 | 嵩山 | 登封市 | 中岳如卧,雄峙中原;"嵩高惟岳,峻极于天" |
| | 龙门石窟 | 洛阳市 | 龙门石窟延续时间长,跨越朝代多,南北长达1千米;中国"四大石窟"之一 |
| | 安阳殷墟 | 安阳市 | 商代后期都城遗址,发现甲骨文 |
| | 云台山 | 修武县 | "嶂石岩地貌"景观:群峡间列、峰谷交错、悬崖长墙、崖台梯叠;华夏第一大高瀑——云台天瀑 |
| | 神农山 | 泌阳县 | 炎帝神农辨百谷、尝百草,登坛祭天的圣地 |
| | 青天河 | 博爱县 | 江南水乡与北国田园风光于一体,被誉为"北方三峡" |
| | 白云山 | 嵩县 | "人间仙境","中原名山";融山、石、水、洞、林、草、花、鸟、兽为一体,雄、险、奇、幽、美、妙交相生辉 |
| | 清明上河园 | 开封市 | 集历史文化旅游、民俗风情旅游、休闲度假旅游、趣味娱乐旅游和生态环境旅游于一体的大型宋代文化实景主题公园;画家张择端,《清明上河图》 |

| 省份 | 风景名胜区 | 地点 | 简介 |
|---|---|---|---|
| 河南 | 尧山（石人山） | 鲁山县 | 山峰奇特，瀑布众多，森林茂密，温泉优良，人文景观辉煌，集雄、险、秀、奇、幽于一体 |
| | 老君山 | 栾川县 | 峰林景观，刀劈斧削、犬牙交错、雄伟壮观、多姿多彩；道教主流全真派圣地，中原山水文化的杰出代表；太上老君，《道德经》 |
| | 龙潭大峡谷 | 新安县 | 关峡相望，潭瀑联珠，壁立万仞，峡秀谷幽；"中国嶂谷第一峡"，"古海洋天然博物馆"，"黄河水画廊" |
| | 伏牛山 | 西峡县 | 淮河与汉江的分水岭；山水风光以雄、奇、险、秀、幽为特征 |
| | 嵖岈山 | 遂平县 | 典型的花岗岩地质地貌景观，山势嵯峨，怪石林立；具有"奇、险、奥、幽"四大特点，享有"华夏盆景"、"中州独秀"、"江北石林"、"伏牛奇观"之美誉 |
| | 鸡公山 | 信阳市 | 万国建筑别墅群，欧美风情、名流汇聚；中国四大避暑胜地之一 |
| | 王屋山 | 济源市 | 道教十大洞天之首，愚公故乡 |
| | 林虑山 | 林州市 | "人工天河"红旗渠，太行大峡谷；"亚洲第一，世界一流"的滑翔基地 |
| 安徽 | 黄山 | 黄山市 | "天下第一奇山"；"五岳归来不看山，黄山归来不看岳" |
| | 九华山 | 青阳县 | "中国佛教四大名山"之一，地藏王菩萨道场；"东南第一山" |
| | 天柱山 | 潜山县 | "擎天一柱"；"天柱一峰擎日月，洞门千仞锁云雷"；"天下有奇观，争似此山好" |
| | 皖南古村落：西递、宏村 | 黟县 | "中国画里的乡村"；"湖光山色与层楼叠院和谐共处，自然景观与人文内涵交相辉映" |
| | 天堂寨 | 金寨县 | 古称"吴楚东南第一关"；雄关漫道，崇山峻岭，茂林修竹，龙潭飞瀑，奇松怪石，英雄山寨，度假天堂 |
| | 龙川 | 绩溪县 | 千年古村落，依山傍水，溪绕村流，形成古徽州最秀美的村落水口；村如船形，有如龙舟出海；水街两岸，古民居鳞次栉比，粉墙黛瓦，村巷幽幽，地灵人杰，人文荟萃，一派徽州古村落意蕴 |
| | 八里河 | 颍上县 | 湖光水色，田园野趣，中西合璧，交相辉映；自然风光与人文景观巧妙结合，布局严整，美不胜收 |
| | 古徽州文化旅游区 | 黄山市 | 徽州古城，中国四大古城之一；棠樾牌坊群，中国最大的古牌坊群落；唐模，"中国水口园林第一村"；呈坎，"中国风水第一村"；潜口民宅，明清最经典的徽州民居 |
| | 三河古镇 | 合肥市 | 2500多年历史的典型中国水乡古镇，"外环两岸，中峙三洲，而三水贯其间，以桥梁相沟通"；自古水陆通衢，车船辐辏，百货交通，商贾云集 |

| 省份 | 风景名胜区 | 地点 | 简介 |
|------|-----------|------|------|
| 安徽 | 采石矶 | 马鞍山市 | "长江三矶之首"；"诗仙长眠之地" |
| | 巢湖 | 巢湖市 | 湖光、江涛、温泉、奇花，为"巢湖四绝" |
| | 花亭湖 | 太湖县 | 千重山色，万顷波光 |
| | 琅琊山 | 滁州市 | "八名"、九洞、十八泉，醉翁亭 |
| | 齐云山 | 休宁县 | 一石插天，与云并齐；道教名山 |
| | 太极洞 | 广德县 | 石灰岩溶洞，由上洞、下洞、水洞、旱洞组成，且洞中有洞，洞洞相通 |
| 江西 | 庐山 | 九江市 | 雄、奇、险、秀，名扬天下；"匡庐奇秀甲天下" |
| | 井冈山 | 井冈山市 | 革命圣地，红色文化，精神画传，绿色家园；集人文景观、自然风光和高山田园为一体 |
| | 三清山 | 玉山县 | 道教名山；"三峰峻拔，如三清列坐其巅" |
| | 龙虎山 | 鹰潭市 | 典型丹霞地貌；中国道教发祥地，道教正一派祖庭 |
| | 江湾 | 婺源县 | 千年古镇，徽派建筑；山环水抱，绣岭清溪；文风鼎盛，群贤辈出；良田、远山、近水、粉墙、黛瓦，相映成趣 |
| | 古窑民俗博览区 | 景德镇 | 古代制瓷作坊，古代瓷业建筑，明清手工制瓷的工艺，传统名瓷精品；世界上最古老制瓷生产作业线 |
| | 共和国摇篮景区 | 瑞金市 | 全国保存最为完好的革命旧址群景之一，全国红色旅游经典景区，全国爱国主义教育示范基地 |
| | 明月山 | 宜春市 | 主峰山势呈半圆，恰似半圆明月；融山、石、林、泉、瀑、湖、竹海为一体，集雄、奇、幽、险、秀于一身 |
| | 仙女湖 | 新余市 | "仙女下凡"传说的发祥地；万顷碧涛、水天相接、渔帆点点、汪洋平湖；山水缠绵相依，湖汊曲径通幽 |
| | 三百山 | 安远县 | 山势、林海、瀑布、温泉；东江的源头 |
| | 滕王阁 | 南昌市 | 江南三大名楼之一；"落霞与孤鹜齐飞，秋水共长天一色" |
| | 龟峰 | 弋阳县 | 无山不龟，无石不龟 |
| | 高岭—瑶里 | 浮梁市 | 世界制瓷黏土"高岭土"命名地；"瓷之源、茶之乡、林之海" |
| | 武功山 | 安福县 | 高山草甸，红岩峰瀑布群，金顶古祭坛 |
| | 云居山—柘林湖 | 永修县 | 佛教禅宗曹洞派发祥地，佛教"三大样板丛林"之一 |
| 山西 | 五台山 | 五台县 | "中国佛教四大名山"之一，文殊菩萨道场；中国十大避暑名山之首 |
| | 云冈石窟 | 大同市 | 造像气势宏伟，内容丰富多彩，堪称公元5世纪中国石刻艺术之冠；中国"四大石窟"之一 |

第二章 中部地区产业发展资源禀赋与比较优势

| 省份 | 风景名胜区 | 地点 | 简介 |
|---|---|---|---|
| 山西 | 皇城相府 | 阳城县 | 明清两代城堡式官宦住宅古建筑群,誉为"中国北方第一文化巨族之宅";御书楼金碧辉煌,中道庄巍峨壮观,斗筑居府院连绵,河山楼雄伟险峻,藏兵洞层叠奇妙 |
| | 绵山 | 介休市 | 中国清明节(寒食节)发源地;山势陡峭,悬崖绝壁,群峰拥翠,寺庙禅林;"万壑千崖增秀丽,往来人在画图中" |
| | 乔家大院 | 祁县 | 城堡式建筑群,成"囍"字形,设计精巧,布局严谨,砖瓦磨合,斗拱飞檐,彩饰金装,砖石木雕,工艺精湛;誉之为"北方民居建筑史上一颗璀璨的明珠" |
| | 平遥古城 | 平遥县 | 2700多年历史的文化名城,"华夏第一古城",保存最为完好的"四大古城"之一 |
| | 恒山 | 浑源县 | 北岳如行,恒山之奇,"人天北柱","绝塞名山" |
| | 黄河壶口瀑布 | 吉县 | 世界上最大的黄色瀑布;母亲河,汹涌澎湃,滚滚向前的气势,是中华民族精神的象征 |
| | 北武当山 | 方山县 | "三晋第一名山";北方道教圣地之一 |
| | 五老峰 | 永济市 | 河洛文化早期传播的圣地,道教全真派的发祥地之一 |

资料来源:根据中华人民共和国国家旅游局官方网站、《中华人民共和国分省地图集》编制

表2-11　中部地区国家地质公园统计表

| 省份 | 国家地质公园 | 地点 | 简介 |
|---|---|---|---|
| 湖北 | 长江三峡 | 巴东县、秭归县 | "两岸猿声啼不住,轻舟已过万重山";举世无双的世界大峡谷,素以"瞿塘雄、巫峡秀、西陵险"而驰名海内外 |
| | 神农架 | 神农架林区 | 峰峦叠嶂,飞瀑山湖;莽莽林海,幽幽川谷;"野人"之谜,白化动物;原始生态,生物种群;"华中屋脊",原始森林,"物种基因库" |
| | 郧县恐龙蛋化石群 | 郧县 | 恐龙蛋化石分布集中、数量巨大、保存完整、埋藏浅而扬名海内外 |
| | 木兰山 | 黄陂区 | 花木兰从军;木兰将军故里;宗教香火圣地——西陵胜景,三楚极冠 |
| | 武当山 | 丹江口市 | "亘古无双胜境,天下第一仙山";山水人文交相辉映,建筑、艺术完美结合 |
| | 大别山(黄冈) | 罗田县、英山县 | 以"山雄、壑幽、水秀"著称 |
| | 九宫山 | 通山县 | 中国五大道教名山之一;既有江南山峰之奇秀,又具塞北岭岳之雄险 |

中部地区产业发展研究

| 省份 | 国家地质公园 | 地点 | 简介 |
|------|------------|------|------|
| 湖南 | 张家界 | 张家界市 | 有3000余座尖细的砂岩柱和砂岩峰,以石英砂岩峰林奇观而驰名 |
| | 飞天山 | 郴州市 | 丹霞地貌,红岩绿水,赤壁丹霞,峡谷奇洞 |
| | 凤凰 | 凤凰县 | "画中长廊、梦里水乡";"中国最美的小城" |
| | 酒埠江 | 攸县 | 以溶洞、地下河、天坑、峡谷、天生桥、瀑布、湖泊、古生物化石等地质遗迹而闻名 |
| | 古丈红石林 | 古丈县 | "红色石林,天下奇绝";"红石林博物馆" |
| | 崀山 | 新宁县 | "丹霞之魂,国之瑰宝" |
| | 乌龙山 | 龙山县 | 岩溶峡谷胜景,溶洞群规模巨大 |
| | 湄江 | 涟源市 | 集自然风光、梅山文化、岩溶地质遗迹于一身 |
| 河南 | 嵩山 | 登封市 | 中岳如卧,雄峙中原;"嵩高惟岳,峻极于天" |
| | 云台山 | 修武县 | 以群峡间列、峰谷交错、悬崖长墙、崖台梯叠的"嶂石岩地貌"而闻名;云台瀑布是亚洲落差最大的瀑布 |
| | 宝天曼 | 内乡县 | 群山耸峙、拔地腾霄,岩溶洞穴、瀑布峡谷;天然的物种宝库 |
| | 王屋山 | 济源市 | 道教十大洞天之首,愚公的故乡 |
| | 伏牛山 | 西峡县 | 淮河与汉江的分水岭;山水风光以雄、奇、险、秀、幽为特征 |
| | 神灵寨 | 洛宁县 | "神灵之休,福佑兆祥";兼具北方山水之雄浑和南方山水之秀美 |
| | 嵖岈山 | 遂平县 | 典型的花岗岩地质地貌景观,山势嵯峨,怪石林立;具有"奇、险、奥、幽"四大特点,享有"华夏盆景""中州独秀""江北石林""伏牛奇观"之美誉 |
| | 黛眉山 | 新安县 | "红石韵,黄河魂";万里黄河,璀璨明珠 |
| | 郑州黄河 | 郑州市 | 气势磅礴的大河风光,悠久深远的人文历史;"黄河之水天上来,奔流到海不复回" |
| | 金刚台 | 商城县 | "豫南第一峰";青山绿水一色,奇松怪石同在 |
| | 关山 | 辉县 | 以石柱林、红石峡、一线天为代表,飞瀑流泉、清溪幽潭、峰林竞秀、云海飞渡为特色 |
| | 小秦岭 | 灵宝市 | 地质遗迹资源丰富,自然景观优美悦目 |
| | 红旗渠·林虑山 | 林州市 | 山高谷深、峡谷地貌、地质工程、水体景观与生态人文交相辉映 |
| | 尧山(石人山) | 鲁山县 | 大山壁立,异峰如塑,怪石纷呈,瀑布众多,森林茂密,温泉优良,人文景观辉煌;集雄、险、秀、奇、幽于一体 |

| 省份 | 国家地质公园 | 地点 | 简介 |
|---|---|---|---|
| 安徽 | 八公山 | 淮南市 | 秦晋淝水古战场;"一人得道,鸡犬升天";"八公山上,草木皆兵" |
| | 浮山 | 枞阳县 | "山浮水面水浮山" |
| | 黄山 | 黄山市 | 奇松、怪石、云海、温泉,为黄山"四绝";"五岳归来不看山,黄山归来不看岳" |
| | 牯牛绛 | 祁门县 | 绿色自然博物馆;集"雄、险、奇、幽、奥、野"于一身 |
| | 天柱山 | 潜山县 | "擎天一柱";"天柱一峰擎日月,洞门千仞锁云雷";"天下有奇观,争似此山好" |
| | 齐云山 | 休宁县 | 以典型丹霞地貌为特色,辅以恐龙化石、道教文化、摩崖石刻于一体;四大道教名山,古称白岳 |
| | 大别山(六安) | 金寨县、霍山县、舒城县、金安区 | 集花岗岩地貌、变质岩地貌、丹霞地貌、构造地貌及火山岩地貌为一体;"山之南山花烂漫,山之北白雪皑皑" |
| | 九华山 | 青阳县 | "中国佛教四大名山"之一,地藏王菩萨道场;"东南第一山" |
| | 韭山 | 凤阳县 | 集青山、绿水、秀湖、奇洞、迷谷、古寺于一体 |
| 江西 | 庐山 | 九江市 | 以雄、奇、险、秀闻名于世,有"匡庐奇秀甲天下"之誉 |
| | 龙虎山 | 鹰潭市 | 典型丹霞地貌;中国道教发祥地,道教正一派祖庭 |
| | 三清山 | 玉山县 | 道教名山;"三峰峻拔,如三清列坐其巅" |
| | 武功山 | 安福县 | 高山草甸,红岩峰瀑布群,金顶古祭坛 |
| | 明月山 | 宜春市 | 主峰山势呈半圆,恰似半圆明月;融山、石、林、泉、瀑、湖、竹海为一体,集雄、奇、幽、险、秀于一身 |
| 山西 | 黄河壶口瀑布 | 吉县 | 母亲河,世界上最大的黄色瀑布;奔腾汹涌的气势,是中华民族精神的象征 |
| | 太行山大峡谷 | 壶关县 | 以雄伟、壮观、幽邃、奇特、秀丽、险峻取胜 |
| | 万年冰洞 | 宁武县 | 此洞形成于新生代第四纪冰川期,距今约三百万年;洞内壁上皆冰,堪称一个冰的世界 |
| | 五台山 | 五台县 | "中国佛教四大名山"之一,文殊菩萨道场;中国十大避暑名山之首 |
| | 王莽岭 | 陵川县 | 奇峰峭壁、云海雾岚、绝顶日出、林海松涛为王莽岭"四绝" |
| | 大同火山群 | 大同市大同县 | 中国著名第四纪火山群,中国五大著名火山群之一 |

资料来源:根据《中华人民共和国分省地图集》资料编制

表 2-12　中部地区国家级自然保护区统计表

| 省份 | 国家级自然保护区 |
|---|---|
| 湖北 | 青龙山恐龙蛋化石群（郧县）、神农架（神农架林区）、五峰后河（五峰县）、石首麋鹿（石首市）、长江天鹅洲白鳍豚（石首市）、长江新螺段白鳍豚（嘉鱼县）、星斗山（利川市）、九宫山（通山县）、七姊妹山（宣恩县）、洪湖湿地（洪湖市）等自然保护区 |
| 湖南 | 桃源洞（桃源县）、乌云界（炎陵县）、东洞庭湖（岳阳市）、壶瓶山（石门县）、张家界大鲵（张家界市）、八大公山（桑植县）、南岳衡山（南岳区）、黄桑（绥宁县）、借母溪（沅陵县）、都庞岭（江永县）、莽山（宜章县）、八面山（桂东县）、小溪（永顺县）等自然保护区 |
| 河南 | 黄河湿地（济源市）、黄河故道湿地（封丘县）、太行山猕猴（辉县）、恐龙蛋化石群（南阳市）、伏牛山（西峡县）、丹江湿地（淅川县）、宝天曼（内乡县）、鸡公山（信阳市）、董寨（罗山县）、连康山（新县）、小秦岭（灵宝市）等自然保护区 |
| 安徽 | 鹞落坪（岳西县）、牯牛绛（石台县）、金寨天马（金寨县）、扬子鳄（宣城县）、升金湖（东至县）、淡水豚（铜陵市）等自然保护区 |
| 江西 | 鄱阳湖候鸟（永修县）、桃红岭梅花鹿（彭泽县）、九连山（龙南县）、武夷山（铅山县）、井冈山（井冈山市）、马头山（资溪县）、官山（铜鼓县）等自然保护区 |
| 山西 | 莽河（阳城县）、芦芽山（宁武县）、庞泉沟（方山县）、历山（翼城县）、五鹿山（隰县）等自然保护区 |

资料来源：根据《中华人民共和国分省地图集》资料编制

表 2-13　中部地区国家森林公园统计表

| 省份 | 国家森林公园 |
|---|---|
| 湖北 | 九峰山（武汉市）、鹿门寺（襄阳区）、玉泉寺（当阳市）、大老岭（夷陵区、秭归县、兴山县）、神农架（巴东县、兴山县、房县）、龙门河（兴山县）、大口（钟祥市）、薤山（谷城县）、清江（长阳县）、大别山（罗田县）、柴埠溪（五峰县）、潜山（咸宁市）、八岭山（江陵县）、浻水（松滋市）、太子山（京山县）、三角山（浠水县）、中华山（广水市）、天台山（红安县）、坪坝营（咸丰县）、吴家山（英山县）、千佛洞（荆门市）、双峰山（孝感市）、大洪山（随州市）等国家森林公园 |
| 湖南 | 张家界（张家界市）、大围山（浏阳市）、云山（武冈市）、九嶷山（宁远县）、阳明山（双牌县）、南华山（凤凰县）、黄material头（宁乡县）、桃花源（桃源县）、天门山（张家界市）、天际岭（长沙市）、天鹅山（资兴市）、东台山（湘乡市）、夹山（石门县）、不二门（永顺县）、河洑（常德市）、岣嵝峰（衡阳县）、花岩溪（常德市）、大熊山（新化县）、中坡山（怀化市）、云阳（茶陵县）、大云山（岳阳县）、幕阜山（平江县）、涟源龙山（涟源市）、千家峒（江永县）、金洞（祁阳县）等国家森林公园 |

| 省份 | 国家森林公园 |
|---|---|
| 河南 | 嵩山（登封市）、淮河源（桐柏县）、郁山（新安县）、玉皇山（卢氏县）、金兰山（新县）、天池山（嵩县）、始祖山（新郑市）、黄柏山（商城县）、燕子山（灵宝市）、棠溪源（西平县）、嵖岈山（遂平县）、寺山（西峡县）、风穴寺（汝州市）、石漫滩（舞钢市）、薄山（确山县）、开封（开封市）、亚武山（灵宝市）、花果山（宜阳县）、云台山（修武县）、白云山（嵩县）、龙峪湾（栾川县）、五龙山（林州市）、南湾（信阳市）、甘山（陕县）、铜山湖（泌阳县）、黄河故道（商丘）等国家森林公园 |
| 安徽 | 黄山（黄山市）、琅琊山（滁州）、天柱山（潜山县）、九华山（青阳县）、皇藏峪（萧县）、徽州（歙县）、大龙山（安庆市）、紫蓬山（肥西县）、皇甫山（滁州）、天堂寨（霍山县）、鸡笼山（和县）、冶父山（庐江县）、太湖山（含山县）、神山（全椒县）、妙道山（岳西县）、天井山（无为县）、舜耕山（霍邱县）、浮山（枞阳县）、石莲洞（宿松县）、齐云山（休宁县）、韭山（凤阳县）、横山（广德县）、敬亭山（宣城市）、八公山（八公山区）、万佛山（舒城县）、水西（泾县）、青龙湾（宁国市）、上窑（淮南市）等国家森林公园 |
| 江西 | 梅岭（南昌市）、九连山（龙南县）、三爪仑（靖安县）、庐山山南（星子县）、三百山（安远县）、马祖山（九江市）、灵岩洞（婺源县）、明月山（宜春市）、翠微峰（宁都县）、天柱峰（铜鼓县）、泰和（泰和县）、万安（万安县）、龟峰（弋阳县）、上清山（鹰潭市）、武功山（安福县）、铜钹山（广丰县）、鄱阳湖口（湖口县）、三叠泉（九江市）、阁皂山（樟树市）、永丰（永丰县）、梅关（大余县）、阳岭（崇义县）、天花井（九江市）、五指峰（上犹县）、柘林湖（永修县）、陡水湖（上犹县）、三湾（永新县）、安源（上栗县）、岩泉（黎川县）、云碧峰（上饶市）、景德镇（景德镇市）、峰山（赣州市）、瑶里（浮梁县）、九岭山（武宁县）、鹅湖山（铅山县）、清凉山（资溪县）等国家森林公园 |
| 山西 | 五台山（五台县）、天龙山（太原市）、关帝山（方山县、交城县、娄烦县）、恒山（浑源县）、云冈（大同）、龙泉（左权县）、禹王洞（忻州市）、赵杲观（代县）、方山（寿阳县）、交城山（古交市）、太岳山（灵石县、介休市、霍州市）、五老峰（永济市）、老顶山（长治市）、乌金山（晋中市）、中条山（阳城县、沁水县、翼城县）、太行峡谷（壶关县）、黄崖洞（黎城县）、管涔山（宁武县、五寨县、岢岚县）等国家森林公园 |

资料来源：根据《中华人民共和国分省地图集》资料编制

# 第七节　科教资源优势

中部地区经济发展虽还不及东部发达地区，但有重视教育的传统和历史渊源。我国影响深远、历史悠久的黄河文化和长江文化均在中部交汇融合、发扬光大。黄河文化的发源地主要在河南、山西和山东等黄河流域省份，"孔孟之道"源远流长；长江文化的发源地主要在湖北、湖南、江西和安徽等长江流域省份，"屈原楚辞"传播海内外。我国古代的四大书院——江西庐山白鹿洞书院、湖南长沙岳麓书院、河南登封嵩阳书院、河南商丘应天书院，都位于中部地区。

新中国成立以来，经过60多年的建设发展，中部地区集聚了全国一大批有影响的高等院校和科研机构，科教实力雄厚，人力资源丰富，为中部地区经济社会的发展奠定了良好的科教基础和优势。据2014年的统计，中部地区拥有本、专科高等学校668所，占全国高等学校总数的26.42%；在校学生6 945 923人，占全国总数的27.26%，其中武汉在校大学生达1 072 900人，居全国城市之首，世界大城市之冠；毕业学生1 846 310人，占全国总数的28%；高校教职员工573 222人，占全国总数的24.55%，其中专任教师394 145人，占全国总数的25.70%；教授38 635人，副教授110 454人，分别占全国总数的20.43%和24.62%。中部地区拥有一大批全国重点高校，其中"985工程"大学6所①，"211工程"大学17所②。这些重点高校人才辈出、科研成果累累。中部地区的中等教育也十分发达，2014年中部地区拥有普通高中3530所，占全国总数的26.64%；在校学生6 805 227人，占全国总数的28.35%；高考升学率平均为81%，其中湖南、安徽、湖北的高考升学率分别高达86%、84%、83%。中部六省都有一批闻名全国的重点高中，其中华中师大一附中、黄冈中学、武汉外语学校、襄阳四中、湖南师大附中、长沙一中、长沙雅礼中学、郑州一中、郑州外语学校、河南实验中学、江西师大附中、南昌二中、临川一中、合肥一中、马鞍山二中、六安一中、太原五中、山西大学附中等校教学水平蜚声海内外。

2014年我国四大经济区域高等教育资源状况与构成比重、中等教育资源状况与构成比重，如表2-14～表2-17所示。

表2-14　2014年中国四大经济区域高等教育资源统计表

| 类别 | 总计 | 东部地区 | 中部地区 | 西部地区 | 东北地区 |
|---|---|---|---|---|---|
| 高校数量（所） | 2 529 | 980 | 668 | 627 | 254 |
| 教职工数（人） | 2 335 723 | 976 858 | 573 222 | 547 800 | 237 843 |
| 校本部教职工（人） | 2 218 556 | 920 871 | 545 888 | 522 952 | 228 845 |
| 专任教师（人） | 1 534 510 | 620 518 | 394 145 | 370 182 | 149 665 |
| 正高级（人） | 189 136 | 88 090 | 38 635 | 40 269 | 22 142 |
| 副高级（人） | 448 625 | 187 755 | 110 454 | 103 472 | 46 944 |

---

① 中部地区6所"985工程"大学：武汉大学、华中科技大学、中国科技大学、中南大学、湖南大学、国防科技大学。

② 中部地区17所"211工程"大学，包括6所"985工程"大学：武汉大学、华中科技大学、中国科技大学、中南大学、湖南大学、国防科技大学、华中师范大学、武汉理工大学、华中农业大学、中国地质大学、中南财经政法大学、湖南师范大学、郑州大学、南昌大学、合肥工业大学、安徽大学、太原理工大学。

| 类别 | 总计 | 东部地区 | 中部地区 | 西部地区 | 东北地区 |
|---|---|---|---|---|---|
| 中级（人） | 613 729 | 252 242 | 156 797 | 144 196 | 60 494 |
| 初级（人） | 195 763 | 61 327 | 64 428 | 54 277 | 15 731 |
| 无职称（人） | 87 257 | 31 104 | 23 831 | 27 968 | 4 354 |
| 行政人员（人） | 318 508 | 143 001 | 69 760 | 71 100 | 34 647 |
| 教辅人员（人） | 206 321 | 94 202 | 46 621 | 43 491 | 22 007 |
| 工勤人员（人） | 159 217 | 63 150 | 35 362 | 38 179 | 22 526 |
| 招生数（人） | 7 213 987 | 2 797 047 | 1 993 016 | 1 784 168 | 639 756 |
| 其中：本科（人） | 3 379 835 | 1 296 871 | 996 269 | 866 592 | 220 103 |
| 专科（人） | 3 834 152 | 1 500 176 | 996 747 | 917 576 | 419 653 |
| 在校学生数（人） | 25 476 999 | 9 978 108 | 6 945 923 | 6 205 800 | 2 347 168 |
| 其中：本科（人） | 10 066 346 | 3 964 889 | 2 935 934 | 2 502 309 | 663 214 |
| 专科（人） | 15 410 653 | 6 013 219 | 4 009 989 | 3 703 491 | 1 683 954 |
| 毕业生数（人） | 6 593 671 | 2 622 050 | 1 846 310 | 1 540 646 | 584 665 |
| 其中：本科（人） | 3 179 884 | 1 262 922 | 957 911 | 750 794 | 208 257 |
| 专科（人） | 3 413 787 | 1 359 128 | 888 399 | 789 852 | 376 408 |
| 授予学位数（人） | 3 338 323 | 1 331 969 | 869 614 | 767 896 | 368 844 |
| 预计毕业生数（人） | 6 998 928 | 2 775 608 | 1 905 311 | 1 692 848 | 625 161 |
| 其中：本科（人） | 3 701 175 | 1 464 060 | 951 049 | 879 307 | 406 759 |
| 专科（人） | 3 297 753 | 1 311 548 | 954 262 | 813 541 | 218 402 |

资料来源：根据《中国统计年鉴 2015》的数据编制

表 2-15　2014 年中国四大经济区域高等教育资源构成比重统计表

（单位：%）

| 类别 | 东部地区 | 中部地区 | 西部地区 | 东北地区 | 合计 |
|---|---|---|---|---|---|
| 高校数量 | 38.75 | 26.42 | 24.79 | 10.04 | 100 |
| 教职工数 | 41.82 | 24.55 | 23.45 | 10.18 | 100 |
| 校本部教职工 | 41.51 | 24.61 | 23.57 | 10.31 | 100 |
| 专任教师 | 40.44 | 25.70 | 24.11 | 9.75 | 100 |
| 正高级 | 46.57 | 20.43 | 21.29 | 11.71 | 100 |
| 副高级 | 41.85 | 24.62 | 23.06 | 10.47 | 100 |
| 中级 | 41.10 | 25.55 | 23.50 | 9.85 | 100 |
| 初级 | 31.32 | 32.91 | 27.73 | 8.04 | 100 |
| 无职称 | 35.65 | 27.31 | 32.05 | 4.99 | 100 |
| 行政人员 | 44.90 | 21.90 | 22.32 | 10.88 | 100 |

| 类别 | 东部地区 | 中部地区 | 西部地区 | 东北地区 | 合计 |
|---|---|---|---|---|---|
| 教辅人员 | 45.66 | 22.60 | 21.08 | 10.66 | 100 |
| 工勤人员 | 39.66 | 22.21 | 23.98 | 14.15 | 100 |
| 招生数 | 38.77 | 27.63 | 24.73 | 8.87 | 100 |
| 其中：本科 | 38.37 | 29.48 | 25.64 | 6.51 | 100 |
| 专科 | 39.13 | 26.00 | 23.92 | 10.95 | 100 |
| 在校学生数 | 39.17 | 27.26 | 24.36 | 9.21 | 100 |
| 其中：本科 | 39.39 | 29.17 | 24.88 | 6.59 | 100 |
| 专科 | 39.02 | 26.02 | 24.03 | 10.93 | 100 |
| 毕业生数 | 39.77 | 28.00 | 23.36 | 8.87 | 100 |
| 其中：本科 | 39.72 | 30.12 | 23.61 | 6.55 | 100 |
| 专科 | 39.81 | 26.02 | 23.14 | 11.03 | 100 |
| 授予学位数 | 39.90 | 26.05 | 23.00 | 11.05 | 100 |
| 预计毕业生数 | 39.66 | 27.22 | 24.19 | 8.93 | 100 |
| 其中：本科 | 39.56 | 25.70 | 23.76 | 10.98 | 100 |
| 专科 | 39.77 | 28.94 | 24.67 | 6.62 | 100 |

资料来源：根据《中国统计年鉴2015》的数据编制

表2-16 2014年中国四大经济区域中等教育资源统计表

| 类别 | 总计 | 东部地区 | 中部地区 | 西部地区 | 东北地区 |
|---|---|---|---|---|---|
| 高中学校数量（所） | 13 253 | 4 630 | 3 530 | 4 060 | 1 033 |
| 高中教职工数（人） | 2 509 396 | 972 591 | 635 438 | 736 830 | 164 537 |
| 高中专任教师（人） | 1 662 700 | 632 715 | 434 709 | 475 441 | 119 835 |
| 高中招生数（人） | 7 965 960 | 2 638 083 | 2 248 139 | 2 556 857 | 522 881 |
| 高中在校学生数（人） | 24 004 723 | 8 092 145 | 6 805 227 | 7 472 197 | 1 635 154 |
| 高中毕业生数（人） | 7 996 189 | 2 782 801 | 2 252 581 | 2 374 796 | 586 011 |
| 中职学校数量（所） | 9 060 | 2 742 | 2 786 | 2 576 | 956 |
| 中职教职工数（人） | 866 905 | 334 972 | 222 960 | 232 926 | 76 047 |
| 中职专任教师（人） | 663 782 | 259 467 | 171 418 | 177 800 | 55 097 |
| 中职招生数（人） | 4 953 553 | 1 661 514 | 1 362 472 | 1 699 410 | 230 157 |
| 中职在校学生数（人） | 14 163 127 | 5 061 100 | 3 872 336 | 4 503 237 | 726 454 |
| 中职毕业生数（人） | 5 161 519 | 1 929 111 | 1 406 606 | 1 533 977 | 291 825 |
| 中职获得职业资格证书（人） | 4 032 975 | 1 455 439 | 1 157 159 | 1 226 100 | 194 277 |

资料来源：根据《中国统计年鉴2015》的数据编制

表 2-17 2014 年中国四大经济区域中等教育资源构成比重统计表

(单位:%)

| 类别 | 东部地区 | 中部地区 | 西部地区 | 东北地区 | 合计 |
|---|---|---|---|---|---|
| 高中学校数量 | 34.94 | 26.64 | 30.63 | 7.79 | 100 |
| 高中教职工数 | 38.76 | 25.32 | 29.36 | 6.56 | 100 |
| 高中专任教师 | 38.05 | 26.15 | 28.60 | 7.20 | 100 |
| 高中招生数 | 33.12 | 28.22 | 32.10 | 6.56 | 100 |
| 高中在校学生数 | 33.71 | 28.35 | 31.13 | 6.81 | 100 |
| 高中毕业生数 | 34.80 | 28.17 | 29.70 | 7.33 | 100 |
| 中职学校数量 | 30.27 | 30.75 | 28.43 | 10.55 | 100 |
| 中职教职工数 | 38.64 | 25.72 | 26.87 | 8.77 | 100 |
| 中职专任教师 | 39.09 | 25.82 | 26.79 | 8.30 | 100 |
| 中职招生数 | 33.54 | 27.50 | 34.31 | 4.65 | 100 |
| 中职在校学生数 | 35.73 | 27.34 | 31.80 | 5.13 | 100 |
| 中职毕业生数 | 37.37 | 27.26 | 29.72 | 5.65 | 100 |
| 中职获得职业资格证书 | 36.09 | 28.69 | 30.40 | 4.82 | 100 |

资料来源：根据《中国统计年鉴 2015》的数据编制

中部地区人杰地灵，文化底蕴深厚，人才智力资源丰富，创新优势明显。自 21 世纪以来，中部地区的科学技术事业发展突飞猛进，硕果累累。

2014 年统计，湖北拥有科学研究与开发机构 2002 个，科技活动人员 38.84 万人，居全国前列①。据 2015 年统计，湖北拥有代表原始创新实力的国家实验室 1 个，国家级重点实验室 30 个，位居全国第 3 位，仅次于北京、上海；拥有国家级工程技术研究中心 19 个，国家级企业技术中心 44 个，国家级野外试验台站 5 个；拥有省级重点实验室 152 个，其中企业建设重点实验室 21 个，高等院校建设重点实验室 114 个，科研院所建设重点实验室 17 个。这些重点实验室、工程技术中心拥有国内一流的基础研究、应用基础、工程技术开发设计和试验的专业人才队伍，具有较完备的科学实验、工程技术综合配套试验条件，其研究方向遍布多个领域，为促进湖北产业与经济社会发展、凝聚和培养优秀科技人才等发挥了极其重要的作用。目前，湖北拥有"两院"院士共计 71 名，其中中国科学院院士 31 名，中国工程院院士 40 名。湖北科学研究和技术开发不断取得新的成果，2015 年共登记重大科技成果 1933 项，其中基础理论成果 16 项，应用技术成

---

① 湖北省统计局. 2015. 湖北统计年鉴 2015. 北京：中国统计出版社.

果 1875 项，软科学成果 42 项；全年共签订技术合同 22 787 项，技术合同成交金额 830.07 亿元，合同金额比上年增长 37.95%；全省科学研究与实验发展（R&D）经费支出 565 亿元，增长 10%，占全省生产总值的 1.91%；围绕光电子器件、集成电路、平板显示、创新创业、重大科技基础设施建设等领域，加大项目策划和争取力度，共争取国家高技术和战略性新兴产业相关项目 40 个，争取国家资金 71.2 亿元[1]。在 2015 年国家科技奖励评选中，湖北共有 27 项成果获奖，占所有通用授奖项目的 9.15%，获奖项目继续保持全国前列；由湖北主持完成的成果有 11 项，其中获得国家自然科学奖二等奖 1 项，国家技术发明奖二等奖 3 项，国家科学进步奖一等奖 1 项、二等奖 5 项、创新团队奖 1 项；湖北参与完成的获奖项目 16 项，其中国家自然科学奖二等奖 1 项、国家科技进步特等奖 1 项、一等奖 1 项、二等奖 13 项[2]。

2014 年统计，湖南拥有科学研究与开发机构 2604 个，科技活动人员 16.25 万人[3]。据 2015 年统计，湖南拥有国家级重点实验室 15 个，国家级工程（技术）研究中心 18 个；省级重点实验室 141 个，省级工程（技术）研究中心 282 个；国家（与地方联合）工程实验室 26 个，国家（与地方联合）工程研究中心 14 个；国家认定企业技术中心 39 个；拥有"两院"院士共计 36 名。签订技术合同 3710 项，技术合同成交金额 105.4 亿元，登记科技成果 777 项。获得国家科技进步奖励成果 14 项、国家技术发明奖励 4 项。"天河二号"超级计算机获全球超算"六连冠"，"海牛"深海钻机、永磁同步牵引电机、新一代大容量石墨烯超级电容、常导短定子中低速磁悬浮列车等高新成果研发成功。专利申请量 54 501 件，比上年增长 23.3%；其中发明专利申请量 19 499 件，增长 34.7%；专利授权量 34 075 件，增长 27.9%，其中发明专利授权量 6776 件，增长 62.9%。工矿企业、大专院校和科研单位专利申请量分别为 26 867 件、8628 件和 595 件，专利授权量分别为 18 207 件、4632 件和 291 件。高新技术产业增加值 6128.8 亿元，增长 17.8%[4]。

2014 年统计，河南拥有科学研究与开发机构 2203 个，科技活动人员 23.21 万人[5]。据 2015 年统计，河南全年研究与试验发展人员 24 万人，经费支出 440

① 湖北省统计局.2016-02-26.湖北省 2015 年国民经济和社会发展统计公报.http：//www.stats-hb.gov.cn.

② 安立，余梅.2016-01-08.2015 年度国家科学技术奖揭晓 湖北 27 项成果上榜.http：//www.cnhubei.com.

③ 湖南省统计局.2015.湖南统计年鉴 2015.北京：中国统计出版社.

④ 湖南省统计局.2016-03-17.湖南省 2015 年国民经济和社会发展统计公报.http：//www.hntj.gov.cn.

⑤ 河南省统计局.2015.河南统计年鉴 2015.北京：中国统计出版社.

亿元，比上年增长 10%。省级以上企业技术中心 1013 个，其中国家级 80 个；省级以上工程实验室（工程研究中心）385 个，其中国家级 37 个。国家级工程技术研究中心 10 个；省级工程技术研究中心 927 个；省级重点实验室 91 个；国家级创新型（试点）企业 18 家；省级创新型（试点）企业 428 家；拥有"两院"院士共计 20 名，其中中国科学院院士 6 名，中国工程院院士 14 名。启动实施省重大科技专项 55 个。获得国家科技奖励 28 项，省级科技进步奖 337 项。申请专利 74 373 件，授权专利 47 766 件，分别增长 19.1% 和 43.2%；有效发明专利 17 571 件，增长 29.8%。签订技术合同 3497 份，技术合同成交金额 45.56 亿元，增长 9.4%[①]。

2014 年统计，安徽拥有科学研究与开发机构 4093 个，科技活动人员 36.51 万人[②]。据 2015 年统计，全省拥有各类专业技术人员 220.4 万人，比上年增长 2.5%；科研机构 4093 个，其中大中型工业企业办机构 1025 个；从事研发活动人员 18.7 万人；拥有"两院"院士共计 34 名，其中中国科学院院士 22 名，中国工程院院士 12 名。全年用于研究与试验发展（R&D）经费支出 432 亿元，增长 9.8%；相当于全省生产总值的 1.96%，比上年提高 0.07 百分点。全省拥有国家大科学工程 5 个；拥有国家实验室 1 个，国家重点（工程）实验室 21 个，省级（含重点）实验室 106 个，部属（含院属）实验室 51 个；拥有省级以上工程（技术）研究中心 557 个，其中国家级 30 个。拥有高新技术产业开发区 16 个，其中国家级 4 个；拥有高新技术企业 3157 家。全年取得省部级以上科技成果 705 项。主要科技成果有：中国科学院合肥物质科学研究院的"中国铅基研究反应堆交互式设计与仿真平台"、中钢集团马鞍山矿山研究院有限公司的"缓倾斜——倾斜中厚矿体大盘区高强度开采技术研究与应用"等。受理申请专利 127 709 件，授权专利 59 039 件，比上年分别增长 28.8% 和 22.0%；年末全省有效发明专利 2.6 万件。全年共签订各类技术合同 12 491 项；成交金额 190.5 亿元，比上年增长 12.2%[③]。

2014 年统计，江西拥有科学研究与开发机构 1328 个，科技活动人员 15.58 万人[④]。据 2015 年统计，江西全年研究与试验发展（R&D）经费支出 165.6 亿元，比上年增长 8.2%；占 GDP 的比重为 0.99%，比上年提高 0.02 百分点。至

① 河南省统计局 . 2016-02-28. 河南省 2015 年国民经济和社会发展统计公报 . http：//www. hn-stats. gov. cn.

② 安徽省统计局 . 2015. 安徽统计年鉴 2015. 北京：中国统计出版社 .

③ 安徽省统计局 . 2016-02-25. 安徽省 2015 年国民经济和社会发展统计公报 . http：//www. ahtjj. gov. cn.

④ 江西省统计局 . 2015. 江西统计年鉴 2015. 北京：中国统计出版社 .

2015 年年末共有国家级重点实验室 4 个，省级重点实验室 121 个；国家级工程（技术）研究中心 8 个，省级工程（技术）研究中心 215 个。全年获省部级以上科技成果 788 项，其中基础理论成果 43 项，应用技术成果 745 项；通过省级科技主管部门鉴定的科技成果 85 项，获得国家科学技术进步奖的科技成果 10 项，获得国家科学技术奖的科技成果 12 项，其中"硅衬底蓝色发光二极管"技术获得国家技术发明一等奖，"热针灸"技术获得国家科技进步二等奖。全年受理专利申请 36 936 件，授权专利 24 161 件；签订技术合同 1136 项，技术市场合同成交金额 64.8 亿元①。

2014 年统计，山西拥有科学研究机构 159 个，从事科技活动人员 8452 人；其中自然科学研究机构 128 个，从事科技活动人员 7383 人；社会科学研究机构 19 个，从事科技活动人员 762 人；情报科学研究机构 12 个，从事科技活动人员 307 人②。据 2015 年统计，全年全省专利申请量 14 949 件，其中发明专利申请量 5680 件；全省专利授权量 9863 件，增长 17.8%，其中发明专利授权量 2432 件，增长 56.0%；全年新登记科技成果 358 项，获得国家科学技术奖 6 项；国家级企业技术中心 26 家，省级企业技术中心 224 家；按照国家高新技术企业认定办法，年末累计高新技术企业 720 家；全省 25 个经济开发区（包括高新区），全年区内税收入 193.6 亿元，增长 0.8%；企业主营业务收入 6184.4 亿元，增长 4.4%③。

科技是强盛之基，创新是进步之本。党的"十八大"以来，中部六省都以科技创新作为经济稳中求进、产业转型升级的重要驱动力，并取得了良好的成效。据统计，2014 年中部地区拥有科学研究与开发机构 12 643 个，科研机构 R&D 人员 405 029 人；国内三种专利受理 306 119 件，占全国总数的 14%；国内三种专利授权 158 875 件，占全国总数的 13.33%④。2014 年，中部地区规模以上工业企业的 R&D 人员全时当量 463 004.70 人·年，占全国总量的 17.54%；R&D 经费 15 481 234.10 万元，占全国总数的 16.73%；专利申请数 103 055 件，占全国总量的 17.54%；新产品开发项目 58 527 项，占全国总数的 15.57%；新产品开发经费支出 15 750 607.6 万元，占全国总量的 15.56%；新产品销售收入 247 158 486.50 万元，占全国总量的 17.30%；产品或工艺创新企业 26 841 个，

① 江西省统计局. 2016-03-23. 江西省 2015 年国民经济和社会发展统计公报. http：//www. jx-stats. gov. cn.

② 山西省统计局. 2015. 山西统计年鉴 2015. 北京：中国统计出版社.

③ 山西省统计局. 2016-03-02. 山西省 2015 年国民经济和社会发展统计公报. http：//www. Stats-sx. gov. cn.

④ 根据中部六省统计局《湖北统计年鉴 2015》《湖南统计年鉴 2015》《河南统计年鉴 2015》《安徽统计年鉴 2015》《江西统计年鉴 2015》《山西统计年鉴 2015》的数据，整理计算而得，本章余同。

占全国总量的 20.86%；产品或工艺创新企业占全部企业的比重为 31.35%。

　　2014 年我国四大经济区域国内三种专利统计与构成比重、规模以上工业企业科技资源统计与构成比重，如表 2-18～表 2-21 所示。

表 2-18　2014 年中国四大经济区域国内三种专利统计表　（单位：件）

| 类　　别 | 总计 | 东部地区 | 中部地区 | 西部地区 | 东北地区 |
|---|---|---|---|---|---|
| 三种专利受理数 | 2 186 486 | 1 494 007 | 306 119 | 304 711 | 81 649 |
| 其中：发明专利 | 789 698 | 513 994 | 117 411 | 121 120 | 37 173 |
| 实用新型专利 | 851 537 | 566 078 | 138 333 | 110 507 | 36 619 |
| 外观设计专利 | 545 251 | 413 935 | 50 375 | 73 084 | 7 857 |
| 三种专利授权数 | 1 191 643 | 852 433 | 158 875 | 138 702 | 41 633 |
| 其中：发明专利 | 157 795 | 110 079 | 20 284 | 19 569 | 7 863 |
| 实用新型专利 | 690 229 | 468 086 | 109 261 | 83 881 | 29 001 |
| 外观设计专利 | 343 619 | 274 268 | 29 330 | 35 252 | 4 769 |

　　资料来源：根据《中国统计年鉴 2015》的数据编制

表 2-19　2014 年中国四大经济区域国内三种专利构成比重统计表

（单位：%）

| 类　　别 | 东部地区 | 中部地区 | 西部地区 | 东北地区 | 合计 |
|---|---|---|---|---|---|
| 三种专利受理数 | 68.33 | 14.00 | 13.94 | 3.73 | 100 |
| 其中：发明专利 | 65.08 | 14.87 | 15.34 | 4.71 | 100 |
| 实用新型专利 | 66.47 | 16.25 | 12.98 | 4.30 | 100 |
| 外观设计专利 | 75.92 | 9.24 | 13.40 | 1.44 | 100 |
| 三种专利授权数 | 71.53 | 13.33 | 11.64 | 3.50 | 100 |
| 其中：发明专利 | 69.76 | 12.86 | 12.40 | 4.98 | 100 |
| 实用新型专利 | 67.82 | 15.83 | 12.15 | 4.20 | 100 |
| 外观设计专利 | 79.81 | 8.54 | 10.26 | 1.39 | 100 |

　　资料来源：根据《中国统计年鉴 2015》的数据编制

表 2-20　2014 年中国四大经济区域规模以上工业企业科技资源统计表

| 类　　别 | 总计 | 东部地区 | 中部地区 | 西部地区 | 东北地区 |
|---|---|---|---|---|---|
| R&D 人员全时当量（人·年） | 2 641 578.3 | 1 789 036 | 463 004.7 | 264 259.8 | 125 277.80 |
| R&D 经费（万元） | 92 542 587 | 62 882 012.5 | 15 481 234.1 | 9 191 785.6 | 4 987 554.8 |
| R&D 项目数（项） | 342 507 | 234 573 | 53 742 | 38 996 | 15 196 |
| 专利申请数（件） | 630 561 | 447 973 | 103 055 | 60 798 | 18 735 |

| 类　别 | 总计 | 东部地区 | 中部地区 | 西部地区 | 东北地区 |
|---|---|---|---|---|---|
| 其中：发明专利（件） | 239 925 | 169 431 | 38 870 | 23 574 | 8 050 |
| 有效发明专利数（件） | 448 885 | 328 461 | 63 911 | 42 522 | 13 991 |
| 新产品开发项目数（项） | 375 863 | 261 001 | 58 527 | 41 498 | 14 837 |
| 新产品开发经费支出（万元） | 101 231 582 | 71 150 650 | 15 750 607.6 | 9 529 206.8 | 4 801 117.6 |
| 新产品销售收入（万元） | 1 428 952 968 | 1 002 710 011 | 247 158 486.5 | 116 842 109.4 | 62 242 361.3 |
| 其中：出口收入（万元） | 269 043 782.5 | 220 482 870.8 | 34 690 578.9 | 8 676 865.6 | 5 193 467.2 |
| 产品或工艺创新企业数（个） | 128 667 | 82 282 | 26 841 | 15 084 | 4 460 |
| 产品或工艺创新企业占全部企业比重（%） | 34.1 | 39.09 | 31.35 | 30.30 | 18.20 |
| 其中：产品创新企业占全部企业比重（%） | 24.6 | 28.04 | 21.12 | 17.83 | 12.08 |
| 工艺创新企业占全部企业比重（%） | 25.1 | 28.40 | 23.40 | 23.15 | 12.69 |

资料来源：根据《中国统计年鉴 2015》的数据编制

表 2-21　2014 年中国四大经济区域规模以上工业企业科技资源构成比重统计表

（单位:%）

| 类别 | 东部地区 | 中部地区 | 西部地区 | 东北地区 | 合计 |
|---|---|---|---|---|---|
| R&D 人员全时当量 | 67.72 | 17.54 | 10.00 | 4.74 | 100 |
| R&D 经费 | 67.95 | 16.73 | 9.93 | 5.39 | 100 |
| R&D 项目数 | 68.48 | 15.69 | 11.39 | 4.44 | 100 |
| 专利申请数 | 71.04 | 16.35 | 9.64 | 2.97 | 100 |
| 其中：发明专利 | 70.61 | 16.20 | 9.83 | 3.36 | 100 |
| 有效发明专利数 | 73.17 | 14.24 | 9.47 | 3.12 | 100 |
| 新产品开发项目数 | 69.44 | 15.57 | 11.04 | 3.95 | 100 |
| 新产品开发经费支出 | 70.29 | 15.56 | 9.41 | 4.74 | 100 |
| 新产品销售收入 | 70.16 | 17.30 | 8.18 | 4.36 | 100 |
| 其中：出口收入 | 81.95 | 12.89 | 3.25 | 1.93 | 100 |
| 产品或工艺创新企业数 | 63.95 | 20.86 | 11.72 | 3.47 | 100 |

资料来源：根据《中国统计年鉴 2015》的数据编制

　　经济新常态下，中部六省为着力解决其发展方式粗放、产业层次偏低、资源环境约束趋紧等急迫问题，均下大力气优先支持发展高新技术产业开发区，扶持高新技术企业发展，兼顾发展速度与质量、统筹发展规模与结构。中部地区现有

24 个国家级高新技术产业开发区和 30 个省级高新技术产业开发区。据统计，2014 年中部地区 24 个国家级高新技术产业开发区入驻企业 12 072 个，占全国高新技术产业开发区企业总量的 16.47%；其企业从业人员 255.64 万人，占全国高新技术产业开发区企业从业人员总量的 16.84%；高新技术产业开发区企业总收入 408 838 702.90 万元，占全国高新技术产业开发区企业总收入的 18.13%；高新技术产业开发区企业出口总额 3 885 559.66 万美元，占全国高新技术产业开发区企业出口总额的 8.94%。

2014 年我国四大经济区域国家级高新技术产业开发区高新技术企业指标统计与构成比重，如表 2-22 和表 2-23 所示。

**表 2-22　2014 年中国四大经济区域国家级高新开发区高新技术企业指标统计表**

| 类别 | 总计 | 东部地区 | 中部地区 | 西部地区 | 东北地区 |
|---|---|---|---|---|---|
| 企业数（个） | 74 275 | 44 532 | 12 072 | 11 449 | 5 953 |
| 从业人员（人） | 15 271 992 | 8 920 089 | 2 556 426 | 2 433 294 | 1 324 585 |
| 总收入（万元） | 2 267 545 329 | 1 293 506 676 | 408 838 702.9 | 349 983 241.7 | 212 277 670 |
| 出口总额（万美元） | 43 514 377 | 32 482 241.23 | 3 885 559.66 | 5 043 376.68 | 2 084 609 |

资料来源：根据《中国统计年鉴 2015》的数据编制

**表 2-23　2014 年中国四大经济区域国家级高新开发区高新技术企业指标构成比重统计表**

（单位：%）

| 类别 | 东部地区 | 中部地区 | 西部地区 | 东北地区 | 合计 |
|---|---|---|---|---|---|
| 企业数 | 59.97 | 16.47 | 15.53 | 8.03 | 100 |
| 从业人员 | 58.42 | 16.84 | 15.98 | 8.67 | 100 |
| 总收入 | 57.05 | 18.13 | 15.45 | 9.37 | 100 |
| 出口总额 | 74.66 | 8.94 | 11.60 | 4.80 | 100 |

资料来源：根据《中国统计年鉴 2015》的数据编制

目前，中部地区发展势头最好的高新技术产业开发区是武汉东湖新技术开发区。该区发展势头强劲，是国家批准的继中关村后的第二家国家级自主创新示范区，其发展一直位列全国高新技术产业开发区前茅，被誉为"中国光谷"。2014 年统计，武汉东湖新技术开发区入驻企业 3043 个，居全国高新技术产业开发区第五位；其企业从业人员 44.96 万人，居全国高新技术产业开发区第三位；高新技术产业开发区企业总收入 85 261 013 万元，居全国高新技术产业开发区第三位[1]。武汉东湖新技术开发区研制出我国第一根光纤，打破国际垄断激光切割技

---

① 中华人民共和国国家统计局. 2015. 中国统计年鉴 2015. 北京：中国统计出版社.

术，制定我国在互联网领域首个国际标准，提供"神七"宇航员太空行走的新技术，已发展成为国内最大的光纤光缆、光电器件生产基地，光通信技术研发基地和激光产业基地。其中光纤光缆的生产规模居全球第二，国内市场占有率达50%，国际市场占有率达12%；光电器件、激光产品的国内市场占有率达40%。武汉东湖新技术开发区将助推武汉在"十三五"时期建成国家中心城市，使武汉成为全国重要的先进制造业中心、现代服务业中心和综合高技术产业基地、综合交通枢纽基地，成为全国"两型"社会综合配套改革试验区和国家自主创新示范区的表率，提升武汉中心城市的地位。预计"十三五"后期武汉市 GDP 将过 2 万亿元，主要经济指标进入全国直辖市和副省级城市前列，形成具有比较优势的现代产业体系，实现城乡融合发展，居民生活水平和经济社会的同步增长。

# 第八节　产业基础优势

## 一、农业与农产品加工业基础优势

中部地区地处我国内陆腹地，地域广大，属于亚热带季风气候，四季分明，降雨充沛，光照充足，利于农业生产。中部地区拥有江汉平原、洞庭湖平原、鄱阳湖平原、巢湖平原、黄淮平原、汾河灌区，自古以来就是我国传统的农业生产基地，农业发展基础较好，"两湖熟，天下足"说的就是中部的湖北、湖南两省粮食丰收的重要意义。中部的湖北、湖南、河南、安徽、江西五省都是名副其实的农业大省，山西也是盛产小米、杂粮、干果、肉牛等北方特色农产品的省份。

2015 年中部地区第一产业增加值 15 868.80 亿元，占全国总量的 26.07%[①]。2015 年中部地区粮食总产量 18 719.70 万吨，占全国总量的 30.12%，居全国四大经济区域之首；稻谷、小麦、"双低"油菜籽、花生、芝麻、柑橘、肉猪出栏头数、蜂蜜、淡水鱼类等农产品产量均雄踞全国四大经济区域之首；优质棉花、三元猪、名特水果、名优蟹虾、茶叶、烟叶、银杏、魔芋、中药材等在全国均占有重要地位。中部地区的各种农产品产量大，品质高，是全国名副其实的重要的

① 2015 年的统计数据，均根据中部地区的湖北、湖南、河南、安徽、江西、山西六省的统计局各自发布的"2015 年国民经济和社会发展统计公报"和国家统计局"中国 2015 年国民经济和社会发展统计公报"的数据，整理计算而得，本章余同。

粮棉油和其他名优农产品生产基地。

中部地区丰富的农业资源为其农产品加工业的发展奠定了坚实的基础，形成门类齐全的农产品加工业体系，其中食品加工业、食品制造业、饮料制造业、烟草加工业、纺织服装业等在全国均具有重要地位，涌现出一批国家级的农产品加工骨干龙头企业。中部地区现有农业产业化国家重点龙头企业258家，占全国总数的21.66%；湖北、湖南、河南、安徽、江西、山西六省，分别拥有农业产业化国家重点龙头企业49家、41家、59家、48家、37家、24家[1]。其中，湖北稻花香酒业、劲牌公司、武汉中粮肉食品、湖北福娃集团、汉口精武食品、湖北国宝桥米、湖北万宝粮油、湖北采花茶业、湖南新五丰、唐人神集团、加加食品集团、金健米业、克明面业、河南双汇集团、郑州思念食品、三全食品、好想你枣业、信阳毛尖集团、安徽济人药业、合肥丰乐种业、安徽燕之坊食品、江西仁和集团、正邦集团、鸭鸭公司、煌上煌集团、山西水塔醋业、平遥牛肉集团、古城乳业集团等，不仅在中部地区乃至全国业界，都是有重要影响的农产品加工龙头企业。

中部地区的农业产业化重点龙头企业利用丰富的农业资源，不断提高农产品加工水平和质量，延伸产品产业链条，扩大企业规模，加大市场推广力度，创出一大批农产品加工优质品牌与名优产品，包括湖北的中国劲酒、稻花香、国宝桥米、采花毛尖等，湖南的金健大米、克明面业、加加、唐人神等，河南的双汇、思念、三全、好想你、信阳毛尖等，安徽的济人、丰乐、燕之坊等，江西的仁和、正邦、鸭鸭、煌上煌等，山西的水塔陈醋、平遥牛肉、沁州皇小米等。其中河南的食品品牌与名优产品在全国市场占有率第一，产品产销额遥遥领先，是全国农产品加工业的大省和强省。

中部地区的农业与农产品加工业形成一批农产品加工科研队伍和创新平台，包括众多的特色高校和科研院所，如华中农业大学、武汉轻工大学、武汉粮食科学研究设计院、武汉油料研究所、湖北水产研究所、湖北农业科学院、河南农业大学、河南工业大学、湖南农业大学、中南林业大学、安徽农业大学、江西农业大学、山西农业大学等。这些农产品加工创新平台和科研院所紧密结合中部地区农业发展的需要，产学研相结合，极大地促进了中部地区的农业与农产品加工业的持续发展。

## 二、第二产业基础优势

新中国成立伊始，中部地区就是我国重要的工业生产和建设基地。经过60

---

① 中华人民共和国农业部农村经济体制与经营管理司. 2014-09-18. 农业部关于公布第六次监测合格农业产业化国家重点龙头企业名单的通知. http: // www. moa. gov. cn.

多年的建设发展，中部已形成以汽车制造、钢铁冶炼、机械装备、石油化工、电力能源、食品加工等为支柱，以烟草轻工、纺织服装、建筑材料、煤炭开采、有色金属、电子信息、生物医药等为主导的行业门类齐全的综合性工业体系，具有坚实的第二产业基础，是全国重要的工业生产基地之一。中部地区的工业生产持续保持稳定增长，2015 年中部地区第二产业增加值 274 278 亿元，占全国总量的 25.41%。

湖北 2015 年全部工业增加值 11 532.63 亿元，比上年度增长 8.5%；年末全省规模以上工业企业达到 15 894 家，比上年净增 1052 家，增长 7.1%；规模以上工业增加值增长 8.6%，其中制造业增长 9.5%，高技术制造业增长 12.5%；轻工业增长 9.8%，重工业增长 7.8%；全年规上工业完成销售产值 44 123.2 亿元，增长 7.6%，产品销售率为 97.3%；实现出口交货值 1931.2 亿元，增长 8.7%；全省千亿元产业增加到 17 个，较上年增加 3 个[①]。

湖南 2015 年全部工业增加值 11 090.8 亿元，比上年度增长 7.5%；规模以上工业增加值增长 7.8%，其中新产品产值增长 18.8%，占工业总产值比重为 17.8%；高加工度工业和高技术制造业增加值分别增长 8.7% 和 13.3%；六大高耗能行业增加值增长 7.0%；非公有制企业增加值增长 9.5%；园区工业增加值占规模以上工业的比重为 61.5%[②]。

河南 2015 年全部工业增加值 16 100.92 亿元，比上年度增长 8.0%；规模以上工业增加值增长 8.6%；轻工业增长 8.1%，重工业增长 8.9%，轻、重工业比例 35.3∶64.7；产品销售率 98.3%；规模以上工业 40 个行业大类中，规模居前 10 位的行业比上年增长 11.0%，其中电子信息、装备制造、汽车及零部件、食品、现代家居、服装服饰等高成长性制造业比上年增长 11.4%，对全省规模以上工业增长的贡献率为 59.9%[③]。

安徽 2015 年全部工业增加值 9659.8 亿元，比上年度增长 8.5%；年末规模以上工业企业 17 969 家，比上年净增 1597 家；规模以上工业增加值增长 8.6%，40 个工业行业大类有 37 个实现增长，其中计算机、通信和其他电子设备制造业增长 23.8%，有色金属冶炼和压延加工业增长 14.5%，汽车制造业增长 13.6%，通用设备制造业增长 11.2%，黑色金属冶炼和压延加工业增长 10.1%，纺织服

① 湖北省统计局. 2016-02-26. 湖北省 2015 年国民经济和社会发展统计公报. http：//www. stats-hb. gov. cn.

② 湖南省统计局. 2016-03-17. 湖南省 2015 年国民经济和社会发展统计公报. http：//www. hntj. gov. cn.

③ 河南省统计局. 2016-02-28. 河南省 2015 年国民经济和社会发展统计公报. http：//www. hn-stats. gov. cn.

装、服饰业增长 10.4%，化学原料和化学制品制造业增长 9.6%，非金属矿物制品业增长 9.8%①。

江西 2015 年规模以上工业增加值 7268.9 亿元，比上年度增长 9.2%；轻工业增长 7.7%，重工业增长 10.1%；规模以上工业 38 个行业大类中，34 个实现增长，占比近九成；电子、电气机械、纺织、农副食品、医药和有色金属等六大重点行业，分别增长 16.5%、12.3%、12.3%、11.2%、10.4%、10.3%；高新技术产业增长 10.4%②。

山西 2015 年第二产业增加值 5224.3 亿元，占生产总值的比重 40.8%；规模以上工业企业 3731 家，比上年净增 11 家；规模以上工业企业实现主营业务收入 14 393.7 亿元；其中，煤炭工业实现主营业务收入 5759.7 亿元，冶金工业实现 2713.8 亿元，装备制造业实现 1479.4 亿元，电力工业实现 1458.7 亿元，焦炭工业实现 776.9 亿元③。

"十一五"至"十二五"期间，中部地区的汽车产业保持着较高的发展速度，已成为中部六省工业经济发展的主打力量。湖北以东风汽车公司为基础，形成了产销规模和竞争实力强劲、全国著名的武汉—随州—襄阳—十堰汽车走廊，2015 年汽车产量高达 196.8 万辆，增长 12.8%④；安徽以奇瑞汽车、江淮汽车为核心，整合全省的汽车产业实现了快速发展，2015 年汽车产量 125.8 万辆，增长高达 31.4%⑤，奇瑞、江淮是全国汽车产销 10 强企业；湖南以三一重工、中联重科、长丰汽车为中心，成为全国工程机械之都后，大力发展汽车制造业，2015 年汽车产量 63.6 万辆⑥；江西以江铃和昌河等传统骨干企业为依托，大力发展新能源汽车，2015 年汽车产量 53 万辆⑦；河南以宇通客车、郑州日产、海马汽车

---

① 安徽省统计局. 2016-02-25. 安徽省 2015 年国民经济和社会发展统计公报. http：//www. ahtjj. gov. cn.

② 江西省统计局. 2016-03-23. 江西省 2015 年国民经济和社会发展统计公报. http：//www. jx-stats. gov. cn.

③ 山西省统计局. 2016-03-02. 山西省 2015 年国民经济和社会发展统计公报. http：//www. Stats-sx. gov. cn.

④ 湖北省统计局. 2016-02-26. 湖北省 2015 年国民经济和社会发展统计公报. http：//www. stats-hb. gov. cn.

⑤ 安徽省统计局. 2016-02-25. 安徽省 2015 年国民经济和社会发展统计公报. http：//www. ahtjj. gov. cn.

⑥ 湖南省统计局. 2016-03-17. 湖南省 2015 年国民经济和社会发展统计公报. http：//www. hntj. gov. cn.

⑦ 江西省统计局. 2016-03-23. 江西省 2015 年国民经济和社会发展统计公报. http：//www. jx-stats. gov. cn.

为依托，正规划全力打造百万辆级中西部汽车制造中心，2015 年汽车产量 42.2 万辆①；山西以煤炭运输为依托，大力发展以大运汽车为龙头的重型运输车辆制造业。

中部地区是我国传统的钢铁工业基地，其黑色金属冶炼及压延加工业在全国占有重要地位。湖北的武汉钢铁公司是新中国成立后我国兴建的第一个特大型钢铁联合企业，拥有完整的钢铁生产工艺和设备，是我国重要的优质板材生产基地，年产钢材近 4000 万吨，居世界钢铁行业第四位，是世界 500 强企业之一。除武钢外，中部还拥有众多的在全国有一定地位和影响的大型钢铁企业，如湖南的华菱集团、株洲冶炼，河南的舞阳钢铁、安阳钢铁、济源钢铁，安徽的马鞍山钢铁集团，山西的太原钢铁、长治钢铁、太钢不锈，江西的萍乡钢铁、南昌钢铁、新余钢铁、方大特钢，湖北的大冶特钢等企业。中部的钢铁产业正在进行兼并重组，将会形成多家在世界上具有重大影响的国际性大型钢铁企业。2014 年中部地区生铁、粗钢、钢铁产量依次为 15 162.84 万吨、16 832.77 万吨、20 651.48 万吨，分别占全国总产量的 21.24%、20.47%、18.35%。

由于中部地区拥有丰富的煤炭资源，世界大河——长江和黄河贯穿中部，中部地区形成以电力、煤炭为核心的能源基础工业。中部地区建有三峡、小浪底、葛洲坝、三门峡等四大水电站，其中三峡大坝是世界第一大水电工程，其装机容量和发电量均居世界第一。中部地区拥有大同、宁武、西山、霍西、沁水、河东、淮北、淮南八大煤田，中部的煤炭支援了全国的经济建设。2014 年中部六省电力生产量 11 980.14 亿千瓦·时、原煤产量 12.94 亿吨、焦炭产量 15 053.34 万吨，分别占全国总量的 21.21%、33.41%、31.37%。中部地区现有的大型煤电企业有西山煤电、国阳新能、潞安环能、太原煤气化、大同煤业、兰花科创、恒源煤电、国投新集、神火股份、郑州煤电、平煤天安、赣能股份、安源股份等，这些企业为中部地区产业的发展提供了强大的能源保障，促使中部地区把自身的资源优势转变为区域竞争优势和经济优势。

进入 21 世纪以来，中部地区利用自身原有的工业基础和人才资源优势，大力发展战略性新兴产业，形成了颇具特色的高新技术产业基础优势。中部地区的光电子、新能源汽车、生物医药、新材料、高端装备制造、新一代信息技术等产业在全国特色鲜明且具有一定的影响，武汉光谷的光电子产业在世界上都占有一席之地。中部地区依托武汉、合肥、长沙、郑州、南昌、太原等省域中心城市及副中心城市等，建有 24 个国家级高新技术产业开发区和 36 个国家级经济技术开发区，其中，湖北分别拥有 5 个和 7 个，湖南分别拥有 5 个和 6 个，河南分别拥

① 河南省统计局. 2016-02-28. 河南省 2015 年国民经济和社会发展统计公报. http：//www. hn-stats. gov. cn.

第二章 中部地区产业发展资源禀赋与比较优势

有 5 个和 7 个，安徽分别拥有 4 个和 7 个，江西分别拥有 4 个和 6 个，山西分别拥有 1 个和 3 个。除此之外，中部地区还拥有众多省级高新技术产业开发区和经济技术开发区。中部地区以这些高新技术产业开发区和经济技术开发区为载体，大力发展生物医药、新能源汽车、新材料、新一代信息技术、高端装备制造、节能环保等产业，促使中部地区工业不断进步和升级换代。据统计，2014 年中部地区 24 个国家级高新技术产业开发区入驻企业 12 072 个，企业从业人员 255.64 万人，高新技术产业开发区企业总收入 408 838 702.90 万元，高新技术产业开发区企业出口总额 3 885 559.66 万美元[①]。

### 三、第三产业基础优势

改革开放以来，中部地区的第三产业规模不断扩大，内部结构和发展质量得到有效改善，在促进经济平稳较快发展、扩大就业等方面发挥了重要作用，形成了良好的产业发展基础。中部地区的第三产业增加值在 2004～2014 年，相继突破 10 000 亿元、20 000 亿元、30 000 亿元、40 000 亿元、50 000 亿元大关，2015 年一举突破了 60 000 亿元大关，达 61 568.62 亿元，占中部地区生产总值的 41.84%，占全国第三产业增加值的比重为 18.03%。中部地区第三产业的发展，超过同期中部地区国内生产总值的年均增长速度，也高于同期中部第一产业和第二产业的年均增长速度。

交通运输、邮电通信、批发零售和住宿餐饮业是中部地区第三产业中的传统产业，也是其第三产业中的支柱产业。2014 年中部地区交通运输、仓储及邮电通信业增加值 6457.64 亿元，占中部地区第三产业增加值的 12.20%，业务持续稳定增长。批发零售和住宿餐饮业对中部地区第三产业发展影响很大，2014 年中部地区批发零售贸易及餐饮业增加值 13 418.96 亿元，占中部地区第三产业增加值的 25.34%。据 2015 年统计，中部地区社会消费品零售总额约 64 591.48 亿元，占全国总量的 21.46%。中部地区的批发零售贸易及餐饮业年均增长速度超过同期中部地区第三产业增加值的年均增长速度。中部地区传统的批发和零售贸易、住宿餐饮业，交通运输、仓储及邮电通信业等服务业的持续发展，有力地促进了当地就业水平的提高，从业人员已占中部第三产业从业人员总量的 50% 以上。

中部地区的金融、保险、房地产开发、旅游等新兴的第三产业发展也较快。金融保险业不断壮大，国有控股银行、民营金融机构、外资银行，证券公司、保

---

① 中华人民共和国国家统计局. 2015. 中国统计年鉴 2015. 北京：中国统计出版社.

险公司、信托公司等纷纷进驻中部地区，2014年中部地区金融、保险业增加值6257.83亿元，占中部地区第三产业增加值的11.82%。中部地区的房地产业持续发展势头不减，2014年中部地区房地产业增加值4909.87亿元，占中部地区第三产业增加值的9.27%。旅游业现在是中部地区发展最快的产业之一，呈现连年快速增长的势头，中部各省旅游总收入和接待游客总数的年均增幅均为20%左右，高于同期GDP的增长速度和全国旅游产业平均增长水平。

中部地区的信息传输、计算机服务和软件业，科学研究、技术服务和地质勘查业，租赁和商务服务业，水利、环境和公共设施管理业，居民服务和其他服务业，教育，卫生、社会保障和社会福利业，文化、体育和娱乐业等新兴产业发展较快，但所占比重仍然不高，这在一定程度上也表明中部地区的新兴服务业具有广阔的发展空间和增长潜力。

湖北地处我国经济地理的"心脏"部位，"九省通衢"，产业基础较好。尤其是省会城市武汉，是中部面积最大、人口最多、经济总量最大的特大中心城市，具有独特的承东启西、接南连北、吸引四面、辐射八方的区位优势，商贸繁荣，市场容量巨大；科教发达，科教综合实力居全国大中城市第三位；工业基础雄厚，是全国六大综合性工业基地之一。因此，湖北的第三产业发展较快，其金融保险、商贸物流、科教文化、房地产、旅游、信息、咨询等行业具有较强的基础优势。

湖南省会城市长沙，地处珠江三角洲与中部及北方各省份经济社会联系的必经之地；是全省的政治、经济和文化中心；是我国著名的历史文化名城，媒体娱乐业闻名全国；长沙的装备制造、电子信息、纺织服装、食品加工、商贸餐饮、休闲娱乐等具有一定的比较优势。长沙服务业的发展壮大，有力地带动了湖南文化传媒、媒体娱乐、旅游观光、住宿餐饮、商贸仓储、邮电通信和房地产等产业的快速发展。

河南有着区位优势极佳的郑州、洛阳、开封等城市形成的"中原城市群"，尤其是省会城市郑州，位于京广线与陇海线"两轴"交汇的中心，西有洛阳，东有开封，南有平顶山和许昌，北有新乡和焦作，两轴十字交叉，所围区域已形成"中原城市群经济隆起带"。我国历史上的三大古都洛阳、开封和安阳都位于河南，人文旅游资源较为丰富，因此河南的交通物流、文化旅游、餐饮商贸、邮电通信和房地产等产业发展较好。

安徽境内京广线、京九线、沪汉蓉快速通道、淮河和"八百里皖江"等组成四通八达的联通网络，其间的主要城市有合肥、巢湖、滁州、淮南、蚌埠、马鞍山、芜湖、铜陵和安庆等，极大地促进了安徽交通物流、旅游观光、住宿餐饮、仓储商贸、科教文化、邮电通信和房地产业及其他服务业的发展。安徽文化产业的发展，曾连续保持30%以上增幅，形成我国文化体制改革的"安徽现象"。安徽是全国唯一在出版发行领域拥有两家上市公司（时代传媒、皖新传媒）的省份。

江西的南昌是中部地区唯一与长江三角洲、珠江三角洲和闽中南三角洲相毗邻的省会城市，京九、浙赣、皖赣三条铁路干线在此交汇，区位优越，其装备、汽车、机电、食品、纺织、化工和稀土等行业基础好。南昌凭借其优越的交通位置和深厚的文化内涵基础，已逐渐成为香港资本北进的一个主要据点，其交通运输、仓储物流、批发零售、住宿餐饮、文化旅游、邮电通信和房地产业的发展优势较为明显。

山西交通发达，是全国重要的交通枢纽，已形成铁路、公路、航空三维的交通网络体系。山西历史悠久、文化厚重，境内的宋、辽、金等朝代古建筑占全国总数的70%，国家重点文物保护单位的数量居全国第一。云冈石窟、平遥古城、悬空寺、五台山、北岳恒山、黄河壶口瀑布、黄河铁牛、晋祠、皇城相府、解州关帝庙等风景名胜旅游区驰名中外。山西发达的交通网络、丰富的文化旅游资源，在一定程度上促进了其交通运输、文化旅游、住宿餐饮、商贸物流、邮电通信和房地产业的快速发展。

中部地区良好的第三产业发展基础，不仅能够多方面地满足人民生活的需要，而且还能提供广阔的就业门路，并以其特有的生产服务职能促进第一产业、第二产业的持续发展。据统计，1980年中部地区第三产业从业人数仅1150.03万人，占三次产业从业人员的构成比重只有9.85%；2014年中部地区第三产业从业人数8017.71万人，占三次产业从业人员的构成比重达34.82%[1]，已逐渐超过产业增加值占GDP比重最大的第二产业。中部地区第三产业持续的快速发展，既能对GDP的总体增长产生明显的拉动作用，又能成为吸收劳动力就业的主要渠道。

---

① 根据《湖北统计年鉴2015》《湖南统计年鉴2015》《河南统计年鉴2015》《安徽统计年鉴2015》《江西统计年鉴2015》《山西统计年鉴2015》《新中国60年统计资料汇编》数据，加工计算而得。

# 第三章

## 中部地区产业发展战略意义

### 第一节　经济安全和国家安全的需要

进入 21 世纪以来，国内和国外的经济政治形势和环境发生了深刻的变化，经济安全和国家安全是我国不可回避的重大现实课题。目前我国的经济发达地区、一半以上的国内生产总值都集中在东部沿海地区，战略空间狭小，防御纵深不足，容易受到外来威胁和入侵，进而全面威胁经济安全和国家安全。我国西部资源虽然丰富，但有三股极端主义势力的威胁和周边地缘政治与战争的影响，西部经济社会的稳定发展也需要有力的安全保障。在我国南部，由于南海西沙、南沙历史问题的搁置，国家能源通道和经济建设时常受到干扰，需要花大力气维护南部沿海及其纵深地带的秩序和安全。

新的国际形势与国际环境要求我国必须有广阔的经济纵深和战略腹地，但是我国的经济发达地区与经济快速发展区域几乎都在沿海或沿边地区，战略性经济安全、国家安全相对脆弱，产业与经济的发展、社会的稳定容易受到外部极端势力的威胁。大力发展中部地区产业和经济，实现中部地区的快速崛起，能够为国家的战略性经济安全乃至国家安全、社会稳定提供稳定的战略纵深和战略后方。中部地区地处祖国内陆腹地，无论是来自东部外来霸权的战争威胁，还是来自西部极端势力的干扰，都必须依赖于中部地区战略后方的大力支持和保障，才能确保我国的经济安全、社会稳定和国家安全。

中部地区在历史上就是国家经济社会发展的战略保障和战略基地。当前国家在中部地区崛起规划中把中部地区定位于我国的粮食生产基地、能源原材料基地、现代装备制造及高技术产业基地、综合交通运输枢纽等，实际上就明确了中部地区在我国经济社会发展过程中的重要战略地位。

据统计，2015 年中部地区粮食总产量 18 719.70 万吨，占全国总量的 30.12%[①]，居全国四大经济区域之首；中部地区的稻谷、小麦、"双低"油菜籽、花生、芝麻、柑橘、肉猪出栏头数、蜂蜜、淡水鱼类等农产品产量历年均雄踞全国四大经济区域之首。中部地区的各种农产品产量大、品质高，全国的粮食生产基地实至名归。

中部地区的矿产资源不仅储量巨大，而且种类齐全，煤炭、铁、铜、铝、铅、锌、金、银、锰、稀土、石油等主要矿产资源在全国占有重要的战略定位。中部地区的煤炭、水电资源在全国首屈一指，世界大河——长江、黄河贯穿中部，建有三峡、葛洲坝、小浪底、三门峡等四大水电站，为中部地区形成以电力、煤炭为核心的能源工业奠定了雄厚的基础。2014 年中部六省电力生产量 11 980.14 亿千瓦·时、原煤产量 12.94 亿吨、焦炭产量 15 053.34 万吨，分别占全国总量的 21.21%、33.41%、31.37%[②]。相比东部、西部地区，中部地区的矿产资源远多于东部地区，矿产资源的开发、加工能力又远强于西部地区，矿产业及相关产业发展潜力不可限量。目前，中部地区已发现的矿种约为 160 种，中部六省均为矿产资源大省。各种能源和原材料都大量地输送到区外，支援国家建设，全国的能源、原材料基地名副其实。

中部地区已形成以汽车制造、机械装备、钢铁冶炼、石油化工、电力能源、食品加工等为支柱，以烟草轻工、纺织服装、建筑材料、煤炭开采、有色金属、高铁制造、光电机电、光纤通信、电子信息、生物医药等为主导的行业门类齐全的综合性工业体系。中部地区的工业生产持续保持稳定增长，2015 年中部地区第二产业增加值 274 278 亿元，占全国总量的 25.41%。中部地区的机械装备、通用设备、交通运输设备、光电机电、光纤通信、电子信息、生物医药在全国均占有重要地位，全国的现代装备制造及高技术产业基地名不虚传。

中部地区"得中独优"，拥有由铁路、公路、水运、航空等多种现代化、立体式交通运输方式所组成的交通网络，畅通四面八方。长江、黄河，陇海、沪昆、京包、大秦、石太、襄渝、汉丹等铁路干线，沪汉蓉高铁，沪蓉、沪渝、连霍、宁洛、沪陕、杭瑞、沪昆、福银等高速公路干线横贯东西；京广、京九、焦柳、洛湛、同蒲、太焦等铁路干线，京汉广高铁，京港澳、济广、大广、二广、京台等高速公路干线纵穿南北。中部六省省会城市都拥有现代化的国际航空港，整个中部还建有 25 个全国性的航空港，这些现代化的航空港通航国内外。中部

---

① 2015 年的统计数据，均根据中部地区的湖北、湖南、河南、安徽、江西、山西六省的统计局各自发布的"2015 年国民经济和社会发展统计公报"和国家统计局"中国 2015 年国民经济和社会发展统计公报"的数据，整理计算而得，本章余同。

② 根据中华人民共和国国家统计局《中国统计年鉴 2015》的数据整理计算而得，本章余同。

地区的水、陆、空现代化交通网络四通八达，把中部地区与全国乃至世界各地连贯起来，促进了中部地区的内外交流和经济社会发展。中部地区是全国的综合交通枢纽。

由此可见，中部地区的产业与经济社会的持续发展，是国家经济社会发展的战略基础和战略资源，为全国的经济安全、社会稳定和国家安全提供了重要的战略保障。

# 第二节　政治稳定和国家长治久安的需要

改革开放以来，我国区域经济板块的产业与经济发展成就巨大，但区域发展的差距也在不断拉大。统筹各区域产业与经济社会的发展，缩小区域间的发展差距，不仅是经济问题，也是政治问题，不仅关系经济建设的全局，也关系社会稳定和国家的长治久安。

由于自然、地理、历史、经济和社会等多种因素的影响，我国东部、中部、西部、东北四大经济区域发展不平衡是客观事实，区域发展的差距日益拉大带来了诸多矛盾。区域产业与经济发展的不平衡，不可避免地形成东部地区快速发展与中西部地区发展的相对滞后的社会经济矛盾。2015 年统计，东部、中部、西部地区人均 GDP 分别为 70 980 元、40 326 元、39 191 元，东部地区人均 GDP 分别是中部地区的 1.76 倍、西部地区的 1.81 倍①。中西部地区 GDP 总量不小，但地区人均 GDP 水平却偏低，甚至还低于全国 49 351 元的平均水平。2014 年全国居民东部、中部、西部、东北地区人均可支配收入分别为 25 954 元、16 868 元、15 376 元、19 604 元，东部地区人均可支配收入分别是中部地区的 1.5 倍、西部地区的 1.69 倍，中西部地区居民人均可支配收入不仅大大低于东部地区，也低于东北地区和全国的平均水平。东部地区的经济发展大量地耗用了中西部地区的农业、矿产、能源、原材料、劳动力资源，中西部地区的资源输出不但没有跟上东部地区的发展步伐，反而使中西部地区与东部地区的经济总量差距越拉越大，区域发展的矛盾日益明显。

受传统的二元经济结构影响，尽管改革开放以来我国城乡统筹发展取得了巨

---

① 根据中国内地 31 个省份统计局发布的"2015 年国民经济和社会发展统计公报"数据，加工计算而得；其中黑龙江省至 2016 年 5 月底尚未对外公布"2015 年国民经济和社会发展统计公报"，该省数据来源于媒体报道。

大的成就，但不可否认的是我国城乡发展差距却日益扩大。据统计，城镇居民人均可支配收入与农村居民人均纯收入之比，1978年为2.57倍，2014年上升到2.97倍，表明城乡居民人均收入差距在增大；城镇居民消费水平与农村居民消费水平之比，1985年为2.17倍，2014年上升到2.91倍，说明城乡居民消费水平差距在扩大。根据国家统计局公布的反映居民收入分配差距的基尼系数，2015年为0.462，超过国际公认的0.4的警戒线，说明城乡发展的矛盾仍然比较突出。由于各区域产业与经济发展水平不同，各区域间提供的公共服务包括教育、卫生医疗、就业、社会保障等也有较大的差距，导致中西部地区与东部地区不能同时分享改革开放和经济高速发展的成果，区域公共服务的矛盾不断扩大。

区域发展的矛盾、城乡发展的矛盾、公共服务的矛盾若不及时统筹解决，不但会影响改革开放的大好局面，还会进一步引发政治和社会问题，甚至与民族问题、宗教问题、外来极端势力纠葛在一起，成为威胁国家安全、引发社会动荡乃至国家分裂的某些诱发因素。要有效地解决上述问题和矛盾，就必须调整和优化产业结构，统筹区域发展，统筹城乡发展，统筹经济社会发展，在资金投入和产业发展等方面加大对中西部地区的支持。

东部地区的率先发展要引领和帮助中西部地区的发展，城市的率先发展要辐射和带动农村的发展，工业的率先发展要反哺和促进农业的发展。中部的崛起、西部的开发、城乡一体化是我国维护政治稳定、富国安邦的根本国策。中部地区是中华文明的发源地之一，自古以来就是兵家必争之地。"中原定，天下安"，逐鹿中原历史上就是政治家、军事家、经济家关注的焦点。中部地区能够稳定，产业和经济社会能够发展，全国就有稳定与发展的基础。只有中部崛起、西部大开发、全国区域产业与经济协调发展，城乡协调发展，公共服务协调发展，才能消融经济社会发展过程中的矛盾和问题，实现政治稳定、经济社会持续协调发展和国家的长治久安。

# 第三节　全国经济社会持续发展的需要

中部地区产业与经济社会的快速发展，是实现全国经济社会持续发展不可或缺的组成部分。中部地区资源优势明显，是我国经济社会又好又快发展的战略资源重地。

中部地区拥有江汉、洞庭湖、鄱阳湖、巢湖、黄淮等五大平原和汾河灌区，自古以来农业生产发达，是粮棉油、水产、畜牧及经济作物等农产品的重要产区。2015 年中部地区第一产业增加值 15 868.80 亿元，占全国总量的 26.07%；粮食总产量 18 719.70 万吨，占全国总量的 30.12%；中部地区的稻谷、小麦、"双低"油菜籽、花生、芝麻、柑橘、肉猪出栏头数、蜂蜜、淡水鱼类等农产品产量，历年均雄踞全国四大经济区域之首；中部地区的优质棉花、三元猪、名特水果、名优蟹虾、茶叶、烟叶、银杏、魔芋、中药材等在全国均占有重要地位。中部地区的各种农产品产量大，品质高，是全国名副其实的重要的粮棉油和其他名优农产品生产基地。

中部地区建成了铁路、公路、水运、航空立体式交通运输网络和通信信息网络。中部域内几十条干线铁路和几百条支线铁路横贯东西、纵穿南北，营运里程达 2.60 万千米①。我国规划建成与在建的京汉广、徐郑兰、杭南长、青石太、南武渝成②等高铁客运专线均穿越中部。武汉、郑州是全国名副其实的铁路交通枢纽中心。中部地区高速公路、国道、省道以及市道、县道织成一张四通八达的公路交通网，通车里程达 1193.36 万千米。中部水运以内河航道为主，长江、黄河两大主航道横贯东西，上百条河流与之相连，通航里程达 3.29 万千米。中部地区建成了以武汉、郑州、长沙、太原、南昌、合肥为中心的民用机场体系，开通国内外上百条航线，通达全国主要城市和港澳台地区，以及海外主要国际大都市。

中部地区矿产资源丰富，发现矿种约 160 种，煤、铁、铜、铝、铅、锌、金、银、稀有金属、稀土等储量巨大，是我国重要的原材料生产基地。中部地区水资源丰富，长江、黄河、淮河、海河，洞庭湖、鄱阳湖、巢湖等大河、大湖及众多支流和淡水湖泊广布域内。中部地区能源产出巨大，三峡、葛洲坝、小浪底和三门峡等大型水电站及众多中小型水电站发电输往全国；拥有大同、宁武、西山、霍西、沁水、河东、淮北、淮南八大煤田，西山煤电、国阳新能、潞安环能、太原煤气化、大同煤业、兰花科创、恒源煤电、国投新集、神火股份、郑州煤电、平煤天安、赣能股份、安源股份等大型煤电企业向全国提供煤炭资源和火电资源。

中部地区建成重工业、轻工业、战略性新兴产业等门类齐全、较为完善的工业化体系，是全国工业布局的重点战略区域，农产品加工、轻工纺织、矿产能源、金属冶炼、装备制造、石油化工、节能环保、信息技术、生物医药、新型材料等产业完备，是国家工业生产的重要基地。中部地区的工业生产持续保持稳定

---

① 根据中华人民共和国国家统计局《中国统计年鉴 2015》的数据加工计算而得，本章余同。

② 京汉广是指北京—武汉—广州—深圳客运专线；徐郑兰是指徐州—郑州—兰州客运专线；杭南长是指杭州—南昌—长沙客运专线；青石太是指青岛—石家庄—太原客运专线；南武渝成是指南京—武汉—重庆—成都客运专线。

增长，2015 年中部地区第二产业增加值 274 278 亿元，占全国总量的 25.41%。

中部地区的第三产业发展迅猛，交通运输、邮电通信、批发零售和住宿餐饮业等传统服务业和金融保险、房地产、文化传媒、信息服务等新兴服务业快速成长。2015 年，中部地区的第三产业增加值达 61 568.62 亿元，占中部地区生产总值的 41.84%，占全国第三产业增加值的 18.03%。

中部地区集聚了 6 所"985 工程"大学，17 所"211 工程"大学，及其他众多有影响的高等院校；拥有中国科学院武汉分院、中国科学院合肥分院等科学研究与开发机构 12 643 个，科研机构 R&D 人员 405 029 人[①]；建有 24 个国家级高新技术产业开发区和 30 个省级高新技术产业开发区。中部地区科教实力雄厚，人力资源丰富。

中部地区的资源禀赋和产业优势决定了其在全国经济社会持续发展过程中的特殊的战略地位和作用。国家在鼓励东部率先发展，继续推进西部大开发，振兴东北老工业基地，促进中部崛起，形成分工合理、特色明显、优势互补的区域经济结构，推动各地区共同发展的战略布局中，中部是我国连南接北、承东启西的交汇点，中部的经济发展和优势资源利用直接关系到我国经济社会持续发展的进程，关系到强国富民的远大战略目标的实现。

# 第四节　全面实现小康社会的需要

中部地区经济社会的快速发展，是我国全面实现小康社会的必要组成部分。

2002 年党的"十六大"，确立了我们党在 21 世纪新阶段的奋斗目标：我们要在本世纪头二十年，集中力量，全面建设惠及十几亿人口的更高水平的小康社会，使经济更加发展、法制更加健全、科教更加进步、文化更加繁荣、社会更加和谐、人民生活更加殷实。自此，全国各地开始了全面建设小康社会的进程。

2007 年党的"十七大"，对实现"十六大"确立的全面建设小康社会目标，提出了新的更高要求：增强发展协调性，努力实现经济又好又快发展；扩大社会主义民主，更好保障人民权益和社会公平正义；加强文化建设，明显提高全民族文明素质；加快发展社会事业，全面改善人民生活；建设生态文明，基本形成节约资源能源和保护生态环境的产业结构、增长方式、消费模式。

---

① 根据中部六省统计局《湖北统计年鉴 2015》《湖南统计年鉴 2015》《河南统计年鉴 2015》《安徽统计年鉴 2015》《江西统计年鉴 2015》《山西统计年鉴 2015》的数据，加工计算而得，本章余同。

2012年党的"十八大"，根据我国经济社会发展实际和新的阶段性特征，在党的"十六大""十七大"确立的全面建设小康社会目标的基础上，提出了更具明确政策导向、更加针对发展难题、更好顺应人民意愿的新的目标要求：经济持续健康发展，人民民主不断扩大，文化软实力显著增强，人民生活水平全面提高，资源节约型、环境友好型社会建设取得重大进展。以确保到2020年全面建成的小康社会，是发展改革成果真正惠及十几亿人口的小康社会，是经济、政治、文化、社会、生态文明全面发展的小康社会，是为实现社会主义现代化建设宏伟目标和中华民族伟大复兴奠定了坚实基础的小康社会。从"建设"到"建成"，一字之差，体现了我党对实现全面小康社会的坚定决心和坚定信念，充分说明我国实现全面小康社会的现实性。要实现全面小康社会这一利国利民的宏伟目标，必须包括中部地区在内的全国人民的不懈努力。东部的率先发展、西部的大开发、东北的振兴和中部的崛起，是全面建设我国小康社会的先期目标和坚实基础。

"小康社会"这一新概念是由邓小平同志首先提出以来的，党的"十六大"把全面建设小康社会作为战略目标以后，国内对"小康社会"的理论研究十分活跃热烈，从各种论文专著、科研课题，到政策研究报告、统计评价监测等，已发表了大量的文献报道。20世纪90年代初，国家统计局等部门联合制定了《全国小康生活水平基本标准》，用以评价和监测实现小康的进程。总体小康评价指标体系涵盖5个方面，包括经济发展水平、物质生活条件、人口素质、精神生活和生活环境等，共计16个指标。

2003年初，国家统计局着手研究制定能够科学反映和监测我国全面建设小康社会进程的统计监测指标体系。2007年国家统计局根据党的"十七大"提出的新要求，对指标体系作了重要的修改和调整。2008年6月，国家统计局颁发了《全面建设小康社会统计监测方案》（国统字〔2008〕77号），规定我国全面小康社会实现程度评估指标体系由经济发展、社会和谐、生活质量、民主法制、文化教育、资源环境等6个方面23个指标构成。随后国家统计局组织各地统计部门，分别对全国及各地2000年以来全面建设小康社会进程进行监测分析，并从2008年起发布全国和各地的监测报告。2013年10月，国家统计局按照全面建成小康社会的总体要求，制定了各地区（省级）《全面建成小康社会统计监测方案》，整个指标体系由经济发展、民主法制、文化建设、人民生活和资源环境5个方面39个指标组成。

根据国家统计局公开发布的《中国全面建设小康社会进程统计监测报告》，2010年中国全面建设小康社会的实现程度全国平均水平为80.1%，东部地区、中部地区、西部地区、东北地区分别为88.0%、77.7%、71.4%、82.3%，其中东部地区的北京、上海、浙江、江苏、广东等均在90%以上，而中西部地区指标不仅低于全国平均水平，且在中西部地区各省份之间和省份内部小康社会实现程度也不平衡，大中城市和中小城镇、广大农村发展差距较大。

据2014年的统计[1]，中部地区土地面积102.8万平方千米，占全国总量的10.7%；人口36 262万人，占全国总人口的26.51%；其中城镇人口18 056万人，乡村人口18 206万人，分别占全国人口的24.10%和29.42%。截至目前，中部地区二元经济结构明显，"三农"[2] 问题仍然比较突出，与实现全面小康社会的国家要求还有差距。中部地区崛起不是口号标语，不是表面文章，不是数字游戏，而是2020年国家实现全面小康社会的重大战略部署。因此中部地区要在"十三五"规划期间，在国家强有力的政策措施的支持下，在东部地区的大力帮助和带动下，调整和优化产业结构，有效承接东部产业转移，合理运用和开发具有比较优势的各种资源，统筹区域发展和城乡发展，切实解决自身的"三农"问题，加快发展县域经济，不断提高经济发展、民主法制、文化建设、人民生活和资源环境等诸方面的建设水平，确保到2020年真正实现中部地区的全面小康社会的战略目标。

① 根据国家统计局《中国统计年鉴2015》的数据，加工计算而得。
② "三农"指农业、农村和农民。

# 第四章

# 中部地区产业发展
# 布局沿革与现状

## 第一节　中部地区产业发展布局沿革

### 一、古代和近代的产业发展布局历史

我国是农耕文明古国，农耕文明源远流长，历史悠久。早在五千年前，农耕文明就在黄河中游地域开始形成。与此同时，在长江中下游也孕育了农业文明，如长江中下游的屈家岭文化遗存和钱塘江流域的河姆渡文化遗存，都是农耕文明的代表。对一个大陆性的国家来讲，农业是国家生存之本，因此我国历朝历代的统治者都十分重视农业生产。中部地区由于平原沃土、水网密布、气候适宜、自然条件优越，自古以来就是粮食生产重地，农业生产发达。如河南是黄河流域的重要粮食生产基地，素有"中原粮仓"之称；湖北、湖南地处长江中游流域，在明朝就有"两湖熟，天下足"的美誉，足见中部地区的农业生产历史悠久，基础雄厚，物产丰富，供应四方，稳定天下。

中部地区工商业发展历史悠久绵长。自明代起享誉天下的"四大名镇"湖北汉口镇（商业中心）、江西景德镇（瓷器）、广东佛山镇（手工业）、河南朱仙镇（版画），有 3 个位于中部地区，清代称之为"天下四大镇"。其中，汉口镇作为商业中心的代表地处长江中游的汉江之口，长江、汉水的交汇之处，商贸和手工业的快速发展始于明成化年间汉水改道之后，得益于长江、汉水的水运之便，作为码头和商业市镇迅速崛起，有"九省通衢"之称。清朝晚期，汉口被辟为通商口岸，外国人在此大规模投资，周边破产农民更是大规模地涌入汉口谋生。至 20 世纪初，汉口已经成为华中重镇，被誉为"东方芝加哥"。

江西景德镇早在东晋末年就开始生产瓷器，已有 1600 多年历史，以盛产瓷器闻名于世。世界著名科技史专家英国剑桥大学李约瑟博士考证后认为它是"世

界最早的一座工业城市"，是"四大名镇"唯一不依水运起家的城镇。法国传教士昂特雷科莱（殷弘绪）康熙六十一年记载，景德镇有100万人口，3000座窑。《浮梁县志》记载"列肆受廛延袤十数里，烟火近十万家"，足以反映景德镇的瓷器生产盛况与当年在全国的经济地位。

河南朱仙镇位于河南开封市南20千米处，贾鲁河将全镇分为东、西两镇，历史上以木版年画称誉天下。朱仙镇木版年画起源于唐代，兴于宋代，鼎盛于明清两代，历史悠久，源远流长。明朝嘉靖年间，朱仙镇进入兴盛时期，人口20多万，民商4多万户，镇内街道纵横，百货云集，与汉口镇、景德镇、佛山镇齐名；清朝康熙年间，朱仙镇更是盛极一时，成为华北最大的水陆交通联运码头。

明清时期，山西商人经营盐业、票号等商业，业绩显赫，影响重大，时间延续了500多年，人称晋商。山西商人经营业态最著名的是票号，票号又叫票庄或汇兑庄，是一种专门经营汇兑业务的金融机构。当时山西票号汇通天下，遍布全国，基本垄断了全国的资金调度和北方的贸易往来，鼎盛时期甚至走出国门，走出亚洲市场，并把触角伸向欧洲市场，从加尔各答、莫斯科、彼得堡，到日本的大阪、神户等地，都有山西商人的足迹。山西商人经商的地域之广，人数之多，世所罕见。

晋商同时代的还有徽商，主要活跃于我国的江南地区。徽商经营的业务广泛，以盐、典当、茶木著称，也经营粮食、棉布、丝绸、纸墨、瓷器等。从明代中叶至清乾隆末年，徽商延续了300余年，在经营的黄金时期，其从业人数、活动范围、经营行业与资本，都居其他商人集团之首，活动范围甚至遍及全国城乡，还远至东南亚各国以及葡萄牙等地。徽商除了经营商业和贩运业外，还涉及铁矿开采、染纸等实体产业。

在工业制造业方面，清朝晚期的洋务运动影响深远，客观上促进了我国近代工业和制造业的发展。洋务运动的代表人物及其活动主要集中于长江中下游地区，特别是中部地区。曾国藩在安徽安庆创办安庆内军械所，是我国近代兵工厂的起源。李鸿章在上海创办江南制造局，是我国首个具有一定规模的官办军工厂，主要制造枪炮、弹药、军舰、轮船等工业产品。张之洞在湖北兴建湖北铁路局、汉阳铁厂、湖北枪炮厂、湖北纺织官局（包括织布、纺纱、缫丝、制麻4局），开办大冶铁矿、内河船运和电信事业，力主建设芦汉、粤汉、川汉等铁路。张之洞还在鄂、苏两地设武备、农工商、铁路、方言、普通教育、师范等新式学堂，派遣学生赴日、英、法、德等国留学，培养了大批产业技术人才。

中部地区旅游资源丰富，水陆交通通畅，自古以来就是旅游胜地。我国古代的江南三大名楼黄鹤楼、岳阳楼、滕王阁都位居中部。黄鹤楼以崔颢的"昔人已乘黄鹤去，此地空余黄鹤楼。黄鹤一去不复返，白云千载空悠悠"而著名；岳阳楼以范仲淹的"先天下之忧而忧，后天下之乐而乐"而闻名；滕王阁以王勃的"落霞与孤鹜齐飞，秋水共长天一色"而扬名。这三大名楼以丰富、深厚的人文历史内涵吸引着历代众多的文人墨客竞相前往观光游览、感怀凭吊、吟唱抒情、挥毫作画，三大名楼为中部留下了极其宝贵的旅游业资源。中部名川大山闻名遐迩，优美风光蜚声海外。长江三峡、黄河瀑布、北岳恒山、南岳衡山、中岳嵩山、奇秀庐山、雄伟黄山、少林武当、五台九华、宗教丛林、淡水大湖、江南名楼、历朝古都、世界遗产、革命圣地、原始生态，数不胜数，美不胜收。

民国初期，革命先行者孙中山先生高度重视国家经济建设的产业基础。在名著《建国方略》中提出详细的发展规划宏图，把交通通信列为《建国方略》的重点，规划修建10万英里①的铁路，建设五大铁路系统把沿海、内地和边疆串联起来；修建100万英里的公路，形成四通八达的公路网；整修、开凿水道和运河，兴建内河交通；修建长江三峡大坝，大力发展水力、电力事业；在我国北部、中部和南部沿海各修建一个世界级的大港，其中汉口是中部的枢纽和大港口。对于发展经济和实业的所有制问题，孙中山先生主张个人经营与国家经营并重，相辅相成、共同发展。可惜由于民国时期，长期战乱和独裁统治，国家积贫积弱，尽管民族产业在矿山开采、铜铁冶炼、粮食加工、棉纺轻工、邮电通信、供水供电等有了初级的发展，但是与西方工业革命以后的产业发展水平差距巨大，孙中山先生的宏伟规划均未得到实现。

## 二、现代的产业发展布局历史

新中国成立以后，为了改变一穷二白的落后面貌，国家大力开展社会主义经济建设，国有工业体系逐步建立。始编于1951年的"一五"计划1955年通过，计划期由1953年到1957年，建设目标是工业增速、超英赶美。"一五"期间，国家集中力量优先发展以能源、原材料、机械工业等基础工业为主的重工业；将钢铁、有色金属冶炼、化工等企业选址在矿产资源丰富及能源供应充足的中西部地区，将机械加工企业布局在原材料生产基地附近。"一五"开工兴建的150个项目中，布局在中部地区的民用企业有29个，布局在中西部地区的军工企业则达35个；150个项目实际完成投资196.1亿元，其中，中部地区占32.9%，西部地区占20%。位于湖北的武汉是"一五"时期国家产业布局的重点，武钢是新中国成立后由国家投资建设的第一个特大型钢铁联合企业，1955年破土动工，

---

① 1英里约为1.61千米。

1958年正式投产。武汉造船厂、武汉重型机床厂等一批大型国有企业均在此期间建成投产。1957年横跨长江天堑,连接京汉、粤汉铁路大动脉的武汉长江公铁两用桥建成通车。

"二五"计划从1958年到1962年,前期"大跃进",后期三年困难时期,过程曲折,大起大落。"二五"计划执行结果除原煤、原油、发电量达到计划规定指标外,钢铁、水泥、粮食、棉花等主要指标均未实现,粮食、棉花的产量甚至低于"一五"前的水平。

1963~1965年,是经济调整过渡时期。1966~1970年是"三五"计划的执行时期。"三五"期间,国家基于资源、经济建设和国家安全的考虑,主要在中西部的13个省、自治区开始了规模宏大的以备战为指导思想的国防、科技、工业和交通基本设施建设的"三线建设",目标是在我国战略纵深地域建成工农业结合、为国防和农业服务的比较完整的后方基地。当时"三线建设"在西南地区、西北地区、湘鄂西地区的投资分别为208.3亿元、105.3亿元、19.5亿元,占全国投资的比例分别为24.5%、12.4%、2.3%。"三线建设"以重工业、国防工业、交通运输为重点,3项投资共计628亿元,占全国基本建设资金850亿元的74%;农业投资120亿元,只占14%;轻工业投资37.5亿元,仅占4.4%。当时的产业结构重型化趋势非常明显,农业、轻工业的发展未得到应有的重视。"三五"计划所奠定的指导思想和方针,一直影响到"四五"(1971~1975年)计划的制订和实施。自此以后,中部地区一直是我国钢铁冶炼、石油化工、煤炭能源、机械制造、运输设备、有色金属、轻工纺织、原材料输出和粮棉油、水产等产品的重要生产基地和交通枢纽。

改革开放以后,国家初期的战略思路是以不平衡发展战略为主,基本是沿海、沿边开放发展的路径。20世纪70年代末期,改革开放的重点是着力建设珠三角地区;80年代末期是以浦东开发为重点,倾力建设长三角地区;90年代中期以北京、天津为核心,全力建设京津冀环渤海地区;90年代末期实施西部大开发战略,尽力开发建设西部地区;2003年提出大力振兴东北老工业基地。至此,国家的沿海、沿边不平衡发展战略推进到极致,唯独中部的湖北、湖南、河南、安徽、江西、山西六省陷于"不东不西"的尴尬境地。在全国大开放、大改革、大发展的格局中,中部六省处于相对滞后的状态,产业发展呈现中部"塌陷"现象,直接影响到全国的产业和区域经济的协调发展,阻碍全国经济整体实力的提高。

随着改革开放的不断深入发展,国家逐渐调整了最初的产业与区域经济不平衡发展战略,取而代之的是不平衡协调发展战略,并在2004年3月明确提出实施促进中部地区崛起的发展战略。2006年4月《中共中央国务院关于促进中部地区崛起的若干意见》正式出台，强调促进中部地区崛起，是我国新阶段总体发展战略布局的重要组成部分，对于形成东中西互动、优势互补、相互促进、共同发展的新格局，对于贯彻落实科学发展观、构建社会主义和谐社会，具有重大的现实意义和深远的历史意义；2006 年 5 月国务院办公厅下发《国务院办公厅关于落实中共中央国务院关于促进中部地区崛起若干意见有关政策措施的通知》；2009 年 9 月温家宝总理主持国务院常务会讨论并原则通过《促进中部地区崛起规划》，提出到 2015 年，中部地区经济发展水平显著提高，经济发展活力明显增强，可持续发展能力不断提升，和谐社会建设取得新进展；2010 年 8 月国家发展和改革委员会发布《促进中部地区崛起规划实施意见》，围绕粮食生产基地、能源原材料基地、现代装备制造及高技术产业基地、综合交通运输枢纽等，提出农业、能源、原材料、装备制造、高新技术产业等比较具体的发展目标和任务要求，并对构建中部长江经济带、陇海经济带、京广经济带和京九经济带建设明确了产业布局规划实施意见，强调中部地区要重点规划实施武汉城市圈、中原城市群、长株潭城市群、皖江城市带、环鄱阳湖城市群、太原城市圈等六大城市群（圈）的产业布局和产业发展，进而促进中部地区的全面崛起；2012 年 8 月，国务院颁发《国务院关于大力实施促进中部崛起战略的若干意见》，指出当前和今后一个时期是中部地区巩固成果、发挥优势、加快崛起的关键时期，为大力实施促进中部地区崛起战略，推动中部地区经济社会又好又快发展提出若干意见。

# 第二节　中部地区产业发展布局现状

　　中部地区地处内陆腹地，包括湖北、湖南、河南、安徽、江西、山西六省，是国家经济社会发展的重要区域。中部地区区位优势明显，交通基础设施完备，水、陆、空交通四通八达，水力、煤炭、黑色金属、有色金属等资源蕴藏丰富。中部地区发展的经济基础较好，具有较强的科教与人才技术优势，是国家重要的农业生产基地和老工业基地。经过三十多年的改革开放，中部地区的产业和经济取得了长足的发展，形成了具有一定特色、门类比较齐全的产业结构和体系，在粮食生产、水电能源、钢铁冶炼、石油化工、运输设备、光电机械、有色金属、原材料、农产品加工、商贸物流等方面具有比较雄厚的产业基础和相应的发展水平。中部地区在充分利用资源禀赋和产业优势的基础上，依托资源、区位、科教、人才等各方面优势，按照沿江、沿河、沿路开放发展的产业布局思路，围绕武汉城市圈、中原城市群、长株潭城市群、皖江城市带、环鄱阳湖城市群、太原城市圈等六大城市群（圈）的产业布局战略，并对中部长江经济带、陇海经济带、京广经济带和京九经济带的产业布局和产业发展打下了一定的基础。中部地区产业布局的具体情况如表4-1、表4-2和图4-1所示。

表4-1　中部地区产业布局现状表

| 省份 | 产业布局战略 | 产业布局状况 |
|---|---|---|
| 湖北 "两圈一带" | "1+8"武汉城市圈，以武汉为中心，以100千米为半径内的黄石、鄂州、孝感、黄冈、咸宁、仙桃、潜江、天门等8个城市所组成的长江中游最大、最密集的城市群落 | 汽车制造、钢铁冶炼、机械装备、食品饮料、电子信息、邮电通信、光纤光缆、石油化工、纺织服装、烟草轻工、生物制药、交通运输、仓储物流、商贸餐饮、金融保险、出版印刷、科教文化、建筑建材、房地产等 |
| | 鄂西生态文化旅游圈，位于湖北西部的襄阳、荆州、宜昌、十堰、荆门、随州、恩施、神农架等8个市（州、区）所组成的生态文化旅游经济圈 | 电力能源、汽车汽配、石油化工、食品轻工、生物医药、生态旅游、文化旅游、纺织服装、烟草加工、机电制造、机械加工、精细化工、交通运输、邮电通信、建筑建材、房地产等 |
| | 湖北长江经济带西起恩施土家族苗族自治州巴东县，东至黄冈市黄梅县，涵盖沿长江的武汉、宜昌、荆州、黄石、黄冈、鄂州、咸宁、恩施等8个市（州）的25个县（市）所组成的经济发展带 | 汽车制造、钢铁冶炼、电力能源、机电装备、邮电通信、电子信息、光纤光缆、石油化工、食品烟草、纺织服装、生物制药、金融保险、科技教育、交通运输、现代物流、商贸会展、出版印刷、文化传播、观光旅游、房地产等 |
| 河南 "中原城市群" | 中原城市群，以郑州为中心，包括洛阳、开封、新乡、焦作、许昌、平顶山、漯河、济源共9个省辖（管）市，巩义、新密、禹州、新郑、偃师、荥阳、登封、舞钢、汝州、辉县、卫辉、沁阳、孟州、长葛等14个县级市所组成的城市群落 | 食品加工、钢铁冶炼、汽车汽配、纺织服装、装备制造、能源电力、新型材料、有色金属、化工化学、生物医药、轻工造纸、烟草加工、交通运输、仓储物流、商贸餐饮、金融保险、邮电通信、文化旅游、建材建筑、房地产等 |
| 湖南 "长株潭城市群" | 长株潭城市群，以长沙为中心，包括长沙、株洲、湘潭3市组成的城市联合体 | 装备制造、工程机械、轨道交通、汽车制造、新型材料、医药化工、电子信息、食品轻工、烟草加工、有色金属、钢铁冶炼、交通运输、商贸仓储、邮电通信、金融保险、文化传媒、文化旅游、建筑建材、房地产等 |

| 省份 | 产业布局战略 | 产业布局状况 |
|---|---|---|
| 安徽 "皖江城市带" | 皖江城市带，即"一轴""两核""两翼"所组成的承接产业转移示范区，"一轴"包括芜湖、马鞍山、铜陵、巢湖、安庆、池州等6个沿江城市；"两核"指合肥、芜湖；"两翼"即滁州和宣城 | 汽车制造、机械装备、钢铁冶金、家电轻工、化工医药、邮电通信、电子信息、新型材料、生物医药、轻工纺织、电力能源、食品加工、科技教育、文化传媒、交通运输、商贸仓储、金融保险、文化旅游、建材建筑、房地产等 |
| 江西 "环鄱阳湖经济圈" | 环鄱阳湖经济圈，以南昌为核心，昌九工业走廊为重点，包括南昌、九江、上饶、鹰潭、抚州和景德镇等6个设区市所组成的城市群落 | 冶金钢铁、有色金属、稀土加工、机电装备、邮电通信、电子信息、医药化工、纺织服装、机械加工、陶瓷器皿、文化旅游、食品轻工、交通运输、商贸物流、金融保险、建筑建材、房地产等 |
| 山西 "太原都市圈" | 太原都市圈，以太原为中心，以周边城镇为依托的一小时经济圈。依托大同至运城、太原至晋城等高速公路发展晋北、晋南、晋东南三大城市经济区 | 煤炭电力、煤化工、钢铁冶金、装备制造、机械加工、邮电通信、电子信息、文化旅游、食品轻工、金融保险、交通运输、商贸仓储、建材建筑、房地产等 |

表4-2 中部地区优势产业布局现状表

| 优势产业 | 地区分布 | 骨干企业 |
|---|---|---|
| 汽车制造 | 湖北、安徽、河南、江西、湖南、山西 | 东风汽车、神龙汽车、东风日产、东风本田、奇瑞汽车、江淮汽车、宇通客车、郑州日产、江铃汽车、昌河汽车、长丰汽车、安凯客车、大运汽车、金马股份、星马汽车 |
| 装备制造 | 湖北、湖南、河南、江西、山西、安徽 | 武船重工、三一重工、中车株车、武汉重工、中联重科、太原重工、九江船舶、江钻股份、洪都航空、昌河飞机、洛阳拖拉机、许继电气、晋西车轴、山河智能、轴研科技、郑煤机、天桥起重、林州重机、安徽合力、三丰智能、隆华节能、华昌达 |
| 钢铁冶炼 | 湖北、江西、安徽、山西、湖南、河南 | 武钢集团、新余钢铁、马钢股份、太钢不锈、华菱钢铁、大冶特钢、中原特钢、安阳钢铁、南昌钢铁、方大特钢、新钢股份、中原特钢 |
| 电子信息 | 湖北、安徽、江西、湖南、河南、山西 | 武汉光谷、武汉富士康、烽火通信、华工科技、长江通信、华中光电、盛天网络、高升控股、合肥软件园、科大讯飞、中电鑫龙、皖通科技、科大国创、三七互娱、长城信息、湘邮科技、天润数娱、拓维信息、铜峰电子、联创光电、凤凰光学、思维列控、新开普、智度股份、太工天成、太原富士康 |
| 石油化工 | 湖北、江西、安徽、河南 | 江汉油田、武汉石化、安庆石化、九江石化、洛阳石化、漯河石化 |

| 优势产业 | 地区分布 | 骨干企业 |
|---|---|---|
| 有色金属 | 江西、湖南、安徽、河南 | 江铜集团、江钨集团、章源钨业、赣锋锂业、中国五矿、精诚铜业、株冶集团、湖南黄金、金贵银业、湘铝集团、湘潭电化、豫光金铅、焦作万方、中孚实业、洛阳钼业、明泰铝业、五矿稀土、盛和资源 |
| 煤炭开采 | 山西、江西、河南、安徽 | 大同煤业、晋煤集团、兰花科创、潞安环能、西山煤电、神火煤电、永泰能源、阳泉煤业、安泰集团、山煤国际、太原煤气化、山西焦化、安源煤业、萍乡矿业、恒源煤电、平煤股份、大有能源、国投新集 |
| 电力能源 | 湖北、湖南、江西、山西、河南、安徽 | 三峡集团、葛洲坝集团、湖北能源、凯迪生态、长源电力、豫能控股、赣能股份、漳泽电力、山西电力、通宝能源、皖北煤电、皖能电力、湖南发展、郴电国际、平禹煤电、郑州煤电、国阳新能 |
| 烟草加工 | 湖北、湖南、河南 | 武烟集团、河南烟草、湖南烟草 |
| 纺织服装 | 湖北、河南、江西、安徽、湖南、山西 | 共青鸭鸭、霞客色纺、襄阳纺织、银光纺织、美尔雅、武汉太和、武汉红人、武汉楚韵、佐尔美、元田制衣、凯王制衣、晶鹏纺织、天平纺织、新野纺织、华茂股份、华孚色纺、梦洁股份、多喜爱、华升股份 |
| 化学工业 | 湖北、山西、湖南、河南、安徽、江西 | 湖北宜化、双环科技、沙隆达、天茂集团、新洋丰、鼎龙股份、太原化工、山西三维、同德化工、株化集团、湖南海利、湘潭电化、兴化化工、平煤天安、多氟多、佰利联、广信股份、国风朔业、中鼎股份、诚志股份、永新股份、华信国际、黑猫股份、安纳达、南岭民爆、江南化工、神剑股份、司尔特、金禾实业、六国化工、雷鸣科华、振华股份 |
| 建筑材料 | 湖北、江西、安徽、河南、山西、湖南 | 海螺水泥、华新水泥、洛阳玻璃、濮耐股份、江西水泥、景德镇陶瓷、海螺型材、万年青、得力股份、狮头股份、亚东水泥、同力水泥、三峡新材、凯盛科技、菲利华、旗滨集团 |
| 生物医药 | 湖北、江西、湖南、河南、安徽、山西 | 人福医药、健民集团、江中药业、仁和药业、九芝堂、千金药业、易生元、马应龙、汉森制药、启迪古汉、华星药业、丰原药业、广济药业、永安药业、华兰生物、安科生物、博雅生物、仟源医药、尔康制药、九龙药业、济川药业、辅仁药业、方盛制药、普莱柯、山河药铺、富祥股份、太龙药业、亚宝药业、安图生物 |
| 食品加工 | 河南、湖北、湖南、安徽、江西、山西 | 双汇集团、牧原股份、华英农业、雏鹰农牧、三全食品、思念食品、白象集团、好想你、科迪乳业、莲花健康、河南永达、汾酒集团、安琪酵母、武昌鱼、武汉小蜜蜂、福娃集团、稻花香酒、劲牌公司、黄鹤楼酒、白云边酒、枝江酒业、精武食品、唐人神、新五丰、金健米业、加加食品、克明面业、正虹科技、古井贡酒、酒鬼酒、金种子酒、迎驾贡酒、口子窖酒、仁和集团、正邦集团、洽洽食品、煌上煌、水塔陈醋、燕之坊食品、平遥牛肉、古城乳业 |
| 商业贸易 | 湖北、河南、湖南、安徽、江西、山西 | 武商集团、中百集团、武汉中商、汉商集团、友阿集团、步步高、通程控股、郑百集团、郑商大厦、快乐购、合肥百货、辉隆股份、东方银星、安得利、财富购物、洪城大厦、千峰百货 |

中部地区产业 发展研究

| 优势产业 | 地区分布 | 骨干企业 |
|---|---|---|
| 文化旅游 | 湖北、湖南、河南、安徽、江西、山西 | 长江三峡、武当山、黄鹤楼、东湖旅游、木兰旅游、明显陵、神农架、清江旅游、恩施大峡谷、黄山旅游、西递宏村、九华旅游、张家界、岳阳楼、凤凰古城、衡山旅游、龙门石窟、安阳殷墟、嵩山旅游、清明上河园、庐山旅游、三清山、滕王阁、井冈山、婺源江湾、云冈石窟、平遥古城、黄河壶口瀑布、恒山旅游 |

图 4-1　中部地区产业布局现状图

新中国成立初期，由于中部六省分属于不同的大行政区划，山西属华北地区，安徽、江西归华东地区，湖北、湖南、河南为中南地区，从一开始就未纳入中部区域经济板块的统一规划和发展。而以上海为中心的长三角地区，以北京、天津为中心的京津冀地区，以广州为中心的珠三角地区，以沈阳、长春、哈尔滨为核心的东北地区，新中国成立起就属于各自的同一大行政区划，历史上就形成了四大产业与经济紧密相连的区域板块。改革开放后，国家实施产业与区域不平衡发展战略，按照沿海、沿边开放发展的路径，先后开放发展珠江三角洲地区、长江三角洲地区、京津冀环渤海地区、西部地区和东北老工业基地，极大地促进了五大区域板块的产业与区域经济的快速发展，唯独处于内陆腹地的湖北、湖南、河南、安徽、江西、山西六省被排除在改革开放发展的区域经济板块之外，陷于中部"凹陷"的尴尬境地。

中部六省为跟上五大经济区域板块的改革开放和发展，不得不各自为政，提出独立的产业布局与经济发展战略。湖北提出的是"两圈一带"的产业布局与经济发展战略，湖南提出的是"长株潭城市群"产业布局与经济发展战略，河南提出的是"中原城市群"产业布局与经济发展战略，安徽提出的是"皖江城市带"产业布局与经济发展战略，江西提出的是"环鄱阳湖经济圈"产业布局与经济发展战略，山西提出的是"太原都市圈"产业布局与经济发展战略，实质是"各打各的鼓，各吹各的号"，并在资源利用、产业布局、开放发展方面相互重叠、相互争夺、相互冲突，缺乏统一的产业布局与区域规划指导。至2004年国家才正式提出促进中部地区崛起战略，直到2009年国家才出台《促进中部地区崛起规划》。

中部地区的产业布局与经济发展，除了湖北在2008年12月提出建设"长江经济带"以外，其他五省从一开始就没有中部区域经济板块的概念。湖南最初力图南傍，融入泛珠三角经济圈；安徽开始力主东进，进入泛长三角经济圈；江西起先南靠东依，汇入泛珠三角和泛长三角经济圈；河南起头自立发展，独自建设中原经济区；山西开初期望北依，带动资源经济发展。因此，中部地区的产业布局与经济发展，在当前仍然呈现分散的"点"状分布状态，缺乏一个统领性的、区域性的总体战略布局。当前，中部六省的产业布局和区域发展的重复建设、结构趋同现象，仍然未有良好的改善，资源得不到优化配置利用，且存在一定程度的产业布局与区域经济发展冲突和矛盾，如促进中部地区崛起规划与泛长三角地区、泛珠三角地区、泛环渤海地区、中原经济区建设等，以及后来国家颁布的长江中游城市群发展规划、长江三角洲城市群发展规划等就存在明显的冲突矛盾，必然导致中部地区在区域定位、产业布局、发展战略、战略层次、实施规划、功能作用上的模糊混乱，导致中部六省不能齐心合力、相互配合地演奏气势恢宏的中部地区崛起之"交响乐"。

中部六省务必摒弃过去的各自为政的产业布局和经济发展战略思路，应从中部地区崛起的大局出发，实施中部全面协调、可持续发展的战略性布局规划，这样不仅能够实现各省的独立发展向区域内统筹协调发展转变，而且能够大力促进区域内资源优化配置和经济发展方式转变，加快推进产业转移与结构优化升级，形成与全国五大经济区域板块并驾齐驱的区域发展格局，全面实现中部地区的真正崛起和繁荣。

# 第五章

# 中部地区产业发展分析

## 第一节　中部地区产业发展比较分析

### 一、三次产业总量比较分析

经过改革开放三十多年的发展，中部地区三次产业总量呈逐年上升趋势，并保持着较快的增长速度。1978年中部地区生产总值为749.85亿元，2008年为63 305.06亿元，30年增长了83.42倍，环比增长率为15.94%；2015年比2008年增长了1.32倍，达147 139.64亿元，是1978年的196.23倍①。1978年中部地区人均地区生产总值为289.22元，2008年为17 860.00元，30年增长了60.75倍，环比增长率为14.73%；2015比2008年增长1.26倍，达40 325.82元，是1978年的139.43倍。

1978年中部地区第一产业增加值为293.95亿元，2008年为9726.06亿元，30年增长了32.09倍；2015年中部地区第一产业增加值为15 868.8亿元，是2008年的1.63倍，是1978年的139.43倍。1978年中部地区第二产业增加值为318.04亿元，2008年为35 374.54亿元，30年增长了110.23倍；2015年中部地区第二产业增加值达69 702.22亿元，是2008年的1.97倍，是1978年的219.16倍。1978年中部地区第三产业增加值为137.87亿元，2008年为25 036.79亿元，30年增长了180.60倍；2015年中部地区第三产业增加值达61 568.62亿元，是2008年2.46倍，是1978年的446.57倍。

自1978年改革开放以来，中部地区产业快速发展，三次产业总量37年增长了195.23倍，成就巨大，有目共睹，综合经济实力不断增强，但是与我国东部

---

① 根据《湖北统计年鉴2015》《湖南统计年鉴2015》《河南统计年鉴2015》《安徽统计年鉴2015》《江西统计年鉴2015》《山西统计年鉴2015》和中部湖北、湖南、河南、安徽、江西、山西六省的"2015年国民经济和社会发展统计公报"数据，整理计算而得，本章余同。

地区发展水平相比，差距仍然很明显。由表5-1可以看出，2015年东部地区GDP占全国比重最大，达51.52%，其中广东、江苏、山东、浙江四省的GDP分别为72 812.55亿元、70 116.40亿元、63 002.30亿元、42 886.00亿元，分列全国第一位至第四位；而中部地区在全国省份GDP排位前十名中仅占第五位、第八位、第九位三席，即河南37 010.25亿元居全国第五位、湖北29 550.19亿元居全国第八位、湖南29 047.20亿元居全国第九位。东部地区GDP平均水平为37 277.78亿元，远高于其他地区，是中部地区的1.52倍。中部地区无论是经济总量、平均水平和各省所占比重等，都远远落后于东部地区。

表5-1　2015年中国四大经济区域生产总值及其构成比重统计表

| 东部 | | | 中部 | | | 西部 | | | 东北 | | |
|---|---|---|---|---|---|---|---|---|---|---|---|
| 地区 | GDP (亿元) | 比重 (%) | 地区 | GDP (亿元) | 比重 (%) | 地区 | GDP (亿元) | 比重 (%) | 地区 | GDP (亿元) | 比重 (%) |
| 北京 | 22 968.60 | 3.17 | 湖北 | 29 550.19 | 4.08 | 内蒙古 | 18 032.80 | 2.49 | 辽宁 | 28 743.40 | 3.97 |
| 天津 | 16 538.19 | 2.29 | | | | 广西 | 16 803.12 | 2.32 | | | |
| 河北 | 29 806.10 | 4.12 | 湖南 | 29 047.20 | 4.01 | 重庆 | 15 719.72 | 2.17 | 吉林 | 14 274.11 | 1.97 |
| 上海 | 24 964.99 | 3.45 | 河南 | 37 010.25 | 5.12 | 四川 | 30 103.10 | 4.16 | | | |
| 江苏 | 70 116.40 | 9.69 | 安徽 | 22 005.60 | 3.04 | 贵州 | 10 502.56 | 1.45 | 黑龙江 | 15 083.70 | 2.08 |
| 浙江 | 42 886.00 | 5.93 | | | | 云南 | 13 717.88 | 1.90 | | | |
| 福建 | 25 979.82 | 3.59 | 江西 | 16 723.80 | 2.31 | 西藏 | 1 026.39 | 0.14 | | | |
| 山东 | 63 002.30 | 8.71 | 山西 | 12 802.60 | 1.77 | 陕西 | 18 171.86 | 2.51 | | | |
| 海南 | 3 702.80 | 0.51 | | | | 广东 | 72 812.55 | 10.06 | 地区 合计 | 58 101.21 | 8.02 |
| | | | 地区 合计 | 147 139.64 | 20.33 | 甘肃 | 6 790.32 | 0.94 | | | |
| | | | | | | 青海 | 2 417.05 | 0.33 | | | |
| 地区 合计 | 372 777.75 | 51.52 | | | | 宁夏 | 2911.77 | 0.40 | | | |
| | | | | | | 新疆 | 9 324.80 | 1.29 | | | |
| | | | | | | 地区 合计 | 145 521.37 | 20.10 | 地区 平均 | 19 367.07 | 2.67 |
| 地区 平均 | 37 277.78 | 5.15 | 地区 平均 | 24 523.27 | 3.39 | 地区 平均 | 12 126.78 | 1.68 | | | |

资料来源：根据中国内地31个省份统计局各自发布的"2015年国民经济和社会发展统计公报"数据编制

　　从表5-2可看出，近15年来东部地区与中部地区人均GDP之比连续9年保持在2倍以上，虽然自2005年后逐年有所下降，但2015年又有些微反弹，仍达1.76倍，这表明中部地区与东部地区之间的差距仍然很明显；西部地区与中部地区人均GDP之比，则由2001年的0.78上升为2015年的0.97，这表明西部地区与中部地区之间的差距是越来越小了。中部地区 GDP 总量不小，地区人均 GDP 水平却偏低，甚至还低于全国人均 GDP 的 49 351 元的平均水平。

表 5-2　中国三大经济区域人均 GDP 及其比较统计表

| 年份 | 东部人均 GDP（元） | 中部人均 GDP（元） | 西部人均 GDP（元） | 东部与中部人均 GDP 之比 | 西部与中部人均 GDP 之比 |
|---|---|---|---|---|---|
| 2001 | 12 811 | 6 395 | 5 007 | 2.00 | 0.78 |
| 2002 | 14 171 | 6 955 | 5 462 | 2.04 | 0.79 |
| 2003 | 16 335 | 7 811 | 6 254 | 2.09 | 0.80 |
| 2004 | 19 547 | 8 789 | 7 728 | 2.22 | 0.87 |
| 2005 | 23 658 | 10 628 | 9 490 | 2.23 | 0.89 |
| 2006 | 27 239 | 12 335 | 11 202 | 2.21 | 0.91 |
| 2007 | 31 983 | 15 009 | 13 629 | 2.13 | 0.91 |
| 2008 | 36 930 | 18 057 | 16 680 | 2.05 | 0.92 |
| 2009 | 39 694 | 19 823 | 18 407 | 2.00 | 0.93 |
| 2010 | 45 797 | 24 123 | 22 570 | 1.90 | 0.94 |
| 2011 | 53 141 | 29 190 | 27 672 | 1.82 | 0.95 |
| 2012 | 57 498 | 32 365 | 31 268 | 1.78 | 0.97 |
| 2013 | 62 674 | 35 447 | 34 652 | 1.77 | 0.98 |
| 2014 | 67 109 | 38 244 | 37 487 | 1.75 | 0.98 |
| 2015 | 70 980 | 40 326 | 39 191 | 1.76 | 0.97 |

资料来源：根据《中国统计年鉴》（2001～2015 年）和中国内地 31 个省份统计局各自发布的《2015 年国民经济和社会发展统计公报》数据编制

　　由于自然、地理、历史、经济和社会等多种因素的影响，我国东部、中部、西部、东北四大经济区域产业与经济发展不平衡是客观事实。当前，有关各方要正确对待和把握区域间的产业与经济发展差距，抓住中部地区崛起的历史机遇，适时调控和缩小差距，包括调整经济发展战略，调整产业结构，制定新的收入分配政策，加大对中西部地区的扶持力度等，力争使东部、中部、西部、东北四大地区的产业与经济能够统筹协调发展。

## 二、产业增长速度比较分析

　　由图 5-1 分析，2006～2011 年，我国四大经济区域 GDP 的增长速度除 2009 年受西方次贷金融危机影响有所调整外，都是保持两位数以上的速度高速增长，且先后在 2010 年、2011 年达到峰值。其中,东部、中部、西部、东北地区 6 年平均增长速度,分别为 16.19%、18.75%、19.77%、17.64%。中部地区 2006～2011年 GDP 的增长速度,分别为 16.22%、21.83%、20.90%、10.21%、22.01%、21.33%,连续 6 年增速较快;从四大经济区域 6 年 GDP 的平均增速来比较,中部地区的增速则居四大经济区域之次席。自 1978 年改革开放以来,多年保持高速增长的东部地区,由于 GDP 的基数大,增长速度有所下降;而西部、中部、东北地区的 GDP 增速在明显加快。

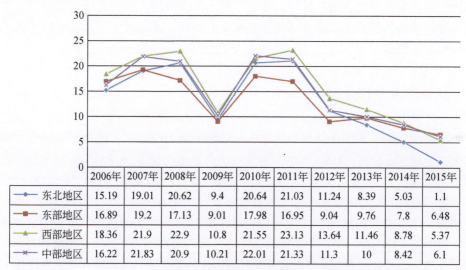

| | 2006年 | 2007年 | 2008年 | 2009年 | 2010年 | 2011年 | 2012年 | 2013年 | 2014年 | 2015年 |
|---|---|---|---|---|---|---|---|---|---|---|
| 东北地区 | 15.19 | 19.01 | 20.62 | 9.4 | 20.64 | 21.03 | 11.24 | 8.39 | 5.03 | 1.1 |
| 东部地区 | 16.89 | 19.2 | 17.13 | 9.01 | 17.98 | 16.95 | 9.04 | 9.76 | 7.8 | 6.48 |
| 西部地区 | 18.36 | 21.9 | 22.9 | 10.8 | 21.55 | 23.13 | 13.64 | 11.46 | 8.78 | 5.37 |
| 中部地区 | 16.22 | 21.83 | 20.9 | 10.21 | 22.01 | 21.33 | 11.3 | 10 | 8.42 | 6.1 |

图 5-1　中国四大经济区域 GDP 增速(%)比较图

资料来源:根据《中国统计年鉴》(2007～2015 年)和中国内地 31 个省份统计局发布的《2015 年国民经济和社会发展统计公报》数据编制

2012～2015 年,我国产业与经济发展处于结构调整阵痛期、增长速度换挡期和前期刺激政策消化期的"三期叠加"状态。"三期叠加"是我国产业与经济发展"新常态"下的基本特征。该期间,受经济转型"巨浪"冲击的影响,我国四大经济区域 GDP 的增长速度换挡下降明显。其中,东部、中部、西部、东北地区 4 年的 GDP 平均增长速度,分别为 8.27%、8.96%、9.81%、6.44%。中部地区 2012～2015 年 GDP 的增长速度,分别为 11.30%、10.00%、8.42%、6.10%,呈现逐年下滑态势;从四大经济区域 6 年 GDP 的平均增速来比较,中部地区的增速尽管仍然居四大经济区域之次席,但近 2 年的 GDP 增速已下降到两位数以下,2015 年甚至低于东部地区 GDP 的增速,只有 6.10%。

图 5-1 表明,2006～2015 年("十一五""十二五"期间),中部地区 GDP 的增长速度,在 2007～2014 年连续 8 年都超过了东部地区;但与西部地区相比,

中部地区的 GDP 增长速度有 8 年都落后于西部地区。西部地区 GDP 增速呈现后来居上的发展态势，尤其是重庆、四川、内蒙古等西部省份近年来经济增长远高于全国的平均水平。2015 年全国 31 个省份 GDP 增速超 10% 的仅有西部的重庆、西藏、贵州，分别为 11.0%、11.0%、10.7%，说明西部大开发战略取得明显成效，而中部的发展仍显相对滞后。

中部地区经济增长在我国四大经济区域处于中游的地位，一方面是由于中部在经济技术发展水平上竞争不过东部，在获取政策支持上又比西部晚，因而产业与经济发展受到一定影响；另一方面是中部内在发展动力也大大落后于东部，产业与经济发展仍停留在较多依靠国家政策支持阶段，市场活力不足亦制约了其产业与经济的快速发展。

## 三、产业结构比较分析

中部地区的三次产业结构经过三十多年的不断调整发展，已得到持续优化和提升。由表 5-3 分析，1980 年中部地区三次产业结构比为 38.65∶42.58∶18.77，2010 年调整为 13.03∶52.41∶34.56，2015 年进一步调整为 10.79∶47.37∶41.84。总体上看，中部地区的产业结构层次已由 1980 年的"二、一、三"的低级状态，发展成为 2015 年的工业化过程的"二、三、一"的格局，而且第一产业比重呈不断下降趋势，第二产业比重呈先上升后下降趋势，第三产业比重表现为不断上升趋势，产业结构在不断向合理化和高度化转变，并且其内部在不断地优化。

表 5-3　中部地区三次产业增加值与比重统计表

| 年份 | 三次产业增加值（亿元） | | | 三次产业构成（%） | | |
|---|---|---|---|---|---|---|
| | 第一产业 | 第二产业 | 第三产业 | 第一产业 | 第二产业 | 第三产业 |
| 1980 | 379.21 | 417.67 | 184.17 | 38.65 | 42.58 | 18.77 |
| 1985 | 732.88 | 785.45 | 437.74 | 37.47 | 40.15 | 22.38 |
| 1990 | 1 397.25 | 1 490.33 | 1 131.80 | 34.76 | 37.08 | 28.16 |
| 1995 | 3 195.51 | 4 504.11 | 3 586.68 | 28.31 | 39.91 | 31.78 |
| 2000 | 4 015.57 | 7 640.62 | 7 244.06 | 21.25 | 40.42 | 38.33 |
| 2005 | 6 031.08 | 17 499.24 | 13 880.85 | 16.12 | 46.78 | 37.10 |
| 2010 | 11 221.07 | 45 130.31 | 29 757.99 | 13.03 | 52.41 | 34.56 |
| 2015 | 15 868.80 | 69 702.22 | 61 568.62 | 10.79 | 47.37 | 41.84 |

资料来源：根据《湖北统计年鉴 2015》《湖南统计年鉴 2015》《河南统计年鉴 2015》《安徽统计年鉴 2015》《江西统计年鉴 2015》《山西统计年鉴 2015》和中部湖北、湖南、河南、安徽、江西、山西六省的《2015 年国民经济和社会发展统计公报》数据编制

根据克拉克定律和库兹涅茨法则，随着国民经济的发展和人民收入水平的提高，产业结构会依次更迭，第一产业比重会逐渐下降，第二、第三产业会依次上升，中部地区产业结构的变化符合区域经济和产业经济发展的客观规律，产业结构在经济发展的过程中不断优化，产业层次水平也在逐渐提高。随着中部地区经济的发展和产业结构的调整，三次产业结构将会由"二、三、一"的工业化阶段向"三、二、一"的高级阶段发展。

但是，将中部地区的三次产业结构优化发展与我国产业与经济发展较快的东部地区相比，中部的产业结构升级速度还比较缓慢，产业结构也处在较低的水平，尤其是第三产业比重的提高仍然显得偏低，使得三次产业发展的协调性不强。

2015 年东部地区的三次产业结构比值为 5.64：43.57：50.79，经过改革开放 30 多来的快速发展，东部地区的三次产业结构层次逐步由"二、三、一"的工业化阶段，向"三、二、一"的高级阶段发展；而中部地区 2015 年的三次产业结构比值为 10.79：47.37：41.84，中部的第一、第二产业比重分别高于东部5.15 百分点和 3.8 百分点，第三产业比重则低于东部 8.95 百分点。相比东部地区，中部地区三次产业结构优化升级上的差距，主要是由第一产业比重明显偏高，且比重下降幅度和速度偏慢；第三产业比重明显偏低，且上升幅度和速度均比较滞后造成的。

### 四、产业开放程度比较分析

改革开放以来，中部地区对外开放程度不断提高，对内对外的交流日益增多，企业的兼并重组愈来愈多，吸引的外资持续增加，世界性的大企业和国内的大型企业进入中部地区的越来越多，中部地区已成为各种资本经营发展的战略要地。据统计，1978 年中部地区的进出口总额为 5.40 亿美元，2008 年为 989.30 亿美元，30 年增加了 182.20 倍；2014 年中部的进出口总额为 2469.84 亿美元，是 2008 年的 2.5 倍，是 1978 年的 272.19 倍。

表5-4 表明，中部地区的进出口总额在逐年增加，2014 年是 2005 年的 6 倍，平均进出口总额也在逐年增加，但与东部、东北地区相比，中部地区在进出口总额、平均进出口额上都存在着差距。尤其是与发展较快的东部地区相比，差距非常明显，2014 年中部地区的进出口总额只有东部地区的 6.97%，平均进出口额也只占东部地区的 11.62%。

表 5-4　中国四大经济区域进出口总额统计表　（单位：亿美元）

| 年份 | 东部地区 | | 中部地区 | | 西部地区 | | 东北地区 | |
|------|--------|--------|--------|--------|--------|--------|--------|--------|
| | 总额 | 地区平均 | 总额 | 地区平均 | 总额 | 地区平均 | 总额 | 地区平均 |
| 2005 | 12 781.60 | 1 278.16 | 415.10 | 69.18 | 451.30 | 37.61 | 571.10 | 190.37 |
| 2006 | 15 795.90 | 1 579.59 | 539.80 | 89.97 | 576.70 | 48.06 | 691.60 | 230.53 |
| 2007 | 19 337.70 | 1 933.77 | 743.00 | 123.83 | 785.90 | 65.49 | 870.70 | 290.23 |
| 2008 | 22 487.00 | 2 248.70 | 989.30 | 164.82 | 1067.30 | 88.94 | 1089.00 | 363.00 |
| 2009 | 19 470.54 | 1 947.05 | 779.02 | 129.84 | 916.72 | 76.39 | 909.06 | 303.02 |
| 2010 | 26 056.51 | 2 605.65 | 1168.89 | 194.81 | 1 283.86 | 106.99 | 1 230.73 | 410.24 |
| 2011 | 31 386.72 | 3 138.67 | 1 626.74 | 271.12 | 1 838.98 | 153.25 | 1 566.19 | 522.06 |
| 2012 | 32 710.79 | 3 271.08 | 1 933.93 | 322.32 | 2 364.04 | 197.00 | 1 662.43 | 554.14 |
| 2013 | 34 826.88 | 3 482.69 | 2 195.69 | 365.95 | 2 775.48 | 231.29 | 1 791.89 | 597.30 |
| 2014 | 35 410.59 | 3 541.06 | 2 469.84 | 411.64 | 3 342.04 | 278.50 | 1 792.80 | 597.60 |

资料来源：根据《中国统计年鉴 2006～2015》数据编制

近年来，中部地区在利用外资方面进步较快，但在利用外资的数量上，与东部和东北地区都相差较大。据统计，2015 年河南外商直接投资为 160.86 亿美元、安徽为 136.2 亿美元、湖南为 115.6 亿美元、江西为 94.7 亿美元、湖北为 89.48 亿美元、山西为 28.7 亿美元，中部六省实际利用外资额远低于同期广东、江苏等东部沿海地区的实际外资利用水平。2014 年东部地区人均外商投资额为 5522 美元，东北地区为 2331 美元，西部地区为 878 美元，中部地区为 929 美元，中部地区基本与西部地区相当，仅为东部地区的 16.82%，东北地区的 39.85%。

由此可见，中部地区利用外资额较少，外资对中部地区产业与经济发展的贡献率不大，这也表明中部地区对外开放的力度不够，中部地区还只是我国参与国际分工、国际产业梯度转移与国际贸易的配角。中部地区在有效利用国外资金和学习先进技术等方面，与东部、东北地区还有较大的差距，相对于东部地区外向型经济的高速发展来讲，中部地区仍是一个相对封闭、有待于开发的经济区域。

## 五、居民生活水平比较分析

近三十多年来，随着中部地区经济与社会的发展，居民生活水平不断提高。据统计，1978 年中部社会消费品零售总额为 308.99 亿元，2010 年增加为 31 283.48 亿元，是 1978 年的 101.24 倍，环比增长速度为 16.64%；2015 年中部社会消费品零售总额达到 64 591.48 亿元，是 1978 年的 209 倍，环比增长速度为 15.53%。

图 5-2 表明，在城镇居民人均可支配收入方面，中部地区增长速度较快，2008 年比 2005 年增长了 50%，2010 年比 2005 年增长了 81%，2014 年比 2005 年增长了 181%。但从总量上看，中部地区城镇居民可支配收入与西部地区、东北地区水平相当，图 5-2 中有三条统计数据线基本上重叠，但明显落后于东部地区。中部地区城镇居民人均可支配收入 2005 年为 8809 元、2010 年为 15 962 元、2014 年为 24 733 元，分别为东部地区的 65.86%、68.59%、72.95%，这表明中部地区的工业化和城镇化进程相对东部地区的发展仍然缓慢滞后，不能有力地拉动消费和合理吸纳剩余劳动力，从而制约了整个中部地区产业与经济的快速发展。

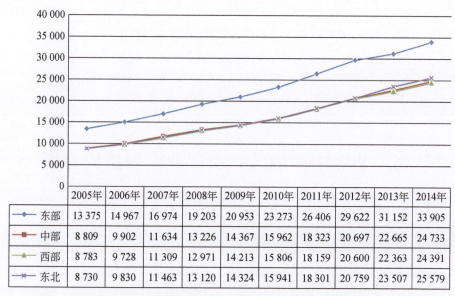

| | 2005年 | 2006年 | 2007年 | 2008年 | 2009年 | 2010年 | 2011年 | 2012年 | 2013年 | 2014年 |
|---|---|---|---|---|---|---|---|---|---|---|
| 东部 | 13 375 | 14 967 | 16 974 | 19 203 | 20 953 | 23 273 | 26 406 | 29 622 | 31 152 | 33 905 |
| 中部 | 8 809 | 9 902 | 11 634 | 13 226 | 14 367 | 15 962 | 18 323 | 20 697 | 22 665 | 24 733 |
| 西部 | 8 783 | 9 728 | 11 309 | 12 971 | 14 213 | 15 806 | 18 159 | 20 600 | 22 363 | 24 391 |
| 东北 | 8 730 | 9 830 | 11 463 | 13 120 | 14 324 | 15 941 | 18 301 | 20 759 | 23 507 | 25 579 |

图 5-2　中国四大经济区域城镇居民人均可支配收入统计比较图（单位：元）

资料来源：根据《中国统计年鉴 2006~2015》数据编制

"三农"问题是中部地区产业与经济发展缓慢的突出原因之一，其中最根本的问题就是农民的收入相对偏低。由图 5-3 分析，中部地区 2005 年到 2014 年农村居民人均纯收入呈现逐年上升的趋势，但连续 10 年中部地区的农民人均纯收入远低于同期东部地区，与东北地区也存在着明显差距。由此表明，中部地区的县域工业化、农业产业化、县域城镇化发展缓慢，不能有效地吸收、消化农村剩余劳动力。倘若中部地区的第二产业、第三产业，尤其是工业、服务业也能像东部沿海地区那样快速发展起来，则中部地区的"三农"问题就不会如此严重，农村居民的人均纯收入也不会如此偏低。

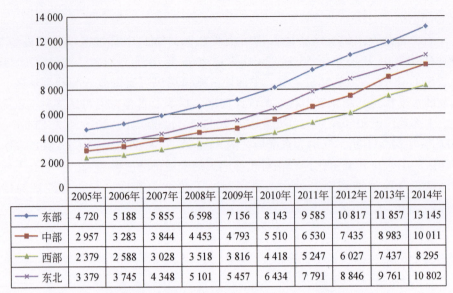

| | 2005年 | 2006年 | 2007年 | 2008年 | 2009年 | 2010年 | 2011年 | 2012年 | 2013年 | 2014年 |
|---|---|---|---|---|---|---|---|---|---|---|
| ◆ 东部 | 4 720 | 5 188 | 5 855 | 6 598 | 7 156 | 8 143 | 9 585 | 10 817 | 11 857 | 13 145 |
| ■ 中部 | 2 957 | 3 283 | 3 844 | 4 453 | 4 793 | 5 510 | 6 530 | 7 435 | 8 983 | 10 011 |
| ▲ 西部 | 2 379 | 2 588 | 3 028 | 3 518 | 3 816 | 4 418 | 5 247 | 6 027 | 7 437 | 8 295 |
| ✕ 东北 | 3 379 | 3 745 | 4 348 | 5 101 | 5 457 | 6 434 | 7 791 | 8 846 | 9 761 | 10 802 |

图 5-3　中国四大经济区域农村居民人均纯收入统计比较图（单位：元）

资料来源：根据《中国统计年鉴 2006～2015》数据编制

# 第二节　中部地区三次产业内部结构分析

## 一、第一产业内部结构分析

　　农业在中部地区的产业与经济发展中曾扮演过十分重要的角色。随着产业结构的不断调整，中部各省第一产业的增加值占 GDP 的比重在不断下降，湖北从 1978 年的 40.5% 下降到 2008 年的 15.7%，2015 年又下降为 11.2%；湖南从 1978 年的 40.7% 下降到 2008 年的 18.0%，2015 年又下降为 11.5%；河南从 1980 年的 40.7% 下降至 2008 年的 14.5%，2015 年又下降为 11.4%；安徽从 1978 年的 47.2% 下降到 2008 年的 16.0%，2015 年又下降为 11.2%；江西从 1978 年的 41.6% 下降到 2008 年的 16.4%，2015 年又下降为 10.7%；山西从 1978 年的 20.7% 下降到 2008 年的 7.2%，2015 年又下降为 6.2%。中部地区第一产业增加值在总量持续增长的前提下，其占 GDP 的比重却不断下降，说明第一产业的劳动生产率有所提高。

　　中部地区农业在全国具有举足轻重的地位。由表 5-5 分析，经过三十多年的

发展，中部地区农业的产业结构仍然偏重于种植业，种植业的比重始终保持在
50%以上，其中2014年达到56.26%，林业占比不足5%，渔业占比不到10%，
表明中部地区的农业内部产业结构发展极不合理。尽管中部地区自古以来就是我
国传统的农业生产基地，农业发展基础较好，但是图5-4反映，中部地区的人均
第一产业增加值在我国四大经济区域仅排第三位，远低于东北地区，与西部地区
也有差距，甚至低于全国的人均第一产业增加值。图5-4表明，中部地区不合理
的第一产业内部结构，导致其第一产业的劳动生产率低下，农业增产不增收，
"三农"问题仍然比较突出。

表 5-5　中部地区主要年份农业总产值构成统计表

| 年份 | 总产值（亿元） | | | | 构成（%） | | | |
|---|---|---|---|---|---|---|---|---|
| | 农 | 林 | 牧 | 渔 | 农 | 林 | 牧 | 渔 |
| 1980 | 404.54 | 34.24 | 84.66 | 5.18 | 76.52 | 6.48 | 16.02 | 0.98 |
| 1985 | 688.01 | 51.97 | 189.16 | 20.91 | 72.42 | 5.47 | 19.91 | 2.20 |
| 1990 | 1 369.53 | 109.57 | 497.51 | 66.76 | 67.02 | 5.36 | 24.35 | 3.27 |
| 1995 | 3 230.80 | 203.59 | 1 566.18 | 250.82 | 61.52 | 3.88 | 29.82 | 4.78 |
| 2000 | 3 752.17 | 282.15 | 2 127.31 | 464.31 | 56.62 | 4.26 | 32.11 | 7.01 |
| 2005 | 5 280.93 | 404.48 | 3 698.81 | 741.00 | 52.16 | 3.99 | 36.53 | 7.32 |
| 2010 | 10 536.84 | 775.17 | 5 549.00 | 1 319.01 | 57.96 | 4.26 | 30.52 | 7.26 |
| 2014 | 14 385.67 | 1 269.96 | 7 776.92 | 2 137.65 | 56.26 | 4.97 | 30.41 | 8.36 |

资料来源：根据《湖北统计年鉴2015》《湖南统计年鉴2015》《河南统计年鉴2015》《安徽统计年鉴
2015》《江西统计年鉴2015》《山西统计年鉴2015》数据编制

| | 全国人均 | 东部人均 | 中部人均 | 西部人均 | 东北人均 |
|---|---|---|---|---|---|
| ■ 人均第一产业增加值 | 4264.89 | 3859 | 4233.36 | 4460.76 | 5850.04 |

图5-4　2014年中国四大经济区域人均第一产业增加值比较图（单位：元）
资料来源：根据《中国统计年鉴2015》数据编制

一是长期单一发展粮食生产，割裂了客观存在的农业各部门之间的相互依赖关系，导致其内部产业比例严重失调，土壤肥力下降，生态平衡遭到破坏，生产环境日益恶化，经济效益十分低下，使得中部地区的农民人均纯收入远低于同期的东部地区，与东北地区也存在着明显差距。

二是粮经结构不合理，耕地潜力远未充分发挥，且优质产品不多，多的产品不优质，单调的品种结构难以满足市场需求而形成农产品结构性过剩，而具有市场需求的绿色、特色、精加工、深加工农产品等却严重供给不足，导致农产品加工业发展的滞后，制约了农业产业化的发展，直接影响了农业的增产增收。

三是农业发展资金短缺和组织引导不力，农业生态环境整治、农业科技创新和农技推广体系、农产品技术质量安全标准和检验检测体系、农政执法体系、农业信息体系、农产品市场等基础性设施建设严重滞后，导致农业抗御自然灾害的能力不强，产业化水平偏低，劳动生产率落后，一遇上大的自然灾害就减产减收，基本上还是靠天吃饭。

四是农业生产的主要组织形式仍然是家庭联产承包责任制，一家一户的农业生产经营规模小、组织化程度低、农产品商品量少、经济效益低下，且大量农村劳动力滞留农业，致使人均产值大大低于全国其他地区，打击了农民的生产积极性。

五是农业投资环境缺乏应有的吸引力，农业内部积累资金包括外来资金流向农业生产的资金转化率偏低，农民多年的农业生产积累起来的微薄积蓄与劳务经济流向农村的资金多数形成了新房、摩托车和婚嫁费用等消费型资金，而用于农业扩大再生产的资金则极为有限，由此形成了低收入→超前消费→低水平生产→低收入的恶性循环。

## 二、第二产业内部结构分析

工业是衡量产业与经济发展水平的重要部门，其结构的协调与否直接关系到产业与经济发展的大局。2015年中部地区除山西外，湖北、湖南、河南、安徽、江西五省规模以上工业实现的增加值均持续增长，规模以上工业增加值增长率分别为8.6%、7.8%、8.6%、8.6%、9.2%，均高于6.1%的全国平均增长水平；中部六省的工业产品平均产销率超过95%，产销衔接状况良好。但是中部地区对比东部沿海地区，除河南、湖北、湖南等还算得上是工业大省外，中部六省无一是工业强省。图5-5显示，2014年我国四大经济区域人均第二产业增加值中部地区仅列第三位，表明中部与东部差距较大，中部与东北的差距也较明显，甚至与全国的人均数也有差距。

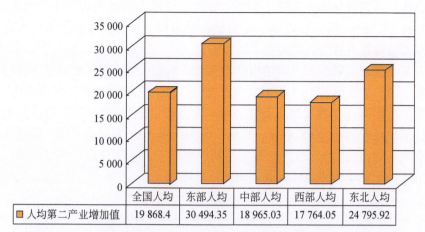

| | 全国人均 | 东部人均 | 中部人均 | 西部人均 | 东北人均 |
|---|---|---|---|---|---|
| ■ 人均第二产业增加值 | 19 868.4 | 30 494.35 | 18 965.03 | 17 764.05 | 24 795.92 |

图 5-5　2014 年中国四大经济区域人均第二产业增加值比较图（单位：元）

资料来源：根据《中国统计年鉴 2015》数据编制

　　一是中部地区工业发展的规模及速度，与东部沿海先进省份的差距越来越大。如图 5-6 所示，2015 年中部六省的第二产业增加值排位为：河南、湖北、湖南、安徽、江西、山西，其第二产业增加值分别为 18 189 亿元、13 504 亿元、12 955亿元、11 342 亿元、8487 亿元、5224 亿元。而 2015 年广东、江苏、山东、浙江等东部四省的第二产业增加值，分别为 32 511 亿元、32 044 亿元、29 486 亿元、19 707 亿元。2015 年，东部四省第二产业增加值合计为 113 748 亿元，中部六省合计仅为 69 701 亿元，东部四省是中部六省的 1.63 倍；2015 年广东第二产

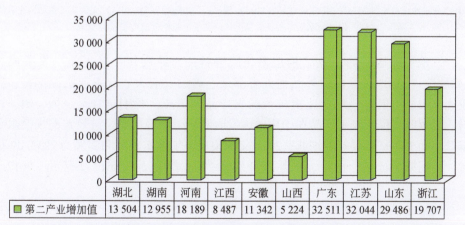

| | 湖北 | 湖南 | 河南 | 江西 | 安徽 | 山西 | 广东 | 江苏 | 山东 | 浙江 |
|---|---|---|---|---|---|---|---|---|---|---|
| ■ 第二产业增加值 | 13 504 | 12 955 | 18 189 | 8 487 | 11 342 | 5 224 | 32 511 | 32 044 | 29 486 | 19 707 |

图 5-6　2015 年中部六省与东部四省第二产业增加值比较图（单位：亿元）

资料来源：根据中部湖北、湖南、河南、江西、安徽、山西六省和东部广东、江苏、山东、浙江四省的
《2015 年国民经济和社会发展统计公报》数据编制

业增加值，分别是河南、湖北、湖南、安徽、江西、山西六省的 1.79 倍、2.39 倍、2.51 倍、2.87 倍、3.83 倍、6.22 倍。很显然，中部六省的工业发展绝对数额与东部沿海先进省份的差距在不断拉大。

二是中部地区的工业内部结构协调性发展不够，尤其是轻重工业结构比例失调明显。图 5-7 显示，2014 年中部六省规模以上工业的轻重工业内部结构①，比较东部的广东而言，其重型化趋势特征一目了然。2014 年，即使是中部地区轻工业比重最高的湖北为 35.44%，也低于同期广东 3.07 百分点；而中部地区重工业比重最高的山西达 93.31%，高于同期广东的 31.82 百分点。可想而知，中部地区的轻重工业结构协调性发展，仍然任重道远。

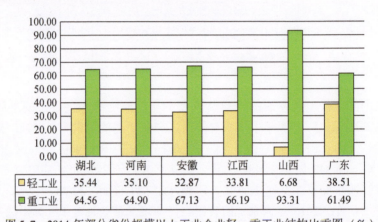

|  | 湖北 | 河南 | 安徽 | 江西 | 山西 | 广东 |
|---|---|---|---|---|---|---|
| 轻工业 | 35.44 | 35.10 | 32.87 | 33.81 | 6.68 | 38.51 |
| 重工业 | 64.56 | 64.90 | 67.13 | 66.19 | 93.31 | 61.49 |

图 5-7  2014 年部分省份规模以上工业企业轻、重工业结构比重图（%）

资料来源：根据《湖北统计年鉴 2015》《河南统计年鉴 2015》《安徽统计年鉴 2015》《江西统计年鉴 2015》《山西统计年鉴 2015》《广东统计年鉴 2015》编制；《湖南统计年鉴 2015》无轻重工业结构比重数据，但考察湖南有统计数据的年份其重工业比重均高于 60%

三是中部地区的工业结构重型化趋势特征，导致其"轻工业"发展成为"软肋"。中部地区除山西外其他五省都是有名的农业大省，农业资源丰富，比较优势明显。但占轻工业比重较大的农产品加工业，特别是食品、烟、酒、饮料、服装等高税利轻工产品在中部地区发展滞后，使得工业经济效益的规模水平偏低。如工业基础较好的湖北，2015 年规模以上工业实现的利润额为 2233.09 亿元，而同期的广东、山东、江苏则分别为 7208.77 亿元、8617.2 亿元、9617.1

---

① 湖北、河南、安徽、江西、山西五省统计局各自出版的《湖北统计年鉴 2015》《河南统计年鉴 2015》《安徽统计年鉴 2015》《江西统计年鉴 2015》《山西统计年鉴 2015》均有轻重工业结构比重数据，湖南统计局出版的《湖南统计年鉴 2015》无轻重工业结构比重数据，但考察湖南有统计数据的年份其重工业比重均高于 60%。

亿元，中部地区的工业效益与东部工业省份相比差距仍然较大。

四是中部地区的工业发展仍然以传统产业为支撑，使其工业发展模式与资源、环境的矛盾日益突显。时至今日，支撑中部地区的工业发展，仍然依赖煤炭、钢铁、电力、冶金、有色金属、石油化工、水泥玻璃、汽车制造等偏重型特征的传统产业。随着工业化进程的加快，过去以资源型工业及原材料型工业为主，依靠生产要素投入、低成本劳动力为主的工业结构重型化趋势的发展方式与资源、环境的矛盾也日益突出，而代表高新技术产业方向的战略性新兴产业所占比重明显偏低，使其在工业化的过程中正在遭遇传统工业所产生的工业污染对生存环境的破坏，而这与工业现代化的发展要求则大相径庭。

## 三、第三产业内部结构分析

第三产业作为产业结构优化和升级的主要标志，改革开放以后在中部地区得到长足发展。

表 5-3 反映，中部地区第三产业增加值及其占 GDP 的比重，自 1978 年以来呈现显著的逐步上升状态，2015 年中部地区第三产业完成增加值 61 568.62 亿元，是 1978 年的 446.57 倍。统计数据表明，经过三十多年的发展，中部地区的第三产业已形成多元化、多层次、多门类的服务业体系；无论是第三产业增加值还是其在 GDP 中的比重，中部六省均呈不断上升的发展趋势。湖北第三产业占 GDP 的比重从 1978 年的 17.3% 上升到 2008 年的 40.5%，2015 年又上升为 41.5%；湖南从 1978 年的 18.6% 上升到 2008 年的 37.8%，2015 年又上升为 43.9%；河南由 1980 年的 18.1% 上升到 2008 年的 28.6%，2015 年又上升为 39.5%；安徽从 1978 年的 17.3% 上升到 2008 年的 37.4%，2015 年为 37.3%；江西从 1978 年的 20.4% 上升到 2008 年的 34.3%，2015 年又上升为 36.8%；山西从 1978 年的 20.8% 上升到 2008 年的 39%，2015 年上升到 53.0%。

中部地区第三产业的持续发展，不仅能够多方面地满足人民生活的需要，而且还能提供广阔的就业门路，并以其特有的服务职能促进第一、第二产业的发展。表 5-6 反映，中部地区第三产业从业人员比重已逐渐超过了产业增加值占 GDP 比重最大的第二产业，表明第三产业比重的逐年提高，既能对 GDP 的总体增长产生明显的拉动作用，又能成为吸收劳动力就业的主要渠道。

然而中部地区的第三产业与东部沿海先进省份相比，仍然存在发展滞后和结构不优等问题。

一是总量规模不大，发展速度滞后。2015 年中部地区三次产业的比重为 10.79：47.37：41.84，第三产业所占的份额为 41.84%，远低于同期东部地区第

表5-6　中部地区三次产业就业人口与构成统计表

| 年份 | 三次产业从业人员数（万人） | | | 三次产业从业人员构成（%） | | |
|---|---|---|---|---|---|---|
| | 第一产业 | 第二产业 | 第三产业 | 第一产业 | 第二产业 | 第三产业 |
| 1980 | 8 971.26 | 1 555.76 | 1 150.03 | 76.83 | 13.32 | 9.85 |
| 1985 | 9 282.45 | 2 491.88 | 1 872.08 | 68.02 | 18.26 | 13.72 |
| 1990 | 10 639.10 | 3 046.53 | 2 527.29 | 65.62 | 18.79 | 15.59 |
| 1995 | 10 235.71 | 3 964.64 | 3 740.36 | 57.05 | 22.10 | 20.85 |
| 2000 | 10 952.58 | 3 960.92 | 4 524.98 | 56.34 | 20.38 | 23.28 |
| 2005 | 10 005.80 | 4 583.20 | 5 857.98 | 48.94 | 22.42 | 28.65 |
| 2010 | 9 203.53 | 5 623.53 | 7 077.37 | 42.07 | 25.67 | 32.31 |
| 2014 | 8 668.91 | 6 341.64 | 8 017.71 | 37.64 | 27.54 | 34.82 |

资料来源：根据《湖北统计年鉴2015》《湖南统计年鉴2015》《河南统计年鉴2015》《安徽统计年鉴2015》《江西统计年鉴2015》《山西统计年鉴2015》《新中国60年统计资料汇编》数据编制

三产业50.79%的水平。从第三产业增加值总量来考察，图5-8显示，2015年第三产业增加值位列中部地区前三位的河南、湖南、湖北分别为14 611亿元、12 760亿元和12 737亿元，而同期的广东、江苏、山东、浙江四省第三产业增加值则分别为36 956亿元、34 085亿元、28 537亿元、21 347亿元，差距巨大，表明中部六省的第三产业发展远远落后于东部沿海先进省份。

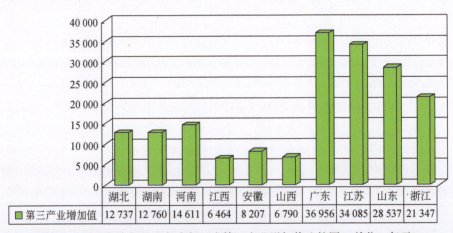

图5-8　2015年中部六省与东部四省第三产业增加值比较图（单位：亿元）

资料来源：根据中部湖北、湖南、河南、江西、安徽、山西六省和东部广东、江苏、山东、浙江四省的《2015年国民经济和社会发展统计公报》数据编制

二是传统行业行政管制较多，市场化程度滞后。中部地区传统的第三产业多数还处于垄断经营的局面，市场准入限制多，将一些应为商业化经营的领域，如教育、科技、医疗、卫生、保健、看护、托幼、养老、绿化、保洁、家政等，当作公益型、福利型的事业来办，民营资本难以涉足，造成竞争不充分，严重制约了第三产业的快速发展。如图 5-9 所示，2014 年中部地区人均第三产业增加值仅为 15 045.50 元，在我国四大经济区域排倒数第一位，不仅与全国的平均数 22 374.14 元有较大差距，甚至低于西部地区的人均第三产业增加值。

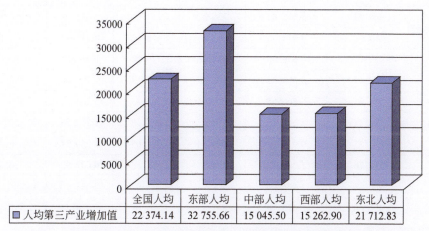

| | 全国人均 | 东部人均 | 中部人均 | 西部人均 | 东北人均 |
|---|---|---|---|---|---|
| 人均第三产业增加值 | 22 374.14 | 32 755.66 | 15 045.50 | 15 262.90 | 21 712.83 |

图 5-9　2014 年中国四大经济区域人均第三产业增加值比较图（单位：元）

资料来源：根据《中国统计年鉴 2015》数据编制

三是新兴服务产业发展不足，产业结构调整滞后。由表 5-7 数据分析，2014 年中部地区营利性服务业增加值排名前四位的依次为：批发零售贸易及餐饮业 13 418.96 亿元，交通运输仓储及邮电通信业 6457.64 亿元，金融、保险业 6257.83 亿元，房地产业 4909.87 亿元，由此可见中部地区的第三产业仍主要集中在批发、零售、餐饮、交通运输、仓储、邮电等传统产业，且所占比重较大，而对现代服务业，尤其是与现代制造业紧密相关的生产性服务业，如金融、保险、证券、法律、会计、审计、管理咨询、广告、物流、研发、工程设计、信息传输、计算机服务、软件开发、技术服务和地质勘查等产业的发展则相对滞后。根据西方发达国家和我国东部先进省份的经验，优先发展生产性服务业则是走新型工业化道路、转变经济发展方式的重要途径。

表 5-7　中部地区第三产业内部结构统计表　　（单位：亿元）

| 年份 | 交通运输仓储及邮电通信业 | 批发零售贸易及餐饮业 | 金融、保险业 | 房地产业 | 其他* | 合计 |
|------|------|------|------|------|------|------|
| 2000 | 1 447.35 | 1 803.73 | 774.42 | 573.04 | 2 362.44 | 6 960.98 |
| 2001 | 1 588.02 | 1 956.75 | 813.27 | 658.45 | 2 668.16 | 7 684.65 |
| 2002 | 1 761.23 | 2 135.98 | 830.24 | 736.37 | 3 167.00 | 8 630.82 |
| 2003 | 1 974.79 | 2 425.20 | 873.37 | 829.96 | 3 488.58 | 9 591.90 |
| 2004 | 2 348.19 | 2 751.03 | 932.39 | 951.41 | 4 084.30 | 11 067.32 |
| 2005 | 2 368.80 | 3 516.62 | 736.87 | 1 247.84 | 5 742.94 | 13 613.07 |
| 2006 | 2 689.91 | 3 972.86 | 924.05 | 1 418.83 | 6 639.62 | 15 645.27 |
| 2007 | 3 082.18 | 4 658.08 | 1 252.08 | 1 779.94 | 7 936.27 | 18 708.55 |
| 2008 | 3 559.47 | 5 599.35 | 1 455.08 | 1 994.88 | 9 159.50 | 21 768.28 |
| 2009 | 3 557.32 | 6 800.65 | 2 267.94 | 2 546.35 | 10 244.72 | 25 416.98 |
| 2010 | 4 086.51 | 8 241.28 | 2 808.07 | 2 866.58 | 11 755.55 | 29 757.99 |
| 2011 | 4 633.35 | 9 926.17 | 3 424.47 | 3 402.05 | 14 250.27 | 35 636.31 |
| 2012 | 5 227.78 | 11 269.67 | 4 304.31 | 3 952.64 | 16 641.92 | 41 396.32 |
| 2013 | 5 930.72 | 12 406.04 | 5 572.23 | 4 913.97 | 19 468.10 | 48 291.06 |
| 2014 | 6 457.64 | 13 418.96 | 6 257.83 | 4 909.87 | 21 914.28 | 52 958.58 |

资料来源：根据《中国统计年鉴2001～2015》数据编制

*其他服务行业，主要包括信息传输、计算机服务和软件业，租赁和商务服务业，科学研究、技术服务和地质勘查业，水利、环境和公共设施管理业，居民服务和其他服务业，教育，卫生、社会保障和社会福利业，文化、体育和娱乐业等行业

# 第六章

# 中部地区产业发展
# 存在的问题与原因

## 第一节　中部地区产业发展存在的问题

### 一、产业结构矛盾弱化了产业竞争力

从 1978 年到 2015 年，中部地区的产业与经济经过 37 年的发展，其三次产业结构不断得到优化，产业结构由"二、一、三"的低级结构，转化提升为工业化进程的"二、三、一"结构，第二产业占主导地位，第三产业快速发展比重逐渐加大，第一产业的比重明显下降。1978 年中部地区三次产业的结构为39.20：42.41：18.39，2015 年优化为 10.79：47.37：41.84[①]，第一产业大幅下降 28.41 百分点，第二产业上升 4.96 百分点，第三产业大幅上升 23.45 百分点，第二产业和第三产业增加值相加，占到中部地区 GDP 的 89.21%，这符合产业发展与经济社会进步的客观规律，也促进了中部地区产业与经济的全面发展。

但是，当前中部地区三次产业增加值与其三次产业就业结构偏差过大，二元经济结构矛盾表现得较为突出。由表 6-1 分析，2014 年中部地区三次产业增加值分别为 15 350.64 亿元、68 770.54 亿元、54 558.46 亿元，产业结构比重为11.07：49.59：39.34；2014 年中部地区三次产业从业人数分别为 8668.91 万人、6341.64 万人、8017.71 万人，三次产业从业人数结构比重为 37.64：27.54：34.82。中部地区第一产业增加值 15 350.64 亿元，占其产业结构比重最小仅为11.07%，但其从业人数却最多达 8668.91 万人，占其产业从业人数比重最高为

---

① 根据《湖北统计年鉴 2015》《湖南统计年鉴 2015》《河南统计年鉴 2015》《安徽统计年鉴 2015》《江西统计年鉴 2015》《山西统计年鉴 2015》和中部湖北、湖南、河南、安徽、江西、山西六省的《2015年国民经济和社会发展统计公报》数据，加工计算而得，本章余同。

37.64%。中部地区的三次产业结构水平与东部地区和全国平均水平的差距，在第五章已做了较为全面具体的分析，在此不再赘述。中部地区大量就业人员滞留农村，导致第一产业劳动生产率与经济效益低下，农民增收困难，"三农"问题仍然较为突出。

表6-1 中部地区三次产业增加值与就业人数统计表

| 年份 | 三次产业增加值（亿元） | | | 三次产业从业人员数（万人） | | |
|---|---|---|---|---|---|---|
| | 第一产业 | 第二产业 | 第三产业 | 第一产业 | 第二产业 | 第三产业 |
| 1980 | 379.21 | 417.67 | 184.17 | 8 971.26 | 1 555.76 | 1 150.03 |
| 1985 | 732.88 | 785.45 | 437.74 | 9 282.45 | 2 491.88 | 1 872.08 |
| 1990 | 1 397.25 | 1 490.33 | 1 131.80 | 10 639.10 | 3 046.53 | 2 527.29 |
| 1995 | 3 195.51 | 4 504.11 | 3 586.68 | 10 235.71 | 3 964.64 | 3 740.36 |
| 2000 | 4 015.57 | 7 640.62 | 7 244.56 | 10 952.58 | 3 960.92 | 4 524.98 |
| 2005 | 6 031.08 | 17 499.24 | 13 880.85 | 10 005.80 | 4 583.20 | 5 857.98 |
| 2010 | 11 221.07 | 45 130.31 | 29 757.99 | 9 203.53 | 5 623.53 | 7 077.37 |
| 2014 | 15 350.64 | 68 770.54 | 54 558.46 | 8 668.91 | 6 341.64 | 8 017.71 |

资料来源：根据《湖北统计年鉴2015》《湖南统计年鉴2015》《河南统计年鉴2015》《安徽统计年鉴2015》《江西统计年鉴2015》《山西统计年鉴2015》《新中国60年统计资料汇编》数据编制

中部地区较低层次的产业结构，使其二元经济结构矛盾突出，农民与农村剩余劳动力无论绝对量还是相对比例，中部地区都是全国最大的。中部地区的农民人均纯收入中，家庭经营土地的收入仍然超过50%以上，农民收入增长难度很大。统计数据表明，中部地区的农民人均纯收入一直都是远低于同期东部地区，与东北地区也存在着明显差距。进一步分析表明，中部地区的县域工业化、农业产业化、县域城镇化发展缓慢，不能有效地吸收、消化农村剩余劳动力。所有这些均直接导致中部区域资源集聚能力较弱、产业集聚化程度不高、区域间产业关联度较低，从而弱化了中部地区产业的竞争力。

## 二、"三农"问题突出

经过改革开放后三十多年的发展，中部地区的农业生产取得了巨大的成就，成为全国名副其实的农业生产基地，农产品总产量与农林牧渔总产值不断增加。1978年中部地区农林牧渔总产值为408.08亿元，2010年达到18 180.01亿元，2014年又增长到25 570.20亿元；中部地区2014年农林牧渔总产值是2010年总产值的1.41倍，是1978年总产值的62.66倍。农业从业人员占中部地区全部从业人员的比重在不断下降，1978年农业从业人员比重为76.83%，2010年下降为

42.02%，2014 年再下降至 37.64%。很显然，中部地区的农业发展为解决其农民就业，促进全国的农业及其经济社会的发展作出了自己的贡献。

但是，中部地区的"三农"问题仍然十分突出，"三农"问题是中部地区产业与经济社会发展缓慢的集中体现。中部六省除山西外均是农业大省和农产品主产区，2015 年中部地区农业人口为 17 878.55 万人，占全国农业人口的 29.63%；农业人口占中部全部人口的比重为 48.77%，超过全国农业人口占全部人口比重 4.87 百分点；中部地区农业人口无论是绝对数还是结构比重，均超过了第二产业和第三产业的就业人口数量[1]。

中部地区过多的农业人口和大量过剩的农村劳动力，导致中部农民收入增长偏慢，县域新型工业化、信息化、城镇化、农业现代化发展处于相对滞后的状况。2013 年、2014 年我国四大经济区域农村居民人均可支配收入如图 6-1 所示，中部地区农村居民人均可支配收入不仅与东部地区有较大差距，且低于东北地区，甚至低于全国平均数。"足寒伤身，民寒伤国"，解决"三农"问题是中部地区产业与经济发展的重中之重。"三农"问题的根本就是农民的收入问题。由于农民收入增速缓慢，导致中部地区地方县（市）财政脆弱，社会有效需求不

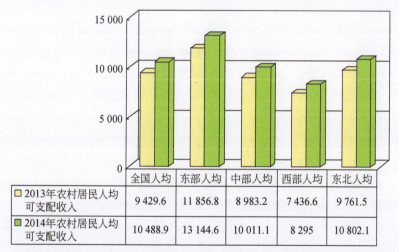

| | 全国人均 | 东部人均 | 中部人均 | 西部人均 | 东北人均 |
|---|---|---|---|---|---|
| ■ 2013年农村居民人均可支配收入 | 9 429.6 | 11 856.8 | 8 983.2 | 7 436.6 | 9 761.5 |
| ■ 2014年农村居民人均可支配收入 | 10 488.9 | 13 144.6 | 10 011.1 | 8 295 | 10 802.1 |

图 6-1　中国四大经济区域 2013 年、2014 年农村居民人均可支配收入比较图（单位：元）
资料来源：根据《中国统计年鉴 2015》数据编制

足，投资能力缺乏，产业结构优化升级偏慢，整体经济发展相对滞后。如不能跳出就"三农"论"三农"的怪圈，在"三农"之外寻求解决"三农"问题的根本路径，就不能把农民人口比重大幅度地降下来，中部地区的崛起就会沦为空洞的口号。

### 三、基础产业的基础相对薄弱

新中国成立以后，由于国家的重视和大力投入，中部地区的农业、能源、钢铁、重工、原材料、交通等基础产业发展迅速，成为全国的粮食生产基地、能源原材料基地、制造业基地和综合交通枢纽，基础产业的产量大，比重高，在全国占有重要的地位。

2015 年中部地区粮食总产量 18 719.70 万吨，占全国总量的 30.12%，居全国四大经济区域之冠；中部的"双低"油菜籽、花生、芝麻、柑橘、肉猪出栏头数、蜂蜜、淡水鱼类等农产品产量均雄踞全国四大经济区域之首；中部的优质棉花、三元猪、名特水果、名优蟹虾、茶叶、烟叶、银杏、魔芋、中药材等，在全国均有重要的影响。

中部地区是我国传统的钢铁工业基地，其黑色金属冶炼及压延加工业在全国占有一定优势；2014 年中部生铁、粗钢、钢铁产量依次为 15 162.84 万吨、16 832.77 万吨、20 651.48 万吨，分别占全国总产量的 21.24%、20.47%、18.35%。中部地区的有色金属和稀土产业，在全国影响较大。近 15 年来，中部地区的汽车产业保持着较高的发展速度，已成为中部六省工业经济发展的主打力量，2015 年中部汽车产量超过 480 万辆。中部地区煤炭资源丰富，拥有大同、宁武、西山、霍西、沁水、河东、淮北、淮南八大煤田；长江、黄河贯穿境内，建有三峡、小浪底、葛洲坝、三门峡等四大水电站；中部地区形成以电力、煤炭为核心的能源基础工业，支援了全国的产业发展与经济建设。

但是中部地区基础产业的发展速度、生产效率和经济效益等，均不如东部地区和其他地区。从表 6-2 的数据可看出，反映规模以上工业企业经济效益的成本费用利润率、人均业务收入等相对数指标，中部地区在我国的四大经济区域均居末位，甚至与全国平均水平都有一定的差距。之所以如此，其中一个重要原因就是中部地区的基础产业后期投入严重不足。自改革开放以来，国家经济政策与投资重点一直向东部沿海和沿边地区倾斜，对中部地区的政策支持及投资相对较少。由于规模以上工业企业的国有企业所占比重偏大，经济效益普遍偏低，更新改造投资乏力，老工业基地普遍存在设备陈旧、工艺落后、技术严重老化和资金严重短缺等问题，从而导致中部地区基础产业的发展基础并不雄厚，而且后劲不足。

表 6-2　2014 年中国四大经济区域规模以上工业企业主要指标统计表

| 类别 | 全国总计 | 东部地区 | 中部地区 | 西部地区 | 东北地区 |
|---|---|---|---|---|---|
| 企业单位数（个） | 377 888 | 222 012 | 82 092 | 48 461 | 25 323 |
| 资产总计（亿元） | 956 777.20 | 512 295.63 | 180 973.89 | 192 579.27 | 70 928.41 |
| 流动资产合计（亿元） | 445 742.39 | 262 616.37 | 79 093.24 | 73 129.33 | 30 903.45 |
| 负债合计（亿元） | 547 031.42 | 285 796.22 | 101 234.78 | 119 556.45 | 40 443.97 |
| 所有者权益合计（亿元） | 405 981.70 | 224 632.57 | 78 736.09 | 72 438.60 | 30 174.44 |
| 主营业务收入（亿元） | 1 107 032.57 | 634 614.19 | 228 645.42 | 158 251.54 | 85 521.42 |
| 主营业务成本（亿元） | 943 369.56 | 544 582.06 | 195 793.95 | 130 274.08 | 72719.47 |
| 主营业务税金及附加（亿元） | 16 961.13 | 7 262.97 | 3 381.44 | 4 237.85 | 2 078.87 |
| 利润总额（亿元） | 68 154.88 | 40 141.31 | 13 367.46 | 10 085.51 | 4 560.60 |
| 应交增值税（亿元） | 33 979.02 | 18 702.62 | 6 798.87 | 6 092.34 | 2 385.19 |
| 资产负债率（%） | 58.02 | 55.48 | 56.53 | 61.23 | 56.57 |
| 成本费用利润率（%） | 6.59 | 6.94 | 5.64 | 6.79 | 6.47 |
| 业务收入（万元/人） | 115.36 | 128.07 | 104.41 | 107.16 | 127.64 |

资料来源：根据《中国统计年鉴 2015》数据编制

## 四、优势产业的效益反而不优

经过三十多年的发展，中部地区的农业、能源、钢铁、交通、加工业等基础产业成就巨大，成为中部地区的优势产业。但这些优势产业并未给中部地区带来明显的经济效益和竞争优势，究其原因主要是中部地区的优势产业大多是资源输出型的产业。中部地区在与东部地区和全国的经济往来中，向东部和全国输出大量的原材料和粗加工产品，这些产品主要包括煤炭、电力、原油、钢铁、有色金属、稀土、木材、建材、粮食、棉花、油料、肉类、茶叶、烟叶、水产品等，其内涵价值不高，销售价格偏低，难以赚取高额的利润。不仅如此，原材料和粗加工产品的大量输出反过来会进一步削弱输出地产业发展的基础，使产业发展趋向衰落。中部地区一些资源输出型城市在资源耗竭之后，正面临着生态环境恶化、城市空心化和严峻的产业转型的压力。

与此同时，我国接受中部地区资源转移的地区特别是东部地区，利用其精深加工业的优势，把其输入的原材料和初级产品加工成电子、信息、家电、机械设备、轻纺、医药、数码等高精尖的产品，其销售价格高，利润大，为东部地区赚取了巨大的经济利益，并促进了东部地区的发展。这实际上是中部地区在补贴东部地区和全国的发展，而自身却在一步一步地削弱。近年来，频繁出现的煤炭大省山西缺煤、水电大省湖北缺电的现象，就是一个强有力的证明。由于改革的不同步造成的经济环境不同，中部地区在与东部地区和全国的经济贸易往来中遭受了经济利益的双重流失，因而导致中部地区优势产业的经济效益反而不优。

中部地区的传统优势产业，主要集中在国有控股工业企业和大中型工业企业。表6-3、表6-4显示，中部六省的国有控股工业企业和大中型工业企业的主要指标与东部先进省份相比，无论是主营业务收入、主营业务成本、利润总额等绝对数指标，还是工业成本费用利润率、人均主要业务收入等相对数指标，均有较大的差距。中部地区的所谓传统优势产业与东部先进省份相比，并无优势可言，其经济效益反而不优。

表6-3　2014年中国四大经济区域各省份国有控股工业企业主要指标统计表

| 地区 | | 企业单位数（个） | 主营业务收入（亿元） | 主营业务成本（亿元） | 利润总额（亿元） | 工业成本费用利润率（%） | 人均主营业务收入（万元/人） |
|---|---|---|---|---|---|---|---|
| 东部地区 | 北京 | 765 | 11 180.75 | 9 763.46 | 937.27 | 8.72 | 223.22 |
| | 天津 | 553 | 9 006.01 | 7 729.45 | 680.84 | 7.64 | 217.96 |
| | 河北 | 794 | 10 989.9 | 9 548.7 | 216.38 | 1.92 | 121.76 |
| | 上海 | 707 | 14 081.1 | 11 245.38 | 1 408.88 | 11.02 | 324.31 |
| | 江苏 | 960 | 15 148.71 | 12 866.15 | 842.5 | 5.72 | 206.72 |
| | 浙江 | 723 | 9 297 | 7 884.81 | 543.24 | 6.16 | 283.78 |
| | 福建 | 473 | 4 742.03 | 4 029.25 | 222.98 | 5.03 | 193.55 |
| | 山东 | 1 212 | 22 254.89 | 18 718.12 | 1 209.38 | 5.68 | 142.81 |
| | 广东 | 1 017 | 17 804.39 | 14 796.78 | 1 081.26 | 6.46 | 221.26 |
| | 海南 | 76 | 361.08 | 247.97 | 70.23 | 23.79 | 134.54 |
| 中部地区 | 湖北 | 742 | 11 852.84 | 9 610.92 | 702.36 | 6.31 | 147.55 |
| | 湖南 | 754 | 6 902.82 | 5 424.03 | 288.5 | 4.54 | 115.72 |
| | 河南 | 805 | 11 011.54 | 9 558.04 | 279.68 | 2.57 | 88.88 |
| | 安徽 | 687 | 9 696.28 | 8 300.68 | 318.05 | 3.43 | 113.84 |
| | 江西 | 483 | 6 237.35 | 5 540.23 | 252.73 | 4.23 | 171.09 |
| | 山西 | 757 | 10 329.39 | 8 791.34 | 113.17 | 1.08 | 86.74 |
| 西部地区 | 内蒙古 | 661 | 5 939.01 | 4 918.47 | 214.96 | 3.72 | 119.77 |
| | 广西 | 552 | 5 645.01 | 4 795.95 | 209.92 | 3.91 | 157.16 |
| | 重庆 | 497 | 5 019.6 | 4 082.05 | 338.01 | 7.01 | 121.12 |
| | 四川 | 929 | 9 989.33 | 8 099.7 | 484.94 | 5.13 | 112.16 |
| | 贵州 | 509 | 3 831.49 | 2 813.05 | 317.31 | 9.51 | 85.11 |
| | 云南 | 589 | 5 788.9 | 4 128 | 312.03 | 5.88 | 140.67 |
| | 西藏 | 25 | 48.57 | 50.62 | -4.66 | -8.02 | 46.47 |

| 地区 | | 企业单位数（个） | 主营业务收入（亿元） | 主营业务成本（亿元） | 利润总额（亿元） | 工业成本费用利润率（%） | 人均主营业务收入（万元/人） |
|---|---|---|---|---|---|---|---|
| 西部地区 | 陕西 | 742 | 11 157.41 | 8 326.45 | 1 152.26 | 12.02 | 120.2 |
| | 甘肃 | 414 | 7 364.56 | 6 476.28 | 172.66 | 2.45 | 162.16 |
| | 青海 | 126 | 1 156.98 | 903.72 | 84.64 | 7.51 | 93.95 |
| | 宁夏 | 128 | 1 587.82 | 1 302.93 | 56.76 | 3.84 | 120.75 |
| | 新疆 | 681 | 5 866.99 | 4 399.32 | 492.32 | 9.74 | 142.76 |
| 东北地区 | 辽宁 | 624 | 12 780.29 | 10 918.5 | 175.5 | 1.41 | 123.99 |
| | 吉林 | 366 | 9 064.79 | 7 320.76 | 701.43 | 8.21 | 156.04 |
| | 黑龙江 | 457 | 6 555.44 | 4 818.59 | 632.48 | 11.35 | 88.26 |

资料来源：根据《中国统计年鉴 2015》数据编制

**表 6-4　2014 年中国四大经济区域各省份大中型工业企业主要指标统计表**

| 地区 | | 企业单位数（个） | 主营业务收入（亿元） | 主营业务成本（亿元） | 利润总额（亿元） | 成本费用利润率（%） | 人均主营业务收入（万元/人） |
|---|---|---|---|---|---|---|---|
| 东部 | 北京 | 748 | 16 039.78 | 13 566.07 | 1 303.50 | 8.48 | 190.74 |
| | 天津 | 1 013 | 21 842.39 | 18 495.63 | 1 946.76 | 9.43 | 179.51 |
| | 河北 | 2 221 | 29 822.94 | 25 767.95 | 1 452.00 | 5.01 | 118.30 |
| | 上海 | 1 629 | 26 703.17 | 21 766.69 | 2 191.16 | 8.80 | 168.53 |
| | 江苏 | 7 339 | 90 380.42 | 77 727.66 | 5 916.31 | 6.85 | 129.10 |
| | 浙江 | 5 019 | 35 612.34 | 30 352.91 | 2 268.03 | 6.61 | 99.95 |
| | 福建 | 3 375 | 22 924.87 | 19 540.38 | 1 515.50 | 7.06 | 83.01 |
| | 山东 | 5 378 | 81 979.14 | 71 315.71 | 4 844.04 | 6.20 | 142.96 |
| | 广东 | 10 577 | 82 000.26 | 68 530.27 | 5 270.44 | 6.82 | 76.18 |
| | 海南 | 123 | 1 351.11 | 1 103.87 | 69.32 | 5.54 | 166.58 |
| 中部 | 湖北 | 2 282 | 25 039.92 | 20 791.73 | 1 500.82 | 6.33 | 113.12 |
| | 湖南 | 2 512 | 17 320.70 | 14 171.83 | 828.41 | 5.16 | 89.64 |
| | 河南 | 5 290 | 45 611.56 | 39 755.04 | 2 957.12 | 6.90 | 94.16 |
| | 安徽 | 1 707 | 19 971.16 | 17 023.96 | 981.66 | 5.19 | 106.61 |
| | 江西 | 2 053 | 18 827.25 | 16 430.82 | 1 288.40 | 7.36 | 118.96 |
| | 山西 | 1 144 | 14 370.40 | 12 269.34 | 145.01 | 1.00 | 80.09 |
| 西部 | 内蒙古 | 823 | 12 023.94 | 9 823.05 | 803.36 | 7.14 | 138.29 |
| | 广西 | 1 468 | 12 995.90 | 10 978.41 | 758.83 | 6.21 | 108.70 |
| | 重庆 | 1 334 | 13 590.47 | 11 573.99 | 869.49 | 6.73 | 111.24 |
| | 四川 | 2 522 | 24 439.69 | 20 434.98 | 1 447.12 | 6.30 | 96.88 |
| | 贵州 | 637 | 4 811.42 | 3 572.73 | 415.59 | 9.68 | 76.36 |
| | 云南 | 709 | 7 125.87 | 5 342.97 | 320.37 | 4.80 | 108.11 |

| 地区 | | 企业单位数（个） | 主营业务收入（亿元） | 主营业务成本（亿元） | 利润总额（亿元） | 成本费用利润率（%） | 人均主营业务收入（万元/人） |
|---|---|---|---|---|---|---|---|
| 西部 | 西藏 | 16 | 68.26 | 57.89 | 2.83 | 4.05 | 62.45 |
| | 陕西 | 985 | 14 396.18 | 10 846.80 | 1 509.48 | 12.14 | 110.83 |
| | 甘肃 | 305 | 7 749.50 | 6 816.33 | 182.01 | 2.45 | 149.21 |
| | 青海 | 127 | 1 542.05 | 1 257.17 | 86.25 | 5.65 | 92.56 |
| | 宁夏 | 186 | 2 663.20 | 2 278.18 | 77.75 | 2.99 | 105.16 |
| | 新疆 | 432 | 7 182.34 | 5 550.10 | 558.89 | 8.70 | 134.19 |
| 东北 | 辽宁 | 2 074 | 24 419.18 | 20 789.05 | 886.84 | 3.77 | 109.98 |
| | 吉林 | 645 | 13 566.38 | 11 023.70 | 992.64 | 7.74 | 144.49 |
| | 黑龙江 | 628 | 8 655.33 | 6 530.49 | 762.97 | 10.11 | 86.38 |

资料来源：根据《中国统计年鉴2015》数据编制

## 五、产业发展的外向度明显偏低

自改革开放以来，我国产业与区域经济的发展愈来愈受到世界经济发展的影响，中部地区的对外贸易和对外交流活动也越来越多，产业和经济发展的外向度逐渐提高。1978年中部地区的进出口总额为5.4亿美元，2010年为1168.19亿美元，32年增长了216.33倍；2014年中部地区的进出口总额又增长为2470亿美元，2014年是2010年的2.11倍，是1978年的457.41倍。

但是中部地区与东部沿海发达地区相比，产业与经济发展的外向度明显偏低。所谓产业与经济外向度，是指进出口总额占国内（地区）生产总值（GDP）的比重，它反映了一个国家或地区的经济与国际经济联系的紧密程度，是衡量一个国家或地区开放型经济发展规模、发展水平的宏观指标之一；其数值越大，反映国际市场对该国或该地区产品认可程度越高。在经济全球化的趋势大背景下，提高产业与经济发展的外向度，提高对外贸易水平，是推动产业与经济发展的"三驾马车"之一，也是产业与经济发展水平的主要标志之一。

2008年中部地区进出口总额990.5亿美元，只有全国进出口总额的3.9%，仅为东部地区的4.4%；2010年中部进出口总额1168.89亿美元，仅为东部地区的4.49%；2014年中部进出口总额2470亿美元，也只占全国进出口总额的5.74%，仅为东部地区的6.98%。图6-2表明，2015年湖北、湖南、河南、江西、安徽、山西的产业与经济外向度分别为9.6%、6.3%、12.4%、13.8%、15.8%、7.2%，除河南、江西、安徽超过10%外，其余3个省份均在10%以下，而且中部六省的产业与经济外向度水平都远低于全国36.30%的平均水平；

中部六省的产业与经济外向度水平与东部五省份相比，则差距巨大，说明中部地区的产业与经济外向度明显偏低。虽然近几年，中部六省向省外的经贸输出输入和向国外的进出总额大幅度增加，但中部地区整体的外向度仍然不高。中部地区产业与经济发展的外向度偏低，使得外贸的进出口需求对经济增长的拉动力有限，不但制约了中部地区产业与经济增长的进一步扩张，也影响了区域经济发展活力的积累。

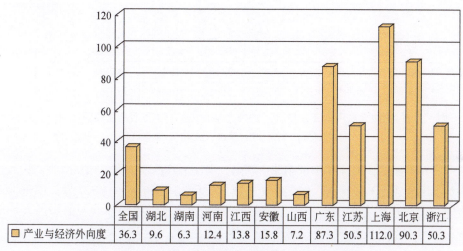

| | 全国 | 湖北 | 湖南 | 河南 | 江西 | 安徽 | 山西 | 广东 | 江苏 | 上海 | 北京 | 浙江 |
|---|---|---|---|---|---|---|---|---|---|---|---|---|
| 产业与经济外向度 | 36.3 | 9.6 | 6.3 | 12.4 | 13.8 | 15.8 | 7.2 | 87.3 | 50.5 | 112.0 | 90.3 | 50.3 |

图 6-2　2015 年中部六省与东部五省经济外向度比较图（%）
资料来源：根据中部湖北、湖南、河南、江西、安徽、山西六省和东部广东、江苏、上海、北京、浙江五省的《2015 年国民经济和社会发展统计公报》数据编制

## 六、消费对产业的拉动严重不足

经过三十多年的改革开放，中部地区经济社会的发展成就巨大，人民的生活条件不断改善，居民消费能力和消费水平不断提高。据统计，1978 年中部地区社会消费品零售总额为 308.99 亿元，2010 年增加为 31 283.48 亿元，是 1978 年的 101.24 倍，环比增长速度为 16.64%；2015 年中部社会消费品零售总额又增长为 64 591.48 亿元，分别是 2010 年、1978 年的 2.06 倍和 209.04 倍。

但是将中部地区与我国东部沿海较发达地区相比，中部地区的消费水平仍然偏低。如图 6-3 所示，2013 年、2014 年东部、中部、西部、东北四大经济区域的人均可支配收入排序，中部与东部差距较大，中部与东北差距也比较明显，甚至与全国平均水平也有较大差距。

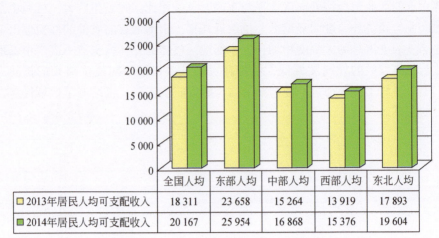

| | 全国人均 | 东部人均 | 中部人均 | 西部人均 | 东北人均 |
|---|---|---|---|---|---|
| ☐ 2013年居民人均可支配收入 | 18 311 | 23 658 | 15 264 | 13 919 | 17 893 |
| ☐ 2014年居民人均可支配收入 | 20 167 | 25 954 | 16 868 | 15 376 | 19 604 |

图6-3　中国四大经济区域2013年、2014年居民人均可支配收入比较图（单位：元）

资料来源：根据《中国统计年鉴2015》数据编制

图6-4显示，2014年中部湖北、湖南、河南、江西、安徽、山西六省居民人均消费支出分别为12 928元、13 289元、11 000元、11 089元、11 727元、10 864元，均低于全国居民人均消费支出14 491元的平均水平；将中部六省的居民人均消费支出与东部较发达的4个省份比较，则差距巨大，反差非常明显。

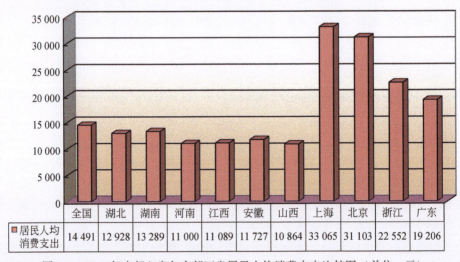

| | 全国 | 湖北 | 湖南 | 河南 | 江西 | 安徽 | 山西 | 上海 | 北京 | 浙江 | 广东 |
|---|---|---|---|---|---|---|---|---|---|---|---|
| ☐ 居民人均消费支出 | 14 491 | 12 928 | 13 289 | 11 000 | 11 089 | 11 727 | 10 864 | 33 065 | 31 103 | 22 552 | 19 206 |

图6-4　2014年中部六省与东部四省居民人均消费支出比较图（单位：元）

资料来源：根据《中国统计年鉴2015》数据编制

由于中部地区无论是居民人均可支配收入，还是居民人均消费支出均低于全国的平均水平，更不用说中部农村居民人均可支配收入、农村居民人均消费支出与东部较发达地区及全国平均水平的大幅差距，导致中部地区整体消费水平偏低，内需对产业与经济发展的拉动严重不足，在一定程度上影响了中部地区的产业与经济的快速发展。

## 七、各省产业发展速度快慢不均

从 1980 年到 2015 年，中部六省的产业与经济发展较快，实现的地区生产总值逐年增加。河南从 1980 年的 229.16 亿元增加到 2015 年的 37 010.25 亿元，湖北从 1980 年的 199.38 亿元增加到 2015 年的 29 550.19 亿元，湖南从 1980 年的 191.72 亿元增加到 2015 年的 29 047.20 亿元，安徽从 1980 年的 140.88 亿元增加到 2015 年的 22 005.60 亿元，江西从 1980 年 111.15 亿元增加到 2015 年的 16 723.80亿元，山西从 1980 年的 108.76 亿元增加到 2015 年的 12 802.60 亿元。中部六省的地区生产总值都是大幅地成倍数增长。但是从中部各省之间实现的地区生产总值横向比较来看，中部六省的产业与经济发展并不均衡，发展水平参差不齐，落差巨大；中部六省的产业与经济发展速度快慢不均，且间隔差距还有不断拉大的趋势。

从经济总量来看，河南的 GDP 早在 2005 年就越过万亿元大关，2010 年突破 2 万亿元大关，2013 年又一举跃过 3 万亿元大关；湖北、湖南两省的 GDP 在 2008 年双双越过万亿元大关，2013 年双双跃过 2 万亿元大关；安徽的 GDP 在 2009 年越过万亿元大关，2014 年突破 2 万亿元大关；江西、山西两省至 2011 年才突破万亿元大关，但至今仍未跃过 2 万亿元大关。

从经济发展速度来看，由图 6-5 分析，1980～1990 年，中部六省的 GDP 增长斜率相当，6 条 GDP 增长曲线基本重合；1990～2000 年，河南的 GDP 增长斜率显著高于其他五省，湖北、湖南的 GDP 增长斜率也明显高于安徽、江西、山西，安徽的 GDP 增长斜率高于江西、山西，江西、山西的 GDP 增长斜率仍然基本重合；2000～2015 年，河南的 GDP 增长斜率进一步拉大了与其他五省的差距，湖北、湖南的 GDP 增长斜率也渐次与安徽、江西、山西拉大距离，安徽的 GDP 增长斜率也拉大了与江西、山西的间距，江西的 GDP 增长斜率与山西也拉离了重合线，6 条 GDP 上升曲线的倾角差距在持续性的拉大，说明中部六省间的产业与经济发展的差距在进一步拉大。

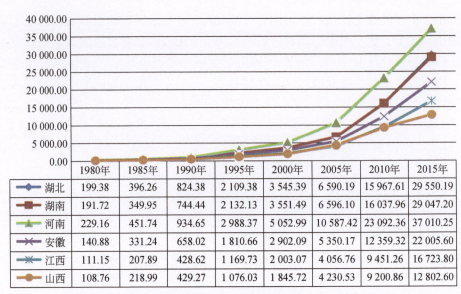

| | 1980年 | 1985年 | 1990年 | 1995年 | 2000年 | 2005年 | 2010年 | 2015年 |
|---|---|---|---|---|---|---|---|---|
| 湖北 | 199.38 | 396.26 | 824.38 | 2 109.38 | 3 545.39 | 6 590.19 | 15 967.61 | 29 550.19 |
| 湖南 | 191.72 | 349.95 | 744.44 | 2 132.13 | 3 551.49 | 6 596.10 | 16 037.96 | 29 047.20 |
| 河南 | 229.16 | 451.74 | 934.65 | 2 988.37 | 5 052.99 | 10 587.42 | 23 092.36 | 37 010.25 |
| 安徽 | 140.88 | 331.24 | 658.02 | 1 810.66 | 2 902.09 | 5 350.17 | 12 359.32 | 22 005.60 |
| 江西 | 111.15 | 207.89 | 428.62 | 1 169.73 | 2 003.07 | 4 056.76 | 9 451.26 | 16 723.80 |
| 山西 | 108.76 | 218.99 | 429.27 | 1 076.03 | 1 845.72 | 4 230.53 | 9 200.86 | 12 802.60 |

图 6-5　中部六省主要年份生产总值发展统计图（单位：亿元）

资料来源：根据《湖北统计年鉴 2015》《湖南统计年鉴 2015》《河南统计年鉴 2015》《安徽统计年鉴 2015》《江西统计年鉴 2015》《山西统计年鉴 2015》和中部湖北、湖南、河南、安徽、江西、山西六省份的《2015 年国民经济和社会发展统计公报》数据编制

　　中部各省产业与经济的不均衡发展，难以有效协调配合，难以形成发展的合力，从而在一定程度上阻碍了中部地区的整体崛起。河南、湖北、湖南之所以在中部地区居于领先地位，究其原因还是其制造业、交通运输业、服务业等在中部具有相对的优势。新中国成立后，我国对河南、湖北、湖南等中部省份进行了大量投资，建立了强大的工业生产体系。在现有的交通运输网中，中部地区在整体上形成以"两纵三横"干线为骨架的交通网，是全国交通运输体系的枢纽。"两纵"由北京—广州铁路、北京—九龙铁路等构成，是中部地区南北向联系的重要运输通道；"三横"由连云港—兰州铁路、长江、沪昆铁路等构成，是中部地区东西向联系的重要运输通道。这些交通干线运输能力巨大，为沿线地区的产业与经济发展提供了强有力的保障，在沟通南北、联系东西的过程中发挥了重要作用。河南、湖北、湖南正是"两纵三横"干线上的重要省份，武汉、郑州是"两纵三横"干线上的综合交通枢纽，交通设施的完善有力地促进了相应区域产业与经济的发展。

## 八、产业持续发展的活力明显不足

　　改革开放以来，我国产业与经济发展的驱动力就市场主体的法人单位和产业活动单位而言，主要来源于国有经济和非国有经济，其中本土的民营经济和招商引资的港澳台资经济、外资经济，是我国各地产业与经济发展的重要动力之一，这在东部地区先进省（市）表现得尤为突出。东部地区在国家政策的倾斜下，摆脱国有经济原有的束缚，大力发展民营经济、港澳台与外资经济，促使产业与区域经济快速发展。我国地区生产总值排在全国前三位的广东、江苏、山东等省份都是民营经济、外资经济发展的大省，其产业与经济发展也充满了持续的发展活力。

经过三十多年的改革开放，中部地区的非国有经济尤其是民营经济、外资经济也取得了一定的成就。如表6-5所示，按控股企业法人单位统计，2014年中部湖北、湖南、河南、安徽、江西、山西六省份的私人控股、港澳台商控股、外商控股企业法人单位数，对比前几年均成倍地增加，其中私人控股企业法人单位数，湖北、湖南、河南、安徽、江西、山西分别为338 056个、235 630个、309 559个、314 518个、180 354个、146 882个，六省合计为1 524 999个。可见，作为市场主体之一的私人控股企业法人单位，近年来在中部地区发展较快，非国有经济尤其是民营经济的充沛活力正在不断释放。

表6-5　2014年中国四大经济区域控股企业法人单位统计表（单位：个）

| 地区 | | 企业单位数 | 国有控股 | 集体控股 | 私人控股 | 港澳台商控股 | 外商控股 | 其他 |
|---|---|---|---|---|---|---|---|---|
| 东部 | 北京 | 619 279 | 17 075 | 19 404 | 549 595 | 5 750 | 8 885 | 18 570 |
| | 天津 | 240 190 | 7 959 | 6 011 | 185 836 | 1 781 | 4 190 | 34 413 |
| | 河北 | 388 801 | 8 721 | 9 997 | 327 961 | 603 | 959 | 40 560 |
| | 上海 | 403 109 | 10 539 | 9 577 | 339 861 | 11 866 | 19 649 | 11 617 |
| | 江苏 | 1 184 337 | 15 767 | 17 475 | 1 073 275 | 11 567 | 16 641 | 49 612 |
| | 浙江 | 1 080 455 | 11 759 | 22 088 | 1 018 210 | 7 661 | 9 178 | 11 559 |
| | 福建 | 457 591 | 11 143 | 9 281 | 379 362 | 8 872 | 4 337 | 44 596 |
| | 山东 | 819 061 | 14 662 | 14 722 | 705 251 | 2 471 | 7 373 | 74 582 |
| | 广东 | 1 102 077 | 19 916 | 26 427 | 895 004 | 37 546 | 13 405 | 109 779 |
| | 海南 | 43 752 | 2 252 | 1 259 | 32 538 | 336 | 216 | 7 151 |
| 中部 | 湖北 | 429 641 | 11 102 | 9 072 | 338 056 | 1 013 | 891 | 69 507 |
| | 湖南 | 277 672 | 8 317 | 7 291 | 235 630 | 774 | 551 | 25 109 |
| | 河南 | 399 985 | 10 473 | 10 499 | 309 559 | 589 | 492 | 68 373 |
| | 安徽 | 363 443 | 10 036 | 6 591 | 314 518 | 812 | 957 | 30 529 |
| | 江西 | 222 139 | 8 101 | 5 224 | 180 354 | 1 109 | 565 | 26 786 |
| | 山西 | 171 179 | 8 851 | 5 380 | 146 882 | 152 | 179 | 9 735 |

| 地区 | | 企业单位数 | 国有控股 | 集体控股 | 私人控股 | 港澳台商控股 | 外商控股 | 其他 |
|------|------|------|------|------|------|------|------|------|
| 西部 | 内蒙古 | 134 578 | 4 742 | 2 497 | 110 810 | 133 | 163 | 16 233 |
| | 广西 | 230 232 | 6 952 | 5 099 | 195 924 | 724 | 497 | 21 036 |
| | 重庆 | 316 677 | 5 925 | 4 198 | 273 251 | 649 | 604 | 32 050 |
| | 四川 | 260 661 | 9 041 | 7 287 | 215 705 | 723 | 912 | 26 993 |
| | 贵州 | 147 403 | 6 004 | 4 258 | 124 259 | 198 | 171 | 12 513 |
| | 云南 | 192 072 | 6 235 | 5 168 | 151 594 | 403 | 435 | 28 237 |
| | 西藏 | 9 030 | 916 | 711 | 6 533 | 16 | 22 | 832 |
| | 陕西 | 207 718 | 8 476 | 7 593 | 175 329 | 326 | 602 | 15 392 |
| | 甘肃 | 93 913 | 4 217 | 3 806 | 72 043 | 85 | 84 | 13 678 |
| | 青海 | 29 731 | 1 618 | 917 | 22 797 | 43 | 63 | 4 293 |
| | 宁夏 | 33 919 | 1 107 | 489 | 29 820 | 36 | 43 | 2 424 |
| | 新疆 | 110 769 | 7 047 | 2 204 | 91 711 | 136 | 207 | 9 464 |
| 东北 | 辽宁 | 401 336 | 12 448 | 15 707 | 337 847 | 1 848 | 4 672 | 28 814 |
| | 吉林 | 113 983 | 4 755 | 3 111 | 90 941 | 183 | 471 | 14 522 |
| | 黑龙江 | 132 421 | 7 192 | 4 878 | 97 232 | 256 | 379 | 22 484 |

资料来源：根据《中国统计年鉴2015》数据编制

但是将中部六省与我国东部较发达省份相比，中部地区无论是民营经济还是外资经济发展都是相形见绌，小巫见大巫。由表6-5所示数据分析，2014年私人控股企业法人单位数排名靠前的江苏、浙江、广东、山东、北京分别为1 073 275个、1 018 210个、895 004个、705 251个、549 595个，港澳台商控股企业法人单位数排名靠前的广东、上海、江苏、福建、浙江分别为37 546个、11 866个、11 567个、8872个、7661个，外商控股企业法人单位数排名靠前的上海、江苏、广东、浙江、北京分别为19 649个、16 641个、13 405个、9178个、8885个；中部六省与上述东部省份相比，差距巨大，真所谓难以望其项背。

从2014年的数据来看，在民营企业的数量和效益，港澳台资企业和外资企业的数量和效益等方面，中部地区都比东部地区落后不少。据全国工商联发布的2015年中国民营企业500强榜单数据[①]，排在前列的浙江、江苏、山东、广东分别有136家、90家、54家、41家上榜，中部河南、湖北、湖南、江西、山西、

───────────

① 中华全国工商业联合会. 2015-08-25. 2015中国民营企业500强分析报告. http：//www. xinhuanet. com.

安徽六省上榜企业分别只有 16 家、15 家、8 家、8 家、5 家、3 家。由此可见，中部地区民营经济持续发展活力明显不如东部地区。在利用外资等方面，中部地区更是远远落后于东部地区，统计显示上海、江苏、广东、浙江、北京等省份利用的外资金额比中部各省都高出不少。中部地区发展的外部环境不如东部地区，改革步伐明显落后于东部地区，且国有经济比重偏大，非国有经济起步相对较晚，其经济实力难以壮大，因此整个中部地区的产业与经济发展活力相对于东部地区而言仍然普遍不足。

# 第二节　中部地区产业发展滞后的原因

## 一、国家宏观战略政策的差异性

宏观战略政策是国家指导产业和经济社会发展的大政方针，其正确与否直接关系到国家经济和社会发展的水平高低和质量好坏。宏观战略政策也是政府指导和调节市场的重要手段，是与看不见的手——市场调节相对应的，好的宏观战略政策能有效地调节和促进产业与经济的发展。

十一届三中全会以来，我国实行了改革开放的大政方针，提出以经济建设为中心，坚持四项基本原则，坚持改革开放的"一个中心，两个基本点"的宏观战略政策，持之以恒，经过三十多年的发展，取得了巨大的成就，使我国成为世界第二大经济体，综合国力显著提高。在三十多年的改革开放中，我国又实施了优先、重点发展东部沿海地区的宏观政策，国家的人力、物力、财力着重向东部地区倾斜，使得我国东部地区迅速发展起来，其经济总量已占到全国总量的一半，将是我国率先实现现代化的先发地区。

在宏观战略政策中，国家产业发展政策居于重要地位。产业政策恰当与否直接关系到国家产业与经济的发展。例如，日本充分发挥了产业政策的作用和影响，根据其经济社会发展的需要及国际形势的变化来制定本国相应的产业政策，保护本国产业，引导新兴产业的发展，紧跟世界产业发展的新潮流、新趋势，促使日本经济高速发展，并实现国民经济的现代化。

目前，我国已充分认识到宏观政策和产业政策的重要性，且我国是社会主义国家，应能更好地发挥宏观政策和产业政策的调节、指导作用，应在我国产业与区域经济发展的过程中，按照科学发展观的思想，牢固树立和贯彻落实创新、协调、绿色、开放、共享的发展理念，制定协调统筹的发展战略。

当前中部地区产业与区域经济发展水平不高，比较东部地区而言相对滞后，究其原因与我国改革开放以来实施的非均衡发展战略有关。国家在 20 世纪 70 年代末期重点发展珠江三角洲地区，80 年代末期倾力打造长江三角洲地区，90 年代中期重点建设京津唐环渤海地区，90 年代末期实施西部大开发，2003 年又提出了振兴东北地区。国家 2004 年才提出促进中部地区崛起，2009 年正式出台《促进中部地区崛起规划》，2010 年出台规划的详细实施意见，至此国家的宏观战略政策才将中部纳入统筹发展范畴之中，而此前的整整 30 年，所有的宏观战略政策措施似乎均与中部地区有关，也似乎都与中部地区擦肩而过，中部地区成为国家宏观战略政策支持的边缘化地区，在珠江三角洲、长江三角洲、京津唐环渤海、西部地区、东北地区等区域经济发展中处于"不东不西"的尴尬位置。国家宏观政策的区域差异性严重制约了中部地区产业与经济的发展，这对于全国产业与经济的可持续发展也是非常不利的。中部地区是全国产业与区域经济协调发展，东西互动、南北联通的支撑点，但中部地区的发展在全国四大区域板块的产业与经济发展格局中呈现以下特征：一是中部地区产业与经济发展速度不如西部地区；二是第二产业、第三产业与出口的快速增长加固东部地区经济的领跑地位；三是国债投资与旅游业的发展诱发西部地区经济的奋起直追。以牺牲或延缓中部地区的发展为代价，来换取其他区域经济的发展毕竟不是长久之计，拉大区域经济的贫富差距，甚至还会激化一些深层次矛盾。虽然国家现在对各区域的发展政策显现了逐渐趋同的态势，但以往对中部地区发展支持政策的延迟，使得中部地区产业与经济的发展仍然落后于东部地区，且有日益扩大的趋势。

## 二、产业发展"中心增长极"的短缺

增长极理论首先由法国经济学家弗郎索瓦·佩鲁于 1955 年提出，认为增长极是围绕推进性的主导工业部门而形成的有活力的一组联合产业，它不仅能自身迅速增长，而且会以乘数效应推动其他部门的增长。纲纳·缪尔达尔进一步提出，在一个动态的社会过程中，经济社会各因素之间存在着循环累积的因果关系。某一因素的变化会引起另一因素的变化，而后一因素的变化反过来又强化了前一因素的变化，并导致经济社会过程遵循最初因素变化的方向发展，形成累积性的循环发展趋势和累积效应。这种累积效应分为回流效应和扩散效应两种。回流效应是指落后地区的资金、劳动力向发达地区流动，导致落后地区要素不足，发展更慢；扩散效应是指发达地区的资金和劳动力向落后地区流动，促进落后地区的发展。区域经济的协调发展主要取决于两种效应孰弱孰强。在发展中国家和地区经济发展的初期，回流效应大于扩散效应；当经济快速发展到一定阶段，扩散效应大于回流效应。在这个过程中，区域经济发展差距逐渐缩小，经济发展趋于协调一致，而为了实现区域经济的协调发展，政府的干预十分重要。

从我国东部沿海经济发达区域来看，珠三角地区、长三角地区、京津冀地区的发展都与本区域的中心增长极的发展密不可分。香港是珠三角地区的中心增长极，在香港的引领下，深圳、广州等珠三角区域的城市发展迅速，成为我国改革开放的典范。深圳由一个小渔村发展成为我国高科技、金融服务业的区域中心，南粤明珠——广州亦重新焕发了改革开放的青春。珠江三角洲经过三十多年的发展，成为我国市场化程度较高、市场体系较完备、外向度较高的经济区域和对外开放的重要窗口，形成了粤港澳分工合作、优势互补、具有全球核心竞争力的大都市圈之一。上海是我国经济实力最强大的城市，它是长三角经济圈的中心增长极，在上海的带领下，长三角地区形成了我国最具实力的城市群，预计到2020年，率先基本实现现代化，成为具有国际竞争力的世界性的城市群。北京是我国政治、经济、文化的中心，是京津冀地区的中心增长极。在北京的带领下，京津冀地区发展迅速，2015年北京、天津、河北的地区生产总值为69 312.89亿元①，是我国东部三大经济区域之一。近年来，随着天津滨海新区的异军突起，京津冀地区将会进一步地提升自身的实力。

总结国外与我国东部地区产业与经济发展的经验，产业与区域经济的崛起要培育自己的"中心增长极"。中心增长极具有"极化"和"扩散"的双重作用，它以"墨渍"方式缓慢扩大，逐渐影响到落后地区，实现中心增长极的扩张和第二极、第三极以至更多增长中心的出现，从而带动整个区域产业与经济的发展。而中心增长极还务必是工业中心、金融中心和商贸中心的复合体，否则就不能以点带面地拉动整个区域产业与经济的发展。我国中部地区并不缺乏大城市，如武汉、郑州、长沙、合肥、南昌、太原等，都是具备众多人口的省会城市，但这些城市还都难以成为中部地区的中心增长极。武汉是中部地区综合经济实力最强的城市，最有潜力成为中部的中心增长极，但它目前的经济带动能力还不够，其他中部地区的省会城市整体发展速度较慢，城市密度偏低，缺乏有区域影响的工业中心、金融中心和商贸中心，也难以形成辐射能力强劲的中心增长极来带动整个中部地区的产业与经济发展。由于中部地区缺乏中心增长极的引领、带动和辐射，各省之间相互竞争多于相互配合，难以协调同步，从而严重阻碍了中部地区整体的发展和进步。中部地区产业与经济要快速发展，必须要有自己的中心增

----

① 2015年京津冀地区的统计数据，均根据北京、天津、河北的统计局各自发布的《2015年国民经济和社会发展统计公报》的数据，加工计算而得，本章余同。

长极，否则中部六省的产业与经济仍将如同一盘散沙，不能集聚到一起，难以实现中部地区崛起和持续发展。中部地区应建设一个像香港、上海、北京等一样的具有区域引领、带动能力的中心增长极，来带动整个中部地区的产业与经济发展。

### 三、产业结构的不合理

产业结构是指各产业的构成及各产业之间的联系和比例关系。产业结构的演变与工业化的发展密切相关。在工业化初期，第一产业产值在国民经济中的比重逐渐缩小，其地位不断下降；第二产业有较大发展，工业重心从轻工业逐渐转向重工业，并占主导地位；第三产业也有一定发展，但在国民经济中的比重还较小。在工业化中期，工业重心由重工业向精深加工业转变，第二产业仍居第一位，第三产业逐渐上升。在工业化后期，第二产业的比重在三次产业中占有支配地位，甚至占绝对支配地位。在后工业化阶段，知识经济、信息经济成为主要特征，第三产业占据主导地位。产业结构就是沿着这样的进程，循序渐进地由低级向高级不断发展。在这个过程中，主导产业由农业到工业、再由工业到服务业依次替代、升级。

产业结构的演变有其自身的规律，产业结构由低级向高级发展的各阶段是难以逾越的，但各阶段的发展过程可以缩短。从产业演进角度看，后一阶段产业的发展是以前一阶段产业充分发展为基础的。只有第一产业得到充分的发展，第二产业的轻工业和重工业才能得到应有的发展，第二产业的发展是建立在第一产业劳动生产率大大提高基础上的。同样，只有第二产业的快速发展，第三产业的发展才具有成熟的条件和坚实的基础。产业结构的超前发展会加速一国或区域经济的发展，但有时也会带来后遗症。

根据上述产业结构的理论，中部地区产业结构的不合理是影响中部发展的重要原因之一。经过改革开放三十多年的发展，尽管中部地区的产业结构得到了不断的调整、优化和升级，从"一、二、三"的低级结构演变为工业化进程的"二、三、一"的结构，第二产业占主导地位，第三产业快速发展比重逐渐加大，第一产业的比重明显下降。但从根本上来看，中部地区的产业结构仍不合理，三次产业结构比重与其三次产业就业比重偏差过大，二元经济结构矛盾表现得十分突出。有关中部地区产业结构问题前面已作详尽分析，在此不再赘述。

中部六省农业人口众多，2015 年中部地区农业人口占全国农业人口的29.63%，高达 17 878.55 万人，农业人口占中部地区全部人口的比重为48.77%。中部地区农业人口无论是绝对数还是结构比重，均超过了第二产业和第三产业的就业人口数量。而且目前中部农业的产业结构仍然偏重于种植业，经济效益十分低下，使得中部地区的农民人均纯收入远低于同期的东部地区，与东北地区也存在着明显差距。中部地区的第二产业增加值总量要比东部地区低得多，其在 GDP 中的比重 2015 年为 47.37%，虽然突破 45%，但轻重工业结构比例失调，可以说还处于工业化中期的初级阶段。中部地区工业结构的重型化趋势，导致资源高耗费、污染严重，高税利的轻工业和战略性新兴产业发展滞后，经济效益水平偏低。中部地区的第三产业与东部先进省份相比，仍然存在发展不快和结构不优等问题，传统第三产业比重较大，且经营方式落后，高端新兴服务产业的发展相对滞后。

## 四、超额国际交易费用的存在

著名经济学家罗纳德·科斯（Ronald·Cosas），1937 年在《企业的性质》中提出交易费用理论，认为交易费用是企业用于寻找交易对象、洽谈交易、订立合同、执行交易、监督交易等方面的费用支出，主要由搜索、谈判、签约与监督等成本构成。企业的产生和发展，是因为企业经营的交易费用低于市场平均的交易费用。一方面企业经营可有效组织相关生产要素生产产品，参加市场交易，减少交易对象和交易摩擦，从而降低了企业外部的交易成本；另一方面企业内部的经营管理取代了原来通过外部市场交易实现的生产要素的组织分工，从而降低了企业内部的交易成本。市场交易费用的大小决定了企业的生存和发展壮大。

从交易费用来看，我国东部地处沿海区域，是改革开放的先发区域，是国家不平衡发展战略优先扶持的区域，市场环境比较完善和成熟，外向型经济得到了较快发展，对外贸易快捷方便，外贸经营和交易费用相对中西部地区而言明显偏低，因此东部地区自改革开放以来，在国家招商引资政策的大力支持下，吸引了大量的国内外资本踊跃进入，发展壮大了一大批各类企业，进而极大地促进了东部地区产业与经济的快速发展。而中部地区改革开放明显滞后，相比而言，区域市场环境不够健全，企业经营运作的费用较高，难以吸引国内外的资本和各类企业的入驻，从而延缓中部地区产业与经济的发展。

从国际分工理论来看，国际分工可以实现各国经济资源在国际间的最佳配置，国际贸易可使参与分工各国获得利益。但若国际交易的费用大于国际分工的费用，则国际分工将丧失其经济基础，国际贸易就不会发生。由于我国幅员辽阔，中部内陆地区与沿海、沿边地区的国际交易费用相差悬殊。中部地区远离海洋和边境，国际交易费用由两部分组成：一部分是内陆将商品由生产地运往出口口岸的费用；另一部分是境外将商品从出口口岸运往进口国的费用。因此与沿海、沿边地区相比,中部地区的商品出口多了一个境内费用,是一种超额国际交易费用,使得中部地区在与沿海、沿边地区的国际经济竞争中处于相对的劣势,直接导致中部地区产业与经济发展的外向度严重偏低,外贸对出口需求、经济增长的拉动力极为有限,从而也阻碍了中部地区产业与经济的发展。

### 五、自身观念、体制、职能转变的滞后

我国东部地区的快速发展,与东部的先期改革开放及其人文历史、人们的思想观念密切相关。东部区域地处沿海,气候条件恶劣,土地贫瘠,人多地少,农业生产和生活条件差,穷则思变,促使人们放弃故土出外发展。很久以前,东部地区的人们就形成出海谋生活的习惯,许多人到南洋,甚至更远的海外去谋生存、求发展,以至于东部地区有许多的海外华侨。这些海外华侨寄回外汇支持家人的生活,同时也进一步加强了人们海外谋生与发展的愿望。1978 年后,我国改革开放的大政方针与东部人们在外谋生、对外贸易和对外交流的初衷不谋而合,激励更多的人去海外创业经营;同时国家的各项优惠政策也吸引大量的外资涌入东部,从而促进了东部地区的产业与经济的迅猛发展。

我国中部区域地处祖国内陆,拥有众多的平原、河流、湖泊,土地肥沃,四季分明,降雨充沛,阳光充足,自古以来农业生产就十分发达,人们的生活具有一定的保障,海外谋生内在动力不足,因此中部地区的人们往往小富即安、进取心不强。改革开放以来,由于国家实施的不均衡发展战略的影响,中部地区的对外改革开放滞后于东部地区多年,错过了较多的发展契机,加上自身观念、思想的落后,中部地区的思想解放、各种改革开放的观念和做法严重落后于我国东部地区。

我国东部地区发展得较快,与东部转变思想观念、完善市场经济体制、大力发展民营经济与外资经济息息相关。新中国成立后,中部地区成为国家社会主义工业建设的基地,从 20 世纪 50 年代起,国家在中部地区支持发展了众多的大型国有企业,这些企业对全国的产业与经济社会的发展作出巨大的贡献。但是这些国有企业在长期的计划经济体制束缚下,机制逐步僵化,技术创新不足,人员结构老化,生产经营效率低下,大量的退休员工等导致企业背上了沉重的包袱。改革开放后,许多效益低下的国有企业在市场经济的激烈竞争下,关停并转,反而成为中部地区改革开放进程的巨大负担,从而阻碍了中部地区的快速发展。

我国东部地区在改革开放过程中,国家赋予了先试先行的优惠条件,能够适应市场经济发展的需要,迅速转变政府职能,服务于社会和市场,以市场调节作为资源配置的基础,政府不干预企业的经营发展,充分发挥市场规律的作用,从

而促成东部地区产业与经济的快速发展。而长期以来中部地区在转变政府职能方面明显滞后于东部地区，突出体现在市场经济观点不强，经济体制改革步子不大，行政干预和政企不分时有发生；政府宏观调控、社会管理及公共服务职能的意识不够；国有经济改革力度不够，民营经济与外商经济发展缓慢，经济发展的活力不足；第三产业贡献率偏小，市场在资源配置中的基础性作用发挥不大等，致使中部地区的产业与经济发展曾一度跟不上全国的发展形势，处于相对滞后的状态。

　　综上所述，当前中部地区发展相对滞后的现象，是其外部环境因素与其内部各种因素合力作用的结果。我们必须从多方面、综合性地分析其产生、发展的原因，并从中部地区战略发展的高度出发，提出切实可行的战略措施和对策建议，才能从根本上改变中部地区产业与经济发展滞后的面貌，最终促进中部地区的全面崛起和繁荣。

# 中部地区产业发展理论创新与战略思路

## 第一节　区域与产业经济发展理论概述

### 一、区域经济发展理论

区域经济学的产生和发展，自 1826 年德国经济学家杜能在名著《孤立国》提出农业区位论以来，至今已有 180 多年的历史。区域经济学的发展和理论研究大体分为三个阶段。第一阶段为第二次世界大战以前，区域经济学主要研究企业、产业的城市区位选择，空间行为和组织结构等方面。这一时期的主要理论有杜能的农业区位论、韦伯的工业区位论、赖特的市场区分界点理论、廖什的市场区位理论等。第二阶段为 20 世纪 50~70 年代，区域经济学研究的重点转向区域经济发展和区域政策等问题。这一时期的理论主要有大推进理论、增长极理论、累积因果理论、中心-外围理论、产业梯度转移理论等。第三阶段为自 20 世纪 80 年代以来，区域经济学研究走向计量化和实证研究。这一时期的主要理论研究仍然以区域发展和区域政策等为主，但区域经济研究的范围和领域有了很大的扩展。归纳区域经济发展理论，对当前的区域经济战略规划和实践发展具有重要影响的主要有如下理论。

#### 1. 罗森斯坦·罗丹的大推进理论

罗森斯坦·罗丹（Paul Rosenstein-Rodan）提出，"增长理论绝大部分就是投资理论"。发展中国家要克服"有效需求不足"和"资本供给不足"的双重障碍，就务必大规模、全面地投资，以投资大力推进经济的发展，进而推动整个国民经济的全面、均衡、快速发展，走出"贫困恶性循环"。罗丹将其形象地比喻为飞机起飞前，必须一次性地加到最大马力，飞机才能成功起飞。大推进理论强调发展中国家在工业化初期，应把投资的 30% ~ 40% 用于基础设施建设，因为基础设施的建设和完善是经济发展的前提条件，增加投资会产生巨大的外部经济效应，可以为其他投资创造更多的机会。罗丹还主张在经济发展初期，应将投资重点放在有相互联系的轻工业部门及其他产业部门，不应放在重工业部门，而主要通过贸易获得重工业产品。大推进理论的核心就是以基础设施的优先发展和相关经济部门的协调发展，来促进发展中国家快速实现工业化。

### 2. 纳克斯的贫困恶性循环论和平衡发展理论

罗格纳·纳克斯（Ragnar Nurkse）认为，发展中国家的经济发展存在着供给和需求两个恶性循环。供给的恶性循环是从低收入开始，低收入引起低储蓄，低储蓄引起资本供给不足，资本供给不足形成低生产率，低生产率又造成低收入，从而周而复始。需求的恶性循环也是从低收入开始，低收入形成低购买力，低购买力引起投资不足，投资不足造成低生产率，低生产率又形成低收入，从而周而复始。两个恶性循环相互交叉、相互影响，使经济难以增长，经济状况无法好转。纳克斯提出要解开两个恶性循环的死结，必须采取平衡增长战略，同时对各工业部门进行广泛地投资，一方面可使各工业部门协调发展，解决供给不足的恶性循环问题；另一方面又可在不同工业部门形成相互支持投资的格局，进而扩大市场规模，解决需求不足的恶性循环问题。

### 3. 赫希曼的不平衡发展理论

阿尔伯特·赫希曼（Albert O. Hirschman）1958 年在名著《经济发展战略》中认为，发展中国家经济和企业家等资源的稀缺性，决定了大规模投资和全面的平衡发展是不可能的，为此提出不平衡发展理论。他认为，发展中国家应集中有限的资源和资金，重点发展关联效应大的部分产业，并以这些优先发展的产业带动其他产业的发展。强调经济社会发展要有重点、有差异、有特点地发展，平均用力发展是不可能的。在不同时期要选择支配全局的重点地区、重点产业部门发展经济。赫希曼不平衡发展理论的核心内容包括"引致投资最大化"原理、"联系效应"理论和优先发展"进口替代工业"原则等。

### 4. 威廉姆逊的倒 U 形理论

杰弗里·威廉姆逊（Jeffrey·Williamson）1965 年在其论文《区域不平衡与国家发展过程》中指出，随着国家经济发展，区域间增长差异呈现倒 U 形变化。在其初级阶段，区域差异随着总体经济增长逐渐扩大，以后区域差异保持相对稳定，当经济进入成熟增长期，区域差异逐渐缩小，并倾向于平衡成长。区域经济成长从不平衡到相对平衡的过程是极化效应和扩散效应相互作用、相互转化的结果。在区域成长初期，极化效应大于扩散效应，区域经济差距呈拉大趋势；在区域成长后期，扩散效应大于极化效应，并会不断缩小区域经济差距。威廉姆逊的倒 U 形理论认为区域经济发展差距的出现、扩大、缩小以及消失是一个周期性规律变化过程，并认为区域经济发展差距在经济发展周期过程中肯定是会缩小的。

### 5. 佩鲁的增长极理论

增长极理论首先由法国经济学家弗郎索瓦·佩鲁（Francois Perroux）于 1955 年提出，认为增长极是围绕推进性的主导工业部门而形成的有活力的一组联合产业，它不仅能自身迅速增长，而且会以乘数效应推动其他部门的增长。瑞典经济学家纲纳·缪尔达尔（Gunnar Myrdal）进一步提出，在一个动态的社会过程中，经济社会各因素之间存在着循环累积的因果关系。某一因素的变化会引起另一因素的变化，而后一因素的变化反过来又强化了前一因素的变化，并导致经济社会过程遵循最初因素变化的方向发展，形成累积性的循环发展趋势和累积效应。这种累积效应分为回流效应和扩散效应两种。回流效应是指落后地区的资金、劳动力向发达地区流动，导致落后地区要素不足，发展更慢；扩散效应是指发达地区的资金和劳动力向落后地区流动，促进落后地区的发展。区域经济的协调发展主要取决于两种效应孰弱孰强。在发展中国家和地区经济发展的初期，回流效应大于扩散效应；当经济快速发展到一定阶段，扩散效应大于回流效应。

### 6. 点轴开发理论

波兰经济家萨伦巴（Zaremba）和马利士（Mali Shi）首先提出点轴开发理论，我国经济地理学家陆大道教授 1984 年提出系统化的点轴开发模式。点轴开发模式是增长极理论的延伸，点即增长极，轴线即交通干线。区域增长极即区域经济中心，总是先出现在少数条件较好的区位，成点状分布。随着经济的发展，经济中心逐渐增多，各点之间由于生产要素交换需要交通线路和动力、水源供应线等，相互连接形成轴线。轴线的形成，吸引人口、产业等向轴线两侧集聚，并形成新的增长点。点轴连贯，即为点轴系统。点轴开发理论是在经济社会发展过程中，以增长极聚点突破空间线性推进方式，进一步形成发展轴线来完成产业梯度转移推进，从而促进区域经济的协调发展。

### 7. 弗里德曼的中心-外围论

阿根廷经济学家劳尔·普雷维什（Raul Prebisch）在 20 世纪 40 年代首先提出中心-外围理论。20 世纪 60 年代约翰·弗里德曼（John Friedmann）将其引入区域经济学。他认为经济区域内少数的变革中心（核心区）发展条件较优越，经济效益较高，处于支配地位；外围区发展条件较差，经济效益较低，处于依附地位。核心区通过支配效应、信息效应、心理效应、现代化效应、连锁效应和生产效应等来巩固和强化自身的支配地位。但核心区向外围区扩展的过程中有可能丧失某些创新能力，导致外围区形成新的核心区，由此中心和外围的界限会逐渐消失，产业与经济在一定范围内实现一体化，各区域优势充分发挥，促进经济社会的全面发展。

### 8. 产业梯度转移理论

梯度转移理论源自美国经济学家雷蒙德·弗农（Raymond Vernon）的工业产品生命周期理论。他认为工业产品生命周期分为创新、发展、成熟、衰退4个阶段。以后经济学家将该理论引入区域经济学，形成区域经济学的梯度转移理论。梯度转移理论认为，区域经济发展取决于产业发展状况，而产业发展状况又取决于产业生命周期所处的阶段。如果产业处于创新发展阶段，表明该区域具有发展潜力，该区域应列入高梯度区域。随着时间的推移和产业生命周期阶段的变化，产业活动逐渐从高梯度地区向低梯度地区转移，其转移过程主要是通过多层次的城市系统扩展实现。该理论主张发达地区应首先加快产业与经济的发展，然后以产业和要素向其他地区梯度转移，带动和促进经济社会的全面发展。

### 9. 比较优势理论

亚当·斯密（Adam Smith）基于资源禀赋提出绝对成本优势理论。他认为在完全竞争市场结构下，各国各地区都按照各自有利的生产条件进行生产，然后交换产品，互通有无，能够最有效地利用各国各地区的资源、劳动力和资本，大大提高劳动生产率，增加社会财富。大卫·李嘉图（David Ricardo）进一步提出相对成本优势理论，他认为每个国家都应根据"两利相权取其重，两弊相权取其轻"的原则，主要集中生产、出口"比较优势"的产品，进口"比较劣势"的产品。相对成本优势理论在更普遍的基础上解释了国际贸易产生的基础和贸易利得，大大发展了绝对成本优势理论。马歇尔（Alfred Marshall）分析企业集聚时，提出"内部经济"和"外部经济"两个重要概念。认为大量生产要素的集聚所产生的相互间的积极影响，能够极大地降低生产成本，从而提高竞争力。市场竞争主要是相同产品的竞争，故产品成本是决定竞争优势的关键因素。

### 10. 竞争优势理论

1934年，熊彼特（Schumpeter）在《经济发展理论》中提出经济创新的理论，认为"创新"是"企业家对生产要素的新的结合"，并提出创新结合的五种情况。创新需要知识和技术的投资。新技术、客户新需求、新的产业环节、压低上游成本、政府法令规章的改变等都是造成竞争优势改变的因素。迈克尔·波特（Michael Porter）的钻石体系理论认为，一个国家的生产因素、需求条件、资源与相关产业、企业策略、结构与同业竞争、机会变数与政府等因素，是国家竞争优势的关键要素。道格拉斯·诺斯（Douglass C. North）的制度理论强调了制度对于提高国家竞争力的重要性。认为社会发展和变革需要有效的产权制度，这种制度能够有效地调动个人的积极性，把有限的资源和精力用到对社会最有益的活动中去，并可克服自然资源和社会资源的不足，从而促进经济社会的发展。

上述区域经济发展理论可归纳为平衡发展理论和不平衡发展理论两类。大推进理论、纳克斯的平衡发展理论，都是强调产业发展之间的内在联系和经济发展的内在逻辑性，但它们忽略的基本事实是，发展中国家或不发达区域不可能具有推动所有区域和产业均衡发展的资本和有关资源，在经济发展初期难以实现区域的均衡发展，因而平衡增长是不可能实现的。

赫希曼的不平衡发展理论、倒 U 形理论、增长极理论、点轴开发理论、中心–外围理论、梯度转移理论、比较优势理论、竞争优势理论等都属于不平衡发展理论。它们强调应当将有限的资金投入到重点产业和重点区域，提高资源的使用效率，促进区域经济总量的增长。但不平衡发展理论忽视了产业之间、区域之间的协调发展和国家的宏观经济调控，对产业与区域发展的不平衡所产生的不利影响视而不见，导致某些产业与区域发展滞后而成为瓶颈，从而制约产业、区域乃至全国经济社会的统筹协调发展。

## 二、产业经济发展理论

产业经济学产生的历史渊源较为久远，可追根溯源至马歇尔的经济学说，甚至是亚当·斯密的劳动分工与市场机制理论等，但其形成一门国际公认的应用经济学科一般认为大约是在 20 世纪中叶。产业经济学以"产业"为对象，主要研究经济社会发展过程中的产业结构、产业组织、产业布局、产业政策等诸多方面的理论与实践。

### 1. 三次产业划分理论

新西兰经济学家费歇尔（Fisher）1935 年在《安全与进步的冲突》中首先提出三次产业分类法。他认为农业和畜牧业为第一产业，以机器大工业为标志的纺织、钢铁及机器等制造业为第二产业，其他非物质生产部门为第三产业。1940

年，英国经济学家和统计学家 C·克拉克（Colin Clark）在《经济进步的条件》中进一步提出"克拉克三分类法"，随后三次产业分类的理论很快被澳大利亚和新西兰政府所运用，并在世界范围得到广泛的应用和普及。其三次产业的划分主要以经济活动与自然界的关系为标准，即产品直接取自自然界的部门为第一次产业；对初级产品再加工的部门为第二次产业；为生产和消费提供各种服务的部门为第三次产业。具体说第一次产业包括农业（指种植业）、畜牧业、林业、渔业和狩猎业等；第二次产业包括采掘业、制造业、建筑业、煤气、电力、供水等工业部门；第三次产业包括交通运输业、邮电通信业、商贸饮食业、物流仓储业、金融保险业、地质普查业、房地产业、居民服务业、旅游业、信息咨询服务业、技术服务业、教育文化、广播电视、科学研究、医疗卫生、体育和社会福利事业等。随着高科技新兴产业和信息经济的快速发展，尽管产业的划分出现了一些新的变化，但仍然未脱离三次产业划分的基本框架。

## 2. 产业结构演变趋势理论

最早涉及产业结构趋势演变理论的有威廉·配第（Willian Petty）、亚当·斯密（Adam Smith）、克拉克（Colin Clark）等，以后库兹涅茨（Simon S. Kuznets）进一步提出农业（第一次产业）在国民收入中的比重与劳动力的相对比重一样，是不断下降的；工业（第二次产业）在国民收入中的比重是上升的，但劳动力的相对比重持平或略有上升；服务业（第三次产业）劳动力的比重是上升的，但国民收入的相对比重持平或略有上升。钱纳里（Hollis B. Chenery）把产业划分为初期、中期、后期三种类型，初期产业指经济发展初期对经济发展起主要作用的制造业，如食品、纺织、皮革等部门；中期产业指经济发展中期对经济发展起重要作用的产业，如矿业、橡胶制品、木材加工、石油、化工、煤炭制品等；后期产业指经济发展后期起重要作用的产业，如服装、日用品、印刷、纸制品、金属制品、机械制造等。霍夫曼（W. C. Hofmann）分析了 20 个国家的时间序列数据，按照消费资料工业与生产资料工业之间的比例关系建立了霍夫曼比例说，即消费资料工业的净产值与生产资料工业的净产值的比值。为此霍夫曼比例将一国工业化的进程划分为 4 个阶段：霍夫曼比例=5（±1），霍夫曼比例=2.5（±0.5），霍夫曼比例=1（±0.5），霍夫曼比例<1。霍夫曼认为一国工业化的程度越高，霍夫曼比例越低。

## 3. 产业发展模式理论

刘易斯（W. Arthur Lewis）在 1954 年提出"二元经济"发展模式，认为发展中国家普遍存在二元经济结构，一个是传统农业为代表的强大的非资本主义部门；一个是现代工业为代表的弱小的资本主义部门。农业人口众多、数量增长快，由于边际生产率递减规律，出现大量剩余劳动力，只要工业能够提供稍大于维持农村人口最低生活水平的既定工资，农业剩余劳动力就会大量涌入城镇，为工业的扩张提供无限的劳动力供给。随着农村剩余劳动力的转移，工业不断扩张，直至将农村剩余劳动力全部吸收，此时劳动力工资由水平运动转变为陡峭上升，称之为"刘易斯拐点"，随后原来的二元经济结构逐渐演变成市场化的一元经济结构，进而消除工农差异、城乡差异，促进经济发展。

罗斯托（W. Whitman Rostow）1960 年在《经济成长的阶段》中，将一国经济发展过程分为传统社会阶段、为起飞创造前提阶段、起飞阶段、向成熟推进阶段、大规模高消费阶段、追求生活质量阶段等 6 个阶段，每个阶段的演进均以主导产业更替为特征。经济发展的各阶段必有发挥主导作用的产业，主导产业通过回顾、前瞻、旁侧 3 种影响带动其他产业发展。任何国家主导产业，都要经历由低级到高级的发展过程。

### 4. 产业布局区位理论

德国经济学家杜能（Von Thunen）1826 年在名著《孤立国同农业和国民经济的关系》中，提出关于农业布局的孤立国与农业圈层理论。他认为孤立国应为 6 层农业圈，第一圈层为自由农作圈，第二圈层为林业圈，第三圈层为轮作农业圈，第四圈层为谷草农作圈，第五圈层为三圃农作圈，第六圈层是荒野。韦伯（Alfred Weber）则提出关于工业布局的理论。他主张工业布局要考虑运输费、劳动费、聚集力三大因素。工业的最优区位应选择运费为最低点，运费对工业布局起决定作用。对劳动费在生产成本中所占比重较大的工业来讲，运费最低点可能不是生产成本最低点，当劳动费为最低点时，同样会对工业布局产生影响。聚集力对工业布局而言也是不可忽视的因素，聚集力是指企业扩张和集聚所带来的规模经济效益和企业外部经济效益。第二次世界大战以后，产业布局理论流派主要有成本学派、市场学派和成本市场学派。这些理论主张产业布局以生产成本最低为依据，或利润最大化为前提，或二者兼而有之。其中影响较大的有弗农（Raymond Vernon）的产业生命周期理论，他认为创新期的产业属于技术密集型产业，一般位于科研信息与市场信息集中，人才优势明显，配套设施齐全，销售渠道通畅的发达城市；成熟期的产业处于生产定型化和技术普及化，并且大城市的成本费用高于周边地区，往往以波浪扩展效应向周边地区扩散；衰退期的产业技术完全定型化，产品需求趋于饱和，生产发展潜力有限，且主要是劳动密集型企业，因而衰退期产业从发达地区向落后地区转移。

### 5. 产业布局比较优势理论

亚当·斯密（Smith）首先提出绝对比较优势理论，认为各国均应按其"绝对有利的条件" 进行专业化生产，然后彼此交换，这将使各国的资源、劳动力和资本得到充分有效的利用，形成各国多赢的局面。大卫·李嘉图在《政治经济学及赋税原理》中进一步提出相对比较优势理论，认为若各国都把劳动用于最有利于生产和出口相对有利的商品，进口相对不利的商品，将使各国资源都得到充分有效的利用，在国际贸易中获得比较利益。伯尔蒂尔·俄林（Bertil G. Ohlin）随后提出著名的生产要素禀赋差异理论，认为同一商品在不同区域的生产函数不变，比较优势的产生是因为各区域生产要素禀赋比率不同，以及商品生产要素搭配比例不同，他提出各国和区域的生产要素禀赋是不相同的，在区域分工——国际贸易体系中要充分利用相对丰富的生产要素从事商品生产，以发挥各自所拥有的生产要素优势；区域分工与贸易的直接原因是生产要素供给的不同，它决定了生产要素的价格差异；如果各种生产要素能在各国自由流动，国际分工与国际贸易的结果必然是各国最有效地充分利用各自的生产要素，并取得各自的比较利益。

### 6. 产业政策理论

德国济学家弗里德里希·李斯特（Freidrich Liszt）1841 年出版的《政治经济学的国民体系》，包括历史、理论、学派和国家经济政策四部分，比较分析了各国的经济与政策，特别是英国的自由贸易政策、海外扩张政策以及美国的关税保护与产业扶植政策等，提出国家应在经济发展的不同阶段采取不同的经济政策。日本在第二次世界大战后的恢复、发展经济过程中，实施产业复兴政策与产业合理化政策，成功地实现了钢铁、煤炭、海运、电力、合成纤维等多个工业部门的产业重建与经济复兴，并在 1955 年以后经济迅速接近欧美发达国家水平，甚至在 20 世纪 70 年代一跃成为世界经济强国，是国际公认的实施产业政策卓有成效的国家。这一期间，日本经济学界围绕其产业政策的制定与实施提供理论依据，进行了广泛深入的产业经济理论研究，集中取得一批研究成果，有代表性的诸如筱原三代平的《产业结构论》、宫泽健一的《产业经济学》、小宫隆太郎的《日本的产业政策》等。随着日本经济的腾飞，产业政策的制定与实施也受到世界各国与经济理论界的广泛关注。1970～1972 年，经合组织（OECD）编写了 14 个成员国的有关产业政策的系列研究报告，进一步推动产业政策理论的研究与发展。

进入 21 世纪后，随着科学技术日新月异的发展，国际、国内的经济、政治和社会环境也发生了前所未有的变化，各种产业发展现象与产业活动层出不穷，国际、国内产业转移日渐频繁，产业竞争日趋激烈和白热化。在这种日益复杂多变的产业与经济社会形势下，尽管上述产业经济发展理论与模式在西方国家的不同时期产生了不同的影响，但对于当前我国产业与经济社会发展而言，这些理论与发展模式均不能完全适用于我国现阶段产业与区域经济比例、协调、全面、持续发展的要求。如何理论联系实际，深入研究中部地区和各大区域经济板块的产业战略性布局及其发展，乃至全国的产业战略性布局及其发展，寻求产业与区域经济发展理论创新，是摆在我们面前的重大而现实的课题。

## 第二节　中部地区产业发展理论创新
### ——经济发展场论

### 一、场与经济发展场

#### （一）自然科学"场"

自然科学"场"，是物理学家研究的物理学范畴。场论是关于场的性质、相互作用和运动规律的理论。物理学家认为，场是物质存在的基本形式之一，是一种特殊物质，它是无形的，但它确实存在，比如引力场、电磁场等。场是弥散于全空间的，具有能量、质量和动量。场的物理性质可以用一些定义在全空间的量描述，如电磁场的性质可以用场源、场力、场强和场势等场量来描述，这些场量是空间坐标和时间坐标的函数，它们随时空的变化而变化，是具有连续无穷维自由度的系统，是可以相互叠加的。

1687年，英国物理学家牛顿提出万有引力定律。他认为自然界中任何两个物体都是相互吸引的，引力的大小与这两个物体的质量乘积成正比，与它们的距离的平方成反比。万有引力与两物体的化学本质或物理状态以及中介物质无关。后来的科学家在万有引力的基础上，提出引力场理论。1831年法拉第发现了电磁感应现象，他认为电与磁是一对和谐的对称现象，电能产生磁，磁能产生电。他认为电和磁作用通过中间介质，从一个物体传到另一个物体。这种介质就是场的所在，"场"这个概念正是来源于法拉第。麦克斯韦继承和发展了法拉第的思想，并用严谨的数学方法证明了法拉第理论的正确性。1873年，麦克斯韦在《电磁理论》中建立了完整的电磁场理论。他认为，随时间变化，电场会产生磁场，磁场会产生电场，两者互为因果，相互影响、相互作用，形成统一的电磁场。电磁场以光速向四周传播，形成电磁波。1905年，爱因斯坦提出狭义相对论，他认为电磁场不是物质载体的一种状态，电磁场本身就是物质存在，而且也有惯性特征。他在广义相对论中进一步提出，引力场就是弯曲的时空，可以用弯曲的时空来描述引力场的结构。1923～1927 年，量子力学逐渐建立，量子力学是研究微观世界粒子的运动现象及其规律的。之后，经过众多科学家的辛勤工作，量子力学和经典物理场论相结合，形成了量子场论。量子场论认为，每一个基本粒子都对应着一个量子化的场即量子场，每一个粒子是一个场源，粒子就是量子场中的量子，粒子的性质可由量子场的性质得到，不同粒子间的相互作用归结为这些量子场间的相互作用。场是连续的，它在空间中无处不在，它又是非连续的，具有"粒子性"。量子场是一种基本的物理学实在①。

物理学界一直试图将物理世界 4 种最基本的力及其相互作用合为一体，从而真正实现电磁力、弱力、强力和引力 4 类相互作用场的大统一，希望构建所谓的"大统一场论"。各种场论的共同之处是，强调物理场中力之间的相互作用，或者与力有关的物理事象之间的相互作用，以及这类相互作用关系的连续性或连续过程。这说明，"物理场"有两个最主要的特性：一是"相互作用"，二是相互作用的"连续性"。这里所说的"相互作用"，不仅指对偶的、对应的或对立的二极之间的相互作用，而且指多元之间、多维之间或多极之间的交互作用。通过相互作用，形成作用网络，形成场的一体化。"连续性"是指同类型的力之间或同类型的物理事象之间相互作用的连续性。场既是空间的函数，同时又是时间的函数。场随着时间的变化，处于持续不断的变化之中。场函数是处处连续的，称之为动态场或时变场。

## （二）社会科学"场"

场的概念和理论，由自然科学界提出和建立之后，很快就引起了社会科学界的关注和研究。社会科学研究者们纷纷把场论的思想引入各自的社会研究领域，形成了众多的社会科学场论。

法国著名的社会学家迪尔卡姆（Durkheim）是最早使用"场"概念的社会科学研究者。他在《社会学研究方法论》（1885）一书中，认为任何事物都必须在一定的"场"中存在，并且社会过程的最初起源都必须从这种场的构成中去寻找。这种场是社会事务的整体内部环境。社会可以分为若干个不同的、彼此交叠的场，如社会场、政治场、知识场、教育场、思维场、传播场等。

德裔美国心理学家勒温（Lewin）建立了"心理场"论。他认为，人就是一个场，人的心理现象具有空间的属性，人的心理活动也是在一种心理场或生活空间中发生的。也就是说人的行为是由场决定的。心理场主要是由个体需要和他的

---

① 易法建. 2001. 道德场论. 长沙：湖南教育出版社.

心理环境相互作用的关系所构成。它包括有可能影响着个人的过去、现在和将来的一切事件，这三方面的每一方面都能决定任何一个情景下的人的行为，人的行为随着人与环境的变化而变化。

我国社会科学的研究者对场理论的运用也十分积极。1991年，张小军在《社会场论》一书中详细论述其社会场的理论；1995年，任恢忠提出"哲学场论"；1999年孟氧提出"经济学社会场"理论；2001年，易法建教授提出"道德场"理论；2007年，汤银英博士提出"物流场"的思想，把场论引入经济的物流领域。

### （三）经济发展场

经济发展场论也是自然界的场论在社会领域的运用。经济活动是人类重要的社会活动，社会经济现象和自然科学现象都具有共同的规律。在经济发展过程中，一个国家、一个地区的区域经济和产业经济发展的诸多现象，仍然可以用电磁场、引力场等经典物理场的"场理论"来解释，它们都具有场源、场力、场强、场势等相互作用要素，都是空间和时间的函数，随时空的变化而变化，是具有连续无穷维自由度的系统，是可以相互叠加的；它们都具有相互作用、连续性等主要的特性，并通过相互作用形成作用网络，形成"场"的一体化，且处于持续不断的变化之中，构成动态场或时变场。

如物理场的发展变化都有一个场源，经济发展也有一个源点，一个地区的经济发展往往从城市开始，城市先自我发展，经济实力强大后，再由这个城市向周边地区辐射、扩散，最终带动周边一大片地区的经济发展；物理场有场强、场势之分，经济发展也有地区差异，有的地方经济发展实力大、影响大，有的地方经济实力小、影响弱，经济实力强的区域对经济实力弱的区域有重大的影响；物理场内各种因素相互作用、相互影响，最终形成统一的场，经济发展也是资源、资本、劳动力、技术等各种经济要素相互作用、相互影响，最终促使经济由不平衡发展逐渐趋向于比例发展、协调发展和持续发展，甚至是平衡发展和全面发展。有鉴于此，我们通过吸收、消化、借鉴和创新，把"场"概念引入经济发展领域，提出"经济发展场"的概念，创立经济发展场论的思想和理论体系。

经济发展场是指在一定区域范围内，在经济发展过程中由"场源""场力""场强""场势"等各种经济要素构成的，随时空的变化而变化，具有相互作用、相互影响、连续性等主要特征的无穷维自由度的时空系统。这个时空系统有以下特点。

#### 1. 空间的层次性和立体性

物理场是三维的，具有层次性和立体性，经济发展场也是如此。经济发展是在一定空间上的发展，而这个空间是有层次性的。电磁场论告诉我们，电磁波（电磁辐射）从场源处以光速向周围传播，其强度随着辐射距离的增加而衰减。在经济发展场中，经济发展源于众多的源点，各源点之间由于发展水平不一致，其影响范围是不一样的。如经济发展的空间源泉——城市可分为中心城市、大城市、中等城市和小城市等，每类城市的辐射、影响的范围也是不一样的。再比如经济区域的影响，有的区域辐射面广，有的区域辐射面窄。中国长三角地区的影响是全国性乃至世界性的，而武汉"1+8"城市圈的影响在当前还仅仅是地区性的。经济发展场内的经济增长极、经济增长核、经济圈、城市群、产业轴、经济带等要素相互影响、相互作用，最终形成全面的、整体的经济发展，这就是经济发展场的立体性。

### 2. 时间的动态性和持续性

场是时间的函数，经济发展场随着时间的变化而不断变化。产业与区域经济的发展由"点"到"线"，由"线"到"面"，由"面"再到"体"，是随着时间的流动逐渐发展的。产业与区域经济的发展，先是在各个源点上发展，形成经济增长极或增长核，增长极或增长核再对周围地区扩散。增长极或增长核多了以后，它们之间相互联结，形成交通、动力、水源、资本、商品、技术、人力网络带，形成产业发展轴或经济带，带动沿"线"发展，然后再由"线"形成"面"，实行网络、立体式的全面发展，最后促进区域的整体发展。这个过程循环往复、不断发展，就形成了经济发展场。

### 3. 时空的互动性和综合性

电磁场论告诉我们，电场变化会产生磁场，磁场变化会产生电场，在时空的共同引导下，它们相互作用、相互影响，形成统一的电磁场。物理场是时间和空间的函数。经济发展场也是一样，在时间、空间的共同作用下不断变化。1978年，我国国内生产总值（GDP）仅为3645.2亿元，2015年为676 708亿元，增长了184.64倍，数值上的巨大变化，是我国持续改革开放的结果，是我国产业与区域经济由东部向中部、西部不断转移的结果，也是我国产业、区域规划和发展由沿海不断向内陆演变的结果。这种变化呈现时空的互动性和综合性。空间上，在世界范围内，产业经济由西方发达国家向中国及其他新兴市场国家逐渐转移；在国内，产业与区域经济由较发达地区向欠发达地区辐射转移，由东部向中部、西部梯度转移。时间上，产业与区域经济发展阶段长短不一，短的有15 ~ 30年，长的有60年、90年甚至120年等，周而复始。时空的交互和共同作用，决定了经济发展场的本质和变化。

#### 4. 影响因素的多维性和多重性

物理场受时空的影响，空间是三维的，加上时间维度，场是多维的。在物理场中，有各种力在起作用，电磁力、弱力、强力和引力相互作用、相互叠加，形成各种场和复合场。经济发展场兼具自然和社会的双重特点，也是多维的，它涵盖物质、能量、资源、资本、商品、技术、人力、环境等自然和社会中的各种要素，这些要素相互影响、相互叠加，形成复杂的经济发展场。在经济发展场中各要素不断流动，使资源配置不断得到优化，进而促使产业与经济持续、健康发展。

如前所述，目前区域经济发展理论主要有罗森斯坦·罗丹的大推进理论、纳克斯的贫困恶性循环论和平衡发展理论、赫希曼的不平衡发展理论、威廉姆逊的倒U形理论、佩鲁的增长极理论、点轴开发理论、弗里德曼的中心–外围论、产业梯度转移理论、比较优势理论和竞争优势理论等，产业经济发展理论主要有三次产业划分理论、产业结构演变趋势理论、产业结构调整理论、产业发展模式理论、产业布局区位理论、产业布局比较优势理论和产业政策理论等，这些理论及模式在西方国家产业与经济发展的不同时期产生了不同的影响，但对于现阶段我国经济社会发展而言，以上理论及发展模式均不能完全适用于当前我国以及各区域板块产业与经济比例、协调、全面、综合性发展的要求。

产业与经济社会的发展是个系统、复杂的过程，要真正地理性认识并付诸实践，必须在科学发展观的统领下，统筹兼顾、全面考虑。因此，我们在科学发展观和创新、协调、绿色、开放、共享的发展理念的指导下，总结国内外产业与区域经济发展的成功经验及失败教训，根据自然科学的场论思想，在吸收、消化各种产业与区域经济发展理论有益成分的基础上，探索、创新提出经济发展场的概念，总结了经济发展场的本质特征，为我们认识和研究我国中部地区、各区域经济板块和国家总体产业与经济布局及其发展阶段，乃至世界产业与经济布局及其发展阶段，从时空的动态模式上构建经济发展场论的基本理论体系打下坚实的基础。

### 二、经济发展场的空间维度——极、核、圈（群）、带、面

经济发展场是空间和时间的函数，空间是经济发展场的自变量之一。空间是三维的，一维表示左右空间，一维表示上下空间，一维表示前后空间，分别用 $x$ 轴、$y$ 轴、$z$ 轴表示，这样就确定了物或某个点在宇宙中的位置，然后点形成线，线形成面，面形成体，最后形成空间的层次性和立体性。

按照科学发展观全面、协调、可持续发展的基本思想和创新、协调、绿色、开放、共享的发展理念，我们认为，经济发展场的空间特性具体体现在产业与区域经

济发展的"极、核、圈(群)、带、面"5个层次上，它们在一定的空间范围和时间长度的相互作用下表现为区域经济发展由"点"到"线"、由"线"到"面"、由"面"到"体"的发展过程和结构特征，从而反映了经济发展场在空间形态上的层次性和立体性。"极"，又称为经济增长极，是指在经济发展过程中起决定性作用的发展综合体，它自身能快速发展，而且能带动周边地区及相关产业发展，具有极化效应和扩散效应，在地理空间上一般表现为某个经济实力强大的中心城市或区域中心城市；"核"，又称为经济增长核，它自身能够较快发展，也能带动周边地区的发展，但影响和辐射力小于增长极；"圈(群)"，又称为经济圈或城市群，是指极、核发展起来之后，在其周围吸引、集聚了一批城市，形成城市群落，构成一个较大的空间区域范围，其经济实力和影响力大大提高；"带"，又称为经济带或产业带，指不同城市圈(群)之间相互联系的纽带，通常以产业带、经济带为表现形式，不仅具有空间长度，还具有空间宽度，它通过自己的传动作用，把不同的圈(群)联结成一个相互影响、相互作用的共同区域；"面"，又称经济区域或一个地区、一个国家，是指在极、核、圈(群)、带的发展基础上，形成一个区域、一个地区、一个国家甚至跨国界的经济板块，最终，由极、核、圈(群)、带、面5个层次形成全方位的、立体式的产业与经济结合"体"。

从空间结构来看，中心增长极、次增长极、增长核都是"点"的基本表现形式，由"极""核"发展到"圈(群)""带"的过程，实质是由"点"的形式发展上升到"线"的形式，再发展上升到"面"的形式，直至发展上升到"体"的形式。整个"极、核、圈(群)、带、面"的多层次的立体式发展的最终结果，可以归纳为由"点"发展上升到"线"，由"线"发展上升到"面"，由"面"发展上升到"体"的过程。

"极、核、圈(群)、带、面"的上升、演变过程也体现了产业与区域经济由不平衡发展到不平衡协调发展和统筹协调发展的思想。极、核是"点"的发展，具有不平衡发展的特征，会导致产业与区域经济发展的差异；随着由"点"到"线"，由"线"形成"圈(群)""带"的发展，产业与区域经济发展逐渐扩散、辐射开来；之后，"极、核、圈(群)、带"相互融合、相互促进，产业与区域经济不断扩大为全范围、全面、可持续的发展。这样就由不平衡发展到不平衡协调发展，再到统筹协调发展，最终消除工业与农业、城市与农村、发达地区与欠发达地区的发展差异。这是一条由不平衡发展破解发展不平衡问题的有效途径，也是科学发展观协调、统筹发展思想的具体体现。

以经济发展场论来考察和研究世界产业与经济的发展，当前的状况无疑是极、核、圈(群)、带、面等要素齐具的经济发展场。在这个场中，各要素相互作用、相互影响，形成不同的历史发展阶段，最终会逐渐消除不同经济区域板块，不同地区和国家间的发展差异，形成世界产业与经济协调、持续发展的基本格局。当前世界"极、核、圈（群）、带、面"的经济发展场格局，如表7-1所示。

表7-1 世界"极、核、圈（群）、带、面"格局表

| 战略层次 | | 战略区域 | 战略定位 | 战略作用 |
|---|---|---|---|---|
| 极 | 经济增长极 | 美国 | 全球性经济增长极 | 引领、辐射、带动发达国家及全球经济发展 |
| | | 德国、法国、英国 | 欧洲增长极 | 引领、辐射、带动欧洲经济发展 |
| | | 中国、日本、韩国 | 亚洲增长极 | 引领、辐射、带动亚洲，特别是东亚经济发展 |
| 核 | 经济增长核 | 俄罗斯 | 独联体国家增长核 | 辐射、带动独联体国家经济发展 |
| | | 巴西 | 南美增长核 | 辐射、带动南美经济发展 |
| | | 印度 | 南亚增长核 | 辐射、带动南亚经济发展 |
| | | 南非 | 非洲增长核 | 辐射、带动非洲经济发展 |
| 圈（群） | 经济圈 | 北美自由贸易区 | 北美经济圈 | 促进美国、加拿大、墨西哥经济协调发展 |
| | | 欧洲联盟 | 欧洲经济圈 | 促进欧洲经济社会协调发展 |
| | | 东南亚联盟 | 东南亚经济圈 | 促进东南亚地区经济协调发展 |
| | | 南美联盟 | 南美经济圈 | 促进南美经济协调发展 |
| | | 非洲联盟 | 非洲经济圈 | 促进非洲大陆经济协调发展 |
| 带 | 经济发展带 | 发达国家经济带，如经合组织等 | 西方发达国家经济发展带 | 促进发达国家经济协调发展 |
| | | 发展中国家经济带，如南南合作、不结盟运动、77国集团等 | 发展中国家经济发展带 | 促进发展中国家互利、互惠，协调发展 |
| | | 发达国家与发展中国家经济带，如20国集团、亚太经合组织（APEC）、"一带一路"等 | 发达国家与发展中国家经济发展带 | 促进建立新的世界经济、贸易秩序，促进国际贸易、产业转移和经济带国家协调发展 |
| 面 | | 联合国各种经济社会发展机构、组织，世界银行，国际货币基金组织，亚洲基础设施投资银行、亚洲开发银行等 | 发达国家、发展中国家、其他国家和地区 | 促进世界产业与经济的持续发展，加快经济全球化和世界协调发展的进程 |

以经济发展场论来考察和研究我国产业与经济的发展，当前的状况也是"极、核、圈（群）、带、面"等要素齐具的经济发展场，中国"极、核、圈（群）、带、面"格局如表7-2所示。

表 7-2   中国"极、核、圈（群）、带、面"格局表

| 战略层次 | | 战略区域 | 战略定位 | 战略作用 |
|---|---|---|---|---|
| 极 | 中心增长极 | 上海 | 长三角地区的中心增长极 | 引领、辐射、带动长三角地区的产业与经济社会发展 |
| | | 广州、香港、深圳 | 珠三角及港澳地区的中心增长极 | 引领、辐射、带动珠三角及港澳地区的产业与经济社会发展 |
| | | 北京、天津 | 环渤海地区的中心增长极 | 引领、辐射、带动以京津冀协同发展为中心区的环渤海地区的产业与经济社会发展 |
| | | 武汉 | 中部地区的中心增长极 | 引领、辐射、带动中部地区的产业与经济社会发展 |
| | | 重庆、成都 | 西部地区的中心增长极 | 引领、辐射、带动西部地区的产业与经济社会发展 |
| | | 台北 | 台湾地区的中心增长极 | 引领、辐射、带动台湾地区的产业与经济社会发展 |
| 核 | 增长核 | 沈阳、大连、长春、哈尔滨、石家庄、苏州、南京、无锡、杭州、宁波、青岛、济南、福州、厦门、海口、长沙、郑州、南昌、合肥、太原、呼和浩特、南宁、贵阳、昆明、拉萨、西安、兰州、西宁、银川、乌鲁木齐 | 各省域的中心城市 | 自身发育和接受极点的辐射影响，带动周边地区的产业与经济社会发展 |
| 圈（群） | 经济圈（城市群）或区域经济板块 | 长三角地区 珠三角及港澳地区 环渤海地区 中部地区 西部地区 东北地区 台湾地区 | 重要的区域经济发展板块 | 产业与经济社会发展的主要经济圈或城市群，是各大区域经济板块内具有扩散力、辐射力和影响力的经济圈或城市群落，能够促进圈（群）内产业与经济社会的发展 |
| 带 | 六纵 | "京宁沪"经济带 "哈京广"经济带 "京深九"经济带 "京郑邕"经济带 "京包昆"经济带 "包西海"经济带 | 各区域板块连南接北的经济发展带 | 连南接北，南北联通，传动、联结和融通南、中、北各经济区域板块，促进产业与经济社会的联动发展 |

| 战略层次 | | 战略区域 | 战略定位 | 战略作用 |
|---|---|---|---|---|
| 带 | 三横 | 长江经济带<br>陇海经济带<br>沪昆经济带* | 各区域板块承东启西的经济发展带 | 承东启西，东西连贯，传动、联结和融通东、中、西各经济区域板块，促进产业与经济社会的联动发展 |
| 面 | | 全国 | 全国各经济区域全方位、一体化发展 | 极、核、圈（群）、带、面的层次性和立体性有机结合体，形成全国产业与经济社会的协调、全面、可持续发展格局 |

*上海—杭州—鹰潭—株洲—怀化—贵阳—昆明—大理沿线经济发展带，简称"沪昆"经济带

　　全国产业与经济的增长极有上海、香港、广州、深圳、北京、天津、武汉、重庆、成都、台北等，它们是全国各区域经济板块发展的中心增长极即中心城市，地位重要，影响巨大；经济发展的增长核主要是定位于区域中心城市的副省级城市和各省的省会城市即省域中心城市，包括沈阳、大连、长春、哈尔滨、石家庄、苏州、南京、无锡、杭州、宁波、青岛、济南、福州、厦门、海口、长沙、郑州、南昌、合肥、太原、呼和浩特、南宁、贵阳、昆明、拉萨、西安、兰州、西宁、银川、乌鲁木齐等，这些省域中心城市在各省域的产业与经济发展中起着举足轻重的作用。经济增长极和经济增长核相互影响、相互作用，形成一定范围的经济发展圈（群）。经济发展圈（群）是极和核的经济发展力进行辐射、扩散所覆盖的更大区域，它是一种经济发展场域。目前，全国重要的经济发展圈（群）有以上海为增长极的长三角地区，以广州、香港、深圳为增长极的珠三角及港澳地区，以北京、天津为增长极的环渤海地区，以武汉为增长极的中部地区，以重庆、成都为增长极的西部地区，以台北为增长极的台湾地区，以沈阳、大连、长春、哈尔滨为增长核的东北地区等，这些圈（群）域经济不断发展，并相互渗透、相互作用、相互促进。这些圈（群）域之间依靠由中心城市、副省级城市、省会城市、大城市、中小城市和交通线、资源供给线、信息流动线、资本流动线、人才流动线、产品销售线所组成的纽带联结、传输、生产、流通和消费，从而形成产业集聚带和经济发展带。中国内地现已形成九大经济发展带，其中六大纵向经济带，三大横向经济带，我们称之为"六纵三横"经济发展带，如表7-3所示。

表 7-3　中国内地"六纵三横"经济发展带表

| 经济发展带 | | 经济带城市构成 |
|---|---|---|
| 纵向 | "京宁沪"经济带 | 北京、廊坊、天津、沧州、吴桥、德州、济南、泰山、兖州、徐州、蚌埠、滁州、南京、镇江、常州、无锡、苏州、上海 |
| | "哈京广"经济带 | 哈尔滨、长春、四平、沈阳、锦州、山海关、秦皇岛、唐山、北京、保定、石家庄、邯郸、新乡、郑州、许昌、漯河、驻马店、信阳、广水、孝感、武汉、岳阳、长沙、株洲、衡阳、郴州、韶关、广州 |
| | "京深九"经济带 | 北京、霸州、任丘、衡水、聊城、菏泽、商丘、亳州、阜阳、麻城、九江、南昌、吉安、赣州、定南、龙川、河源、惠州、东莞、深圳、九龙 |
| | "京郑邕"经济带 | 北京、石家庄、郑州、焦作、济源、洛阳、汝州、平顶山、鲁山、南阳、邓州、襄阳、荆门、宜昌、张家界、吉首、怀化、柳州、南宁 |
| | "京包昆"经济带 | 北京、张家口、大同、集宁、呼和浩特、包头、临河、石嘴山、银川、青铜峡、中卫、白银、兰州、宝鸡、秦岭、阳平关、广元、江油、绵阳、成都、峨眉、汉源、西昌、攀枝花、元谋、广通、昆明 |
| | "包西海"经济带 | 包头、神府、延安、西安、安康、重庆、怀化、遵义、贵阳、柳州、黎塘、湛江、海口 |
| 横向 | 长江经济带* | 宜宾、泸州、重庆、涪陵、万州、宜昌、荆州、岳阳、咸宁、武汉、鄂州、黄冈、黄石、九江、安庆、池州、铜陵、芜湖、马鞍山、南京、镇江、扬州、泰州、常州、南通、上海 |
| | 陇海经济带 | 乌鲁木齐、吐鲁番、鄯善、哈密、柳园、玉门镇、嘉峪关、酒泉、清水、张掖、金昌、武威、兰州、天水、宝鸡、西安、洛阳、郑州、开封、商丘、徐州、连云港 |
| | 沪昆经济带 | 上海、嘉兴、海宁、杭州、义乌、金华、衢州、上饶、鹰潭、新余、萍乡、醴陵、株洲、湘潭、娄底、怀化、玉屏、镇远、凯里、贵阳、安顺、六盘水、宣威、曲靖、昆明、保山、大理 |

　* 长江经济带城市构成，这里概括列举的主要是长江干流沿线的上海—南通—常州—泰州—扬州——镇江—南京—马鞍山—芜湖—铜陵—池州—安庆—九江—黄石—黄冈—鄂州—武汉—咸宁—岳阳—荆州—宜昌—万州—涪陵—重庆—泸州—宜宾等大中城市形成的经济发展带。2016 年 3 月 25 日中共中央政治局会议审议通过的《长江经济带发展规划纲要》，是为了打造黄金水道，建设长江经济带而制定的法规，自 2016 年 3 月 25 日起实施；长江经济带横跨我国东中西三大区域，覆盖上海、江苏、浙江、安徽、江西、湖北、湖南、重庆、四川、云南、贵州等 11 个省份，6 亿人口，面积约 205 万平方千米，GDP 占全国总量的 45%，具有独特的产业与经济发展优势和巨大发展潜力；上升为国家战略的长江经济带，实质上是长江流域上中下游、东中西部地区产业与经济社会联动发展的国家层面的经济发展带

　　上述全国产业与经济发展的极、核、圈（群）、带等要素相互作用，相互促进，联成一体，形成一个统一的大经济发展场，使得各区域的产业与经济社会健

康、持续发展，最终消除区域差异、城乡差异，实现全国产业与经济社会的全面、可持续的发展。

以经济发展场论来考察和研究中部地区产业与经济的发展，当前的状况仍然是"极、核、圈（群）、带、面"等要素齐具的经济发展场。中部经济发展场的中心增长极非武汉莫属，武汉位于我国经济地理"中心"，举世闻名的长江、汉江两大水系的交汇处，相距郑州、洛阳、长沙、南昌、九江、合肥、南京等大城市均在 700 千米以内，相距北京、天津、上海、广州、重庆、成都、西安等特大城市均在 1100 千米左右；是我国最重要的长江经济带与京广经济带的交集之地，也是中部地区经济实力最强、规模最大的工商业城市、综合交通枢纽中心和唯一的副省级城市，拥有钢铁、冶金、汽车、光电子、通信、信息、化工、造船、装备、医药、食品、轻工、纺织等完整的工业体系，是国家综合性高新技术产业基地、国家光电子产业基地、国家生物产业基地和国家信息产业基地，东湖高新区是继北京中关村之后的第二个国家自主创新示范区，"1+8"武汉城市圈是全国资源节约型、环境友好型社会综合配套改革试验区。武汉不仅是中部崛起战略支点的湖北省的中心城市，而且当仁不让的是中部崛起的中心城市和带动中部产业与经济发展的中心增长极。除了武汉外，中部地区的郑州、长沙，合肥、南昌、太原等省会城市，分别是带动各省省域产业与经济发展的中心城市，也是促进中部崛起的次增长极，配合武汉中心增长极并带动各自周边地区产业与经济社会的发展。中部六省还有省域副中心城市，它们作为产业与区域经济发展的增长核，来呼应中心增长极、次增长极并带动各自周边地区产业与经济社会的发展。

在这些经济增长极和经济增长核的带动下，形成产业与区域经济发展圈（群），它们分别是"1+8"武汉城市圈、中原城市群、"3+7"泛长株潭城市群、泛皖江经济圈、环鄱阳湖经济圈、太原经济圈等，它们各自形成了广大的产业与区域经济发展的城市群落势力范围。这些圈（群）域都是各省产业与经济发展的主要区域，人口多，经济实力强大，至少占各省域经济总量的三分之一，能够带动周边一大片地区的发展，大大扩展了经济增长极、经济增长核的影响力和辐射力。

从经济发展场论来看，武汉、长沙、郑州、合肥、南昌、太原是中部地区产业与经济发展的源点，这些点的发展先是极化效应，会吸收周边地区各种资源，来促进自身的持续发展。之后，各源点会产生扩散效应，把自身的产业和经济优势向外扩散，从而形成城市圈或城市群，如"1+8"武汉城市圈、"3+7"泛长株潭城市群、中原城市群、泛皖江经济圈、环鄱阳湖经济圈、太原经济圈等。点与点之间、点圈（群）之间、圈（群）与圈（群）之间依靠由中心城市、省会城市、重要城市、中小城市和交通线、信息流动线、资本流动线、人才流动线、资源供给线、产品销售线所组成的纽带联结、传输、生产、流通和消费，从而形成产业集聚带和经济发展带。中部地区当前主要有五条产业与经济发展带，分别是京广经济发展带、京九经济发展带、长江经济带、陇海经济带、沪昆经济带。南北贯通的京广经济带、京九经济带与东西走向的陇海经济带、长江经济带、沪昆经济带，在中部交汇、融通，构成中部产业与经济发展的桥梁和轴带，沿着这些轴带，产业与经济会逐渐扩散和融合，使得中部地区产业与经济发展由极、核的"点"形态上升到圈（群）、带的"线"形态。

有了中心增长极——武汉，有了长沙、郑州、合肥、南昌、太原等五大次增长极及相应的多个增长核，以六大城市圈（群）为依托进而扩散发展，形成以京广、京九、陇海、长江、"沪昆"为纽带的产业轴和经济带，就能把整个中部地区有机地结合在一起，产业与经济社会的发展就由"线"的形态上升到"面"的形态。随着信息、资源、商品、资本、技术、劳动力等经济要素在区域内的充分流动，不断提高区域内各极、核、圈（群）带间的交流和集聚的广度、密度和深度，就能进一步促进产业与区域经济的一体化进程，最终实现中部地区产业与经济社会的快速、协调、全面、可持续的发展，实现中部在全国各经济区域板块的真正崛起。

## 三、经济发展场的时间维度——30 年、60 年、90 年、120 年等

经济发展场是时空变化的函数，时间是经济发展场的自变量之一，运动是绝对的，静止是相对的，随着时间的变化，经济发展场也在不断变化。根据科学发展观以人为本的基本指导思想，产业与经济社会的发展是人类社会经济活动结果的体现，它应该服从人类生命周期规律和人类活动周期规律的制约。

人的生命周期一般可划分为出生、幼年、少年、青年、壮年、中年、老年、衰亡等 8 个阶段；人的活动周期一般也对应划分为几个基本阶段，孔子早在两千多年前，就把人类活动的周期规律归纳为："吾十有五而志于学，三十而立，四十而不惑，五十而知天命，六十而耳顺，七十而从心所欲，不逾矩"。人的幼年、少年、青年阶段主要是努力学习，掌握本领；人的青年、壮年阶段主要是安身立命，繁衍生息；人的中年阶段一般是思维理性，事业有成；人的老年阶段一般是遵纪守法，安享晚年。人类社会的变迁和经济的发展受人的生命周期和活动周期规律的影响较大，经济社会的发展往往是一代人又一代人不断传承、积累的结果，故古人就有"三十年河东，三十年河西""长江后浪推前浪""六十花甲子"之说。所以，一个国家、一个区域的产业与经济社会的发展历程往往是受人的生

命周期和活动周期规律影响的代代相传的结果。具体而言，30 年应该为产业与经济社会的发展奠定一定的基础，60 年应该取得一定的发展成就，90 年、120 年后往往走向繁荣昌盛阶段，依此类推。因此，从历史发展轨迹来看，30 年、60 年、90 年、120 年、150 年、180 年、210 年、240 年、270 年、300 年等，是人类产业与经济社会发展历史阶段划分的基本的时间维度。

西方经济学认为经济发展是有周期的，从繁荣、衰退、萧条、到复苏，再到繁荣，周而复始。一个周期的时间长度，可分为短周期、中周期、长周期。短周期一般为 5~10 年，中周期为 10~30 年，长周期为 30~60 年，超过百年就是更长的周期。

人类的产业与经济社会的发展历史，实质上也可概括为时间发展史。在原始经济时代，人类刀耕火种，生产力十分低下，人类种群的生存十分的艰难，谈不上什么产业与经济发展。进入自然经济时代，随着青铜器和铁器的使用，依靠剥削大量奴隶，人类社会的产业与经济发展迅速，创造了辉煌的文明。这之后，随着农业的迅速发展和生产水平的提高，人类的产业与经济发展大大提升了一个台阶。到了早期商品经济时代，随着工业革命的推进和扩散，人类生产力有了巨大的飞跃，人类几百年间创造的财富远远超过自然经济时代上千年乃至几千年创造的财富。第二次世界大战以后，人类进入发达商品经济时代，随着新技术革命的开展，生产力急剧提高，市场经济繁荣发达。人类进入 21 世纪后，知识经济、信息经济和战略性新兴产业的不断兴起与发展，经济全球化和多元化带来的产业与经济成就，已远远超过了这之前的所有历史时期。

新中国成立至今，发生了翻天覆地的变化，产业与经济社会的发展成就巨大，世人有目共睹。新中国成立以前，社会生产力的分布极不均衡，70% 的工业集中在东部沿海地带[①]，西部和中部的工业产值总和不到全国的 10%。为了改变这种落后面貌，新中国成立初期主要实行产业与区域经济平衡发展的战略，国家把 50% 以上的建设资金集中投入到中西部，来缩小中西部和沿海地区的产业与经济发展差距。"一五"（1953~1957 年）时期，我国开工建设的 150 项重点项目，中西部为 118 项，占全部项目的 79%；自行设计建设、投资在 1000 万元以上的 694 项重点工程中，中西部为 472 项，占全部项目的 68%，初步形成了以国有企业为主的社会主义工业体系。"二五"（1958~1962 年）计划前期"大跃进"，后期三年困难时期，过程曲折。1964 年为了防范外来势力的威胁和入侵，我国实施了"三线建设"。"三线地区"主要是由中西部地区具有战略纵深意义的山区所组成。"三五"（1966~1970 年）时期，中西部基本建设投资占全国的

---

① 叶依广. 2006. 区域经济学. 北京：中国农业出版社：332-340.

66.8%，其中"三线建设"的投资占全国的52.7%；"四五"（1971～1975年）时期，中西部基本建设投资占全国的53.7%，其中"三线建设"的投资占全国的41.1%。由此可见，1978年以前，我国的产业与区域经济布局与发展基本实施的是平衡发展战略，这对于改变我国当时产业与经济社会的落后面貌，缩小中西部与沿海的差距，推进国家的工业化进程，发挥了至关重要的作用。

1978年中共十一届三中全会后，我国实行改革开放，开始实施不平衡的产业与区域经济发展战略。"六五"（1981～1985年）时期，国家明确提出要积极利用沿海地区的现有基础，并开始采取一系列措施向沿海地区倾斜。"七五"（1986～1990年）时期，重点优先发展东部的非均衡发展战略仍然是我国产业与区域经济发展的基本策略，期望以东部的发展带动中西部乃至全国的发展，并实施了一系列向东部倾斜的政策措施。一是对外开放向东部倾斜，从设立深圳、珠海、汕头和厦门4个经济特区开始，到开放沿海14个港口城市和确定沿海经济开放区，形成了面积82万平方千米，人口1.6亿人的广大沿海开放地带并实行相应的优惠政策。二是国家相关优惠政策继续向东部倾斜，包括财政、税收、金融、投资等方面给予了一系列的政策优惠，如扩大当地政府利用外资的审批权限和对外经济活动的自主权，减免外商投资企业的所得税和关税，扩大当地政府对外贸易的自主权和外汇留成比例等。三是国家投资方向和项目继续向东部倾斜，在全国的全社会固定资产投资中，东部占比高达60%以上。四是经济体制改革政策和措施继续向东部倾斜，国家的许多改革方案和措施，或是先在东部试行和实施，或较多地考虑东部的情况和需要。这些改革方案和措施的实际推行，有力地促进了东部的产业与经济社会的发展，同时也大大地促进了我国综合国力的全面提高。

经过三十多年的改革发展，不平衡的发展战略虽然取得了巨大的成就，但也形成了产业与区域经济板块不可回避的发展差距，在一定程度上制约了全国产业与经济社会的全面发展。20世纪90年代末，我国开始重视产业与区域经济的协调发展，相继提出西部大开发、东北地区振兴、中部地区崛起等区域发展战略，有力地促进了我国产业与区域经济的协调发展。

2008年以后，在西方次贷金融危机的背景下，为了扭转国际金融危机对我国经济发展的负面影响，实现"保增长、调结构"的宏观经济发展目标，国务院集中发布了十大产业调整和振兴计划，国家先后批准发布《国务院关于进一步推进长三角地区改革开放和经济社会发展的指导意见》《珠江三角洲地区改革发展规划纲要（2008～2020年）》《支持福建加快海峡西岸经济区的若干意见》《江苏沿海地区发展规划》《横琴总体发展规划》《关中—天水经济区发展规划》《辽宁沿海经济带发展规划》《促进中部地区崛起规划》《中国图们江区域合作开发规划纲要》《黄河三角洲高效生态经济区发展规划》《安徽皖江城市带承接产业转移示范区规划》《长江三角洲地区区域规划》《促进中部地区崛起规划实施意见》《国务院关于推进海南国际旅游岛建设发展的若干意见》《海南国际旅游岛建设发展规划纲要》《重庆"两江新区"总体规划》《山西国家资源型经济转型发展综合配套改革试验区》《成渝经济区区域规划》《海峡西岸经济区发展规划》《关于河南省加快建设中原经济区的指导意见》《中共中央国务院关于促进中部地区崛起的若干意见》《中原经济区规划》以及《国家新型城镇化规划（2014～2020 年）》等。

而今，党中央国务院根据经济新常态和国内外形势变化，提出"一带一路"战略构想、"长江经济带"、"京津冀协同发展"等新三大发展战略，并批准发布《国务院关于依托黄金水道推动长江经济带发展的指导意见》《长江中游城市群发展规划》《长江经济带发展规划纲要》和《长江三角洲城市群发展规划》等。我国将产业与区域经济的发展全面提升为国家重大发展战略，有力地促进了当前产业结构的优化调整，对于转变经济发展方式，协调各区域经济板块的持续发展等均具有重大的战略意义。

## 四、经济发展场的多维度——时空共同作用

场是时间和空间的函数，时空的共同作用形成统一的场，如变化的磁场可以激发电场，变化的电场可以激发磁场，电场和磁场相互联系、相互激发组成一个统一的电磁场，因此，场是个具有连续无穷维自由度的系统。

经济发展场与此类似，也是时空共同作用下的统一场。空间是三维，加上时间维度，就是四维。人类可见的是一维到三维，四维以后就不可见了。实际上，如果一个事物是由 n 个因素决定的（不考虑其影响程度），就可以说是 n 维。由此，我们认为经济发展场也是个具有连续无穷维自由度的复杂系统。在这个系统中，"点"发展成"线"，"线"发展成"面"，"面"发展成"体"。在人类可见的时空影响下，这个系统不断地发生着变化。科学发展观强调全面、协调、统筹、可持续的发展，这种发展是在空间和时间共同作用下产生和形成的，经济发展场的多维性也体现了科学发展观的思想。

从世界经济发展史来看，14～15 世纪，在欧洲出现了资本主义萌芽，其经济活动主要是工场手工业，并集中在地中海沿岸，主要是意大利的地中海沿岸都市。15 世纪末至 16 世纪初，随着新航路的开辟，世界的主要商路和贸易中心由地中海沿岸转移到了大西洋沿岸，英国的经济迅速发展起来。18 世纪 60 年代发端于英国的工业革命，以蒸汽机的使用为代表，标志着资本主义工业从手工工场

向大机器生产过渡; 1840年英国机器制造业的发展, 标志着英国工业革命的完成。19世纪初工业革命已在世界范围内展开, 法、美相继完成工业革命, 俄、日紧随其后。工厂化的机器生产取代传统的手工工场, 资本主义经济飞速发展, 生产力极大提高。这一时期, 世界经济的中心由欧洲大陆易位于英国。19世纪70年代, 世界进入了以电力使用为代表的第二次工业革命时代, 资本主义经济出现飞跃式发展; 到19世纪晚期, 产生资本主义垄断组织, 资本主义国家发展不平衡日益加剧, 美、德的综合国力超越英、法, 俄、日也随之崛起。1929~1933年, 资本主义国家爆发了空前规模的世界性经济危机, 为应对经济危机, 英、美、法等国采取国家干预政策, 尤以美国的罗斯福新政为典型; 德、意、日为了转嫁危机, 挑起前所未有的第二次世界大战, 走上法西斯的道路。第二次世界大战结束后, 从20世纪50年代开始, 以美国为引领的, 以原子能、电子计算机、空间技术和生物工程应用为标志的第三次技术革命时代到来, 美国由此一举崛起, 取得了世界经济的霸主地位。进入21世纪以来, 知识经济、信息经济和战略性新兴产业迅猛发展, 中国经过三十多年的改革开放, 经济发展取得了举世瞩目的成就, 经济全球化浪潮日益高涨, 世界经济发展呈现出不可阻挡的多极化发展趋势。

从中国经济发展史来看, 5000年的中华文明, 自然经济时代长达2300多年。食为民先, 农为国本。农业的发展直接关系到民之生计和国之兴衰, 所以历朝历代都高度重视农业的发展, 大力组织粮食生产, 兴修水利, 推广农业技术, 屯耕土地, 着力推行重农抑商的基本政策。如秦代的商鞅变法, 努力推行重农重战政策, 促进了秦国的国力强大, 为统一中国奠定了物质基础; 汉代的休养生息、重农抑商政策极大地促进了农业的生产发展, 扩大和巩固了汉代的疆域和统治; 唐代的空前盛世, 农业的高度发展功不可没; 宋、元时代, 农业的发展也是当时经济社会发展不可撼动的基石; 明末清初, 手工业、商业发达, 资本主义开始萌芽, 统治者继续采取重农抑商政策, 极大地阻碍了当时经济的发展, 使中国掉队于西方的工业革命, 在近代落伍于世界强国; 晚清时代的洋务运动影响深远, 客观上促进了我国近代工业和制造业的发展; 民国时代, 民族产业在矿山开采、铜铁冶炼、粮食加工、棉纺轻工、邮电通信、供水供电等有了初级的发展, 但是与西方工业革命以后的产业发展水平差距巨大。

新中国成立后的"一五"至"四五"时期, 国家实施的基本上是均衡发展战略, 集中力量优先发展钢铁冶炼、石油化工、煤炭能源、机械制造、运输设备、有色金属等重化工业和纺织、轻工、食品、原材料等产业, 建立了门类较为齐全的社会主义工业体系。1978年改革开放以后, 国家主要采取的是不平衡发展战略, 基本是沿海、沿边改革开放发展, 其重点是先后着力建设珠三角地区、长三角地区、京津冀及环渤海地区、西部大开发和振兴东北等。以后国家进一步调整为不平衡协调发展战略,并在 2004 年 3 月明确提出实施促进中部崛起的发展战略。经过 60 多年的经济建设,中国综合实力快速增长,当前已取代日本成为世界第二大经济实体,经济成就辉煌巨大,有目共睹。

由此可见,无论从世界经济发展史,还是从我国经济发展史考察,经济发展场的多维度时空模式的作用是客观存在的,人类社会的进步和发展是几千年来空间维度和时间维度共同作用的结果,随时空的变化而变化。无论是过去、现在还是将来,无论是产业、经济还是社会的发展,都不能逃避时空共同作用的现实存在,都必须遵守时空共同作用的客观规律。

综上所述,自然科学场揭示自然现象的内在规律,是毋庸置疑的。经济社会现象与自然科学现象往往有着共同的规律,如何在科学发展观和创新、协调、绿色、开放、共享的发展理念的指导下,探索和研究产业与区域经济乃至全国经济社会的发展,是具有现实意义的重大课题。

科学发展观强调,"坚持以人为本,树立全面、协调、可持续的发展观,促进经济社会和人的全面发展",按照"统筹城乡发展、统筹区域发展、统筹经济社会发展、统筹人与自然和谐发展、统筹国内发展和对外开放"的要求推进各项事业的改革和发展。创新、协调、绿色、开放、共享的发展理念,是中共十八届五中全会根据全面建成小康社会决胜阶段面临的新形势新任务,着眼于破解发展难题、增强发展动力、厚植发展优势,而提出的新的发展理念。中共十八届五中全会指出坚持创新发展、协调发展、绿色发展、开放发展、共享发展是关系我国发展全局的一场深刻变革。五大发展理念是我国"十三五"乃至更长时期的发展思路、发展方向、发展着力点的集中体现,也是改革开放三十多年来我国发展经验的集中体现,反映出我们党对我国发展规律的新认识,是我们党关于发展理论的一次重大升华。

科学发展观和创新、协调、绿色、开放、共享的发展理念是我们党的重大战略思想。我们在科学发展观和创新、协调、绿色、开放、共享的发展理念的统领下,总结国内外产业与经济发展实践的经验教训,在借鉴、吸收、消化自然科学场论的思想和各种经济发展理论有益成分的基础上,提出和创建了经济发展场的概念,并构建了经济发展场论的思想理论体系。经济发展场空间上的立体性和层次性表现为"极、核、圈(群)、带、面"5 个层次;时间上的动态性和持续性表现为"极、核、圈(群)、带、面"的不断相互作用、相互影响、转移、变迁的发展过程,即是 30 年、60 年、90 年、120 年、150 年、180 年、210 年、240 年……的时空变化过程。为此,我们将以经济发展场论来解释和指导产业与区域经济的战略性布局和发展战略研究,特别是用经济发展场论来分析、探索、研究中部地区产业与经济的战略性布局和发展问题，以实现国家促进中部地区崛起的战略目标，力争使中部地区成为我国的东承长江三角洲、西启成渝、南连珠江三角洲、北接京津冀及环渤海地区的最富活力的战略性经济区域而尽绵薄之力。

# 第三节　中部地区"六圈五带"时空发展战略思路

中部地区位于我国内陆腹地，由湖北、湖南、河南、江西、安徽、山西6个相邻省份组成，东西宽约1190千米，南北高约2474千米，面积102.8万平方千米，人口3.6亿人，形似一个"左单耳圆肚三足"古鼎——"中部鼎"，见图7-1。

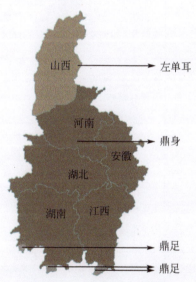

图 7-1　"中部鼎"示意图

中部地区西北部的山西是"中部鼎"的左单耳，河南、湖北、安徽、江西、湖南等省构成"中部鼎"的鼎身，湘西南顶点怀化的通道侗族自治县、湘南顶部永州的江华瑶族自治县、赣南顶部赣州的"三南"县（全南、龙南、定南）构成"中部鼎"的三只鼎足。"中部鼎"在整个国家区域经济中，起着承东贯西、接南连北的重要作用。承东的是鼎身东部的安徽的泛皖江经济圈、皖北经济圈，江西的环鄱阳湖经济圈，河南中原城市群、豫北城市群；鼎耳的太原经济圈、晋北经济圈。皖赣承接长三角和海西地区的产业转移和辐射，豫晋承接环渤海地区的产业转移和辐射。贯西的是鼎身中部的湖北、河南两省，鄂豫直接贯通西部的"西三角"（重庆、成都、西安等）地区，融贯两地的产业梯度影响和转移。接南的是"中部鼎"下部的湖南和江西，湘连粤桂，赣南接粤，承接珠三角对中部产业的影响和辐射。连北的是"中部鼎"左单耳的山西和鼎身上部的河南，晋豫连接京津冀及环渤海地区的产业影响和辐射。整个"中部鼎"鄂居中位，南接湘，北邻豫，东靠皖赣，西连陕渝，"1+8"武汉城市圈是中部乃至长江中游最大的城市群，因此，湖北担负着中部的承东贯西、接南连北、凝聚四方、协调发展的重任，扮演着中部崛起的战略支点的角色。中部六省的具体战略定位，见表7-4。

表7-4  中部六省的战略定位表

| 省份 | 所处的经济带 | 战略定位 | 战略作用 |
|---|---|---|---|
| 湖北 | 长江经济带<br>京广经济带<br>京九经济带 | 承东贯西，连南接北，凝聚四方，协调发展 | 中部崛起的战略支点；融贯东、中、西部的产业梯度影响、转移和发展 |
| 湖南 | 京广经济带<br>长江经济带<br>沪昆经济带 | 接南连北，带东贯西；以接南为主 | 承接珠三角地区的产业梯度影响、转移和辐射 |
| 河南 | 京广经济带<br>陇海经济带<br>京九经济带 | 承东接北，贯西连南；以承东接北为主 | 融贯中、西部两地的产业梯度影响和转移；承接环渤海地区的产业梯度影响、转移和辐射 |
| 江西 | 京九经济带<br>沪昆经济带<br>长江经济带 | 承东接南，系西联北；以承东接南为主 | 承接长三角和海西地区的梯度影响、转移和辐射；承接珠三角地区的产业梯度影响、转移和辐射 |
| 安徽 | 长江经济带（皖江经济带）<br>陇海经济带 | 承东接北，联西带南；以承东接北为主 | 承接长三角地区的产业梯度影响、转移和辐射 |
| 山西 | 京广经济带（京广经济带的山西延伸带）<br>陇海经济带（陇海经济带的山西延伸带） | 承东接北，系南联西；以承东接北为主 | 承接京津冀及环渤海地区的产业梯度影响、转移和辐射 |

中部六省得中独秀，资源丰富，交通便利，通信快捷，商贸繁荣，科教发达，人才辈出，南来北往，东西互动。但是，区位优势不等于经济优势，资源丰富不等于经济增长。尽管改革开放以来，特别是20世纪90年代以来，中部地区

经济社会获得了长足的发展，综合实力提高较快，但和东部发达地区相比较，差距较大，发展不够仍然是当前中部地区的根本问题，具体表现为产业结构发展不合理、产业整体竞争力不强、工业化水平不高、经济外向度较低、科教资源开发利用不足、县域经济发展不快、地区之间发展不平衡、综合经济实力不强等。如何充分利用中部地区的区位优势、资源优势、交通通信优势、科教与人才技术优势，这对于整合中部地区的优势资源，发展优势产业，形成合理的产业集聚和产业结构布局，促进社会分工与协作，提高三次产业的经济效益，保证中部地区全面、协调、可持续发展，实现中部崛起的奋斗目标等，均具有重要的现实意义和深远的战略意义。

目前，国际上比较经典的区域经济和产业经济理论及模式，虽然在西方国家产业与经济发展的不同时期产生了不同的影响，但对于现阶段中部地区经济社会发展而言，均不能完全适用于当前中部地区的实际区情。为了掌握中部地区的实际区情，在科学发展观全面、协调、统筹发展的思想指导下，我们对中部地区和湖北、河南、湖南、安徽、江西、山西六省的产业发展情况进行了系统、详细的调查研究，涵盖了中部地区及各省的产业发展基本状况、总体布局状况、具体布局状况、特色优势产业发展状况及发展战略等诸多方面。在此基础上，我们对中部地区进行了全面的分析研究，绘制了中部地区、中部各省和所属的 88 个市（州、区）及其所辖的 712 个县（市、区）的产业布局图、产业具体布局状况与特色优势产业发展战略表等图表 490 幅，并提出了中部地区及其各省的产业与区域经济发展的战略建议。

我们总结国内外产业与区域经济发展的成功经验及失败教训，广泛吸收经济学、管理学、物理学、数学、哲学、社会学等领域的相关研究成果，发现社会经济现象和自然科学现象都具有共同的规律。在经济发展过程中，一个国家、一个地区的产业和区域经济发展的诸多现象，仍然可以用电磁场、引力场等经典物理场的"场理论"来解释，它们都具有场源、场力、场强、场势等相互作用要素，都是空间和时间的函数，随时空的变化而变化，是具有连续无穷维自由度的系统，是可以相互叠加的；它们都具有相互作用、连续性等主要的特性，并通过相互作用，形成作用网络，形成"场"的一体化，且处于持续不断的变化之中，构成动态场或时变场。

为此，我们提出、创建了"经济发展场论"，并以此来解释和指导当前中部地区及其各省的产业战略性布局和产业优化发展的战略研究。经济发展场论在中部地区的运用就是其"极、核、圈（群）、带、面"在时空作用下的持续不断的演变和发展。"极"，又称为经济增长极，是指在产业与经济发展过程中起决定性作用的发展综合体，它自身能快速发展，而且能推动周边地区及相关产业发展。它具有极化效应和扩散效应，在地理空间上，一般表现为规模和经济实力强大的超大城市或特大城市。我们主张，把一定区域空间范围的中心城市作为增长极。中心城市是指位于地理空间城市体系顶端，对较大地域范围具有引领、辐射、带动、集散功能、起着枢纽作用的综合性职能的超大城市或特大城市。这些城市大多是经济、政治、文化、交通、科技、教育、信息中心和人才密集之地，按其影响范围大小，分为全国性、大区域性和省域性等不同等级层次。全国性的中心城市可作为中心增长极，它具备全国性的引领、辐射、带动能力；大区域性的中心城市可作为区域经济板块的增长极，它的影响没达到全国范围，但超越省域范围，对区域经济具有一定的引领、辐射、带动或影响作用；省域中心城市往往是一省的经济、政治、文化、交通、科技、教育、信息、社会中心，在其省域范围具有相应的引领、辐射、带动作用，它们往往是大区域性经济板块的副中心城市，可作为区域经济的次增长极；省域副中心城市可作为区域经济的增长核，这种城市对周边地区有其相应的辐射、带动作用；省域内的大城市和中小城市作为省内地方产业与经济的支撑点和节点，在经济增长极、次增长极、增长核的引领、辐射、带动和影响下，不断壮大和发展。从场域的概念来看，前述四类城市的带动、辐射、影响范围是递减的。全国区域经济板块及中部地区时空发展战略布局，如表7-5所示。

表7-5　中国区域经济板块及中部地区时空发展战略布局表

| 战略范围 | 战略层次 | 战略地位 | 战略标准 | 战略布局 | |
|---|---|---|---|---|---|
| | | | | 区域 | 城市 |
| 全国 | 中心城市 | 中心增长极 | GDP总量达20 000亿～40 000亿元；具备全国性的引领、辐射、带动、集散功能 | 长三角及海峡两岸地区 | 上海、台北 |
| | | | | 珠三角及港澳地区 | 广州、香港、深圳 |
| | | | | 环渤海及东北地区 | 北京、天津 |
| | | | | 中部地区 | 武汉 |
| | | | | 西部地区 | 重庆、成都 |
| 大区域 | 中心城市 | 中心增长极 | GDP总量达15 000亿～30 000亿元；具备大区域性的引领、辐射、带动、集散功能 | 长三角及海峡两岸地区 | 上海、台北 |
| | | | | 珠三角及港澳地区 | 广州、香港、深圳 |
| | | | | 环渤海及东北地区 | 北京、天津 |
| | | | | 中部地区 | 武汉 |
| | | | | 西部地区 | 重庆、成都 |

| 战略范围 | 战略层次 | 战略地位 | 战略标准 | 战略布局 | |
|---|---|---|---|---|---|
| | | | | 区域 | 城市 |
| 大区域 | 副中心城市 | 次增长极 | GDP 总量达 10 000 亿～20 000 亿元；具备省域性的引领、辐射、带动、集散功能 | 长三角及海峡两岸地区 | 南京、苏州、无锡、杭州、宁波、福州、厦门 |
| | | | | 珠三角及港澳地区 | 佛山、东莞、珠海、海口、澳门 |
| | | | | 环渤海及东北地区 | 石家庄、济南、青岛、沈阳、大连、长春、哈尔滨 |
| | | | | 中部地区 | 郑州、长沙、合肥、南昌、太原 |
| | | | | 西部地区 | 西安、南宁、昆明、贵阳、兰州、西宁、银川、拉萨、乌鲁木齐、呼和浩特 |
| 省域 | 中心城市 | 中心增长极 | GDP 总量达 8000 亿～16 000 亿元；具备省域的引领、辐射、带动、集散功能 | 湖北 | 武汉 |
| | | | | 湖南 | 长沙 |
| | | | | 河南 | 郑州 |
| | | | | 安徽 | 合肥 |
| | | | | 江西 | 南昌 |
| | | | | 山西 | 太原 |
| | | | | 其他省份 | 省略 |
| | 副中心城市 | 经济增长核 | GDP 总量达 5000 亿～10 000 亿元；具备对周边地区的辐射、带动、集散功能 | 湖北 | 宜昌、襄阳 |
| | | | | 湖南 | 岳阳、常德、衡阳、怀化、张家界 |
| | | | | 河南 | 洛阳、开封、安阳、南阳、驻马店 |
| | | | | 安徽 | 芜湖、蚌埠 |
| | | | | 江西 | 九江、赣州、宜春 |
| | | | | 山西 | 大同、临汾、长治 |
| | | | | 其他省份 | 省略 |

第七章 中部地区产业发展理论创新与战略思路

| 战略范围 | 战略层次 | 战略地位 | 战略标准 | 战略布局 | |
|---|---|---|---|---|---|
| | | | | 区域 | 城市 |
| 省域 | 大城市 | 经济支撑点 | GDP 总量达 3000 亿～6000 亿元，自我发展，有一定的辐射、带动能力 | 湖北 | 十堰、孝感、荆门、荆州、黄石、黄冈、咸宁 |
| | | | | 湖南 | 邵阳、益阳、郴州、永州、娄底 |
| | | | | 河南 | 新乡、濮阳、漯河、三门峡、商丘、周口、鹤壁 |
| | | | | 安徽 | 淮北、亳州、宿州、阜阳、淮南、滁州、马鞍山、巢湖、铜陵、安庆、池州 |
| | | | | 江西 | 景德镇、萍乡、新余、鹰潭、吉安、抚州、上饶 |
| | | | | 山西 | 阳泉、晋城、朔州、晋中、运城、忻州、临汾、吕梁 |
| | | | | 其他省份 | 省略 |
| | 中小城市 | 经济节点 | GDP 总量达 600 亿～1200 亿元，自我发展并接受辐射、带动 | 各省份 | 除中心城市、副中心城市、大城市之外的其他城市 |

注：本表的区域经济划分的战略标准，主要考虑划分对象的 GDP 总量的区间范围，且预计了其今后 3～5 年的经济增长情况

在中部地区，武汉地处经济地理的中心，是长江经济带与京广经济带交汇点，是长江与汉江两大水系的汇集地，是整个中部经济实力最强、最大的工商业城市和综合交通枢纽中心，拥有完整的现代工业体系，是国家综合性高新技术产业、国家光电子产业、国家生物产业及国家信息产业基地，东湖高新区是国家自主创新示范区，"1+8"武汉城市圈是国家"两型"社会综合配套改革试验区。武汉不仅是中部崛起战略支点——湖北的中心城市，而且是中部崛起的中心城市和带动中部产业与经济发展的中心增长极。由于中部地域广袤，中部六省经济发展差异较大，我们进一步地把长沙、郑州、南昌、合肥、太原作为中部地区的次增长极，这些中部的省会城市是各自省域的中心城市，综合实力强大，具备省域的引领、辐射、带动、集散功能，它们作为次增长极，和武汉配合，能大大加快中部的产业与经济社会的发展和崛起。中部其余的重要城市，如宜昌、襄阳、岳

中部地区产业　发展研究

阳、常德、衡阳、怀化、张家界、洛阳、开封、南阳、安阳、驻马店、芜湖、蚌埠、九江、赣州、宜春、大同、临汾、长治等 20 个城市，一般都是各省省域的副中心城市，可以作为中部产业与经济发展的增长核，来进一步充实和支撑中部的发展和崛起。

　　经济增长极、增长核都是经济发展场中的"源点"，这些源点经过发展，相互作用，相互连接、相互融合，影响不断扩大，通过"墨渍"的扩散效应，形成了城市圈或城市群。城市圈（群）的场强和场势是经济发展节点的城市集群，这些城市圈（群）能大大促进所在区域的产业、经济发展，能量、资源、信息的输入、输出大大加强，强有力地提升了所在区域的经济社会发展。我们认为，中部地区应大力发展六大经济发展主圈（群），它们分别是"1+8"武汉城市圈、"3+7"泛长株潭城市群、中原城市群、泛皖江经济圈、环鄱阳湖经济圈、太原经济圈等，这些圈（群）的产业与经济发展和辐射力，能够大大提升其所覆盖、影响范围区域的产业发展和经济实力。

　　"点"与"点"之间、"点"与"圈（群）"之间、"圈（群）"与"圈（群）"之间依靠由中心城市、省会城市、重要城市、中小城市和交通线、信息流动线、资本流动线、人才流动线、资源供给线、产品销售线所组成的纽带联结、传输、生产、流通和消费，从而形成经济发展带。这些经济带把各个圈（群）紧密地结合在一起，相互影响，相互作用，这是经济发展场由"点"到"线"的发展。中部现有"两纵三横"五大主要的经济发展带，即南北走向的京广经济带、京九经济带与东西走向的长江经济带、陇海经济带、"沪昆"经济带，在中部进行交叉、融贯，构成中部产业与经济发展的带轴和桥梁，沿着这些带轴，产业与经济会逐渐发展和扩散，使得中部的产业与经济发展由"点"的形态上升到"线"的形态。

　　经济增长极、增长核、圈（群）、经济带轴都是经济发展场的组成要素，这些要素之间有机地结合在一起，互相影响、互相激荡、互相融合，由此，促进产业与区域经济的全面发展，这是产业与区域经济由"线"到"面"的发展。再经过持续的长期发展，产业与区域经济的层次性、立体性不断深化，"面"的形态上升为"体"的形态，最终形成中部地区全方位的、整体的产业与区域经济发展的时空动态模式。

　　我们提出以"极、核、圈（群）、带、面"的时空动态立体发展模式为中部地区产业发展战略性布局的总体思路，包括 5 个层次的内容，即"一极五次极，二十增长核，六主圈九副圈，两纵三横五主带，中部整体崛起"。按照战略性布局的"主圈（群）""主带"概括，简称为"六圈五带、两纵三横"的总体架构。中部地区产业发展战略性布局，如表 7-6 所示。

表 7-6　中部地区产业发展战略性布局表

| 战略层次 | | 战略区域 | 战略定位 | 战略作用 |
|---|---|---|---|---|
| 极 | "一中心极" | 武汉 | 中部地区中心增长极 | 引领、辐射、带动中部地区,特别是湖北的产业与经济社会发展 |
| | "五次极" | 郑州、长沙、合肥、南昌、太原 | 中部地区次增长极 | 配合中心增长极,辐射、带动中部地区,尤其是各自省域的产业与经济社会发展 |
| 核 | "二十增长核" | 宜昌、襄阳、岳阳、常德、衡阳、怀化、张家界、洛阳、开封、南阳、安阳、驻马店、芜湖、蚌埠、九江、赣州、宜春、大同、临汾、长治 | 中部地区增长核 | 自身发育和接受极点的辐射影响,带动周边地区的产业与经济社会发展 |
| 圈(群) | "六主圈(群)" | "1+8"武汉城市圈、"3+7"泛长株潭经济圈、中原城市群、泛皖江经济圈、环鄱阳湖经济圈、太原经济圈 | 中部地区主要的经济发展圈或城市群 | 中部地区的产业与经济社会发展主要经济圈或城市群,大幅度扩散城市辐射面和影响力,促进圈(群)内产业与经济社会的发展 |
| | "九副圈(群)" | 鄂西生态文化旅游圈、大湘西生态文化旅游圈、豫北城市群、黄淮城市群、豫西南城市群、赣南生态文化经济圈、皖北经济圈、晋南经济圈、晋北经济圈 | 中部地区省域副经济发展圈或城市群 | 中部地区产业与经济社会发展的省域副经济圈或城市群,在一定程度上扩散城市辐射面和影响力,促进圈(群)内产业与经济社会的发展 |
| 带 | "两纵主带" | 京广经济带、京九经济带 | 国家和中部地区纵向经济带 | 国家和中部地区连南接北的经济发展带 |
| | "三横主带" | 长江经济带、陇海经济带、沪昆经济带 | 国家和中部地区横向经济带 | 国家和中部地区承东启西的经济发展带 |
| | "三副带" | "汉十"经济带[1]、"合淮宣"经济带[2]、"吕太阳"经济带[3] | 中部地区省域经济发展带 | 省域内经济带,配合区域主带促进省域产业与经济社会的发展,进而共同促进区域经济社会的发展 |
| 面 | 区域面 | 整个中部地区 | 中部地区全面发展 | 极、核、圈(群)、带的层次性和立体性有机结合体,是全国产业与区域经济社会发展的重要板块之一 |

1)武汉—孝感—随州—襄阳—十堰沿线经济发展带,简称"汉十"经济带

2)淮北—宿州—蚌埠—淮南—合肥—巢湖—芜湖—铜陵—宣城沿线经济发展带,简称"合淮宣"经济带

3)吕梁—太原—晋中—阳泉沿线经济发展带,简称"吕太阳"经济带

首先，中部地区以武汉为中心增长极，引领、辐射、带动整个中部产业与经济社会的发展，同时辅之以长沙、郑州、合肥、南昌、太原等5个次增长极，形成"一中心极五次极"或"一主五副"的多极化发展格局，共同带动、促进中部地区的发展。中部其余的省域副中心城市，如宜昌、襄阳、岳阳、常德、衡阳、怀化、张家界、洛阳、开封、南阳、安阳、驻马店、芜湖、蚌埠、九江、赣州、宜春、大同、临汾、长治等20个城市，作为中部地区产业与经济发展的增长核，来配合、呼应中部"一极五次极"的多极化发展。

以"一极五次极，二十增长核"为基础，形成中部地区的六大经济发展圈（群），分别是"1+8"武汉城市圈、"3+7"泛长株潭城市群、中原城市群、泛皖江经济圈、环鄱阳湖经济圈、太原经济圈。圈（群）与圈（群）之间的传动、联结和融通，形成中部地区的"两纵三横"五大经济发展带，即南北走向的京广经济带、京九经济带与东西走向的长江经济带、陇海经济带、沪昆经济带，它们在中部地区交叉、融合、贯通，构成了中部产业与经济发展的主轴和纽带。

以武汉，长沙、郑州、合肥、南昌、太原"一极五次极"为"引擎"，以六大经济圈（群）为"齿轮"，以五大经济带为"传动带"，形成六圈（群）驱动五带，五带带动六圈（群）的联动发展模式，实现极、核、圈（群）、带优势互补、相互联动、全面发展的格局，即"极、核、圈（群）、带、面"的时空动态立体发展模式，有力推动中部地区经济社会的全面发展。中部地区产业发展战略性布局图，如图7-2所示。

其次，从时间来看，实现中部地区产业与经济全面、持续的发展需要一个过程，可规划实施分五步走计划。

第一步，以5年左右时间重点建设以武汉为中心增长极，以郑州、长沙、合肥、南昌、太原为次增长极的"1+8"武汉城市圈、"3+7"泛长株潭城市群、中原城市群、泛皖江经济圈、环鄱阳湖经济圈、太原经济圈等六大主圈（群），加速圈（群）内资源整合，推进区域发展改革一体化、区域市场一体化、区域基础设施建设一体化、区域产业布局一体化、区域城乡发展一体化进程，构筑六大经济主圈（群）的经济紧密联合体，促使它们快速发展。

第二步，以5年左右时间推进以宜昌、襄阳、怀化、张家界、安阳、驻马店、南阳、蚌埠、赣州、宜春、大同、临汾、长治等为经济增长核的鄂西生态文化旅游圈、大湘西生态文化旅游经济圈、豫北城市群、黄淮城市群、豫西南城市群、皖北经济圈、赣南生态文化经济圈、晋北经济圈、晋南经济圈等副圈（群）的发展，比照主圈（群）的一体化进程，相应的进行副圈（群）的一体化，促使副圈（群）快速成长。

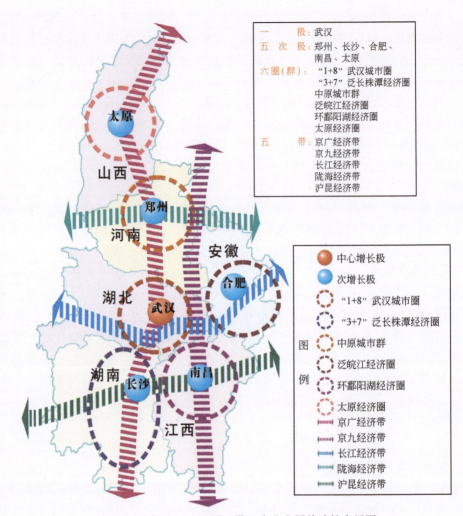

图 7-2　中部地区"六圈五带"产业发展战略性布局图

第三步，以 10 年左右时间着力打造京广、京九、长江、陇海、沪昆等"两纵三横"经济带，传动"极、核、圈（群）"之间的互动发展。依托交通干线、黄金水道，打破行政分割和地方保护，加强基础设施一体化建设，强化信息、科技、产业、资源、资本、商品、人口等要素的流动，夯实产业布局与发展的基础，促使"六圈（群）五带"的融合贯通发展。

第四步，以 10 年左右时间以"一极五次极"为引擎，以"六主圈（群）"及"九副圈（群）"为齿轮，以"两纵三横五主带"为传动带，引擎、齿轮、传动带有机结合、协调发展，打破各种壁垒，消除各种障碍，基本实现中部地区全"面"、"立体式"的时空动态发展格局。

第五步，在前 30 年夯实基础、全"面"发展的前提下，中部地区产业与经济社会在"极、核、圈（群）、带、面"发展的空间层次性和立体性融合下，再通过 30 年时间的持续发展，力争完全实现中部地区全面、整体的崛起和繁荣的目标。

这样中部地区以五步走的时空动态发展过程，最终完成由极、核的"点"上升到圈（群）、带的"线"，由"线"上升到整个中部的"面"，由"面"上升到极、核、圈（群）、带、面五层次的综合"体"，实现名副其实的中部地区崛起和繁荣。

# 中部地区产业发展战略性布局建议

## 第一节  经济增长极带动发展

根据科学发展观的指导，牢固树立和贯彻落实创新、协调、绿色、开放、共享的发展理念，依据经济发展场论的"极、核、圈（群）、带、面"的时空动态立体发展模式，我们认为产业与区域经济的崛起首先要培育自己的经济增长极。经济增长极是产业与区域经济发展的原动力和源点，增长极具有"极化"和"扩散"的双重作用，它以"墨渍"方式缓慢扩大，引致增长中心的扩张并带动、形成更多的空间经济增长点，进而极化、引领、辐射、带动产业与区域经济的发展。

根据当前中部地区时空动态立体发展的要求，经济增长极的 GDP 总量应达到 15 000 亿～30 000 亿元的经济区域性中心城市，才能和增长极所要求的职能作用相匹配。中部地域广大，产业与经济发展差异明显，根据中部地区的实际区情和经济发展场的战略思路，中部地区的崛起首先要实施经济增长极带动发展战略，即"一极五次极"的增长极发展战略。以"一极五次极"形成极化、引领、辐射、带动的合力，首先形成和发展中部地区的六大经济主圈（群），为中部崛起创造前提条件和坚实的基础。

"一极"即中心增长极——武汉，是中部地区独具全国性影响和战略地位的中心城市，"1+8"武汉城市圈是中部和长江中游最大的经济圈，能够引领、辐射和带动居中独秀的湖北成为中部地区崛起的战略支点。"五次极"是指仅次于武汉的其他 5 个中部副中心城市——长沙、郑州、合肥、南昌、太原，它们分别带动、辐射周边区域的发展，形成"3+7"泛长株潭经济圈、中原城市群、泛皖江经济圈、环鄱阳湖经济圈、太原经济圈等五大经济圈（群），呼应、配合"1+8"武汉城市圈的发展。这样中部地区的"一极五次极"相互配合，彼此呼应，共同发展，形成六大经济主圈（群），完成由经济增长极的源点到经济圈或城市群的升华，形成由"点"到"线"、由"线"到"面"（经济圈面、城市群面）

的良性循环发展态势，进而促进整个中部地区的产业与经济社会的持续发展。中部地区经济增长极带动发展战略思路，如表8-1和图8-1所示。

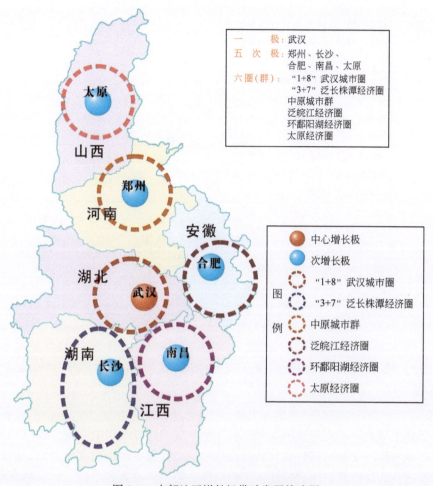

图8-1  中部地区增长极带动发展战略图

表8-1  中部地区经济增长极带动发展战略表

| 经济增长极 | 战略作用 | 构建经济主圈（群） | 主圈（群）范围 |
|---|---|---|---|
| 中心增长极：武汉 | 中部的中心增长极，首先壮大发展"1+8"武汉城市圈，进而促进中部战略支点的形成和发展，引领、辐射、带动中部地区的发展 | "1+8"武汉城市圈 | 武汉、黄石、鄂州、孝感、黄冈、咸宁、仙桃、潜江、天门 |

| 经济增长极 | 战略作用 | 构建经济主圈（群） | 主圈（群）范围 |
|---|---|---|---|
| 次增长极：长沙 | 带动发展"3+7"泛长株潭经济圈，辐射带动湘西地区的发展，成为中部地区的次增长极 | "3+7"泛长株潭经济圈 | 长沙、株洲、湘潭、岳阳、常德、衡阳、益阳、娄底、永州、郴州 |
| 次增长极：郑州 | 壮大中原城市群的发展，辐射带动豫北、黄淮、豫西南地区的发展，成为中部地区的次增长极 | 中原城市群 | 郑州、洛阳、开封、平顶山、新乡、焦作、许昌、漯河、济源、巩义、新密、禹州、新郑、偃师、荥阳、登封、舞钢、汝州、辉县、卫辉、沁阳、孟州、长葛 |
| 次增长极：合肥 | 带动发展泛皖江经济圈，辐射带动皖北地区的发展，成为中部地区的次增长极 | 泛皖江经济圈 | 合肥、六安、巢湖、马鞍山、芜湖、铜陵、安庆、宣城、池州、滁州、黄山 |
| 次增长极：南昌 | 带动发展环鄱阳湖经济圈，辐射带动赣南地区的发展，成为中部地区的次增长极 | 环鄱阳湖经济圈 | 南昌、九江、景德镇、鹰潭、上饶、抚州 |
| 次增长极：太原 | 带动发展太原经济圈，辐射带动晋北、晋南地区的发展，成为中部地区的次增长极 | 太原经济圈 | 太原、忻州、吕梁、晋中、阳泉 |

## 一、建设武汉中心增长极，发展武汉城市圈，形成中部崛起的战略支点

根据中部地区产业与经济发展现状分析，着力培育武汉中心增长极应是当前中部产业与经济发展战略性布局的首选战略。武汉是中国历史文化名城，荆楚文化发源地；地处横贯东西的长江、沪蓉高速公路、沪渝高速公路、沪汉蓉高铁等和纵穿南北的京广铁路、京广高铁、京港澳高速公路等的交汇处；是全国经济地理的"中心"，相距郑州、洛阳、长沙、南昌、九江、合肥、南京等大城市均在700千米以内，相距北京、天津、上海、广州、重庆、成都、西安等特大城市均在1100千米左右，是我国最重要的长江经济带与京广经济带的交集之地和综合交通、通信枢纽。武汉具有中部其他省会城市不可替代的独特的承东启西、接南连北、吸引四面、辐射八方的区位优势，商贸繁荣，市场容量巨大，社会商品零售总额居全国副省级城市第二位；科教发达，科教综合实力居全国副省级以上城市第三位；工业基础雄厚，是全国六大综合性工业基地之一，以光电子产品制造为主的高新技术产业、汽车和钢材制造业在全国名列前三位；是中部地区面积最

大、人口最多、经济总量最大、经济实力最强的特大工商业城市和唯一的副省级城市，已具备引领、辐射、带动中部发展的中心增长极的必备条件，有能力成为中部地区的金融中心、商贸中心、科教中心、制造中心和综合交通、通信枢纽中心。建议国家加大对中部地区发展的支持力度，将其建设为全国性的中心城市，引领、辐射、带动中部地区产业与经济社会的发展。

培育武汉中心增长极，形成中部地区崛起的战略支点，可规划实施分3步走计划：

第一步以5年时间重点推进以武汉为中心增长极的"1+8"武汉城市圈的一体化快速发展；辐射带动"宜荆荆"（宜昌、荆州、荆门）和"襄十随"（襄阳、十堰、随州）两大城市群的一体化建设，促进鄂西经济社会的全面发展。

第二步以10年时间着力打造湖北长江经济带、"汉十"经济带（武汉—孝感—随州—襄阳—十堰经济带），巩固和促进宜昌—荆州—武汉—黄石—鄂州沿江的冶金、电力、光电、轻纺、生物医药、食品等主导产业带的联动发展，强化和提高武汉—孝感—随州—襄阳—十堰的汽车、光机电一体化、卷烟、化工、建材等生产基地的互动发展，全面推进整个湖北经济社会的快速发展，并使之成为中部地区崛起的战略支点。

第三步以15年时间"极化"和"扩散"武汉中心增长极的发展，坚持以市场为导向、以产业为链带、以企业为主体、以利益为纽带、以政府为推力的产业与区域经济一体化发展模式，依纵穿南北的京广铁路、京广高铁、京港澳高速公路等为动脉把长沙—武汉—郑州—太原连成一条发展轴线，将横贯东西的长江、沪蓉高速公路、沪渝高速公路、沪汉蓉高铁等作为走廊将武汉—南昌—合肥接为一条发展轴线，形成以武汉为中心增长极，长沙、郑州、太原、南昌、合肥为次增长极，20个省域副中心城市、重要城市为经济增长核，中小城市为呼应点，覆盖中部的"六主圈（群）"、"九副圈（群）"、长江和京广纵横经济带所构成的最具经济活力的产业与经济区域，从而带动和促进中部地区产业和经济的发展。

## 二、建设长沙次增长极，培育经济增长"三核"，发展泛长株潭经济圈

长沙是仅次于武汉的中部区域副中心城市，其经济总量在中部位列第二。按照我们提出的经济发展场理论和"极、核、圈（群）、带、面"时空动态立体发展思路，结合中部地区的实际区情，着力培育长沙次增长极应是当前中部产业与经济发展战略性布局的重要战略措施之一。

长沙是中部地区京广线上靠近珠江三角洲的最大城市，湖南省的政治、经济、文化、科技、教育、社会中心，是中部京广经济带与沪昆经济带的交汇之地，也是珠江三角洲与中部地区及北方各省经济联系的必经之地。长沙是国务院首批公布的 24 座历史文化名城之一和首批对外开放的旅游城市之一，媒体娱乐业闻名全国，装备制造、电子信息、纺织服装、食品加工、商贸餐饮、休闲娱乐、金融保险等在中部地区的南部区域比较优势明显，是中部京广经济带上综合实力较强、产业特色突出的区域副中心城市、工商业重镇和交通、通信枢纽城市，拥有 3 个国家级开发区，并且在其周围 20 千米形成了"长株潭""品"字形城市群，已经具备作为中部次增长极的必要条件。

培育长沙次增长极和长株潭城市群为中心的"3+7"泛长株潭经济圈（包括长沙、株洲、湘潭；常德、衡阳、岳阳、益阳、娄底、永州、郴州），可规划实施三步走计划。

第一步以 5 年时间大力推进长株潭一体化发展，打破行政区划壁垒，统筹区域发展规划，优化资源要素配置，加快长株潭城际轨道交通、长株潭现代物流中心、沿江防洪景观道路、湘江长沙综合枢纽等重大工程建设，全面推进交通、电力、信息、金融和环境五大设施一体化发展，实现 3 个城市产业与经济社会的全面、快速、协调发展，辐射带动"3+7"泛长株潭经济圈经济社会快速发展，拉动湘西地区的发展。

第二步以 10 年时间培育岳阳、常德、衡阳经济增长"三核"，构建以岳阳、常德为"双核"的"岳常益"城市群（岳阳—常德—益阳城市群）和以衡阳为"核"的"衡永郴"城市群（衡阳—永州—郴州城市群），全面推进两大城市群的一体化发展。

第三步以 15 年时间加快推进长株潭城市群为中心，"岳常益"城市群、"衡永郴"城市群为支撑的"一极三核"的"3+7"泛长株潭经济圈的产业与经济社会的发展，辐射带动湘西地区的发展。

"3+7"泛长株潭经济圈的发展，圈内主要以中车株洲机车、三一集团、中联集团、华菱钢铁、山河智能、长丰集团、株洲硬质合金集团、金瑞新材、力元新材料、九芝堂、千金药业、紫光古汉、创智软件、长城信息、乐金飞利浦、曙光电子、长沙卷烟、新五丰、唐人神、常德卷烟、株冶集团、湘潭电化、株化集团、新华化工、巴陵石化、金德发展、衡阳钢管、湘潭电厂、大唐耒阳发电、岳阳纸业、泰格林纸等企业为龙头，形成以装备制造、轨道交通设备、汽车及零部件、生物医药、电子信息、新型材料、钢铁、有色金属、食品加工、石油化工、造纸等为支柱的产业体系，优化产业结构，转变经济发展方式，加快推进长株潭"两型"社会的建设，辐射带动"岳常益"城市群和"衡永郴"城市群乃至湘西地区的发展。

## 三、建设郑州次增长极，培育经济增长"双核"，壮大中原城市群

郑州是仅次于武汉、长沙的中部区域副中心城市，根据中部地区产业与经济发展的现状，按照"极、核、圈（群）、带、面"时空动态立体发展模式的要求，着力培育郑州次增长极应是当前中部地区产业与经济发展战略性布局的重要战略措施之一。

郑州位于全国经济地理腹地，横贯东西的陇海铁路、连霍高速公路等和纵穿南北的京广铁路、京广高铁、京港澳高速公路等在此交汇，是我国公路、铁路、航空、通信兼具的综合性交通通信枢纽，具有贯通东西、连接南北的战略作用。郑州新郑国际机场是4E级国际机场，郑州北站是亚洲前三的列车编组站，郑州东站是全国最大的零担货物中转站，郑州车站是全国最大的客运站之一，国道107线和310线以及境内18条公路干线辐射周围各省。郑州是全国重要的现代化物流中心之一、先进制造业基地、全国纺织工业基地、冶金建材工业基地和科技创新基地，是河南的政治中心、金融中心、商贸中心、科教中心、制造中心和物流中心，已具备成为中部发展的次增长极的条件。

郑州位于"一极双核""两带"交汇的中心。"一极双核"即郑州次增长极，洛阳、开封双经济增长核；"两带"即陇海经济发展带、京广经济发展带。这样郑州西有洛阳，东有开封，南有平顶山和许昌，北有新乡和焦作，"两带"十字交叉，所围区域已形成"中原城市群经济隆起带"，特别是区域内的巩义市、偃师市、新郑市、荥阳市、新密市、禹州市、登封市等均是全国县域经济百强县（市），构成全国最大的区域经济强县（市）"中原组团"。陇海经济带上的洛阳是我国重要的工业基地，其经济实力仅次于郑州；开封是七朝古都，经济发展快速；它们沿陇海经济带分别位于郑州的东西两侧，与次增长极郑州相距不到一百千米，联系紧密，无论从经济实力，还是从空间位置，两市作为经济增长"双核"，配合郑州必能发挥次增长极的辐射带动作用。京广经济发展带上的许昌、漯河、平顶山、新乡等是中原城市群的支撑点。中原城市群形成"一极双核""两带扩张"的时空动态立体发展模式，这样有利于建成中原地区规模最大、人口最密集、经济实力最强、城镇化水平最高、交通区位优势突出的"中原城市群"，成为承接东部产业转移和西部优势资源输出的重要交通、商贸、资金、信息枢纽，直接带动豫中地区经济社会发展，辐射带动豫北、黄淮和豫西南地区经济社会的发展。

中原城市群的产业与经济社会的发展要以郑州为中心增长极，培育洛阳、开封经济增长"双核"，构建以洛阳为"核"包括焦作、济源、平顶山的"洛焦济

平"（洛阳、焦作、济源、平顶山）城市群，以开封为"核"包括新乡、许昌、漯河的"开新许漯"（开封、新乡、许昌、漯河）城市群。"一极双核""群内有群"，形成合力，复合带动中原城市群壮大与崛起。中原城市群内主要培育以神马实业、平煤天安、宇通客车、郑州煤电、白鸽集团、中铝河南、永通特钢、三全食品、思念食品、中原高速、白鸽集团、空分集团、尉氏纺织、洛阳玻璃、黄河旋风等企业为龙头，以食品加工、有色金属、化工、汽车及零部件、纺织服装、装备制造等为支柱，以能源电力、造纸、新型材料、生物医药、高新技术等为主导的行业门类齐全的产业结构体系。重点打造以郑州为龙头，洛阳、开封、新乡、焦作、许昌、平顶山、漯河、济源、三门峡组成的环中原城市群的食品加工、化工、装备制造产业带；新乡—郑州—许昌—漯河的轻纺产业带；郑州—焦作—济源—洛阳—三门峡的有色金属产业带；三门峡—洛阳—平顶山—漯河和开封—新乡—焦作的能源产业带；开封—新乡—焦作的生物医药产业带；郑州—焦作的汽车及零部件产业带；新乡—漯河的造纸产业带；洛阳–郑州–开封的高新技术产业带等八大产业带。实现"以极驱动、以核辐射、以轴传动、群面扩展"的时空动态立体发展模式，全面推动中原城市群产业与经济社会的持续、协调发展。

### 四、建设合肥次增长极，培育芜湖经济增长核，发展"1+10"泛皖江经济圈

合肥是中部地区排位于武汉、长沙、郑州之后的区域副中心城市，按照科学发展观的战略思想，依据"极、核、圈（群）、带、面"时空动态立体发展战略，紧密结合中部地区产业与经济发展状况，着力培育合肥次增长极应是当前中部地区产业与经济发展战略性布局的重要战略措施之一。

合肥地处长江、淮河之间，淮南铁路、合九铁路、京九铁路与合武铁路在此交汇，是全国重要的铁路交通枢纽之一。合肥的家电、化工、汽车和工程机械等加工工业优势明显，也是全国重要的科教基地，拥有高等院校30多所，科技人员20万人，科教资源在全国同类城市名列前茅。合肥次增长极与泛皖江经济圈的建设，应以合肥为中心，以芜湖为经济增长核，以皖江城市带①为支撑，形成"一极一核一带"为主体的发展模式，引领、辐射、带动包括芜湖、马鞍山、铜

---

① 2010年1月12日，国务院正式批复《皖江城市带承接产业转移示范区规划》，其中皖江城市带包括合肥、芜湖、马鞍山、铜陵、安庆、池州、巢湖、滁州、宣城9市，以及六安市的金安区和舒城县，共59个县（市、区），土地面积7.6万平方千米。

陵、安庆、池州、巢湖、滁州、宣城、六安、黄山的"1+10"泛皖江经济圈（包括合肥，以及芜湖、马鞍山、铜陵、安庆、池州、巢湖、滁州、宣城、六安、黄山）的形成和发展，充分利用丰富的淮南煤炭、沿江地区的铜、铁、硫、明矾石等矿产资源与合肥的科教资源等优势，在大力发展壮大传统支柱产业的同时，变煤电优势、科教优势为竞争优势，积极实施传统支柱产业、"火电基地"和"皖电东送"、高新技术产业综合发展的产业优化发展模式，大力推进泛皖江"一极一核一带"（合肥为次增长极，芜湖为经济增长核，皖江城市带为经济发展带）的区域经济发展战略，直接带动皖江城市带和泛皖江经济圈的发展，辐射带动皖北地区的发展。

泛皖江经济圈的构建要以"一极一核一带"为主体，大力培育芜湖经济增长核是呼应合肥次增长极、皖江城市带发展的重要环节。芜湖东接长三角地区，综合经济实力仅次于合肥，是皖南地区经济、政治、文化、交通中心，是国务院批准的沿江重点开放城市，拥有国家级经济技术开发区，是亚洲最大的 PVC 管材以及型材生产基地、我国最大的家用空调和水泥生产基地、微电机生产基地、铜基材料加工基地，形成了建材、汽车及汽车零部件、电子电器三大支柱产业。以合肥为增长极，以芜湖为增长核，以皖江城市带为支撑，形成"一极一核一带"为主体的产业与经济发展格局，以马鞍山钢铁、奇瑞汽车、江淮汽车、海螺集团、荣事达集团、安庆石化、宣纸集团等企业为骨干，重点发展钢铁冶炼、有色金属、汽车制造、家用电器、电子信息、生物医药、能源电力、建材化工、食品轻纺、文化旅游等产业，直接带动泛皖江经济圈的发展，并依托铁路京九线、京沪线、淮南线、阜淮线，京台高速、济广高速、宁洛高速等发展轴线，间接辐射拉动皖北地区的发展。

### 五、建设南昌次增长极，培育九江经济增长核，发展环鄱阳湖经济圈

南昌是中部地区除武汉、长沙、郑州、合肥之外的区域副中心城市，根据科学发展观的统筹协调发展思路，按照"极、核、圈（群）、带、面"时空动态立体发展要求，联系中部地区产业与经济发展的基本状况，着力培育南昌次增长极应是当前中部地区产业与经济发展战略性布局的重要战略措施之一。

南昌是中部地区唯一与长江三角洲、珠江三角洲和闽中南三角洲相毗邻的区域副中心城市，地处赣江、抚河下游，鄱阳湖的西南岸，京九、浙赣、皖赣三条铁路干线交汇于此，是京九线上最大的城市。南昌相继建设了一批大中型骨干企业，形成了飞机制造、汽车制造、冶金、机电、纺织、化工、医药等多门类的工

业体系。以南昌为次增长极，大力建设汽车、机电、冶金、化工、建材、旅游和农副产品加工业基地，直接带动环鄱阳湖经济圈的发展，并以长江、京九铁路、沪昆铁路为依托，间接辐射带动赣南地区的发展。

环鄱阳湖经济圈的构建要以"一极一核"为主体，大力培育九江经济增长核，呼应南昌次增长极，以促进经济圈的发展。九江位于京九铁路与长江的交汇处，毗邻鄱阳湖和洞庭湖两大湖泊水系，九江港年客运量、货运量分居长江各港口第二位和第四位，昌九高速、九景高速以及105国道、316国道干线穿境而过。九江交通便捷，通江达海，是全国重要的商品粮、棉、油基地，工业基础好，逐步形成了石油化工、纺织服装、冶金建材、汽车制造、电子电力、食品加工为支柱的工业体系。以庐山为代表的九江旅游得天独厚，闻名天下。

按照"一极一核"和环鄱阳湖的景德镇、上饶、鹰潭、抚州等4个支点城市的主体框架构建环鄱阳湖经济圈，主要覆盖南昌9县、九江12县（市、区）、上饶12县（市、区）、景德镇4县（市、区）、鹰潭3县（市、区）、抚州的东乡、金溪2县等共42个县（市、区）①，形成以南昌为增长极，以九江为增长核，以长江、"昌九"走廊、鄱阳湖沿岸为支撑，以江铃汽车、洪都航空、奥克斯电气、凤凰光学、共青鸭鸭、江铜集团、江钨集团、江西水泥、九江船舶、江中药业等企业为骨干，大力发展装备制造、家用电器、电子信息、轻工纺织、冶金建材、生物医药、石油化工、食品加工、生态环保、文化旅游等产业，促进圈内产业与经济社会的全面发展。

## 六、建设太原次增长极，发展太原经济圈，带动晋北、晋南地区的发展

太原是中部地区排名武汉、长沙、郑州、合肥、南昌之后的区域副中心城市，按照科学发展观的指导思想，根据"极、核、圈、带、面"时空动态立体发展布局，结合中部地区产业与经济发展的实际情况，着力培育太原次增长极应是当前中部地区产业与经济发展战略性布局的重要战略措施之一。

太原位于太原盆地北端，地处同蒲、石太、太焦三条铁路干线的交汇处，工业经济属于资源导向型的重型结构，以煤炭、冶金、机械、化工等为支柱，素有"煤铁之乡"的美称，是中部地区主要的重工业城市之一。大力培育中部地区的

---

① 国务院2009年12月12日正式批复《鄱阳湖生态经济区划》，其中鄱阳湖生态经济区包括南昌、景德镇、鹰潭3市，以及九江、新余、抚州、宜春、上饶、吉安的部分县（市、区），共38个县（市、区），这一地区的国土面积5.12万平方千米。

太原次增长极，直接带动太原经济圈的发展，并以铁路同蒲线、石太线、太焦线和二广高速、京昆高速、青银高速为依托，间接辐射带动晋北、晋南地区的发展。

太原经济圈是以太原为中心，包括太原、忻州、吕梁、晋中、阳泉等及其所辖的县（市、区）所形成的经济圈。该经济圈应以太钢不锈、太原重工、太原化工、山西电机、西山煤电、太原刚玉、汾酒集团、山西电力、阳泉铝业、晋阳集团等企业为骨干，大力发展煤炭、电力、冶金、能源、机械制造、精细化工、电子信息、新材料、酿酒食品、生物医药、文化旅游等产业，改造传统产业，发展新兴产业与第三产业。

建设太原经济圈的同时，大力建设以大同—太原—运城经济带、大同—太原—晋城经济带和吕梁—太原—阳泉经济带为依托的"大"字形经济带，带动和促进晋南、晋北地区的发展。应充分利用圈内突出的煤炭资源优势，以煤炭及相关产业开发为重点，就地发展煤炭采掘、煤化工、电力、冶金、机械等支柱产业，全力推动新兴的循环、绿色、环保的能源产业的发展。

中部地区着力建设"一极五次极"，亦称为"一主五副"（一区域中心城市、五区域副中心城市），即武汉与郑州、长沙、合肥、南昌、太原共六大城市，极力培育中部地区发展的源点和原动力，直接作为引领、辐射、带动中部"1+8"武汉城市圈、"3+7"泛长株潭城市群、中原城市群、泛皖江经济圈、环鄱阳湖经济圈、太原经济圈等六大主圈（群）的动力引擎，形成"六极驱动、六圈（群）齐动、圈（群）圈（群）联动、圈（群）面互动"的良性发展格局，实现中部地区由"点"（极）到"线"（圈线、群线），由"线"（圈线、群线）到"面"（圈面、群面）的升华，进入"极、核、圈（群）、带、面"时空动态立体发展的快车道。

# 第二节　经济增长核集聚发展

中部地区的"一极五次极"与六大经济发展主圈（群）所带动、辐射的区域范围不足中部地区一半的区域面积，其产业与经济发展也只占中部地区总量的70% ~ 80%。中部地区六大经济发展主圈（群）以外的其他地区约占50%以上的区域面积，地域范围广大，也是中部地区崛起不可或缺的组成部分。中部地区的发展仅仅是"一极五次极"与六大经济主圈（群）的发展是远远不够的，需要除它们以外的经济增长核及其经济发展副圈（群）来积极呼应、配合和联动。

因此实施经济增长核的集聚发展，是与经济增长极带动发展紧密配合、必不可少的战略性布局措施。

经济增长核是中部地区产业与经济发展的骨干支撑城市，它们往往是具备一定的辐射、带动、集散功能的省域副中心城市，其 GDP 总量应达到 3000 亿 ~ 6000 亿元，是区域经济发展的重要支撑点，其辐射力和带动力小于增长极，但它自身发展较快，也能辐射、带动周边地区的发展，并形成一定的发展区域。经济发展副圈（群）是在经济增长核的辐射、带动下和其他的支点城市所形成的一定范围的产业与经济发展区域，它们与经济发展主圈（群）相呼应、相配合，以共同促进产业与区域经济的发展。

根据科学发展观的指导思想，秉承创新、协调、绿色、开放、共享的发展理念，依据"极、核、圈（群）、带、面"动态立体时空发展模式及中部地区的实际区情，我们认为中部地区的产业与区域经济发展布局应有 20 个经济增长核，除了位于主圈（群）内的洛阳、开封、岳阳、常德、衡阳、芜湖、九江之外，还有13 个经济增长核发展较快。实施经济增长核集聚发展战略，能够大大促进中部地区的 9 个省域经济发展副圈（群）的建设和发展。它们分别是：在宜昌、襄阳的辐射、带动下，形成鄂西生态文化旅游圈；在安阳、驻马店、南阳的辐射、带动下，形成豫北城市群、黄淮城市群、豫西南城市群；在张家界、怀化的辐射、带动下，形成大湘西生态文化旅游经济圈；在蚌埠的辐射、带动下，形成皖北经济圈；在赣州、宜春的辐射、带动下，形成赣南生态文化经济圈；在临汾、长治和大同的辐射、带动下，形成晋南经济圈和晋北经济圈。13 个经济增长核及其相应的 9 个经济发展副圈（群），相互作用，集聚发展，自身不断壮大；同时，它们接受"一极五次极"及其所领导的六大经济发展主圈（群）的引领、辐射和带动，与增长极及其主圈（群）相配合、相呼应，共同促进中部地区产业与经济社会的全面发展。中部地区经济增长核集聚发展战略表和战略图，如表 8-2 和图 8-2 所示。

表 8-2  中部地区经济增长核集聚发展战略表

| 经济增长核 | 战略作用 | 战略区域 | 构建城市群 | 构建经济副圈（群） | 副圈（群）范围 |
|---|---|---|---|---|---|
| 宜昌襄阳 | 促进湖北西部地区发展 | 鄂西 | "宜荆荆""襄十随" | 鄂西生态文化旅游圈 | 宜昌、荆州、荆门、襄阳、十堰、随州、恩施、神农架 |
| 安阳驻马店南阳 | 促进河南北部、东南部、西南部地区的发展 | 豫北 | "安鹤濮" | 豫北城市群 | 安阳、鹤壁、濮阳 |
| | | 黄淮 | "驻信周商" | 黄淮城市群 | 驻马店、信阳、周口、商丘 |
| | | 豫西南 | 南阳 | 豫西南城市群 | 南阳、邓州、南召、西峡、方城、桐柏、新野、社旗、唐河、镇平、内乡、淅川 |

| 经济增长核 | 战略作用 | 战略区域 | 构建城市群 | 构建经济副圈（群） | 副圈（群）范围 |
|---|---|---|---|---|---|
| 张家界怀化 | 促进湖南西部地区的发展 | 湘西 | "张吉怀邵" | 大湘西生态文化旅游经济圈 | 张家界、吉首、怀化、邵阳 |
| 蚌埠 | 促进安徽北部地区的发展 | 皖北 | "蚌淮淮" | 皖北经济圈 | 蚌埠、淮南、淮北、亳州、宿州、阜阳 |
| 赣州宜春 | 促进江西南部地区的发展 | 赣南 | "赣吉抚""宜萍新" | 赣南经济圈 | 赣州、宜春、萍乡、新余、吉安、抚州（不含东乡县、金溪县） |
| 临汾长治大同 | 促进山西南部和北部地区的发展 | 晋南 | "临长运晋" | 晋南经济圈 | 临汾、长治、运城、晋城 |
| | | 晋北 | "大朔" | 晋北经济圈 | 大同、朔州 |

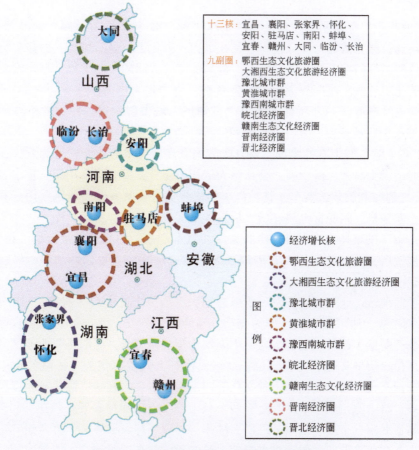

十三核：宜昌、襄阳、张家界、怀化、安阳、驻马店、南阳、蚌埠、宜春、赣州、大同、临汾、长治

九副圈：鄂西生态文化旅游圈
大湘西生态文化旅游经济圈
豫北城市群
黄淮城市群
豫西南城市群
皖北经济圈
赣南生态文化经济圈
晋南经济圈
晋北经济圈

图例
- 经济增长核
- 鄂西生态文化旅游圈
- 大湘西生态文化旅游经济圈
- 豫北城市群
- 黄淮城市群
- 豫西南城市群
- 皖北经济圈
- 赣南生态文化经济圈
- 晋南经济圈
- 晋北经济圈

图 8-2　中部地区经济增长核集聚发展战略图

一、培育鄂西经济增长"双核"，建设"宜荆荆""襄十随"城市群，推动鄂西经济圈快速成长

根据中部地区产业与经济发展现状分析，鄂西地区要着力培育宜昌、襄阳经济增长"双核"。首先要以宜昌为中心，以荆门、荆州为支撑，构筑宜昌—荆门—荆州的"品"字形城市群（简称"宜荆荆"城市群）；以襄阳为中心，以十堰、随州为支撑，构筑襄阳—十堰—随州的"一"字形城市群（简称"襄十随"城市群，下同）。要借鉴鄂东武汉"1+8"城市圈建设的模式和成功经验，统筹"宜荆荆"和"襄十随"两大城市群产业发展规划，全面整合生产要素，有效提高资源配置效率，大力推进两大城市群的体制创新一体化、基础设施建设一体化、区域市场一体化、产业布局一体化、城乡发展一体化、招商引资一体化建设与发展。

"宜荆荆"城市群的建设，要以长江"黄金水道"、汉宜铁路、沪汉蓉高铁、汉宜高速公路为依托，充分发挥宜昌在电力、磷化工、食品加工、医药等方面的产业优势，荆门在石油化工、轻纺、食品加工等方面的产业优势，荆州在食品加工、磷化工、汽车汽配等方面的产业优势，着力培育电力、化工、食品、医药、轻纺等支柱产业。一方面直接带动"宜荆荆"城市群发展，另一方面与"襄十随"城市群联动呼应，复合带动鄂西经济社会发展。

"襄十随"城市群的建设，要以襄阳国家高新技术产业开发区为载体，以汉十铁路、汉十高铁、汉十高速公路等为依托，充分发挥襄阳乘用车、重卡，十堰"汽车之都"和随州改装车、特种汽车的比较优势，做大做强东风乘用车和商用车、中航精机、骆驼蓄电池、新火炬轮毂轴承等知名品牌，全面提升"中国汽车工业走廊"的整体实力，进一步壮大湖北汽车产业。一方面直接带动"襄十随"城市群发展，另一方面与"宜荆荆"城市群联动呼应，复合带动鄂西经济社会发展。

鄂西地区产业与经济的发展要以襄阳和宜昌两个城市为"双核"，以"宜荆荆"和"襄十随"两个城市群为支架，重点培育汽车、水电、化工、食品、旅游、装备制造、建材、生物医药、生态农业等支柱产业，再依托鄂西地区具有生态、区位、历史文化、工程建设、地域民俗等五大资源优势，浓缩并集中楚文化、三国文化、巴土文化和宗教文化等四大文化体系的旅游资源优势，以旅游业为链条，将"宜荆荆""襄十随"两个城市群、恩施和神农架联结在一起，形成由宜昌、襄阳、十堰、荆州、荆门、随州、恩施、神农架等8个市（州）组成的鄂西生态文化旅游圈。圈内重点打造：长江三峡观光度假旅游区、神农架原始生

态旅游区、武当山道教文化遗产旅游区、三国文化旅游区、恩施生态旅游区和大洪山历史文化旅游区等六大核心生态文化旅游区；十堰—襄阳—随州的汽车汽配产业带；十堰—襄阳—随州—荆门—宜昌—荆州的化工产业带；宜昌—荆门—襄阳的电力产业带；以宜昌、襄阳为中心，荆门、荆州、十堰、随州、恩施、神农架的环鄂西生态文化旅游圈的食品加工、生物医药等两大产业带，从而实现以发展旅游为纽带，提高城市、区域之间的合作与协调能力，以六大产业带为经济发展的动力，全面推动鄂西地区经济社会发展。

## 二、培育湘西地区经济增长"双核"，建设"张吉怀邵"城市群，推动大湘西经济圈的发展

根据中部地区产业与经济发展现状分析，湘西地区要着力培育张家界、怀化经济增长"双核"。湘西地区旅游资源丰富，张家界更是以旅游而闻名于海内外，是我国首批入选的世界自然遗产、世界首批地质公园、国家首批 5A 级旅游景区。怀化位于湘西南，区位条件独特，是连接我国东西部经济合作交流的战略要地和东中部地区通往大西南的重要枢纽城市。怀化经济结构不断优化，工业化进程不断加快，形成了以电力、有色金属、林木、建材、食品、化工、医药等为支柱的产业结构体系，经济实力比较雄厚。张家界和怀化有能力担当带动周边城市产业发展的本地"引擎"角色。培育张家界、怀化经济增长核，以吉首、邵阳等为支撑城市，形成"张吉怀邵"城市群（张家界—怀化—吉首—邵阳城市群），构建大湘西生态文化旅游经济圈，推动大湘西经济圈的发展。

大湘西生态文化旅游经济圈位于中部焦柳、湘黔、沅江铁路干线的交汇区域，旅游资源丰富，张家界国家森林公园、索溪峪自然保护区、五雷山、茅岩河、万福温泉、白水洞、武冈云山、凤凰古城、里耶古城、芙蓉镇、吉首德夯苗寨等独特的生态文化旅游景区驰名海内外。大湘西生态文化旅游经济圈的发展应以张家界、怀化为经济增长核，以"张吉怀邵"城市群为支架，以旅游产业为纽带，重点依托圈内丰富的旅游资源，加强各市间的交流与合作，加大资源整合力度，统筹市场要素配置，打造张家界大峡谷、怀化古城古镇古村古建筑群落、邵阳神奇崀山和湘西民族文化与风情等精品旅游景区；依托丰富的农产品资源和矿产资源，发展壮大食品加工、生物医药、有色金属等特色优势产业，形成以生态旅游、食品加工、生物医药、有色金属、建筑材料、新型材料、装备制造、化工造纸等为支柱的产业结构体系，全面推动大湘西经济圈产业与经济社会的发展。

### 三、培育经济增长"三核",建设"安鹤濮"、"驻信周商"、南阳城市群,推动豫北、黄淮、豫西南地区经济发展

根据中部地区产业与经济发展现状分析,豫北地区经济发展要着力培育安阳经济增长核。安阳位于中部京广经济带上,2015年GDP总量为1884.48亿元,是豫北地区GDP总量过1500亿元的唯一的区域骨干城市,具备经济增长核的相应条件。培育安阳经济增长核,打造以安阳为中心,以鹤壁、濮阳两市为支撑的"安阳—鹤壁—濮阳"城市群(简称"安鹤濮"城市群,亦称豫北城市群)。"安鹤濮"城市群位于京广线进入中部的起点,京广铁路、京珠高速纵穿安阳、鹤壁,区位优势十分明显。安阳有钢铁、焦化、新能源,濮阳有石油、天然气,鹤壁有煤炭,三市共同发展工业有很好的基础,构建一体化的城市群对三地经济结构有极大的互补性。"安鹤濮"城市群的发展要以安阳为"核",辐射带动鹤壁、濮阳产业与经济的发展,进而推动豫北地区的发展。群内培育以安烟集团、益海嘉里粮油、濮阳惠成、大用实业、林丰铝电、安化集团、中原石油、紫阳纺织、鑫盛数控机床、鹤煤集团、龙丰纸业、安彩高科等企业为骨干,以钢铁、食品加工、化工、能源、有色金属、装备制造等为支柱,以纺织服装、玻璃及电光源、电子信息、造纸等为主导的行业门类齐全的产业体系。沿京广线重点打造安阳—鹤壁的食品、煤化工、装备制造、能源、电子信息产业带;沿濮鹤高速重点打造鹤壁—濮阳的食品、石油化工、装备制造、能源产业带;重点打造安阳—濮阳的食品、化工、冶金、建材、轻纺、新能源、装备制造产业带。

根据中部地区产业结构现状分析,黄淮地区经济发展要着力培育驻马店经济增长核。驻马店位于中部京广经济带上,与信阳、周口、商丘等三市结合紧密,符合经济增长核的相应条件,能够担当凝注周边城市产业与经济发展的桥梁、纽带角色。培育驻马店经济增长核,构建以驻马店为中心,以信阳、周口、商丘等三个周边城市为支撑的"驻马店—信阳—周口—商丘"城市群(简称"驻信周商"城市群,亦称黄淮城市群)。"驻信周商"城市群一体化的发展要以驻马店为"核",凝注周边的信阳、周口、商丘三市产业与经济的发展,进而推动黄淮地区的发展。群内培育以莲花味精、科迪集团、商电铝业、方浩公司、神火集团、平煤蓝天集团、银河纺织、宇畅挂车、淮海铸造、大唐华豫电厂、信阳华新、羚锐制药、辅仁药业等企业为骨干,以食品加工、煤化工、纺织服装、生物医药、装备制造等为支柱,以冶金、建材、光电、造纸、能源等为主导的行业门类齐全的产业结构体系。群内重点打造商丘—周口—驻马店的食品加工产业带,驻马店—信阳的煤化工产业带,周口—驻马店—信阳的生物医药产业带,商丘—

周口—驻马店的轻纺产业带。

根据中部地区产业结构现状分析，豫西南地区经济发展要着力培育南阳经济增长核。南阳战略地位重要，宁西铁路横贯东西，焦枝铁路纵穿南北，许平南、沪陕高速公路干线在境内交汇，南阳 2015 年 GDP 总量为 2875.02 亿元，在河南仅次于郑州和洛阳，居第三位，完全有能力成为带动周边区域发展的经济增长核。豫西南地区经济的发展应以南阳为核，形成南阳城市群（主要指由南阳市所辖的卧龙、宛城两区，邓州市，新野、社旗、唐河、桐柏、方城、南召、镇平、内乡、西峡、淅川等 10 县所组成的城市群落，亦称豫西南城市群），以二机石油装备集团、南阳防爆集团、中国石化河南油田分公司、南阳纺织、乐凯集团、宛西制药、福森药业、天冠集团、利达光电、德润化工、康元粮油、金光集团、华鑫纸业等企业为龙头，以南阳国家级高新技术产业开发区为载体，依托群内丰富的矿产资源、农产品资源、中药材资源，重点培育壮大机械电子、石油化工、冶金建材、纺织服装、生物医药、食品加工等支柱产业。

## 四、培育皖北地区经济增长核，建设"蚌淮淮"城市群，推动皖北经济圈的发展

根据中部地区产业与经济发展的实际情况，皖北地区的发展要以蚌埠为经济增长核，建设皖北经济圈，与泛皖江经济圈相呼应、相配合，共同促进区域的产业与经济的发展。蚌埠位于淮河中游，京沪铁路、淮南铁路在此交汇，是我国重要的交通枢纽。蚌埠港为千里淮河第一大港，是中部地区综合实力较强的骨干支撑城市，应作为皖北地区的经济增长核，辐射、带动皖北经济圈的发展。

培育皖北经济圈首先要构筑以蚌埠为中心，以淮南、淮北为支撑的蚌埠—淮南—淮北的"三角形"城市群（简称"蚌淮淮"城市群）。"蚌淮淮"城市群的建设要求按照一体化的发展模式，作好城市群发展规划，全面整合群内资源，统筹城市群的协调发展。"蚌淮淮"的城市群要以津浦铁路、京九铁路、阜淮铁路为依托，以皖北煤电、丰原生化、华光玻璃、蚌埠卷烟、仁和药业等企业为骨干，着力发展生物化工、电子信息、装备制造、玻璃及深加工、煤炭电力、煤化工、农产品加工等产业，直接带动"蚌淮淮"城市群的发展，并支撑和推动皖北经济圈的发展。

皖北经济圈的建设以蚌埠为经济增长核，以"蚌淮淮"城市群为支架，覆盖蚌埠、淮南、淮北、亳州、宿州、阜阳等城市所形成的区域，以京沪铁路、京九铁路、京台高速、济广高速为依托，重点打造农产品加工、中医药、食品、白酒、煤炭、煤化工、电力、冶金、新能源等优势产业，推动皖北经济圈的发展，并呼应泛皖江经济圈的发展，成为中部产业与经济发展的不可或缺的组成部分。

五、培育赣南经济增长"双核"，建设"赣吉抚""宜萍新"城市群，推动赣南经济圈的发展

根据中部地区产业与经济发展的实际情况，赣南地区的发展要以赣州、宜春为经济增长核，建设赣南生态文化经济圈。赣南经济圈自身不断发展壮大，同时与环鄱阳湖经济圈相呼应、相配合，共同促进区域产业与经济的发展。

赣州的综合经济实力基本符合区域骨干支撑城市的要求，地处赣江上游，东连福建、南临广东、西接湖南，交通便利，京九铁路穿城而过。赣州是中部糖业、烟叶、柑橘等农产品生产基地。矿产资源丰富，素有"世界钨都""稀土王国"之美誉。宜春也是区域骨干支撑城市之一，境内京九铁路、浙赣复线纵贯全市，钽、铌、锂等矿产资源极为丰富，是全国重要的商品粮、油茶、优质苎麻生产基地。赣州、宜春的稀土采掘、加工业发展迅速，应作为赣南地区产业与经济发展的"双核"，辐射、带动赣南经济圈的发展。

赣南生态文化经济圈要以赣州和宜春为"双核"，包括萍乡、新余、吉安以及部分抚州地区在内的经济发展区域。培育赣南经济圈，要打造区域内的两个城市群，即以赣州、吉安为支架包括抚州部分地区的"赣吉"城市群（赣州—吉安城市群）；以宜春为中心，包括萍乡、新余在内的"宜萍新"城市群（宜春—萍乡—新余城市群）。要借鉴环鄱阳湖经济圈的成功经验和发展模式，做好两大城市群的发展规划，整合群内的资源，推进群内的一体化。"赣吉"城市群的建设，要以京九铁路、福银高速、大广高速为轴线，大力发展稀土、冶炼、有色金属、化工、旅游、机械、建材、食品加工等产业。一方面直接推动"赣吉"城市群的发展，另一方面与"宜萍新"城市群联动呼应，复合带动赣南地区经济社会的发展。"宜萍新"城市群的建设，要以沪昆铁路、大广高速为依托，大力发展钢铁、煤炭、稀土、电力、光伏、化工、旅游、烟草、食品加工等产业。一方面直接推动"宜萍新"城市群的发展，另一方面与"赣吉"城市群联动呼应，复合带动赣南地区产业与经济社会的发展。

赣南生态文化经济圈的发展，要以赣州、宜春两个骨干支撑城市为"双核"，以"赣吉"和"宜萍新"两个城市群为支架，以赣州有色金属、国兴水泥、安源股份、萍乡钢铁、赣能股份、新余钢铁、赛维太阳能、赣南果业等企业为骨干，以旅游业为纽带，充分利用自身的资源优势，重点发展稀土、有色金属、煤炭、钢铁、建材、旅游、新能源、农产品加工等产业，既推动赣南生态文化经济圈的发展，又呼应环鄱阳湖经济圈的发展，成为中部产业与经济发展的不可或缺的组成部分。

六、培育晋北、晋南经济增长核，建设"大朔""临长运晋"城市群，推动晋北、晋南经济圈的发展

根据中部地区产业与经济发展的实际情况，晋北地区和晋南地区的发展应以大同、临汾、长治为经济增长核，分别建设晋北经济圈和晋南经济圈。两经济圈自身不断发展壮大，同时呼应、配合太原经济圈的发展，共同促进区域产业与经济的全面、持续发展。

大同是中部地区的骨干支撑城市，京包铁路、北同蒲铁路、大秦铁路在此交汇，交通便捷，工业基础比较雄厚，是我国重要的煤炭能源基地，享有"煤都"之称，也是重要的农产品基地和旅游胜地。大同应作为晋北地区的经济增长核，辐射、带动晋北经济圈的发展。

临汾位于晋西南，南同蒲线穿城而过，也是我国重要的能源基地和粮棉基地，享有"膏腴之地""麦棉之乡"的美誉。长治的经济实力仅次于临汾，位于晋东南，与河北、河南交界，太焦、邯长铁路干线和207国道、208国道、309国道干线均在境内交汇，煤、铁储量丰富，也享有"煤铁之乡"的称号。临汾、长治也是中部的骨干支撑城市，应作为中部晋南地区的经济增长"双核"，辐射、推动晋南经济圈的发展。

培育晋北经济圈的前提，是构建以大同为经济增长核的大同—朔州城市群（简称"大朔"城市群）。"大朔"城市群要以大同煤业、云冈热电、大同水泥、晋柴机械、平朔煤炭、六味斋杂粮等企业为骨干，大力发展煤炭、煤化工、电力、机械、建材等产业，推动"大朔"城市群的一体化发展，辐射和促进晋北经济圈的形成和发展。晋北经济圈以大同为中心，以同蒲线、二广高速为依托，重点打造大同—朔州的煤炭、电力、冶金、装备制造、机械配件产业带；以大同为中心，做大做强生物医药、化工、建材、旅游等特色优势产业，带动朔州食品加工和农副产品加工产业带的发展，进而推动晋北经济圈的发展，呼应太原经济圈的发展。

培育晋南经济圈的前提是构建以临汾、长治为"双核"的临汾—长治—运城—晋城"四边形"城市群（简称"临长运晋"城市群）。"临长运晋"城市群应以山西焦化、潞安环能、长治钢铁、中条山集团、晋煤集团、太行机械等企业为骨干，大力发展煤炭、电力、机械、建材、新能源、煤化工等产业，推动"临长运晋"城市群一体化的发展，辐射和促进晋南经济圈的发展。晋南经济圈以临汾、长治为经济增长"双核"，以"临长运晋"城市群为支架，以同蒲线、太焦线、京昆高速、二广高速为依托，重点打造临汾—长治—运城—晋城的煤炭、煤

化工、焦化、钢铁、有色金属加工、装备制造、医药化工、食品加工等产业带，长治—晋城的电子信息产业带，以晋城为中心的纺织、旅游产业带，推动晋南经济圈的发展，呼应太原经济圈的发展。

综上所述，在科学发展观的指导下，秉承创新、协调、绿色、开放、共享的发展理念，依据"极、核、圈（群）、带、面"动态立体时空发展模式，中部在"一极五次极"和六大经济发展主圈（群）的引领、带动下，在宜昌、襄阳、安阳、驻马店、南阳、张家界、怀化、蚌埠、赣州、宜春、大同、临汾、长治等13个经济增长核的辐射、带动下，构建9个经济发展副圈（群），即鄂西生态文化旅游圈、大湘西生态文化旅游经济圈、豫北城市群、黄淮城市群、豫西南城市群、皖北经济圈、赣南生态文化经济圈、晋北经济圈、晋南经济圈等，形成"极核发动、主圈（群）带动、副圈（群）联动、圈（群）圈（群）互动"的良性发展格局，实现中部由"点"（极、核）到"线"（圈线、群线），由"线"（圈线、群线）到"面"（圈面、群面）的升华。

# 第三节　"两纵三横"经济带联动发展

根据科学发展观的指导思想，贯彻落实创新、协调、绿色、开放、共享的发展理念，依据"极、核、圈（群）、带、面"的时空动态立体发展模式，中部地区的"六主圈（群）""九副圈（群）"之间的联动发展，需要必要的经济带来联结、传动和融通，才能形成"极、核、圈（群）、带、面"的动态发展。经济带亦称为经济发展带，是一种依托交通干线，融合了信息、产业、资源、资本、人口、城镇等要素的线状或带状空间发展形态，这种空间地域形态是不同经济发展圈（群）之间相互联系的传动纽带，不仅具有长度，还具有宽度，是把产业与区域经济的圈（群）联结成片的必不可少的构成要素。经济带通过自己的传动作用，把不同的圈（群）联结成一个相互影响、相互作用的共同体，进而促进产业与区域经济的全面发展。

根据中部地区"六主圈（群）""九副圈（群）"的战略性布局，只有实施"两纵三横"经济带联动发展战略，才能实现中部地区产业与经济社会的时空动态立体发展。中部地区的"两纵三横"五大经济发展带，分别是两条南北向的纵向经济发展带，即京广经济带、京九经济带；三条东西向的横向经济发展带，即长江经济带、陇海经济带、沪昆经济带。中部地区"两纵三横"经济带联动发展战略表，如表8-3和图8-3所示。

表 8-3　中部地区"两纵三横"经济带联动发展战略表

| 经济带 | | 战略作用 | 传动经济圈（群） | 经济带主要城市 |
|---|---|---|---|---|
| 纵向 | 中部京广经济带（包括山西延伸带） | 打造中部京广经济带，传动鄂、豫、湘、晋经济圈（群），南接珠三角地区产业转移，北连京津冀地区经济辐射 | 晋北经济圈、太原经济圈、晋南经济圈、豫北城市群、中原城市群、黄淮城市群、豫西南城市群、"1+8"武汉城市圈、"3+7"泛长株潭经济圈 | 大同、朔州、忻州、太原、晋中、长治、晋城、吕梁、临汾、运城、安阳、鹤壁、新乡、郑州、许昌、漯河、驻马店、信阳、孝感、武汉、咸宁、赤壁、岳阳、长沙、株洲、衡阳、郴州 |
| | 中部京九经济带 | 打造中部京九经济带，传动豫、皖、鄂、赣经济圈（群），南接珠三角经济带动，北连苏鲁经济发展 | 黄淮城市群、皖北经济圈、"1+8"武汉城市圈、环鄱阳湖经济圈、赣南经济圈 | 商丘、亳州、阜阳、潢川、麻城、黄州、浠水、蕲春武穴、九江、南昌、向塘、吉安、泰和、赣州、定南 |
| 横向 | 中部长江经济带* | 打造中部长江经济带，传动鄂、皖、湘、赣经济圈，东承长三角产业转移，西贯成渝经济发展 | "1+8"武汉城市圈、鄂西生态文化旅游圈、泛皖江经济圈，以及泛长株潭经济圈和环鄱阳湖经济圈的部分区域 | 宜昌、荆州、岳阳、咸宁、武汉、鄂州、黄冈、黄石、九江、安庆、池州、铜陵、芜湖、马鞍山 |
| | 中部陇海经济带 | 打造中部陇海经济带，传动豫、晋、皖经济圈（群）发展，东连苏鲁经济发展，西贯陕甘经济联动 | 皖北经济圈、中原城市群、晋南经济圈 | 砀山、商丘、开封、郑州、洛阳、三门峡、运城、临汾、晋城 |
| | 中部沪昆经济带 | 打造中部"沪昆"经济带，传动湘、赣经济圈，东承长三角产业转移，西贯西南经济发展 | "3+7"泛长株潭经济圈、大湘西生态经济圈、环鄱阳湖经济圈、赣南经济圈 | 玉山、上饶、贵溪、鹰潭、南昌、丰城、新余、宜春、萍乡、醴陵、株洲、湘潭、娄底、新化、怀化 |

*中部长江经济带城市构成，这里概括列举的主要是中部地区长江干流沿线的宜昌—荆州—岳阳—咸宁—武汉—鄂州—黄冈—黄石—九江—安庆—池州—铜陵—芜湖—马鞍山等大中城市形成的经济发展带。2016 年 3 月 25 日中共中央政治局会议审议通过的《长江经济带发展规划纲要》，是为了打造黄金水道，建设长江经济带而制定的法规，自 2016 年 3 月 25 日起实施；长江经济带横跨我国东中西三大区域，覆盖上海、江苏、浙江、安徽、江西、湖北、湖南、重庆、四川、云南、贵州等 11 个省份，6 亿人口，面积约 205 万平方千米，GDP 占全国总量的 45%，具有独特的产业与经济发展优势和巨大发展潜力；上升为国家战略的长江经济带，实质上是长江流域上中下游、东中西部地区产业与经济社会联动发展的国家层面的经济发展带

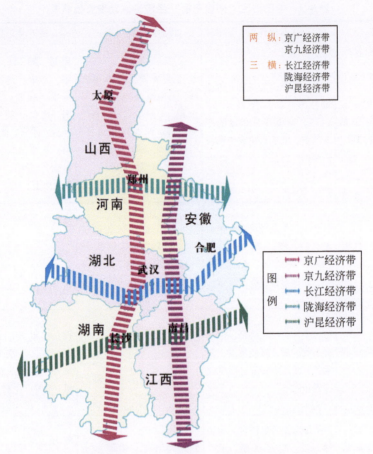

图
例
：京广经济带
京九经济带
长江经济带
陇海经济带
沪昆经济带

图8-3　中部地区"两纵三横"经济带联动发展战略图

一、打造中部京广经济带，传动鄂、豫、湘、晋经济圈，南接珠三角产业转移，北连京津冀经济辐射

从物理学角度来看，中部地区各经济增长极、核之间，各经济圈（群）之间产业与经济的联动发展需要经济传动带。

京广经济带是我国南北向的经济发展带，主要沿京广铁路、京广高铁、京港澳高速公路等轴线发展而成。京广铁路是我国最重要的南北向铁路干线，全长2324千米，从北京直至广州，纵贯北京、河北、河南、湖北、湖南、广东等，其中河南、湖北、湖南是中部综合实力最强的3个省份。京广铁路经过的都是我国富裕的地区和大中城市，资源丰富，经济条件好，产业发达，2015年京广线所经过的省份创造的 GDP 总量为 221 194.89 亿元，占全国 GDP 总量的32.69%①，京广线是我国名副其实的交通、经济大动脉。山西临近京广线，它通过石太铁路和石太高速客运专线与京广铁路连接在一起，可归于京广经济带的"延伸带"，即中部的京广经济带应包括山西、河南、湖北、湖南的主要城市和富庶地区。京港澳高速公路、京广高铁均与京广线平行，穿越的地域相同，共同组成更为宽广的京广经济带。京广经济带构成的主要城市有北京、保定、定州、石家庄、邢台、邯郸、大同、朔州、忻州、太原、晋中、长治、晋城、吕梁、临汾、运城、安阳、鹤壁、新乡、郑州、许昌、漯河、驻马店、信阳、孝感、武汉、咸宁、赤壁、岳阳、长沙、株洲、衡阳、郴州、韶关、广州等。

京广经济带在中部地区把武汉中心增长极，郑州、长沙、太原次增长极及相应经济增长核连接起来。武汉是中部地区经济实力最雄厚的特大城市，是国家两型社会综合改革试验区、国家自主创新示范区和国家高新技术产业综合发展基地，以钢铁、汽车、光电子、信息、医药、石油化工、装备制造、烟草食品、轻工家电、商贸物流等产业著称；郑州是我国中原腹地的大城市，以食品、纺织、机械、建材、耐火材料、煤电、商贸等产业著称；长沙位于楚汉之地，风情独特，工商业发达，以工程机械、轨道交通、有色金属、纺织、商贸、食品、媒体和娱乐业等著称；太原是中华文明古城，是全国煤炭能源、重化工重镇，以煤炭、电力、机械、冶金等产业著称。

京广经济带在中部地区由晋北、晋中、晋南，豫中、豫北、豫南，鄂东、湘东等地的产业与区域经济构成，把晋、豫、鄂、湘纵向相接，以武汉为中心增长极，以郑州、长沙、太原为次增长极，以大同、临汾、长治、洛阳、开封、安阳、驻马店、南阳、岳阳、常德、衡阳等为经济增长核，直接联结、传动、融合中部的晋北经济圈、太原经济圈、晋南经济圈、豫北城市群、中原城市群、黄淮城市群、豫西南城市群、"1+8"武汉城市圈、"3+7"泛长株潭经济圈等四大主圈（群）、五大副圈（群）。这些圈（群）通过京广经济带连成一体，融为一道，着力发展钢铁冶炼、汽车制造、机械装备、有色金属、石油化工、电子信息、烟草食品、轻工家电、煤炭能源、商贸物流等产业。

京广经济带既是中部地区重要的经济发展带，也是全国重要的经济发展带之一。它不仅把中部的晋、豫、鄂、湘连贯在一起，使沿线的 1 个中心增长极 3 个次增长极、11 个增长核、4 个主圈（群）、5 个副圈（群）融为一体，集聚产业和发展要素，促使产业与经济的不断壮大发展，而且向南可承接珠三角地区的产

① 根据北京、河北、河南、湖北、湖南、广东等统计局各自发布的"2015 年国民经济和社会发展统计公报"和国家统计局"中国 2015 年国民经济和社会发展统计公报"的数据整理计算而得，本章余同。

第八章 中部地区产业发展战略性布局建议

业转移，向北能接受京津冀地区的经济辐射，使中部地区与全国产业与经济社会的发展相互融合，连为一体，促使中部地区真正成为全国区域经济的重要的战略板块之一。

## 二、打造中部京九经济带，传动豫、皖、鄂、赣经济圈，南接珠三角经济带，北连苏鲁经济发展

中部各省的南北纵向联结仅靠京广经济带的联结、传动和融通是不够的，还需要京九经济带的复合联结、传动和融通。京九经济带也是我国南北向的重要经济发展带，主要是沿京九铁路形成的经济带。京九铁路线是我国南北走向的大动脉之一，全长 2553 千米，从北京直至香港的九龙，纵贯京、津、冀、鲁、豫、皖、鄂、赣、粤，其中河南、安徽、湖北、江西属于中部省份，囊括中部京九沿线的部分地区。京九线经过的地区多是经济还不太发达的区域，但京九沿线资源丰富，沿途是我国重要的粮、棉、油产区，有丰富的煤、铁、石油、有色金属、稀土等矿产资源和旅游资源，发展潜力巨大。京九经济带构成的主要城市有北京、固安、霸州、文安、衡水、任丘、肃宁、枣强、清河城、临清、聊城、菏泽、曹县、郓城、梁山、商丘、亳州、阜阳、潢川、麻城、黄州、浠水、蕲春、武穴、九江、南昌、向塘、吉安、泰和、赣州、定南、龙川、河源、惠州、东莞、深圳、香港九龙等。

京九经济带在中部地区把南昌次增长极及其相应的经济增长核连为一体，互动发展。南昌是京九线上最大的区域副中心城市，与长江三角洲、珠江三角洲和闽中南地区相毗邻，其飞机制造、汽车制造、冶金、机电、纺织、化工、医药等产业比较发达。

京九经济带在中部地区由豫东、豫南、皖北、鄂东、赣南、赣北等地的产业与区域经济构成，把豫、皖、鄂、赣 4 个省份纵向相接，以南昌为次增长极，以驻马店、蚌埠、九江、赣州、宜春为增长核，直接联结、传动中部的黄淮城市群、皖北经济圈、"1+8"武汉城市圈、环鄱阳湖经济圈、赣南经济圈等两大主圈（群）、三大副圈（群）。这些圈（群）通过京九经济带连成一片，融为一体，大力发展钢铁冶炼、汽车装备、航空制造、有色金属、稀土开发、石油化工、食品饮料、商贸物流、煤炭电力、清洁能源等产业。

京九经济带既是中部地区重要的经济发展带，也是全国重要的经济发展带之一。它不仅把中部地区的豫、皖、鄂、赣连贯在一起，使沿线的一增长极、五增长核、两主圈（群）、三副圈（群）融为一体，集聚产业和发展要素，促使产业与经济的不断壮大发展，而且向南能承接珠三角地区的产业转移和经济带动，向

北可接受江苏和山东等地经济发展和辐射，使中部地区与全国产业与经济社会的发展相互融合，连为一体，真正成为全国区域经济的重要的战略板块之一。

京广经济带和京九经济带都是纵穿我国南北地区的经济发展带。通过南北走向的两大经济带，不仅把中部地区的 1 个中心增长极和 4 个次增长极、14 个增长核、6 个经济主圈（群）、8 个经济副圈（群）连接贯通起来，促使它们相互融合、互动发展，有力地推动了中部产业与经济社会的全面、可持续发展，而且把中部与我国北部的京津冀及环渤海地区、中部与我国南部的珠三角地区联结起来，形成中部地区承南接北，南北一线，纵贯一片的产业与区域经济发展格局。

### 三、打造中部长江经济带，传动鄂、皖、湘、赣经济圈，东承长三角产业转移，西贯"成渝"经济发展

中部地区的产业与经济社会的联动发展，既要靠南北向的纵向经济带的传动连贯，也要靠东西向的横向经济带的传动连贯，才能形成圈（群）带联动的发展格局。中部地区的东西向经济带由长江经济带、陇海经济带、沪昆经济带等"三横"带所组成。

长江经济带，主要是沿长江干流流域形成的经济发展延伸带。长江是亚洲第一、世界第三长河，发源于青藏高原，干流流经青海、四川、西藏、云南、重庆、湖北、湖南、江西、安徽、江苏和上海等 11 个省份，流域面积 178.27 万平方千米，年径流量 9857 亿立方米，全长 6300 千米，自西向东横贯中国，是中华民族的主要发祥地之一。长江是我国唯一贯穿东、中、西部的水路交通大通道，干流通航里程达 2800 多千米，盛水期时万吨轮船可直通武汉，小轮船可上溯宜宾，素有"黄金水道"之称。长江水量和水利资源丰富，可供开发的水能总量达 2 亿千瓦，是我国水能最富有的河流，在中部的长江干流上现建有三峡、葛洲坝两大举世闻名的梯级水电站。

当今，党中央国务院根据经济新常态和国内外形势变化，从国家发展战略层面提出"长江经济带"建设、"一带一路"建设、"京津冀协同发展"三大发展战略。国务院于 2014 年 9 月 12 日发布《国务院关于依托黄金水道推动长江经济带发展的指导意见》，中共中央政治局会议于 2016 年 3 月 25 日审议通过了《长江经济带发展规划纲要》，旗帜鲜明地提出建设长江经济带的重大战略意义。

"长江是货运量位居全球内河第一的黄金水道，长江通道是我国国土空间开发最重要的东西轴线，在区域发展总体格局中具有重要战略地位。依托黄金水道推动长江经济带发展，打造中国经济新支撑带，是党中央、国务院审时度势，谋

划中国经济新棋局作出的既利当前又惠长远的重大战略决策。"① 上升为国家战略的长江经济带,实质上是长江流域上中下游、东中西部地区产业与经济社会联动发展的国家层面的经济发展带;是中国新一轮改革开放实施东、中、西部互动合作的协调发展带,是沿海、沿江、沿边全面推进的对内、对外开放带,是全国生态文明建设的先行示范带。

"长江经济带覆盖上海、江苏、浙江、安徽、江西、湖北、湖南、重庆、四川、云南、贵州等 11 个省份,面积约 205 万平方千米,人口和生产总值均超过全国的 40%。长江经济带横跨我国东中西三大区域,具有独特优势和巨大发展潜力。改革开放以来,长江经济带已发展成为我国综合实力最强、战略支撑作用最大的区域之一。在国际环境发生深刻变化、国内发展面临诸多矛盾的背景下,依托黄金水道推动长江经济带发展,有利于挖掘中上游广阔腹地蕴含的巨大内需潜力,促进经济增长空间从沿海向沿江内陆拓展;有利于优化沿江产业结构和城镇化布局,推动我国经济提质增效升级;有利于形成上中下游优势互补、协作互动格局,缩小东中西部地区发展差距;有利于建设陆海双向对外开放新走廊,培育国际经济合作竞争新优势;有利于保护长江生态环境,引领全国生态文明建设,对于全面建成小康社会,实现中华民族伟大复兴的中国梦具有重要现实意义和深远战略意义。"②

2016 年 3 月 25 日中共中央政治局会议指出,长江是中华民族的生命河,也是中华民族发展的重要支撑。长江经济带发展的战略定位必须坚持生态优先、绿色发展,共抓大保护,不搞大开发。同时,要贯彻落实供给侧结构性改革决策部署,在改革创新和发展新动能上做"加法",在淘汰落后过剩产能上做"减法",走出一条绿色低碳循环发展的道路③。

自改革开放以来,国家在长江干流沿线建设了众多的公路和铁路,包括沪渝高速公路、沪蓉高速公路、杭瑞高速公路、沪渝铁路、沪蓉铁路、沪汉蓉高铁等。长江和这些铁路、公路、高铁干线将中部地区与东部的长三角地区、西部的成渝地区紧密连贯,东西互通,联结一线。长江经济带培育了中部地区众多的资源丰富、基础雄厚的工商业城市和富饶美丽的长江中游平原。

中部地区的长江经济带主要由长江中游流域的湖北、湖南、江西、安徽组成,包括宜昌、荆州、荆门、襄阳、岳阳、常德、益阳、长沙、株洲、湘潭、咸宁、武汉、鄂州、黄冈、黄石、九江、南昌、景德镇、安庆、池州、铜陵、芜湖、合肥、巢湖、马鞍山等大中城市。中部地区的中心增长极武汉位于我国最重

---

① ②　参考《国务院关于依托黄金水道推动长江经济带发展的指导意见》(国发〔2014〕39 号)。
③　付丽丽. 2016-04-08. 长江经济带定调绿色——解读《长江经济带发展规划纲要》. 科技日报.

要的两大经济带即长江经济带与京广经济带的交汇处，带动形成了长江中游最大的城市群落——"1+8"武汉城市圈。通过长江经济带传动的经济圈（群）还有以宜昌、襄阳为"双核"的鄂西生态文化旅游圈，以合肥为次增长极的泛皖江经济圈，以长沙为次增长极的"3+7"泛长株潭经济圈部分区域，以南昌为次增长极的环鄱阳湖经济圈部分区域等。长江经济带将中部的"1+8"武汉城市圈、鄂西生态文化旅游圈、"3+7"泛长株潭经济圈、泛皖江经济圈和环鄱阳湖经济圈联成一体，融为一片，有力地推动和促进了中部地区长江沿线的产业与经济的联动发展。

中部地区的长江经济带建设，要按照党中央国务院的战略部署，以沿江国家级、省级开发区为载体，以大型企业为骨干，打造电子信息、高端装备、汽车、家电、纺织、服装、食品、饮料、烟草等世界级制造业集群，建设具有国际先进水平的轨道交通装备、工程机械制造、汽车制造、船舶制造、高档数控机床、机器人装备、现代农机装备、高性能医疗器械基地，突破核心关键技术，培育知名自主品牌；要加快钢铁、有色金属产品结构调整，淘汰落后产能，推动石化、钢铁、有色金属等传统产业转型升级；要充分发挥武汉东湖自主创新示范区和合芜蚌（合肥、芜湖、蚌埠）自主创新综合试验区的引领示范作用，推进长株潭自主创新示范区和环鄱阳湖经济圈建设；要充分利用互联网、物联网、大数据、云计算、人工智能等新一代信息技术改造提升传统产业，培育形成新兴产业，推动沿江国家电子商务示范城市建设，加快农业、制造业和服务业的电子商务应用，推动长江经济带创新驱动产业转型升级发展。

长江经济带既是中部地区重要的经济发展带，更是全国最重要的经济发展带。它不仅把中部的鄂、湘、赣、皖4省的"1+8"武汉城市圈、鄂西生态文化旅游圈、泛皖江经济圈、泛长株潭经济圈、环鄱阳湖经济圈等，连贯一片、融为一体、集聚产业、协调发展，而且向东能使中部承接长三角地区的产业梯度转移和经济辐射，向西能使中部横贯"成渝"经济区与西部大开发相联结。这样通过长江经济带促使中部与东、西部及全国的产业与区域经济发展相互融合，互动发展。

四、打造中部陇海经济带，传动豫、晋、皖经济圈，东连苏鲁经济发展，西贯陕甘经济联动

中部地区的东西横向陇海经济带是我国东西向经济大动脉，是沿陇海铁路形成的经济发展带。陇海铁路是我国最早、最主要的铁路干线之一，全长1759千米，呈东西走向，横贯中国，从东部的江苏连云港直接通往西部的甘肃兰州。陇

海铁路贯穿我国东、中、西部三大地区，也是从太平洋边的连云港至大西洋边的荷兰鹿特丹的新亚欧大陆桥的重要组成部分，是我国的国际铁路之一。陇海线从东到西贯穿江苏、安徽、河南、陕西、甘肃五省，连接连云港、徐州、砀山、商丘、开封、郑州、洛阳、三门峡、渭南、西安、咸阳、宝鸡、天水、陇西、定西、兰州等大中城市。陇海线靠近山西，因此，陇海经济带的延伸带可以扩至山西南部的长治、临汾、晋城等。

中部地区的陇海经济带是与长江经济带、沪昆经济带平行的"三横"经济带之一，它是联结豫、晋、皖的重要的经济传动带，传动中部的1个次极、5个增长核、1个主圈（群）、2个副圈（群）的产业与经济发展。陇海经济带的"1个次极"是郑州，"5个经济增长核"分别是洛阳、开封、临汾、长治、蚌埠，"1个主圈（群）"是中原城市群，"2个副圈（群）"是晋南经济圈、皖北经济圈。中部地区陇海经济带以郑州次增长极为中心，以洛阳、开封、临汾、长治、蚌埠经济增长核为支撑，以中原城市群为主体，以晋南经济圈和皖北经济圈为两翼，贯通联结、传动中部的豫中、晋南、皖北的1个主圈（群）2个副圈（群）的产业与区域经济的发展，推动和促进陇海沿线的临汾—运城—三门峡—洛阳—长治—晋城—焦作—郑州—开封—商丘—亳州—淮北—宿州—蚌埠的煤炭、煤化工、电力、钢铁、冶炼、机械、建材、纺织、食品、汽车、新能源、新材料等产业的优化和升级换代。

陇海经济带既是中部地区重要的经济发展带，也是全国重要的经济发展带之一。它不仅把中部地区的晋、豫、皖连贯在一起，使沿线的圈（群）融为一体，集聚产业和发展要素，促使产业与经济的不断壮大发展，而且把我国古老的中原大地与东部富庶的江苏和山东连接起来，促使中原腹地与率先改革开放的沿海地区互通有无、密切联系；同时又把中原大地与我国西部的陕西、甘肃联结在一起，将中部与西部大开发紧密相连，这样可促使中部通过陇海经济带与全国东、西部产业与区域经济的发展相互融合，连成一体，互动发展。

陇海经济带不仅联结全国的苏、皖、豫、晋、陕、甘，还是世界新亚欧大陆桥的重要组成部分。新亚欧大陆桥东起太平洋西岸连云港、日照等我国东部沿海港口，西达大西洋东岸荷兰的鹿特丹、比利时的安特卫普等港口，横贯亚欧两大洲中部地带。它的东端直接与东亚及东南亚诸国相连，它的中国段西端，从新疆阿拉山口站换装出境进入中亚，与哈萨克斯坦德鲁日巴站接轨，西行至阿克套，进而分北中南3线接上欧洲铁路网通往欧洲。新亚欧大陆桥全长1.1万千米，其中我国境内4131千米，贯穿国内11个省份，沿线和腹地城市44个，人口越过3亿人，面积360万平方千米。新亚欧大陆桥的开通使亚欧之间货物陆上运距缩短

2000～5000 千米，海上运距缩短 8000～15 000 千米①。陇海经济带为中部地区开拓出一条面向世界的大通道，既可面向太平洋，又可面向中亚和欧洲，为打破中部地区既不沿"边"又不靠"海"的相对封闭状态创造了条件；既有利于促进陇海经济带的快速发展，又有利于进一步加快中部地区的改革开放，使中部不仅成为全国经济社会发展的有机组成部分，而且使中部地区通过陆路成为世界产业与经济发展的有机组成部分。

### 五、打造中部沪昆经济带，传动湘、赣经济圈，东承长三角产业转移，西通黔、滇经济发展

中部地区的东西横向沪昆经济带，是沿沪昆铁路形成的经济发展带。沪昆铁路全长 2690 千米，从上海直至云南昆明，是一条横贯我国中南部地区的东西向大干线。由原沪杭线（上海至杭州）、浙赣线（杭州至株洲）、湘黔线（株洲至贵阳）、贵昆线（贵阳至昆明）等联结组成，并延伸至云南的大理、保山等地区，现已全线电气化，部分区段（主要是沪杭段、浙赣段）机车实现了高达 200 千米的时速。

沪昆线穿越沪、浙、赣、湘、黔、滇等，沿线大中城市主要有上海、嘉兴、杭州、萧山、诸暨、浦江、义乌、金华、龙游、衢县、衢州、江山、玉山、广丰、上饶、横峰、弋阳、贵溪、鹰潭、余江、东乡、进贤、南昌、丰城、樟树、新余、分宜、宜春、萍乡、醴陵、株洲、湘潭、娄底、新化、烟溪、溆浦、怀化、新晃、玉屏、镇远、施秉、凯里、贵阳、安顺、六枝、水城、树舍、宣威、沾益、曲靖、昆明等。

中部地区的沪昆经济带也是横贯我国中部的重要经济发展带，是联结湘、赣的重要经济传动带，联结、传动和融通中部的 2 个次极、8 个增长核、2 个主圈（群）、2 个副圈（群）的产业与经济发展。"沪昆"经济带的"2 个次极"是长沙、南昌，"8 个经济增长核"分别是岳阳、常德、衡阳、怀化、张家界、九江、赣州、宜春等，"2 个主圈（群）"是泛长株潭经济圈、环鄱阳湖经济圈，"2 个副圈（群）"是大湘西经济圈、赣南经济圈。中部地区的沪昆经济带以长沙、南昌为"双次极"，以岳阳、常德、衡阳、张家界、怀化、九江、赣州、宜春等经济增长核为支撑，以"3+7"泛长株潭经济圈、环鄱阳湖经济圈为主体，以大湘西生态文化旅游经济圈、赣南生态文化经济圈为呼应，直接联结、传动和融通中部地区的湘、赣的 2 个主圈（群）、2 个副圈（群）的产业与区域经济发展，推

① 韩运镇. 2009-07-31. 沿东陇海线产业带建设的历史背景及实施意义. http：//www. xzrd. gov. cn.

动和促进沪昆沿线的怀化—娄底—湘潭—长沙—株洲—醴陵—萍乡—宜春—新余—南昌—鹰潭—贵溪—上饶等城市的工程机械、钢铁冶炼、有色金属、汽车制造、煤炭电力、稀土加工、航空制造、清洁能源、生态旅游、文化娱乐、农产品加工等产业的优化和升级换代。

沪昆经济带既是中部地区重要的经济发展带，也应成为全国重要的经济发展带之一。它不仅把中部地区的湘、赣连贯在一起，使沿线的 2 个主圈（群）、2 个副圈（群）融为一体，集聚产业和发展要素，促使产业与经济的不断壮大发展，而且向东可承接长三角地区的产业转移和辐射，向西能贯通黔、滇等西南地区的经济发展。沪昆经济带联结、传动和融通的经济圈（群）主要有以昆明为中心的滇中经济圈，以贵阳为中心的黔中经济圈，以长沙为中心的"3+7"泛长株潭经济圈，以南昌为中心的环鄱阳湖经济圈，以上海为中心的长江三角洲城市群等，沪昆经济带理应上升到国家层面规划和发展，使之成为与长江经济带、陇海经济带并列的联结我国东、中、西部地区产业与经济发展的国家战略经济带。

长江经济带、陇海经济带、沪昆经济带都是横穿我国东、中、西三大地区的东西向的经济发展带。这三大经济带通过东西走向，横贯中部，不仅把中部地区的中心增长极和 4 个次增长极、16 个经济增长核、5 个经济主圈（群）、5 个经济副圈（群）连接贯通起来，促使它们相互融合、互动发展，有力地促进了中部地区产业与经济社会的全面、可持续发展，而且把中部地区与我国东部的长三角地区、中部地区与我国西部地区联结起来，形成中部地区的接东连西，东西一带，横贯一片的产业与区域经济发展态势。

中部地域广大，拥有"一极五次极""二十增长核""六主圈（群）""九副圈（群）"等，为了促使它们之间的产业与经济的联动发展，仅靠单一的经济带来传动、连接是不够的。中部地区的"两纵三横"五大经济发展带只有联动发展，复合传动、融合中部地区的"六主圈（群）""九副圈（群）"的产业与区域经济的发展，才能形成"圈（群）圈（群）联动、带带传动、圈（群）带互动"的良性发展格局，进而促进中部地区产业与经济的崛起和繁荣。

# 第四节　"六圈五带"协调发展

从中部地区的产业与区域经济的战略性布局考察，中部地区的六大主圈（群）、五大经济发展带应是中部崛起的框架主体和支柱脊梁。中部地区的六大主圈（群）是"1+8"武汉城市圈、"3+7"泛长株潭经济圈、中原城市群、泛皖江经济圈、环鄱阳湖经济圈和太原经济圈，五大经济发展带是京广经济带、京九经济带、长江经济带、陇海经济带和沪昆经济带，简称"六圈五带"。根据科学发展观的指导思想，中部地区的崛起还必须实施"六圈五带"的协调发展战略，也只有"六圈五带"的互动促进、相互融合、协调发展，才能形成中部地区全方位的、立体式的时空动态发展格局，实现中部地区的整体崛起和繁荣。中部地区"六圈五带"协调发展战略性布局，如图8-4所示。

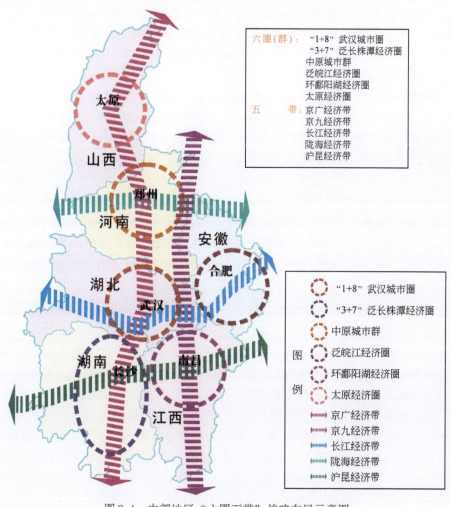

六圈(群)： "1+8" 武汉城市圈
　　　　　 "3+7" 泛长株潭经济圈
　　　　　 中原城市群
　　　　　 泛皖江经济圈
　　　　　 环鄱阳湖经济圈
　　　　　 太原经济圈
五　　带：京广经济带
　　　　　 京九经济带
　　　　　 长江经济带
　　　　　 陇海经济带
　　　　　 沪昆经济带

图
例
　　 "1+8" 武汉城市圈
　　 "3+7" 泛长株潭经济圈
　　 中原城市群
　　 泛皖江经济圈
　　 环鄱阳湖经济圈
　　 太原经济圈
　　 京广经济带
　　 京九经济带
　　 长江经济带
　　 陇海经济带
　　 沪昆经济带

图8-4　中部地区"六圈五带"战略布局示意图

## 一、主圈复合驱动，副圈配套启动，圈圈联动协调发展

中部地区是我国重要的区域经济板块之一，属于区域经济的范畴。但是中部六省在历史上分属于不同的大行政区划，湖北、湖南和河南属于中南地区，江西、安徽属于华东地区，山西属于华北地区，为此中部六省的产业与经济社会的发展缺乏应有的历史融合过程。中部地区作为区域经济板块正处于发育、成长阶段，当前还没有一个强大的、具有引领、辐射、扩散、支撑、带动作用的经济社会发展中心，虽然武汉是中部地区经济实力最强的中心城市，目前也只是处在龙头和支点的发育、成长阶段，因此中部地区的发展不是一个、两个或三四个主圈（群）所能承担和覆盖的。

根据中部地区现阶段产业与区域经济发展的状况和"极、核、圈（群）、带、面"的时空立体发展模式的战略性布局，中部地区的发展必须由中部六省的六大主圈（群）同时发力、协调运动，复合驱动、引领带动，才能扩散、支撑中部主要区域的产业与经济社会的发展。中部地区的六大主圈（群）由"1+8"武汉城市圈、"3+7"泛长株潭经济圈、中原城市群、泛皖江经济圈、环鄱阳湖经济圈、太原经济圈等所组成。这六大主圈（群）主要由"一极五次极"或称"一主五副"的武汉，长沙、郑州、合肥、南昌、太原等六大城市所引领、辐射和带动，包括洛阳、开封、岳阳、常德、衡阳、芜湖、九江等经济增长核，覆盖黄石、鄂州、孝感、黄冈、咸宁、仙桃、潜江、天门、平顶山、新乡、焦作、三门峡、许昌、漯河、济源、株洲、湘潭、益阳、娄底、永州、郴州、六安、巢湖、马鞍山、铜陵、安庆、宣城、池州、滁州、黄山、景德镇、上饶、鹰潭、东乡、金溪、忻州、吕梁、晋中、阳泉等主要支撑城市，是中部地区发展不可撼动的基石和支柱。六大主圈（群）的崛起和发展，在一定程度上也意味着中部地区的崛起和发展，所以只有六大主圈（群）形成合力，复合驱动，才能引领和带动中部地区产业与区域经济的发展。

中部地区除了六大主圈（群）以外，还有广大的相对欠发达的地区，这些地区根据"极、核、圈（群）、带、面"的时空立体发展模式作出战略性布局，主要由鄂西生态文化旅游圈、大湘西生态文化旅游经济圈、豫北城市群、黄淮城市群、豫西南城市群、皖北经济圈、赣南生态文化经济圈、晋北经济圈、晋南经济圈等9个副圈（群）所组成，由宜昌、襄阳、安阳、驻马店、南阳、怀化、张家界、蚌埠、赣州、宜春、大同、临汾、长治等13个经济增长核来辐射、带动区域的发展，覆盖了荆州、十堰、荆门、随州、恩施、神农架、鹤壁、濮阳、信阳、周口、商丘、吉首、邵阳、淮北、亳州、宿州、阜阳、淮南、吉安、抚州、

萍乡、新余、朔州、运城、晋城等支撑城市，是中部地区发展不可缺少的组成部分。如果没有"九副圈（群）"的配套启动和协调呼应，中部地区的崛起和发展在一定程度上就会被这些相对欠发达的区域拖后腿。只有中部地区的"九副圈（群）"配套呼应"六主圈（群）"启动运转，圈（群）圈（群）联动，协调运动，才能推动中部地区产业与经济社会的全面发展。

## 二、纵带南北传动，横带东西互动，带带运动协调发展

中部地区的"六主圈（群）"和"九副圈（群）"的圈（群）圈（群）联动，协调发展，在空间上必须有经济发展带作为联结、传动和融通纽带才能真正实现。根据中部地区产业与区域经济发展的战略性布局，中部的联结、传动和融通纽带应是"两纵三横"的五大经济发展带，即"两纵"的京广经济带和京九经济带，"三横"的长江经济带、陇海经济带、沪昆经济带。

京广、京九两纵向经济带，由南到北纵穿中部地区的"3+7"泛长株潭经济圈、环鄱阳湖经济圈、"1+8"武汉城市圈、中原城市群、太原经济圈等 5 个主圈（群），赣南生态文化经济圈、黄淮城市群、豫西南城市群、皖北经济圈、豫北城市群、晋南经济圈、晋北经济圈等 7 个副圈（群），将中部 12 个圈（群）南北一线，连成一片，协调传动，联动发展。通过"两纵"带协调联结、传动和融通，向南，中部地区可承接珠三角及港澳地区的产业转移和经济辐射影响；向北，中部地区可连接京津冀及环渤海地区的产业转移和经济辐射影响。所以南北向的两条经济发展带不仅是中部地区的重要经济发展带，也是国家战略层面的重要经济发展带。

长江、陇海、沪昆三横向经济发展带，由东到西横贯中部地区的泛皖江经济圈、环鄱阳湖经济圈、"1+8"武汉城市圈、"3+7"泛长株潭经济圈、中原城市群等 5 个主圈（群），赣南生态文化经济圈、皖北经济圈、大湘西生态文化旅游经济圈、鄂西生态文化旅游圈、晋南经济圈等 5 个副圈（群）。"三横"向经济发展带将中部 10 个圈（群）东西一带，融为一片，协调互动，传动发展。通过"三横"带，向东，中部地区可接承我国长三角地区的产业转移和经济辐射影响；向西，中部地区能连贯"成渝"经济区及西部地区的大开发；为此东西向的 3 条经济发展带既是中部地区的重要经济发展带，也是国家战略层面的重要经济发展带。尤其是长江经济带，它是党中央国务院根据经济新常态和国内外形势变化，提出"长江经济带""一带一路""京津冀协同发展"三大国家发展战略之一。从沿海起步先行、溯内河向纵深腹地梯度发展，是世界经济史上一个重要规律，也是许多发达国家在现代化进程中的共同经历。长江横贯东中西，连接东

部沿海和广袤的内陆，依托黄金水道打造新的经济带，有独特的优势和巨大的潜力。贯彻落实党中央、国务院关于建设长江经济带的重大决策部署，对于有效扩大内需、促进经济稳定增长、调整区域结构、实现中国经济升级具有重要意义①。

"两纵三横"五大经济发展带在中部地区纵横交错，连"主圈（群）"，带"副圈（群）"，圈（群）圈（群）运动，带带传动，形成一线，连成一片，配置资源，优化结构，协调发展，共同促进中部地区产业与经济的崛起，完成中部地区由"点"到"线"，由"线"到"面"的持续发展和升华过程。

### 三、六圈驱动五带，五带传动六圈，圈带交叉协调发展

中部地区的"六圈五带"是中部崛起的框架主体和支柱脊梁，是毋庸置疑的。"六圈五带"的协调发展，具有不可替代的复合驱动、扩散辐射和接南连北、承东贯西的战略作用。"六主圈（群）"既是中部地区的主圈（群），也是国家战略层面的城市圈（群），其中"1+8"武汉城市圈、长株潭城市群是国家资源节约型、环境友好型的两型社会试验区，环鄱阳湖生态经济区是国家生态、环保建设的示范区，皖江城市带是国家承接产业转移的示范区，山西是国家资源型经济转型发展综合配套改革试验区，河南是国家规划建设的"中原经济区"，这些城市圈（群）的发展规划都得到国务院的正式审批。"六主圈（群）"以"一极五次极"为引领，以武汉、郑州、长沙、合肥、南昌、太原六大城市为"引擎"；以"六主圈（群）"为中部地区产业与经济社会发展的主"齿轮"，"九副圈（群）"为副"齿轮"。引擎发动，齿轮转动，"主"引"副"动，"圈"驱"带"动，圈带联动，形成中部的"六圈五带"交叉协调的立体发展格局。

中部地区的"五带"主要依托交通干线，融合了信息、产业、资源、资本、人口、城镇等要素的线状或带状空间发展形态，它们把中部地区的"六主圈（群）""九主圈（群）"连成一线、形成一片、融为一体、协调发展，不仅具有长度，还具有宽度，是中部地区产业与区域经济的圈（群）联结成片的必不可少的桥梁和纽带。中部地区的"两纵"带向南具有承接我国南部珠三角及港澳地区的产业转移和辐射的"接南"作用，向北承接我国京津冀及环渤海地区的产业转移和辐射的"连北"任务；中部地区的"三横"带向东负有承接长三角地区产业转移和辐射的"承东"作用，向西担有利用西部资源、支持大开发的"贯西"任务。由此可见，"两纵三横五主带"既是中部地区重要的经济发展带，也是国家战略层面的重要经济发展带。最终，"两纵三横五主带"形成南北东

---

① 李克强 . 2014-04-28. 建设长江经济带，确保一江清水绵延后世 . http：//www. xinhuanet.com.

西，区内区外，"圈"驱"带"动，"带"传"圈"动，"带""圈"齐动，交叉协调，立体崛起的时空动态发展格局。

综上所述，"六圈五带"是中部地区乃至国家层面的产业与区域经济协调发展的战略性布局和战略措施，"六圈"驱动"五带"，"五带"传动"六圈"，"圈""带"复合运动，交叉协调发展，加快一体化进程，促进中部整体崛起。中部六省经济圈（群）、带战略构成表，见表8-4；中部地区"六圈五带"与全国"五圈九带"协调发展战略表，见表8-5。

表8-4 中部六省经济圈（群）、带战略构成

| 省份 | 经济圈（群） | 经济带 | 区域战略定位 |
|---|---|---|---|
| 湖北 | "1+8"武汉城市圈<br>鄂西生态文化旅游圈 | 湖北长江经济带<br>"汉十"经济带<br>湖北京九经济带 | 中部崛起的战略支点；承东贯西，连南接北；"圈""带"互动，协调发展 |
| 湖南 | "3+7"泛长株潭经济圈<br>大湘西生态文化旅游经济圈 | 湖南京广经济带<br>湖南长江经济带<br>湖南沪昆经济带 | 接南连北，带东贯西；<br>"圈""带"互动，协调发展 |
| 河南 | 中原城市群<br>豫北城市群<br>黄淮城市群<br>豫西南城市群 | 河南京广经济带<br>河南陇海经济带<br>河南京九经济带 | 承东接北，贯西连南；<br>"群""带"互动，协调发展 |
| 安徽 | 泛皖江经济圈<br>皖北经济圈 | 皖江经济带（安徽长江经济带）<br>"合淮宣"经济带 | 承东接北，联西带南；<br>"圈""带"互动，协调发展 |
| 江西 | 环鄱阳湖经济圈<br>赣南生态文化经济圈 | 江西京九经济带<br>江西沪昆经济带 | 承东接南，系西联北；<br>"圈""带"互动，协调发展 |
| 山西 | 太原经济圈<br>晋北经济圈<br>晋南经济圈 | 京广经济带山西延伸带<br>"吕太阳"经济带 | 承东接北，系南联西；<br>"圈""带"互动，协调发展 |

表8-5 中部地区"六圈五带"与全国"五圈九带"协调发展战略表

| 地域 | 经济主圈（群）或经济区域 | 经济主带 | | 战略目标 |
|---|---|---|---|---|
| 中部 | "1+8"武汉城市圈<br>"3+7"泛长株潭经济圈<br>中原城市群<br>泛皖江经济圈<br>环鄱阳湖经济圈<br>太原经济圈 | 纵向 | 京广经济发展带<br>京九经济发展带 | 中部地区"六圈五带"，交叉联动、协调互动、一体化发展，最终实现中部整体崛起和繁荣 |
| | | 横向 | 长江经济发展带<br>陇海经济发展带<br>沪昆经济发展带 | |

| 地域 | 经济主圈（群）或经济区域 | 经济主带 | | 战略目标 |
|---|---|---|---|---|
| 全国 | 长三角及海峡两岸地区<br>珠三角及港澳地区<br>环渤海及东北地区<br>中部地区<br>西部地区 | 纵向 | "京宁沪"经济发展带<br>"哈京广"经济发展带<br>"京深九"经济发展带<br>"京郑邕"经济发展带<br>"京包昆"经济发展带<br>"包湛海"经济发展带 | 中部地区"六圈五带"主动融入全国"五圈九带"战略性布局，互联互动、协调配合、一体化发展，最终实现中部整体崛起和繁荣 |
| | | 横向 | 长江经济发展带<br>陇海经济发展带<br>沪昆经济发展带 | |

# 第五节 "极、核、圈（群）、带、面" 时空动态发展

根据科学发展观的指导思想，坚持创新、协调、绿色、开放、共享的发展理念，依据经济发展场论的时空动态立体发展模式，中部地区的产业与经济社会发展可以从时空两方面来考察。从空间结构来看，应该表现为"极、核、圈（群）、带、面"5个层次的立体性；从时间长度来看，应该服从人类生命周期规律和人类活动周期规律的制约。由此，中部地区产业与经济社会的发展是空间和时间的函数，是时空动态变化综合作用的结果。

## 一、中部地区产业布局与发展的空间性

中部地区的产业布局与经济发展，在空间结构上表现为"极、核、圈（群）、带、面"的多层次的立体发展结果。"极"为"一极五次极"或"一主五副"的武汉，长沙、郑州、合肥、南昌、太原等多极复合引领、带动、扩散的发展态势，形成中部地区"1+8"武汉城市圈、"3+7"泛长株潭经济圈、中原城市群、泛皖江经济圈、环鄱阳湖经济圈、太原经济圈等"六主圈（群）"。"核"由中部地区20个主要支撑城市的宜昌、襄阳、张家界、怀化、岳阳、常德、衡阳、洛阳、开封、安阳、驻马店、南阳、蚌埠、芜湖、九江、宜春、赣州、大同、临汾、长治等所组成，其中7个经济增长核呼应、配合"一极五次极"构建

"六主圈（群）"；13 个经济增长核首先形成中部地区"宜荆荆"、"襄十随"、"安鹤濮"、"驻信周商"、南阳、"张吉怀邵"、"蚌淮淮"、"赣吉抚"、"宜萍新"、"大朔"以及"临长运晋"等城市群，再支撑构建鄂西生态文化旅游圈、大湘西生态文化旅游经济圈、豫北城市群、黄淮城市群、豫西南城市群、皖北经济圈、赣南生态文化经济圈、晋北经济圈、晋南经济圈等"九副圈（群）"。"带"为中部地区的"两纵三横五主带"所构成，"两纵"带的京广、京九经济带将中部地区南北圈（群）连成一片，"三横"带的长江、陇海、沪昆经济带将中部东西圈（群）结成一片。"面"为"圈（群）"驱"带"动，"带"传"圈（群）"动，圈（群）"带"互动，全"面"发展的结果。"体"为"极、核、圈（群）、带、面"多层次的互动发展，形成全方位的、立体式的产业与经济发展的综合"体"。

中部地区产业与经济发展的"极"、"核"都是"点"的具体表现形态，由极、核发展到圈（群）、带的过程，实质是由"点"的形态升华到"线"的形态，再升华到"面"的形态，直至升华到多层次的"体"的形态。所以，"极、核、圈（群）、带、面"的多层次的立体发展结果，可以总结为由"点"的发展上升到"线"的发展，由"线"的发展上升到"面"的发展，最终由"面"的发展上升到"体"的过程。

## 二、中部地区产业布局与发展的时间性

中部地区的产业布局与经济发展，在时间长度上必须服从人类生命周期规律和人类活动周期规律的要求。产业布局与经济发展由"点"到"线"，由"线"到"面"，由"面"再到"体"的过程，是随着时间的推移逐渐分阶段实现的。

我们认为中部地区要实现"极、核、圈（群）、带、面"的时空动态立体发展，直至全面崛起，预计需要 5 个阶段共计 60 年的时间，时间跨度为 2021 ~ 2080 年。

第一阶段，2021 ~ 2025 年。重点建设武汉中心增长极，郑州、长沙、合肥、南昌、太原次增长极，并发展以这些增长极为中心的"六主圈（群）"，即大力发展"1+8"武汉城市圈、"3+7"泛长株潭经济圈、中原城市群、泛皖江经济圈、环鄱阳湖经济圈和太原经济圈，加速圈（群）内资源整合，推进区域发展改革一体化、区域市场一体化、区域基础设施建设一体化、区域产业布局一体化、区域城乡发展一体化进程，构筑六大经济主圈（群）的经济紧密联合体，促使它们相互联动、深度融合、快速发展。

第二阶段，2026 ~ 2030 年。重点推进宜昌、襄阳、张家界、怀化、安阳、

驻马店、南阳、蚌埠、宜春、赣州、大同、临汾、长治等 13 个经济增长核的建设，推动"宜荆荆"、"襄十随"、"张吉怀邵"、"安鹤濮"、"驻信周商"、南阳、"蚌淮淮"、"赣吉抚"、"宜萍新"、"大朔"以及"临长运晋"等城市群的形成与发展，支撑构建鄂西生态文化旅游圈、大湘西生态文化旅游经济圈、豫北城市群、黄淮城市群、豫西南城市群、皖北经济圈、赣南生态文化经济圈、晋北经济圈、晋南经济圈等"九副圈（群）"，按"六主圈（群）"的一体化模式全面推进发展，促使"九副圈（群）"与"六主圈（群）"相互联动、深度融合、快速发展。

第三阶段，2031～2040 年。着力打造纵向的京广、京九经济带和横向的长江、陇海、沪昆经济带，依托交通干线、黄金水道，打破行政分割和地方保护，加快"六主圈（群）九副圈（群）"一体化发展进程，强化信息、科技、产业、资源、资本、商品、人口等要素的流动，夯实产业布局与发展的基础，传动和融合极、核、圈（群）之间的互动发展。

第四阶段，2041～2050 年。以"一极五次极"为引擎，以"六主圈（群）"及"九副圈（群）"为主副齿轮，以"两纵三横五主带"为传动，引擎、齿轮、传动带有机结合、协调发展，打破各种壁垒，消除各种障碍，基本实现中部地区全"面"、直至"立体式"的时空动态发展格局。

第五阶段，2051～2080 年。在前 30 年夯实基础、全"面"发展的前提下，中部地区产业与经济社会在"极、核、圈（群）、带、面"发展的空间层次性和立体性融合下，再通过 30 年时间的持续发展，力争完全实现中部地区全面、整体的崛起和繁荣的目标。

### 三、中部地区产业布局与发展的时空综合性

依据经济发展场论的思想，产业与区域经济的发展是时间和空间的函数，是在时空的共同作用下形成的。空间是三维，加上时间维度就是多维，故产业与区域经济的发展是受多种因素影响的。产业布局与经济发展涵盖了物质、能量、资本、资源、科学、技术、人力、环境等自然和社会中的各种要素，这些要素不断流动，相互影响、相互叠加、相互综合，资源配置不断变化，产业与区域经济的发展结果也随之变化。

从全国角度来看，中部地区是国家区域经济发展的战略板块之一，其全面、整体的崛起应是在时空动态变化的综合影响下，所形成的中部地区产业与经济发展的结果。2021～2050 年，中部地区起着东承西贯、南接北连的战略作用，向东承接我国长三角地区的产业转移和辐射，向西贯穿着重庆、成都、西安等西部

地区的产业与经济发展，向南承接珠三角及港澳地区的产业转移和辐射，向北连接着我国京津冀及环渤海地区的产业与经济发展。通过接受我国先进地区的影响和辐射，在中部地区的经济增长极、经济增长核、城市群、经济圈、经济带的互动、综合作用下，中部地区能初步实现产业与经济社会的全面发展。

2051~2080年，中部地区的"一极五次极""二十增长核""六主圈（群）""九副圈（群）""两纵三横五主带"等不断融合、升级和发展，将真正实现中部地区全面、整体的崛起。此时，中部地区处于相对发达和繁荣阶段，在全国区域经济发展中所扮演的角色也已经发生改变，从以前被动承接先进地区的影响和辐射转变为主动影响和促进全国产业与区域经济的发展，中部地区真正成为全国性的、实力强大的战略腹地和战略纵深，成为整个中国产业与经济发展的擎天柱，其战略作用可以描述为"东西互动、南北促进、中部崛起"，将真正成为全国产业与区域经济发展发挥主导作用的战略板块。

中部地区产业与经济由初步发展，到全面崛起，再到整体繁荣，这种产业与经济发展上的演变过程和结果可用时空动态立体发展的圆锥体来表现，如图8-5所示。

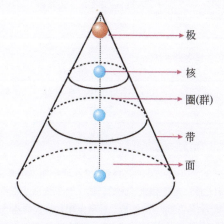

图8-5 "极、核、圈（群）带、面"立体发展示意图

# 第六节 各省产业战略性布局统筹发展

根据科学发展观的指导思想，秉承创新、协调、绿色、开放、共享的发展理念，依据经济发展场论的"极、核、圈（群）、带、面"的时空动态立体发展模

式，按照中部地区产业发展战略性布局"一极五次极，二十增长核，六主圈九副圈，两纵三横五主带，中部整体崛起"的总体思路，结合中部六省各自的产业与经济发展的实际情况，我们分别提出湖北、湖南、河南、安徽、江西、山西六省产业发展战略性布局建议。

## 一、湖北产业发展战略性布局建议

在科学发展观的统领下，遵循创新、协调、绿色、开放、共享的发展理念，依据经济发展场论的理论体系，根据湖北省情和产业布局及发展规律的深刻认识，我们提出以"极、核、圈（群）、带、面"的时空动态立体发展模式为湖北产业发展战略性布局的总体思路，包括 5 个层次的内容和"一极双核，两圈两带"的总体构架，如表 8-6 所示。

**表 8-6　湖北产业发展战略性布局表**

| 战略层次 | 战略区域 | 战略定位 | 战略作用 |
|---|---|---|---|
| 极 | 武汉 | 湖北中心增长极 | 以武汉为中心增长极，直接带动鄂东"1+8"武汉城市圈发展；间接辐射带动鄂西生态文化旅游圈发展 |
| 核 | 宜昌 | 鄂西经济增长核 | 直接带动"宜荆荆"城市群发展，与"襄十随"城市群联动呼应，复合带动鄂西经济社会发展 |
| | 襄阳 | 鄂西经济增长核 | 直接带动"襄十随"城市群发展，与"宜荆荆"城市群联动呼应，复合带动鄂西经济社会发展 |
| 圈 | "1+8"武汉城市圈 | 湖北经济发展主圈 | 以武汉为中心增长极，以黄石、鄂州、孝感、黄冈、咸宁、仙桃、潜江、天门等 8 个周边城市为支点构建"1+8"武汉城市圈，培育钢铁、汽车、化工、电力、食品轻纺、电子信息、装备制造、生物医药、新型材料、商贸金融、现代物流、科教文化等支柱产业，直接带动鄂东地区经济社会发展，辐射带动鄂西地区经济社会发展 |
| | 鄂西生态文化旅游圈 | 湖北经济发展副圈 | 以宜昌、襄阳为"双核"，以"宜荆荆"、"襄十随"城市群为支架，培育汽车、水电、化工、食品、建材、旅游、装备制造、生物医药、生态农业等支柱产业，以生态文化旅游业为纽带，打造鄂西生态文化旅游圈，推动鄂西地区经济社会发展 |

| 战略层次 | 战略区域 | 战略定位 | 战略作用 |
|---|---|---|---|
| 带 | 长江经济带 | 湖北经济发展主带；中部地区和国家经济发展主带 | 长江经济带既是湖北鄂东圈和鄂西圈经济联动发展的传动主带，直接传动"1+8"武汉城市圈、"宜荆荆"城市群以及湖北长江沿线城镇的互动协调发展；又是长江流域上中下游地区经济梯度发展、产业转移、东引西联的载体和重点区域，是长江流域东、中、西部地区经济社会联动发展的国家层面的经济传动带 |
| | "汉十"经济带* | 湖北经济发展副带 | "汉十"经济带是湖北鄂东圈和鄂西圈经济联动发展的传动副带，直接传动"1+8"武汉城市圈、"襄十随"城市群以及湖北汉十沿线城市产业与经济的互动协调发展 |
| 面 | 全省 | 中部地区崛起的战略支点 | 以"两圈"为引擎，以"两带"为传动，形成"双轮复合驱动、双带交互传动"的发展模式，实现"两圈两带"优势互补、相互联动、协调发展的局面，有力推动湖北经济社会的全面发展，培育中部地区崛起的战略支点 |

*武汉—孝感—随州—襄阳—十堰沿线经济发展带，简称"汉十"经济带

按照经济发展场论的"极、核、圈（群）、带、面"的时空动态立体发展模式，湖北经济社会的发展从产业战略性布局角度而言，应以中心城市武汉为中心增长极，直接带动鄂东"1+8"武汉城市圈产业与经济社会的整体快速发展，间接辐射拉动鄂西的产业与经济社会发展；鄂西以宜昌、襄阳两个省域副中心城市为"双核"，以"宜荆荆"和"襄十随"两个城市群为支架，以旅游产业为纽带形成鄂西生态文化旅游圈；鄂东"1+8"武汉城市圈与鄂西生态文化旅游圈的联动发展，以长江经济带和"汉十"经济带为传动；以"两圈"为引擎，以"两带"为传动，形成"两圈驱动两带、两带传动两圈"的发展模式，实现"两圈两带"优势互补、相互联动、全面发展的格局，有力推动湖北经济社会的全面发展，培育中部地区崛起的战略支点。湖北产业发展战略性布局示意图，如图8-6所示。

## 二、湖南产业发展战略性布局建议

依据科学发展观的指导思想，坚持创新、协调、绿色、开放、共享的发展理

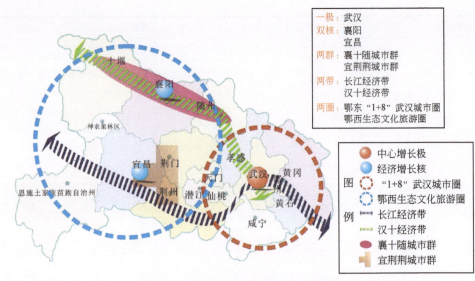

| | 一极： | 武汉 |
| --- | --- | --- |
| | 双核： | 襄阳 |
| | | 宜昌 |
| | 两群： | 襄十随城市群 |
| | | 宜荆荆城市群 |
| | 两带： | 长江经济带 |
| | | 汉十经济带 |
| | 两圈： | 鄂东"1+8"武汉城市圈 |
| | | 鄂西生态文化旅游圈 |

图例：
- 中心增长极
- 经济增长核
- "1+8"武汉城市圈
- 鄂西生态文化旅游圈
- 长江经济带
- 汉十经济带
- 襄十随城市群
- 宜荆荆城市群

图 8-6　湖北产业发展战略性布局示意图

念，结合湖南产业与经济发展的实际情况，基于对产业布局及发展规律的深刻认识，按照经济发展场论的理论体系，我们提出以"极、核、圈（群）、带、面"的时空动态立体发展模式为湖南产业发展战略性布局的总体思路，包括 5 个层次的内容和"一极五核，两圈三带"的总体构架，如表 8-7 所示。

表 8-7　湖南产业发展战略性布局表

| 战略层次 | 战略区域 | 战略定位 | 战略作用 |
| --- | --- | --- | --- |
| 极 | 长沙 | 湖南中心增长极 | 以长沙为增长极、"长株潭"城市群为中心，直接带动"3+7"泛长株潭经济圈的发展，间接辐射拉动大湘西生态文化旅游经济圈的发展 |
| 核 | 岳阳 | 湘东北经济增长核 | 岳阳、常德为增长"双核"，构建"岳常益"城市群，联动呼应"3+7"泛长株潭经济圈的发展 |
| | 常德 | 湘东北经济增长核 | 常德、岳阳为增长"双核"，构建"岳常益"城市群，联动呼应"3+7"泛长株潭经济圈的发展 |
| | 衡阳 | 湘东南经济增长核 | 直接带动"衡永郴"城市群发展，联动呼应"3+7"泛长株潭经济圈发展 |
| | 张家界 | 湘西经济增长核 | 张家界、怀化为增长"双核"，构建"张吉怀邵"城市群，促进大湘西生态文化旅游经济圈的形成发展 |
| | 怀化 | 湘西经济增长核 | 怀化、张家界为增长"双核"，构建"张吉怀邵"城市群，促进大湘西生态文化旅游经济圈的形成发展 |

| 战略层次 | 战略区域 | 战略定位 | 战略作用 |
|---|---|---|---|
| 圈 | "3+7" 泛长株潭经济圈 | 湖南经济发展主圈 | 以长沙为增长极、"长株潭"城市群为中心，构建"3+7"泛长株潭经济圈，培育装备制造、轨道交通设备、汽车及零部件、生物医药、电子信息、新型材料、有色金属、食品加工、石油化工、造纸等支柱产业，直接带动湘东地区经济社会发展，辐射带动湘西地区经济社会发展 |
| | 大湘西生态文化旅游经济圈 | 湖南经济发展副圈 | 以张家界、怀化为增长"双核"，以"张吉怀邵"城市群为支架，培育生态旅游、食品加工、生物医药、有色金属、建筑材料、新型材料、装备制造、化工造纸等支柱产业，以生态文化旅游业为纽带，打造大湘西生态文化旅游经济圈，推动湘西地区经济社会发展 |
| 带 | 京广经济带 | 湖南经济发展主带；中部地区和国家经济发展主带 | 京广经济带是"3+7"泛长株潭经济圈内重要的经济主带，有利于岳阳、长沙、株洲、湘潭、衡阳、郴州等城市产业与经济的联动发展，更重要的，它是一条名副其实的连贯中部的晋、豫、鄂、湘，接通珠三角地区、中部地区、京津冀地区的国家层面的重要经济发展带 |
| | 沪昆经济带 | 湖南经济发展带；中部地区和国家经济发展主带 | 沪昆经济带既是湖南湘东圈和湘西圈经济联动发展的传动带，直接传动"3+7"泛长株潭经济圈与大湘西生态文化旅游经济圈以及湖南沪昆沿线城市产业与经济的互动协调发展；也是中部联结湘、赣，横贯我国东、中、西部地区经济社会联动发展的国家层面的经济传动带 |
| | 长江经济带 | 湖南经济发展带；中部地区和国家经济发展主带 | 长江经济带既是湖南"岳常益"城市群、"长株潭"城市群与大湘西生态文化旅游经济圈经济联动发展的传动带，直接传动"3+7"泛长株潭经济圈与大湘西生态文化旅游经济圈的互动协调发展；又是长江流域上中下游地区经济梯度发展、产业转移、东引西联的载体和重点区域，是长江流域东、中、西部地区经济社会联动发展的国家层面的经济传动带 |
| 面 | 全省 | 湖南的崛起 | 以"长株潭"城市群为引擎，以"三带"为传动，形成"圈中有群，群融圈中，圈驱动带，带传圈动，圈带互动"的发展模式，实现"两圈三带"优势互补、相互联动、协调发展的局面，有力推动湖南经济社会的全面发展 |

第八章 中部地区产业发展战略性布局建议

依据经济发展场论的"极、核、圈（群）、带、面"的时空动态立体发展模式，湖南经济社会的发展从产业发展的战略性布局来讲，应以长沙为增长极、"长株潭"城市群为中心，以岳阳、常德、衡阳为增长"三核"，直接带动"3+7"泛长株潭经济圈产业与经济社会的整体快速发展，间接辐射拉动大湘西的产业与经济社会发展；"大湘西"以张家界、怀化为增长"双核"，以"张吉怀邵"城市群为支架，打造大湘西生态文化旅游经济圈，推动大湘西地区经济社会发展；"3+7"泛长株潭经济圈和大湘西生态文化旅游经济圈的联动发展，以京广经济带、沪昆经济带和长江经济带为传动；以"长株潭"城市群为引擎，以"三带"为传动，形成"圈中有群，群融圈中，圈驱带动，带传圈动，圈带互动"的发展模式，实现"两圈三带"优势互补、相互联动、协调发展的局面，有力推动湖南经济社会的全面发展。湖南产业发展战略性布局示意图，如图8-7所示。

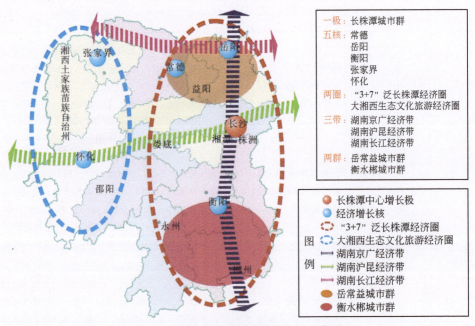

图8-7　湖南产业发展战略性布局示意图

### 三、河南产业发展战略性布局建议

在科学发展观和创新、协调、绿色、开放、共享发展理念的指导下，结合河南产业与经济发展的实际情况，基于对产业布局及发展规律的深刻认识，我们提出以经济发展场论的"极、核、圈（群）、带、面"时空动态立体发展模式为河南产业发展战略性布局的总体思路，包括5个层次的内容和"一极五核、四群两带"的总体构架，如表8-8所示。

表8-8 河南产业发展战略性布局表

| 战略层次 | 战略区域 | 战略定位 | 战略作用 |
|---|---|---|---|
| 极 | 郑州 | 河南中心增长极 | 以郑州为增长极，洛阳、开封为增长"双核"，陇海、京广为经济发展"双带"，直接带动中原城市群的发展，间接辐射拉动豫北、黄淮和豫西南城市群发展 |
| 核 | 洛阳 | 中原经济增长核 | 直接带动"洛焦济平"城市群发展，联动呼应郑州增长极、开封增长核，复合带动中原城市群发展 |
| | 开封 | 中原经济增长核 | 直接带动"开新许漯"城市群发展，联动呼应郑州增长极、洛阳增长核，复合带动中原城市群发展 |
| | 安阳 | 豫北经济增长核 | 促进豫北城市群的形成与发展，联动呼应中原城市群发展 |
| | 驻马店 | 黄淮经济增长核 | 促进黄淮城市群的形成与发展，联动呼应中原城市群发展 |
| | 南阳 | 豫西南经济增长核 | 直接带动豫西南城市群发展，联动呼应中原城市群发展 |
| 群 | 中原城市群 | 河南经济发展主群 | 以郑州为增长极，洛阳、开封为增长核，构建"一极双核""群内有群""两带扩张"的中原城市群，培育食品加工、有色金属、能源电力、新型材料、生物医药、化工、汽车及零部件、纺织服装、装备制造等支柱产业，直接带动豫中地区经济社会发展，辐射带动豫北、黄淮、豫西南地区经济社会发展 |
| | 豫北城市群 | 河南经济发展副群 | 以安阳为经济增长核，构建"安鹤濮"城市群，直接带动豫北地区经济社会发展，联动呼应中原城市群发展 |
| | 黄淮城市群 | 河南经济发展副群 | 以驻马店为经济增长核，构建"驻信周商"城市群，直接带动黄淮地区经济社会发展，联动呼应中原城市群发展 |
| | 豫西南城市群 | 河南经济发展副群 | 以南阳为经济增长核，构建南阳城市群，直接带动豫西南地区经济社会发展，联动呼应中原城市群发展 |
| 带 | 陇海经济带 | 河南经济发展带；中部地区和国家经济发展主带 | 陇海经济带是中原城市群内重要的经济主带，传动"一极双核"及其三门峡、焦作、商丘等城市产业与经济的联动发展；更重要的，它是连贯中部的晋、豫、皖，东承苏、鲁，西贯陕、甘，接通新亚欧大陆桥的国家层面的重要经济发展带 |
| | 京广经济带 | 河南经济发展带；中部地区和国家经济发展主带 | 京广经济带是河南豫中、豫北、豫南经济联动发展的传动主带，直接传动中原城市群、豫北城市群、黄淮城市群、豫西南城市群产业与经济的互动协调发展；更重要的，它是一条名副其实的连贯中部的晋、豫、鄂、湘，接通珠三角地区、中部地区、京津冀地区的国家层面的重要经济发展带 |

| 战略层次 | 战略区域 | 战略定位 | 战略作用 |
|---|---|---|---|
| 面 | 全省 | 河南的崛起 | 以"一极双核""群内有群""两带扩张"的中原城市群为引擎，以"两带"为传动，形成"群中有群，群驱带动，带传群动，群带互动"的发展模式，实现"四群两带"优势互补、相互联动、协调发展的格局，有力推动河南经济社会的全面发展 |

根据经济发展场论的"极、核、圈（群）、带、面"的时空动态立体发展模式，河南经济社会的发展从产业战略性布局角度而言，应以中心城市郑州为中心增长极，以洛阳、开封为经济增长"双核"，以"一极双核""群内有群""两带扩张"来直接带动中原城市群产业与经济社会的整体快速发展，间接辐射拉动豫北、黄淮、豫西南地区的产业与经济社会发展；以安阳、驻马店、南阳为经济增长核，分别带动豫北城市群、黄淮城市群、豫西南城市群的产业与经济发展；中原城市群、豫北城市群、黄淮城市群、豫西南城市群的联动发展，以河南京广经济带和陇海经济带为传动"两带"；以中原城市群为引擎，以"两带"为传动，

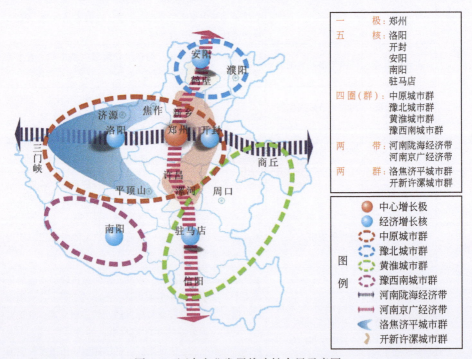

图 8-8　河南产业发展战略性布局示意图

形成"群中有群,群驱带动,带传群动,群带互动"的发展模式,实现"四群两带"优势互补、相互联动、全面发展的格局,有力推动河南经济社会的全面发展。河南产业发展战略性布局示意图,如图8-8所示。

## 四、安徽产业发展战略性布局建议

以科学发展观和创新、协调、绿色、开放、共享的发展理念为统领,以经济发展场论的理论体系为指导,根据安徽实际省情和产业布局及发展规律的深刻认识,我们提出以"极、核、圈(群)、带、面"的时空动态立体发展模式为安徽产业发展战略性布局的总体思路,包括5个层次的内容和"一极双核,两圈两带"的总体构架,如表8-9所示。

表8-9 安徽产业发展战略性布局表

| 战略层次 | 战略区域 | 战略定位 | 战略作用 |
|---|---|---|---|
| 极 | 合肥 | 安徽中心增长极 | 以合肥为增长极、芜湖为增长核、皖江城市带为支撑,直接带动"1+10"泛皖江经济圈发展;间接辐射拉动皖北地区发展 |
| 核 | 芜湖 | 皖江经济增长核 | 直接带动以马鞍山、铜陵为支点,包括池州、安庆、宣城、黄山等城市所形成的皖江城市群发展,联动呼应合肥城市群发展 |
| | 蚌埠 | 皖北经济增长核 | 直接带动"蚌淮淮"城市群发展,辐射带动皖北经济圈的形成与发展 |
| 圈 | 泛皖江经济圈 | 安徽经济发展主圈 | 以合肥为增长极、芜湖为增长核、皖江城市带为支撑,形成"一极一核一带"为主体的"1+10"泛皖江经济圈,培育钢铁冶炼、有色金属、汽车制造、家用电器、电子信息、生物医药、能源电力、建材化工、食品轻纺、文化旅游等支柱产业,直接带动泛皖江地区经济社会发展,辐射带动皖北地区经济社会发展 |
| | 皖北经济圈 | 安徽经济发展副圈 | 以蚌埠为经济增长核,以"蚌淮淮"城市群为支架,打造包括亳州、宿州、阜阳等城市的皖北经济圈,培育生物化工、电子信息、装备制造、玻璃加工、煤炭电力、煤化工、农产品加工等支柱产业,推动皖北地区经济社会发展 |

| 战略层次 | 战略区域 | 战略定位 | 战略作用 |
|---|---|---|---|
| 带 | 皖江城市带 | 安徽经济发展带；中部地区和国家经济发展主带 | "皖江城市带"是安徽的长江经济带，既是安徽西贯中部赣、鄂、湘三省经济联动发展的传动主带；又是长江流域上中下游地区经济梯度发展、产业转移、东引西联的载体和重点区域，是长江流域东、中、西部地区经济社会联动发展的国家层面的经济传动带 |
|  | "合淮宣"经济带[2] | 安徽经济发展带 | "合淮宣"经济带既是合肥城市群、皖江城市群、"蚌淮淮"城市群的联动发展传动带，也是"1+10"泛皖江经济圈和皖北经济圈互动协调发展的传动带 |
| 面 | 全省 | 安徽的崛起 | 以"一极双核"为引擎构建"两圈"，以"两带"为传动，形成"极核启动、主圈发动、副圈联动、圈驱带动，带传圈动，圈带互动"的总体发展模式，实现"两圈两带"优势互补、相互联动、协调发展的局面，有力推动安徽经济社会的全面发展 |

1）2010年1月12日，国务院正式批复《皖江城市带承接产业转移示范区规划》，其中皖江城市带包括合肥、芜湖、马鞍山、铜陵、安庆、池州、巢湖、滁州、宣城9市，以及六安市的金安区和舒城县，共59个县（市、区），土地面积7.6万平方千米

2）淮北—宿州—蚌埠—淮南—合肥—巢湖—芜湖—铜陵—宣城沿线经济发展带，简称"合淮宣"经济带

安徽经济社会的持续发展，从产业发展战略性布局角度来考察，按照经济发展场论的"极、核、圈（群）、带、面"的时空动态立体发展模式，应以中心城市合肥为中心增长极，芜湖为经济增长核，直接带动泛皖江经济圈的形成与快速发展，间接拉动皖北经济社会发展；皖北以蚌埠为经济增长核，以"蚌淮淮"城市群为支架，打造包括亳州、宿州、阜阳等城市的皖北经济圈，推动皖北地区经济社会发展；泛皖江经济圈和皖北经济圈的联动发展，以皖江城市带和"合淮宣"经济带为传动；以"一极双核"为引擎构建"两圈"，以"两带"为传动，形成"极核启动、主圈发动、副圈联动、圈驱带动，带传圈动，圈带互动"的总体发展模式，实现"两圈两带"优势互补、相互联动、协调发展的局面，有力推动安徽经济社会的全面发展。安徽产业发展战略性布局示意图，如图8-9所示。

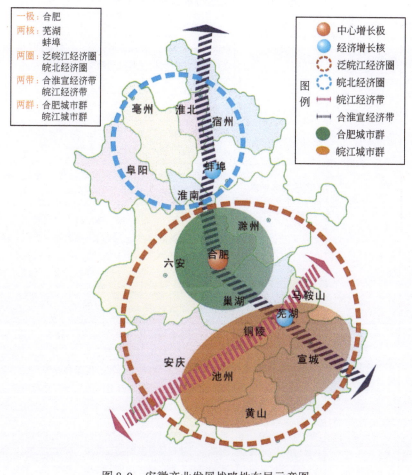

一极:合肥
两核:芜湖
　　　蚌埠
两圈:泛皖江经济圈
　　　皖北经济圈
两带:合淮宣经济带
　　　皖江经济带
两群:合肥城市群
　　　皖江城市群

图例

● 中心增长极
● 经济增长核
⬭ 泛皖江经济圈
⬭ 皖北经济圈
▦ 皖江经济带
▦ 合淮宣经济带
● 合肥城市群
● 皖江城市群

图8-9　安徽产业发展战略性布局示意图

## 五、江西产业发展战略性布局建议

以科学发展观为指导,以创新、协调、绿色、开放、共享的发展理念为统领,依据经济发展场论的理论体系,结合江西的实际省情和产业布局及发展规律的深刻认识,我们提出以"极、核、圈(群)、带、面"的时空动态立体发展模式为江西产业发展战略性布局的总体思路,包括5个层次的内容和"一极三核,两圈两带"的总体构架,如表8-10所示。

**表 8-10　江西产业发展战略性布局表**

| 战略层次 | 战略区域 | 战略定位 | 战略作用 |
|---|---|---|---|
| 极 | 南昌 | 江西中心增长极 | 以南昌为增长极，九江为增长核，直接带动环鄱阳湖生态经济圈发展；间接辐射拉动赣南地区发展 |
| 核 | 九江 | 赣北经济增长核 | 联动呼应南昌中心增长极，复合带动环鄱阳湖生态经济圈的形成与发展 |
| | 赣州 | 赣南经济增长核 | 直接带动"赣吉"城市群发展，与"宜萍新"城市群联动呼应，复合带动赣南经济社会发展 |
| | 宜春 | 赣南经济增长核 | 直接带动"宜萍新"城市群发展，与"赣吉"城市群联动呼应，复合带动赣南经济社会发展 |
| 圈 | 环鄱阳湖经济圈 | 江西经济发展主圈 | 以南昌、九江"一极一核"为主体，以景德镇、上饶、鹰潭、抚州等城市为支点，构建环鄱阳湖经济圈，培育汽车制造、飞机制造、家用电器、食品加工、机械电子、纺织服装、生物医药、钢铁冶炼、有色金属、新材料等支柱产业，直接带动赣北地区经济社会发展，辐射带动赣南地区经济社会发展 |
| | 赣南生态文化经济圈 | 江西经济发展副圈 | 以赣州、宜春为增长"双核"，以"赣吉""宜萍新"城市群为支架，培育稀土、有色金属、煤炭、钢铁、建材、旅游、新能源、农产品加工、生态农业等支柱产业，以生态文化旅游业为纽带，打造赣南生态文化经济圈，推动赣南地区经济社会发展 |
| 带 | 京九经济带 | 江西经济发展主带；中部地区和国家经济发展主带 | 京九经济带既是江西赣北圈和赣南圈经济联动发展的传动主带，直接传动环鄱阳湖经济圈、赣南生态文化经济圈的互动协调发展；又是连贯中部豫、皖、鄂、赣四省，通接珠三角地区、中部地区、环渤海地区的国家层面的重要经济发展带 |
| | 沪昆经济带 | 江西经济发展带；中部地区和国家经济发展主带 | 沪昆经济带既是江西赣北圈和赣南圈经济联动发展的传动带，直接传动环鄱阳湖经济圈、赣南生态文化经济圈的互动协调发展；又是连贯中部湘、赣两省，横贯我国东、中、西部地区经济社会联动发展的国家层面的经济传动带 |
| 面 | 全省 | 江西的崛起 | 以"一极三核"为引擎构建"两圈"，以"两带"为传动，形成"两圈复合驱动，两带交叉传动"的总体发展模式，实现"两圈两带"优势互补、相互联动、协调发展的局面，有力推动江西经济社会的全面发展，实现江西名副其实的中部崛起 |

基于江西产业与经济社会发展的实际情况，从产业发展战略性布局出发，根据经济发展场论的"极、核、圈（群）、带、面"的时空动态立体发展模式，应以南昌为中心增长极，九江为经济增长核，直接带动环鄱阳湖生态经济圈的形成与快速发展，间接拉动赣南经济社会发展；赣南以赣州、宜春为经济增长"双核"，直接带动赣南生态文化经济圈的形成与发展，呼应、配合环鄱阳湖经济圈的发展；环鄱阳湖经济圈和赣南生态文化经济圈的联动发展，以京九经济带和沪昆经济带为传动；以"一极三核"为引擎，以"两带"为传动，形成"两圈复合驱动，两带交叉传动"的总体发展模式，实现"两圈两带"优势互补、相互联动、协调发展的局面，有力推动江西经济社会的全面发展。江西产业发展战略性布局示意图，如图 8-10 所示。

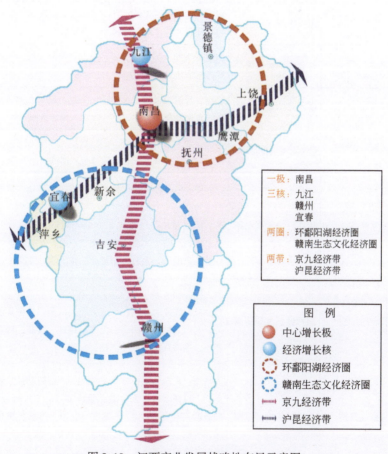

图 8-10　江西产业发展战略性布局示意图

## 六、山西产业发展战略性布局建议

基于科学发展观的指导思想，贯彻落实创新、协调、绿色、开放、共享的发展理念，结合山西的实际省情和产业布局及发展规律的深刻认识，我们提出以经济发展场论的"极、核、圈（群）、带、面"的时空动态立体发展模式为山西产业发展战略性布局的总体思路，包括 5 个层次的内容和"一极三核，三圈三带"的总体构架，如表 8-11 所示。

表 8-11  山西产业发展战略性布局表

| 战略层次 | 战略区域 | 战略定位 | 战略作用 |
|---|---|---|---|
| 极 | 太原 | 山西中心增长极 | 以太原为中心增长极，直接带动太原经济圈发展；间接辐射带动晋北经济圈、晋南经济圈发展 |
| 核 | 大同 | 晋北经济增长核 | 构建"大朔"城市群，带动晋北经济圈发展，联动呼应太原经济圈发展 |
| | 临汾 | 晋南经济增长核 | 临汾、长治为增长"双核"，构建"临长运晋"城市群，带动晋南经济圈发展，联动呼应太原经济圈发展 |
| | 长治 | 晋南经济增长核 | 长治、临汾为增长"双核"，构建"临长运晋"城市群，带动晋南经济圈发展，联动呼应太原经济圈发展 |
| 圈 | 太原经济圈 | 山西经济发展主圈 | 以太原为中心增长极，构建包括忻州、吕梁、晋中、阳泉四市的"1+4"太原经济圈，培育煤炭、电力、冶金、能源、机械制造、精细化工、电子信息、新材料、酿酒食品、生物医药、文化旅游等支柱产业，直接带动晋中地区经济社会发展，辐射带动晋北、晋南地区经济社会发展 |
| | 晋北经济圈 | 山西经济发展副圈 | 以大同为经济增长核，以"大朔"城市群为支架，以同蒲线、二广高速为依托，打造晋北经济圈，培育煤炭、煤化工、电力、机械、医药、化工、建材、食品、旅游等支柱产业，推动晋北地区经济社会发展 |
| | 晋南经济圈 | 山西经济发展副圈 | 以临汾、长治为增长"双核"，以"临长运晋"城市群为支架，以同蒲线、太焦线、京昆高速、二广高速为依托，打造晋南经济圈，培育煤炭、电力、焦化、煤化工、钢铁、机械、建材、医药、食品、纺织、旅游等支柱产业，推动晋南地区经济社会发展 |

| 战略层次 | 战略区域 | 战略定位 | 战略作用 |
|---|---|---|---|
| 带 | "大太运"经济带1) | 山西经济发展主带；中部地区和国家京广经济带的山西延伸带 | "大太运"经济带既是晋中、晋北、晋南经济联动发展的传动主带，直接传动太原经济圈、晋北经济圈、晋南经济圈产业与经济的互动协调发展；也是连贯中部的晋、豫、鄂、湘四省的京广经济带的山西延伸带，通接珠三角地区、中部地区、京津冀地区的国家层面的重要经济发展带 |
| | "大太晋"经济带2) | 山西经济发展主带；中部地区和国家京广经济带的山西延伸带 | "大太晋"经济带既是晋中、晋北、晋南经济联动发展的传动主带，直接传动太原经济圈、晋北经济圈、晋南经济圈产业与经济的互动协调发展；也是连贯中部的晋、豫、鄂、湘四省的京广经济带的山西延伸带，通接珠三角地区、中部地区、京津冀地区的国家层面的重要经济发展带 |
| | "吕太阳"经济带3) | 山西经济发展副带 | "吕太阳"经济带是以太原为中心，以吕梁、晋中、阳泉等城市为节点，沿石太铁路和吕太公路所形成的产业与经济联动发展聚集带，直接传动太原经济圈内各城市的互动协调发展 |
| 面 | 全省 | 山西的崛起 | 以"一极三核"为引擎构建"三圈"，以"两主带一副带"为传动，形成"三圈驱动三带，三带传动三圈，圈带互促互动"的总体发展模式，实现"三圈三带"联动发展，相互促进、相互融合、优势互补、协调发展的局面，有力推动山西经济社会的全面发展 |

1）大同—朔州—忻州—太原—晋中—吕梁—临汾—运城沿线经济发展带，简称"大太运"经济带，即中部地区京广经济带的山西延伸带

2）大同—朔州—忻州—太原—晋中—长治—晋城沿线经济发展带，简称"大太晋"经济带，即中部地区京广经济带的山西延伸带

3）吕梁—太原—晋中—阳泉沿线经济发展带，简称"吕太阳"经济带

　　以经济发展场论的"极、核、圈（群）、带、面"的时空动态立体发展模式为指导，从山西产业发展战略性布局出发，应以中心城市太原为中心增长极，直接带动太原经济圈产业与经济社会的整体快速发展，间接辐射拉动晋南、晋北产业与经济社会的发展；晋北以大同为经济增长核，以"大朔"城市群为支架，以同蒲线、二广高速为依托，促进晋北经济圈的形成与发展；晋南以临汾、长治为经济增长"双核"，以"临长运晋"城市群为支架，以同蒲线、太焦线、京昆高速、二广高速为依托，促进晋南经济圈的形成与发展；太原经济圈、晋北经济圈、晋南经济圈的联动发展，以"两主带一副带"的"大太运"经济带、"大太

晋"经济带及"吕太阳"经济带为传动；形成"三圈驱动三带，三带传动三圈，圈带互促互动"的总体发展模式，实现"三圈三带"联动发展，相互促进、相互融合、优势互补、协调发展的局面，有力推动山西经济社会的全面发展。山西产业发展战略性布局示意图，如图 8-11 所示。

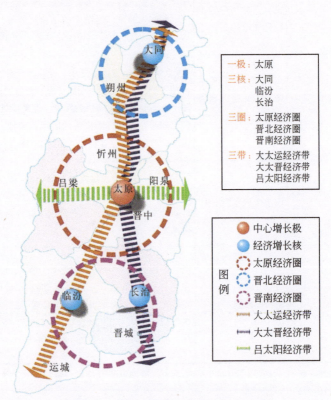

图 8-11　山西产业发展战略性布局示意图

# 中部地区产业优化发展建议

## 第一节 经济发展方式转变发展

### 一、中部地区产业发展面临的问题与挑战

#### （一）粗放式的经济发展与资源短缺、环境保护的矛盾

改革开放以来，中部地区经济社会的较快发展，无论是从经济增长贡献率还是产业驱动力来看，主要还是以工业的贡献和推动为主。随着工业化进程的加快，过去以资源型工业及原材料型工业为主，依靠生产要素投入、低成本劳动力为主的工业结构重型化趋势的增长模式与资源、环境的矛盾也日益突出。

虽然中部地区的山西、河南、安徽、湖南等省的煤炭资源丰富，号称"煤铁之乡"，但2014年我国中部地区的煤炭产量为13亿吨，在全国四大区域板块中只居第二位，比西部地区的22亿吨少了9亿吨；2014年中部地区的发电量为11 980亿千瓦·时，仅居全国第三位；原油产量549万吨，排在全国最末一位[①]。中部地区对外部能源的依赖性随着产业与经济的发展逐年提高，2014年中部的湖北、河南、湖南、安徽、江西五省的能源消费量为72 039.63万吨标准煤，而五省的能源生产量仅为35 718.75万吨标准煤，缺口36 320.88万吨标准煤主要依赖外地的输入或进口来填补[②]。只有山西才是名副其实的能源生产大省，2014年一次能源生产量64 724.71万吨标准煤，外调出省高达52 087.30万吨标

---

① 中华人民共和国国家统计局. 2015. 中国统计年鉴2015. 北京：中国统计出版社.

② 根据《湖北统计年鉴2015》《湖南统计年鉴2015》《河南统计年鉴2015》《安徽统计年鉴2015》《江西统计年鉴2015》数据，整理计算而得，本章余同。

准煤[①]。

资源总是有限的，这是不以人的意志为转移的客观规律。2014 年我国能源生产量为 360 000 万吨标准煤，而能源消费量为 426 000 万吨标准煤，缺口达 66 000 万吨标准煤要依赖进口来填补[②]。根据原能源部副部长陆佑楣院士在 2013 能源峰会暨第五届中国能源企业高层论坛透露的数据，2012 年我国一次能源消费量 36.2 亿吨标煤，消耗全世界 20% 的能源，单位 GDP 能耗是世界平均水平的 2.5 倍，美国的 3.3 倍，日本的 7 倍，同时高于巴西、墨西哥等发展中国家。中国每消耗 1 吨标煤的能源仅创造 14 000 元人民币的 GDP，而全球平均水平消耗 1 吨标煤创造 25 000 元 GDP，美国的水平是 31 000 元 GDP，日本是 50 000 元 GDP[③]。

能源资源的有限性和能源消耗量的持续增大，导致粗放式的经济发展与资源短缺、环境保护的矛盾日渐突出。根据国家统计局公布的 2015 年各省份能源耗费数据，万元 GDP 能耗降幅排前三位的分别是吉林 10.69%、云南 8.83%、福建 7.70%，中部江西的降低率只有 3.92%，山西降低率为 5.31%，两省均低于全国的平均降低率 5.6%[④]。

事实证明，依靠资源的过度消耗，环境的过多破坏，外部负效应明显的经济增长，付出的代价太大。不转变经济发展方式，自然资源就难以为继，生态环境就难以承载，其经济增长也将是不合理和难以持续的。中部地区当前的产业与经济发展，仍然还是高资源消耗、高污染的重型化工业为主，在全世界应对气候变化、节能减排的大趋势下，面临着较大的降耗、减少二氧化碳排放的重任。

## （二）传统产业支撑与战略性新兴产业发展的矛盾

中部地区产业与经济的快速增长主要是由传统产业的发展来支撑的。2015 年中部地区生产总值为 147 139.6 亿元；其第一产业增加值为 15 868.80 亿元，第二产业增加值为 69 702.22 亿元，第三产业增加值为 61 568.62 亿元；三次产业的结构比重为 10.79：47.37：41.84，第二产业所占比重最大[⑤]。中部地区的第二产业主要包括煤炭、钢铁、汽车制造、石油化工、有色金属、机械制造、纺

---

① 山西省统计局.2015. 山西统计年鉴 2015. 北京：中国统计出版社.

② 中华人民共和国国家统计局.2015. 中国统计年鉴 2015. 北京：中国统计出版社.

③ 佚名.2013-11-30. 2013 年我国单位 GDP 能耗达世界均值 2.5 倍. http：//www. china irn. com.

④ 杨曦，夏晓伦.2016-04-20. 统计局公布各省 2015 年 GDP 能耗降低率吉林降幅最高. http：//www. people. cn.

⑤ 2015 年中部地区的统计数据，均根据中部地区的湖北、湖南、河南、安徽、江西、山西六省的统计局各自发布的《2015 年国民经济和社会发展统计公报》的数据，整理计算而得，本章余同。

织等传统产业，这些传统产业的发展主要靠低成本的竞争优势。但这种低成本的优势随着中部地区经济社会环境的变化正在逐步丧失：一是中部地区农村剩余劳动力由过去的大量供给向有限供给转变，劳动力成本上升；二是中部地区的资源不断被开发，资源的低成本优势已不复存在；三是中部地区借鉴国外先进技术和经验的空间越来越小，低成本的适用技术优势逐渐丧失。

在这种情况下，中部地区要想保持可持续发展，必须加快自主创新建设。发展战略性新兴产业是中部地区进行自主创新建设的有效途径，但战略性新兴产业都是高新技术产业，需要大量高水平原始技术的开发和利用。我国是世界性的制造业大国，但不是制造业的强国，我国各区域包括中部地区在内都十分缺乏极具竞争力的高端核心技术和强大的自主品牌。如何在传统产业竞争优势减弱的情况下，继续保持产业与经济社会的发展，这对中部地区来讲是个巨大的挑战。

## （三）经济发展的巨大成就与社会发展不协调的矛盾

经过三十多年的发展，中部地区取得了巨大的发展成就。中部的 GDP 由 1978 年的 749.86 亿元上升为 2008 年的 63 188 亿元，增长了 83.26 倍，2015 年 GDP 总量更是达到 147 139.6 亿元；中部地区人民的生活水平有了极大的提高和改善。但与此同时，随着社会的进步和发展，城乡差别、区域发展不平衡、收入差距较大等问题也日益突出。

2014 年中部地区居民人均可支配收入 16 868 元，其中城镇居民人均可支配收入为 24 733 元，农村居民人均纯收入 10 011 元，农村居民收入只有城镇居民收入的 40.48%[①]，城乡居民收入差距导致中部的城乡矛盾依然比较严重。根据国家统计局公布的反映居民收入分配差距的基尼系数，2015 年为 0.462，超过国际公认的 0.4 的警戒线，说明我国城乡发展的矛盾仍然比较突出。

2004 年东部地区生产总值为 88 433.1 亿元，中部地区生产总值为 32 088.3 亿元，相差 1.76 倍；2008 年东部地区生产总值为 177 579.6 亿元，中部地区生产总值为 63 188.0 亿元，相差 1.81 倍；2014 年东部地区生产总值为 350 101 亿元，中部地区生产总值为 138 680 亿元，相差 1.52 倍[②]；东、中部的发展差距仍然比较大，区域发展不平衡，直接影响着党的"十八大"提出的确保到 2020 年全面建成真正惠及十几亿人口的小康社会的战略部署。

由于各区域产业与经济发展水平不同，各区域间提供的公共服务包括教育、

---

① 中华人民共和国国家统计局. 2015. 中国统计年鉴 2015. 北京：中国统计出版社.
② 中华人民共和国国家统计局. 2015. 中国统计年鉴 2015. 北京：中国统计出版社.

卫生医疗、就业、社会保障等也有较大的差距，导致中西部与东部不能同时分享改革开放和经济高速发展的成果，区域公共服务的矛盾不断扩大。与贫富差距相关的是我国居民的消费和储蓄的比例不合理，中国居民储蓄率世界最高①。人们的消费水平不高，主要原因是社会保障和基本公共服务供给不足，人们为了自我保障，不得不加大储蓄，减少消费，这实际上与我国扩大内需的战略决策背道而驰。经济发展与社会发展的不协调，使人们没有共享到改革开放的巨大成果，不利于改革开放的持续发展；也导致社会利益关系的不平衡，不利于社会的和谐稳定。

## 二、中部地区转变经济发展方式的战略措施

### (一) 实施节能减排，提高经济发展质量

面对上述产业与经济社会持续发展的种种矛盾，中部地区必须转变经济发展方式。提高资源使用效率，节能减排，降低碳排放，保护环境是中部地区首先必须做到的。我国已公开向世界承诺，2020 年单位 GDP 二氧化碳排放比 2005 年下降 40% ~ 45%，并制订和实施相应的行动计划，中部地区作为全国区域经济发展的一部分，必须承担相应的责任。中部六省应以降低单位 GDP 碳排放强度为主要目标，确定"十三五时期"和中长期节能减排战略和路线图，形成以市场机制为基础、多种手段有机结合的节能减排长效机制；积极发展与中部各省省情相适应的低碳技术和减排技术。改变粗放使用能源资源的状况，可以根据中部六省的发展状况和能源资源禀赋的实际情况，设定各地能源资源消耗基数和相应的控制指标，对能源消耗总量作出限定，在限额内保障供应，超出限额的加大使用成本，形成一定的约束机制，使中部六省各地产业与经济发展的着力点转换到不断提高经济发展质量和效益上来。

中部地区的"1+8"武汉城市圈和长株潭城市群为全国资源节约型和环境友好型社会建设综合配套改革试验区（简称"两型"社会试验区），山西为国家资源型经济转型综合配套改革试验区。中部地区应抓住这一契机，以 3 个试验区为重点，走出一条节能降耗、结构优化、保护环境的新型工业化道路，既是践行科学发展观的客观要求，也是转变经济发展方式的重大战略举措。中部各省应出台财政、税收、金融、产业、价格、环保等综合政策、法规与配套措施，建立和完

---

① 陈凌. 2015-11-30. 中国居民储蓄率世界最高. 人民日报.

善节能降耗减排机制，将万元 GDP 综合能耗率、万元工业增加值综合能耗率、万元 GDP 综合电耗率、水土保持率、森林覆盖率等指标纳入区域发展评价体系，引导区域向"节约优先、环境优先"的发展模式转变；着力在优化结构、增强动力、化解矛盾、补齐短板上取得突破，提高发展质量和效益。

## （二）大力推动技术创新，促进产业优化升级

传统的经济发展方式以粗放型、低技术含量为主，因此，推动技术创新，提高资源使用效率，提高生产效率，降低成本，降低污染，将有效促使落后的生产方式向先进的生产方式转变。为此中部地区应鼓励企业进行技术创新，对企业的技术改造、技术创新以及先进设备的引进等，应给予地方税收减免或利润冲抵；政府也可以投入财政资金，支持企业进行技术创新；加快构筑基础性、共用性的技术平台，增加政府在共性技术领域内的投入，强化政府在整合科技资源和组织重大科技攻关项目中的作用，促使中部地区更多地依靠科技进步来推动经济增长，集约、高效地促进产业与经济的发展。

把技术改造或技术创新用之于传统产业，使之优化升级，也是转变经济发展方式的有效方式。中部地区目前有可能、有潜力形成中高端竞争优势的产业有：以较强的生产制造能力为基础，同时具备一定的研发能力和产业配套能力的资本技术密集型产业，如光电子、汽车制造、轨道交通设备制造、工程装备制造、机床制造、电子产品制造等；以劳动密集和产业配套能力为基础，同时具备较强的研发、设计、营销等能力的产业，如食品、纺织、服装、轻工等产业；具备显著的市场和生产规模优势，同时具备技术、生产、管理上的系统集成能力的产业，如钢铁、有色、化工等产业。中部地区应大力发展高新技术，对上述产业进行新型信息化技术改造，降低成本，提高效益，促使产业优化升级。

中部地区应充分利用自身的科教优势，大力发展体现国家战略要求的新兴产业，如新一代信息技术、新能源、新材料、新能源汽车、生物医药、航空航天等产业，这些新兴产业都是低碳、节能、高效、市场前景广阔的产业，发展这些产业不仅能降低碳排放，应对气候变化，而且能转变经济发展方式，把产业与经济的发展逐渐演变成低碳经济、绿色经济和循环经济的发展，最终使得中部的发展上一个新的台阶。

## （三）淘汰落后产能，推进行业的兼并重组

2006 年国务院提出产能过剩的是钢铁、电解铝、电石、铁合金、焦炭、汽

车6个行业；2009年国务院会议提出产能过剩较为严重的是钢铁、水泥、平板玻璃、煤化工、多晶硅、风电设备6个行业；2010年国务院下发《国务院关于进一步加强淘汰落后产能工作的通知》（国发〔2010〕7号），强调淘汰落后产能以电力、煤炭、钢铁、水泥、有色金属、焦炭、造纸、制革、印染等行业为重点；2013年国务院下发《国务院关于化解产能严重过剩矛盾的指导意见》（国发〔2013〕41号），指出"我国部分产业供过于求矛盾日益凸显，传统制造业产能普遍过剩，特别是钢铁、水泥、电解铝等高消耗、高排放行业尤为突出"；2016年国务院相继下发《国务院关于钢铁行业化解过剩产能实现脱困发展的意见》（国发〔2016〕6号）、《国务院关于煤炭行业化解过剩产能实现脱困发展的意见》（国发〔2016〕7号）、《国务院关于石化产业调结构促转型增效益的指导意见》（国发〔国发2016〕57号）等。可见，淘汰落后过剩产能已成为当前产业与经济工作的重中之重。

近十年来，国家三番五次督促要淘汰的落后过剩产能产业，不少原是中部各省重点发展的产业，如汽车、钢铁、电解铝、煤炭、焦炭、煤化工、水泥、玻璃、煤化工、有色金属、石化、多晶硅等。落后产能之所以要淘汰，是因为落后产能物耗能耗高、环境污染重、生态环境急剧恶化，企业利润大幅下滑甚至大幅亏损，是经济发展方式粗放的具体表现，是导致经济发展质量和效益不高、竞争力不强的重要因素之一。落后产能过剩，已成为中部地区产业与经济的发展之殇。中部淘汰落后产能的任务重、时间紧，必须加快高能耗产业的兼并重组，打破地域限制，打破地方壁垒，允许规模大、技术先进的企业跨地域兼并重组落后企业，淘汰落后产能，提高企业和产业发展的效益和质量。只有这样才能改变中部地区当前高投入、高消耗、高污染、低产出的粗放型发展方式，为先进产能腾出市场容量，缓解产能过剩矛盾，优化产业结构，提高技术装备水平和国际竞争力，促进产业与经济的健康发展。

### （四）实施绿色消费政策，促进形成绿色消费模式

据统计，2013年我国居民生活能源消费量为45 531万吨标准煤，占全国能源消费总量416 913万吨标准煤的10.92%，人均生活能源消费量335千克标准煤[①]。可以预见，随着我国人民生活水平的提高，居民的能源消费会持续增长。因此，改变人们能源的消费习惯，建立绿色消费的理念和生活模式十分必要，这也是经济发展方式转变的必需。在这方面，中部六省应走在全国其他区域的前

---

[①] 中华人民共和国国家统计局 . 2015. 中国统计年鉴2015. 北京：中国统计出版社 .

中部地区产业 发展研究

面，坚持发展是第一要务，牢固树立和贯彻落实创新、协调、绿色、开放、共享的发展理念，以提高发展质量和效益为中心，以供给侧结构性改革为主线，先行先试，为全国树立榜样，引领全国绿色生活消费的潮流。

当前，中部地区应以"1+8"武汉城市圈、长株潭城市群、山西综合配套改革试验区为试点，实施绿色消费政策，尝试建立绿色消费模式，走出一条节能降耗、结构优化、保护环境的新型工业化道路，既是践行科学发展观的客观要求，也是转变经济发展方式的重大战略举措。中部六省联手完善消费品价格政策体系，普遍提高资源产品价格，同时对居民消费实行阶梯水价、电价、天然气价、煤气价，对超标的消费收取较高价格，以抑制大量耗费资源的行为；建立和完善相关法律、法规，严格限制过度消费重要资源，如土地、矿产、森林、水资源等不可再生资源的行为；大力进行绿色消费观念和消费行为的宣传和教育，倡导消费者在消费时选择未被污染或有助于公众健康的绿色产品；教育居民在消费过程中注重对垃圾的处置，分类放置，防止环境污染；引导消费者转变消费观念，倡导合理消费，力戒奢侈消费，制止奢靡之风，崇尚自然、追求节俭和健康，在追求生活舒适的同时，注重环保、节约资源和能源，实现可持续消费，造福子孙后代。

## 第二节 战略性新兴产业跨越发展

### 一、中部地区发展战略性新兴产业的必要性和可行性

战略性新兴产业是引导未来经济社会发展的重要力量。发展战略性新兴产业已成为世界主要国家抢占新一轮经济和科技发展制高点的重大战略。我国正处在全面建设小康社会的关键时期，必须按照科学发展观的要求，抓住机遇，明确方向，突出重点，加快培育和发展战略性新兴产业[①]。根据战略性新兴产业的特征，立足我国国情和科技、产业基础，我国现阶段重点培育和发展节能环保、新一代信息技术、生物、高端装备制造、新能源、新材料、新能源汽车等七大产业。

发展战略性新兴产业的意义在于：第一，符合世界科技和产业发展方向。战

---

① 参考国务院关于加快培育和发展战略性新兴产业的决定（国发〔2010〕32号）。

略性新兴产业是从国际视野和战略性思维的角度来选定的，涉及世界环境和人类生活的未来。世界金融危机以后，各国都在寻找未来经济增长的动力，战略性新兴产业正好符合这一要求，对国民经济发展和国家安全具有重大影响，能引领国家未来产业的发展，使国家在未来的世界产业竞争中占据优势。第二，将开拓广阔的市场前景。战略性新兴产业以重大科技突破和满足经济社会发展重大需求为基础，产品知识含量高，市场需求潜力大，产业增长率高，具有良好的经济技术效益。第三，推动经济发展方式的转变。战略性新兴产业是高技术、低碳、节能的产业，对推进我国产业结构调整和经济发展方式转变，提升产业竞争力具有重要支撑和引领作用。

在产业竞争和经济发展过程中，战略性新兴产业具有弯道超越的跨越式发展的性质。从世界范围来看，我国虽然部分战略性新兴产业起步较晚，如信息技术、节能环保等，但在其他新兴产业方面，我国和世界可以说处于同一起跑线上，差距并不大，如新能源、新材料、高端装备制造、生物产业、电动汽车、物联网等产业。如果我国加紧努力，不断奋进，完全有可能与世界水平并驾齐驱甚至超越世界水平，因此，发展战略性新兴产业是在目前条件下，我国经济发展弯道超越对手的有效途径。

新中国成立以来，经过 60 多年的建设发展，中部地区集聚了全国一大批有影响的高等院校和科研机构，科教实力雄厚，人力资源丰富，为中部在发展战略性新兴产业方面奠定了良好的科教基础和资源优势。据 2014 年的统计，中部地区拥有本、专科高等学校 668 所，占全国高等学校总数的 26.42%，其中"985 工程"大学 6 所，"211 工程"大学 17 所；在校学生 6 945 923 人，占全国总数的 27.26%，其中武汉在校大学生达 1 072 900 人，居全国城市之首，世界大城市之冠；拥有科学研究与开发机构 12 643 个，科研机构 R&D 人员 405 029 人；国内三种专利受理 306 119 件，国内三种专利授权 158 875 件①。

2014 年，中部地区规模以上工业企业的 R&D 人员全时当量 463 004.70 人·年，占全国总量的 17.54%；R&D 经费 15 481 234.10 万元，占全国总数的 16.73%；专利申请数 103 055 项，占全国总量的 17.54%；新产品开发项目 58 527 项，占全国总数的 15.57%；新产品开发经费支出 15 750 607.6 万元，占全国总数的 15.56%；新产品销售收入 247 158 486.50 万元，占全国总量的 17.30%；产品或工艺创新企业 26 841 个，占全国总量的 20.86%；产品或工艺创新企业占全部企业的比重为 31.35%。

---

① 根据《湖北统计年鉴 2015》《湖南统计年鉴 2015》《河南统计年鉴 2015》《安徽统计年鉴 2015》《江西统计年鉴 2015》《山西统计年鉴 2015》和《中国统计年鉴 2015》的数据整理计算而得，本章余同。

经济新常态下，中部六省为着力解决其发展方式粗放、产业层次偏低、资源环境约束趋紧等急迫问题，均下大力气优先支持发展高新技术产业开发区，扶持高新技术企业发展，兼顾发展速度与质量、统筹发展规模与结构。中部地区现有24个国家级高新技术产业开发区和30个省级高新技术产业开发区。据统计，2014年中部地区24个国家级高新技术产业开发区入驻企业12 072个，占全国高新技术产业开发区企业总量的16.47%；其企业从业人员255.64万人，占全国高新技术产业开发区企业从业人员总量的16.84%；高新技术产业开发区企业总收入408 838 702.90万元，占全国高新技术产业开发区企业总收入的18.13%；高新技术产业开发区企业出口总额3 885 559.66万美元，占全国高新技术产业开发区企业出口总额的8.94%。

战略性新兴产业是知识密集型的产业，中部地区完全可以充分利用自己的科教优势、人才优势与产业基础，重点扶持、发展这些节能高效、科技含量高的新兴产业，力争在战略性新兴产业方面实现"弯道超越"式的跨越发展。

## 二、中部地区战略性新兴产业发展的战略措施

### （一）制定产业规划，引领产业发展

战略性新兴产业，是以重大技术突破和重大发展需求为基础，对经济社会全局和长远发展具有重大引领带动作用，知识技术密集、物质资源消耗少、成长潜力大、综合效益好的产业。培育和发展战略性新兴产业，对推进产业结构调整和优化升级，加快经济发展方式转变，抢占国际经济科技发展制高点，构建国际竞争新优势，均具有重要的战略意义。

为促进战略性新兴产业的快速发展，国务院于2010年10月颁发《国务院关于加快培育和发展战略性新兴产业的决定》（国发〔2010〕32号），于2012年7月颁发《"十二五"国家战略性新兴产业发展规划》（国发〔2012〕28号）；国家于2016年3月受权新华社播发的《中华人民共和国国民经济和社会发展第十三个五年（2016～2020年）规划纲要》，辟专章"支持战略性新兴产业发展"[1]，强调支持新一代信息技术、新能源汽车、生物技术、绿色低碳、高端装备与材料、数字创意等领域的产业发展壮大；大力推进先进半导体、机器人、增材制

---

[1] 新华社.2016-03-18.新华社受权发布"十三五"规划纲要（全文）.http://www.xinhuanet.com.

造、智能系统、新一代航空装备、空间技术综合服务系统、智能交通、精准医疗、高效储能与分布式能源系统、智能材料、高效节能环保、虚拟现实与互动影视等新兴前沿领域创新和产业化，形成一批新增长点。提出在新一代信息技术产业创新、生物产业倍增、空间信息智能感知、储能与分布式能源、高端材料、新能源汽车等领域实施"战略性新兴产业发展行动"。

从世界范围来看，我国虽然在信息技术、节能环保等部分战略性新兴产业起步较晚，但在新能源、新材料、高端装备制造、生物产业、电动汽车、物联网等产业可以说和世界基本处于同一起跑线上，差距并不大。战略性新兴产业是知识密集型的产业，中部六省应抓住国家重点发展战略性新兴产业的难得机遇，充分利用自己的资源和科教优势，因地制宜地协调出台本区域系统性战略性新兴产业发展规划、具体实施方案或指导意见及配套措施，引领和促进战略性新兴产业实现"弯道超越"式的跨越发展。这样既有利于中部实质性的崛起和发展，又有利于中部在未来相当长的时间里占据竞争优势，在全国乃至世界产业竞争中占据一席之地。

### （二）实施创新驱动，推动产业发展

战略性新兴产业是高技术、高知识含量的产业，开发拥有自主知识产权的核心技术并加以推广应用是战略性新兴产业发展的关键。早在 2006 年，我国政府就颁布了《国家中长期科学和技术发展规划纲要（2006～2020年）》，纲要十分强调技术的自主创新和技术的前瞻性。纲要确定了我国科学技术发展的重点领域主要是能源、水和矿产资源、环境、农业、制造业、交通运输业、信息产业及现代服务业、人口与健康、城镇化与城市发展、公共安全、国防等 11 个方面，并分别制定了各自的优先发展主题，选择了 16 个重大专项作为未来科技发展的战略重点，确定了 8 个前沿技术作为未来高技术更新换代和新兴产业发展的重要基础。

国家中长期科技发展计划与后来我国提出的发展战略性新兴产业的决策是一脉相承的，也为我国新兴产业的发展奠定了坚实的技术基础，孕育了创新引领发展的思想。2010 年 10 月国务院颁发的《国务院关于加快培育和发展战略性新兴产业的决定》（国发〔2010〕32 号），2012 年 7 月国务院颁发的《"十二五"国家战略性新兴产业发展规划》（国发〔2012〕28 号），2016 年 3 月新华社受权播发的《中华人民共和国国民经济和社会发展第十三个五年（2016～2020年）规划纲要》等，均自始至终强调创新是引领发展的第一动力，尤其是党的"十八大"作出实施创新驱动发展战略的重大部署以来，战略性新兴产业的新技术、新

成果、新产品、新模式、新业态不断涌现，加快了过去以要素驱动、投资规模驱动为主的发展向现在以创新驱动发展为主的转变，促进了产业与经济的持续发展。

抓创新即抓发展，谋创新即谋未来。经济新常态下，中部地区要从根本上化解发展方式粗放、产业结构偏低、资源环境约束趋紧等突出矛盾，兼顾发展速度与质量，统筹发展规模与结构，关键是要靠科技创新转换发展动力。只有实施创新驱动，才能有效破解当前中部产业与经济的发展瓶颈；也只有实施创新驱动，方能促进战略性新兴产业的快速发展。

中部各省应在国家"十三五"规划纲要和中长期科技发展规划纲要的指导下，加大科技创新力度，制定各自的科学技术中长期发展规划，确定自己的科技发展方向和发展重点。实施科技创新的重大专项计划，历史上我国以"两弹一星"、载人航天、杂交水稻等为代表的若干重大项目的实施，对整体提升综合国力起到了至关重要的作用。世界发达国家都把围绕国家目标组织实施重大专项计划作为提高国家竞争力的重要措施。中部六省应在国家"规划纲要"的指引下，结合自身的科技、资源优势，突出重点，筛选出若干重大战略性新兴产品、关键共性技术或重大工程作为重大专项，集中全社会的力量和利用市场机制，力争取得技术突破和创新，并带动社会生产力跨越式的发展。例如，湖北应将新一代信息技术、信息通信设备、光机电、新能源汽车、智能系统、新材料、生物技术、数字创意等作为科技创新的突破方向；湖南应将先进装备制造业、先进轨道交通装备、冶炼节能、航空新材料、环保等作为技术创新的主攻方向；安徽应将新一代信息技术、核能装备、新能源汽车、节能环保等作为技术研发的突破口；河南应将农作物新品种选育、农机装备、农副产品精深加工、特高压输变电装备关键技术、数字化装备关键技术等作为技术的攻克方向；江西应将有色金属精深加工、稀土冶炼和加工、硅材料和光伏发电等作为技术创新的主攻方向；山西应将煤炭的精深加工和利用、煤化工、节能环保等作为技术创新的突击方向。

## （三）做强高新开发区，完善产业发展平台

高新技术产业开发区是改革开放后我国为了引进、消化、吸收外国的先进技术，并发展自身的先进技术，同时实施高新技术产业化而建立起来的集中性的技术与产业发展区域。经过三十多年的发展，我国高新区发展已进入比较成熟阶段，形成了从技术引进、技术研发、技术转移到技术产业化的一整套较完整的体系。从高新技术产业开发区的特点来看，战略性新兴产业发展与其有着天然的联系。中部地区现有 24 个国家级高新技术产业开发区、30 个省级高新技术产业开

发区，如果把这些高新技术产业开发区建设好，将极大地促进中部战略性新兴产业的发展。

目前中部地区发展势头最好的高新技术产业开发区是武汉东湖新技术开发区。该区发展势头强劲，是国家批准的继中关村后的第二家国家级自主创新示范区，其发展一直位列全国高新技术产业开发区前茅，被誉为"中国光谷"。2014年统计，武汉东湖新技术开发区入驻企业3043个，居全国高新技术产业开发区第五位；其企业从业人员44.96万人，居全国高新技术产业开发区第三位；高新技术产业开发区企业总收入85 261 013万元，居全国高新技术产业开发区第三位。武汉东湖新技术开发区研制出我国第一根光纤，打破了国际垄断激光切割技术，制定了我国在互联网领域首个国际标准，已发展成为国内最大的光纤光缆、光电器件生产基地，光通信技术研发基地和激光产业基地。其中光纤光缆的生产规模居全球第二，国内市场占有率达50%，国际市场占有率达12%；光电器件、激光产品的国内市场占有率达40%。

但是，像武汉东湖新技术开发区这样的高新技术产业开发区在中部地区还太少，中部六省应向全国先进地区的高新技术产业开发区建设学习，集中力量和资源将24个国家级、30个省级高新技术产业开发区建设成战略性新兴产业发展的良好载体和平台。高新技术产业开发区建设，主要从硬件和软件环境两方面着手。在硬件方面，开发区应具有一定的规模和面积，基础设施完善，水电气、马路、厂房符合现代化工业园区要求，物流、仓储、商贸、金融、保险、教育、生活、娱乐等配套完备。在软件环境方面，主要是激励企业和产业进入园区创新发展，大力发展具有自主知识产权的高新技术产品，开发区管委会要提供完善的服务和扶持政策，如简化和调整注册手续，允许各类高新技术创业主体进入园区；对高新技术企业和产品实行法定的税收优惠和减免政策，有针对性地解决企业创业的困难和瓶颈；创建科技服务公共平台，免费供区内高新企业使用；加大财政扶持力度，筹建各种风险投资基金和信用担保公司，实际解决高新企业融资难问题；建立科技创业奖励制度，对有重大贡献的创新企业和科技人才给予重奖；建立健全创业服务体系，加强创业辅导，实施创业培训，引进专业机构为企业提供法律、生产、管理、培训等服务，提高企业的存活率和持续发展能力。

## （四）加大科技创新投入，畅通企业投融资渠道

科技创新是战略性新兴产业发展的关键，而最具创新活力和能力的是科技型中小企业，它们是我国科技创新活动的主要承担者，对此国家和各级政府应该给予大力支持。目前中小型科技创新企业比较缺乏的是资金投入，如何解决它们的

融资难题，是国家和各级政府不可回避的发展瓶颈问题。国家现正全力建设多层次的资本市场，尤其是中小板、创业板、新三板市场，应是中小型科技创新企业上市融资的有效途径，企业可以从中获得大量的资金以帮助企业的发展。中部六省政府和所属各级政府都要大力建立健全创新项目投融资服务体系，积极发挥政策性金融、开发性金融和商业金融的优势，着重解决企业融资难问题。要充分利用主板、中小板、创业板、新三板等多层次资本市场平台，鼓励科技型中小企业上市融资，把有实力和潜力的企业纳入上市企业准备库，预备一批，辅导一批，上市一批，推动区域性股权市场规范发展；引导风险投资、私募股权投资等支持科技企业创新发展，切实解决科技型中小企业资金不足问题。

中部六省要大力拓宽与提升国家和地方各级政府所建立的中小企业创新基金的使用面和效果，充分利用中部的科教优势组织企业与科研院所、高校的融合，建立优质企业项目库，积极组织科技型中小企业的自主创新项目申报，提高立项率，加大扶持力度；要加强管理，严把立项后的后续工作，做好项目的监理、验收工作，确保创新基金项目能够按期执行，按期完成。要整合社会资源，建设具有专业性、开放性、公益性特点的科技公共服务平台，为企业技术创新、项目的运作、发展提供支撑；突出知识产权保护，把知识产权管理与保护纳入企业孵化和项目运作的各环节，引进专利服务中介机构，为知识产权的保护提供查新、申报和咨询服务；设立银行服务窗口，建立银企有效合作机制，引进融资担保公司，为项目企业提供抵押担保和参股融资服务，有效畅通科技型中小企业的投融资渠道。

中部六省政府还应根据自身的特色和优势建立各种新兴产业发展的专项基金，如建立电动汽车发展基金、先进装备制造产业发展基金、新型信息化发展基金、生物医药产业基金、新能源发展基金、节能环保发展基金、传媒动漫发展基金等，促进具有优势和潜力的战略性新兴产业的跨越发展。

# 第三节　支柱产业重点发展

## 一、中部地区支柱产业的发展态势和意义

支柱产业是指在国民经济中发展速度较快，对整个经济起引导和推动作用的产业。支柱产业具有较强的连锁反应效应，能诱导新兴产业崛起；对为其提供生

产资料的各部门、所处地区的经济结构及其发展变化，有深刻而广泛的影响。我国现阶段的支柱产业是钢铁、冶炼、能源、机械、汽车、石油、化工、电子、食品、医药、轻工、纺织、服装、房地产和建筑业等。

中部地区的支柱产业主要包括传统能源、金属冶炼、汽车制造、装备制造、石油化工、食品加工、轻工纺织、新型建材、生物制药、房地产和建筑业等产业，可见中部支柱产业以工业为主，它们组成了中部的产业支柱，促进了中部产业与经济的持续发展。据统计，2000 年中部地区规模以上工业企业单位数、利润总额、工业销售产值分别为 31 524 个、353.4 亿元、11 790.19 亿元，2014 年上述 3 项指标分别上升为 82 092 个、13 367.46 亿元、224 000.52 亿元，2014 年 3 项指标分别是 2000 年的 2.6 倍、37.83 倍、19 倍①。中部地区工业的快速发展，使得中部工业增加产值在地区 GDP 的比重不断上升，当前中部产业已进入了工业化的中期阶段，中部的支柱产业为其产业与经济的发展作出巨大的贡献。

中部地区的支柱产业至关重要，贡献卓著。但对比广东、江苏、浙江等东部省份，中部支柱产业的工业化程度还不算高，产业结构优化升级偏慢等仍较为突出。

一是工业发展的规模及速度等与东部较发达省份的差距在进一步拉大，2015 年东部 10 个省份 GDP 平均水平为 37 277.78 亿元，远高于中部六省的 24 523.27 亿元，东部是中部的 1.52 倍②。中部地区无论是经济总量、平均水平和各省所占比重等，都远远落后于东部地区，近期难以赶超。

二是轻重工业结构比例失调，重工业比重明显高于轻工业，2014 年中部六省重工业比重最高的山西达 93.31%，最低的湖北也达 64.56%，其比重远高于东部较发达省份甚至全国同期平均水平；工业结构重型化特征明显，但重工业产业链条并无优势可言，主要是资源消耗型和重型化的产业，高成本、高能耗、高污染是其典型的特征，多以原材料等上游产品为主，而以整机装备、最终产品为主、体现先进制造业的下游产品和以零部件配套为主的中游产品并不多，导致高科技含量、高附加值的产品不多。

三是工业结构以高能耗的传统重工业为主，导致万元 GDP 能耗水平高位运行，2014 年中部万元 GDP 能耗明显高于浙江、江苏、广东等省份，也高于同期全国平均水平，表明中部工业的发展很大程度上是以资源过度消耗为支撑的。

---

① 根据《中国统计年鉴 2001~2015》的数据整理计算而得，本章余同。

② 根据东部 10 个省份统计局和中部六省统计局各自发布的《2015 年国民经济和社会发展统计公报》的数据整理计算而得，本章余同。

四是工业的重型化趋势，导致食品轻工成为"软肋"，中部六省中有五省都是农业大省，粮、棉、油、淡水水产品、肉类、茶叶、水果和烟叶等产量均名列全国前茅，但农产品加工产业除河南外，其他五省农产品加工转化增值率偏低，精加工、深加工比例不高，使得高税利的食品轻工产品发展滞后，工业经济效益的规模水平偏低，农业大省的优势无从发挥。

综上所述，中部地区支柱产业对其整个经济社会的发展具有决定性的影响，是中部崛起的基础和脊梁，必须加以优化升级改造，使之适应现代社会发展与经济建设的需要。

## 二、中部地区支柱产业发展的战略措施

支柱产业是产业结构的核心，是推动经济发展的内在"驱动力"。对于中部的支柱产业，一方面要实施行业的企业兼并重组，扩大行业集中度，积极稳妥化解过剩产能，扩大企业规模，降低成本，提高企业效益，扩大企业的市场占有率和品牌知名度；另一方面要用高新技术对支柱产业进行重大技术改造升级，推进信息技术与制造技术深度融合，提升产业水平，节能降耗，走新型工业化之路。

### （一）发展以农产品深加工为基础的食品轻纺业

中部六省有五省是农业大省，农业资源丰富，农产品加工业已有一定的基础，其中河南最具代表性。河南是全国第一产粮大省和畜牧业大省，也是农产品和食品加工业的大省。河南的食品工业已连续多年保持30%以上的增速，是河南的第一大支柱产业。截至2015年底，河南依托丰富的农产品资源，大力发展食品工业，规模以上食品企业达3410家，经济总量自2006年以来一直稳居全国第二位。2015年，河南食品行业规模以上工业增加值同比增长7.2%；主营业务收入突破一万亿元，达到10 603.04亿元，同比增长8.3%；利润总额885.05亿元，同比增长5.2%。河南小麦粉、饼干、速冻米面食品、方便面产量均居全国第一位，鲜冷藏肉产量居全国第三位。全国肉类综合10强中，河南有3家企业入选；全国方便面企业10强中，河南企业占一半。河南双汇集团成为全国最大的肉类加工企业，三全、思念速冻食品全国市场占有率超过50%，白象集团居全国方便面行业前三名。食品工业已成为河南知名品牌最多的行业，截至目前，双汇、莲花、三全等29家企业商标获"中国驰名商标"，华英、思念、永达等

20 家企业的 26 个产品获 "中国名牌" 称号①。河南正努力扩大农产品和食品的出口，使河南真正实现从 "中国粮仓" 到 "国人厨房"，再到 "世界餐桌" 的转变。

中部地区的湖北、湖南、安徽、江西等农业大省，也要充分利用各自的农业资源和劳动力资源，大力发展食品轻纺行业。中部六省要合成一股绳，积极壮大双汇集团、莲花集团、白象集团、三全食品、思念食品、白沙集团、武烟集团、郑州卷烟、武汉统一、襄阳正大、金健米业、旺旺集团、丰原集团、共青城集团、绿源栽培等已有的农产品加工龙头企业，培育新的食品加工引领企业和食品轻纺特色产业集群；提高企业生产和管理的水平，采用高新技术提高加工业的科技含量，提高加工农产品和食品的质量；以绿色安全、知名品牌为引领，扩大市场占有率，提高食品轻纺产业的整体竞争力。促使中部地区由农业大区向农业强区转变，建设具有较强竞争力的食品轻纺产业强省。

## （二）发展以汽车为龙头的机电制造业

中部地区汽车产业具有一定的规模效益优势，近 10 年来中部的汽车产业保持着较高的发展速度，已成为中部六省工业经济发展的支柱产业。湖北以东风汽车公司为基础，形成了产销规模和竞争实力强劲、全国著名的武汉—随州—襄阳—十堰汽车走廊，2015 年汽车产量高达 196.8 万辆，增长 12.8%②；安徽以奇瑞汽车、江淮汽车为核心，整合全省的汽车产业，实现了快速发展，2015 年汽车产量 125.8 万辆，增长高达 31.4%③，奇瑞、江淮是全国汽车产销 10 强企业；湖南以三一重工、中联重科、长丰汽车为中心，成为全国工程机械之都后，大力发展汽车制造业，2015 年汽车产量 63.6 万辆④；江西以江铃和昌河等传统骨干企业为依托，大力发展新能源汽车，2015 年汽车产量 53 万辆⑤；河南以宇通客车、郑州日产、海马汽车为依托，正规划全力打造百万辆级中西部汽车制造中心，

① 陈辉. 2016-07-14. 河南食品产业总值首破万亿，连续 10 年稳居全国第二. 河南日报.
② 湖北省统计局. 2016-02-26. 湖北省 2015 年国民经济和社会发展统计公报. http：//www. stats-hb. gov. cn.
③ 安徽省统计局. 2016-02-25. 安徽省 2015 年国民经济和社会发展统计公报. http：//www. ahtjj. gov. cn.
④ 湖南省统计局. 2016-03-17. 湖南省 2015 年国民经济和社会发展统计公报. http：//www. hntj. gov. cn.
⑤ 江西省统计局. 2016-03-23. 江西省 2015 年国民经济和社会发展统计公报. http：//www. jx-stats. gov. cn.

2015年汽车产量42.2万辆[1]；山西以煤炭运输为依托，大力发展以大运汽车为龙头的重型运输车辆制造业。

但中部地区真正称得上重量级和国家级的汽车企业，仅有东风汽车公司而已。规模经济是汽车产业发展的根本要求，因此中部六省必须以支柱产业发展为目标，以市场为准则，优胜劣汰，实施企业兼并重组，整合六省汽车产业资源，规划产业发展方向，优化产业内部结构，建立区域汽车产业集群和产业配套体系；实施新能源汽车发展战略，推动电动汽车、燃料电池汽车、混合动力汽车及其关键零部件的产业化，推进信息技术与制造技术深度融合，掌握汽车低碳化、信息化、智能化核心技术，提升动力电池、驱动电机、高效内燃机、先进变速器、轻量化材料、智能控制等核心技术的工程化和产业化能力，促进产业链条向高端、智能、绿色、服务发展；将自主品牌汽车作为企业发展战略重点，自主研发、联合开发自主品牌，提高汽车技术水平和整车研发水平，关键零部件，如发动机、变速器、转向系统、制动系统、传动系统、悬挂系统、汽车总线控制系统等实现技术自主化，形成从关键零部件到整车的完整工业体系和创新体系，促进自主品牌汽车与国际先进水平接轨，形成强大的中部汽车产业集聚发展区；中部六省要联手规划实施汽车产品出口战略，加快国家汽车及零部件出口基地建设。中部地区要以汽车支柱产业的发展，促进中部以汽车为龙头的机电制造业的加速集聚，进而拉动钢铁冶金、电子仪表、机电制造等相关产业链的延伸发展，培育产业竞争新优势。

## （三）发展以钢铁为支柱的黑色和有色金属冶炼业

中部地区是我国传统的冶金工业基地，黑色金属冶炼和有色金属冶炼是其名副其实的支柱产业。中部每个省都有相当规模的钢铁企业，如湖北有武钢、大冶特钢，湖南有华凌钢铁，安徽有马鞍山钢铁，河南有安阳钢铁、中原特钢，江西有南昌钢铁、新余钢铁、萍乡钢铁，山西有太钢不锈、海鑫钢铁等。中部地区有色金属资源丰富，也有许多有色金属冶炼厂，如湖南的株冶集团、中国五矿集团、湘铝集团，安徽的铜都铜业、精诚铜业，河南的焦作万方、洛钼集团，江西的江铜集团、江钨集团、赣州有色金属，山西的太原刚玉、山西铝厂等。但是中部地区的黑色与有色金属冶炼业规模效应不够，技术含量不高，高能耗、高污染、高排放现象严重，必须综合运用市场机制、经济手段、法治办法和必要的行政手段，加大政策引导力度，兼并重组、优化改造，坚决淘汰落后剩余产能，形

---

[1] 河南省统计局 .2016-02-28. 河南省 2015 年国民经济和社会发展统计公报 . http：//www.hn-stats. gov. cn.

成以大企业集团为核心，集中度高、分工细化、协作高效的产业组织形态。

中部地区应大力重组钢铁企业，湖北以武汉钢铁集团为中心，湖南以华菱集团为中心，河南以安阳钢铁为中心，山西以太原钢铁为中心，安徽以马鞍山钢铁集团为中心，江西以南昌钢铁集团为中心，全面进行钢铁冶炼行业的调整、优化和重组。把武钢培育成国际排名前列的大型钢铁企业，把马钢、太钢、华菱等培育成在国内具有较强竞争力的钢铁企业。中部六省应打破地域限制，突破地方壁垒，解决行政分割，建立以工艺、技术、能耗、环保、质量、安全等为约束条件的推进机制，强化行业规范和准入管理，允许钢铁企业跨地域、跨企业、跨所有制的兼并重组，淘汰落后剩余产能，扶持中部的钢铁产业再上台阶。对于中部的有色金属业也应以市场调节为主，以政府干预为辅，对有色金属业进行兼并重组、调整优化。中部各省要支持企业瞄准国际同行业标杆全面提高产品技术、工艺装备、能效环保等水平，实现重点领域向中高端的群体性突破，进一步优化产品结构，发展高端产品，发展技术含量高、附加值高的产品；坚持用高新技术和先进适用技术改造提升冶炼工业，大力开展节能减排降耗，推行清洁生产，淘汰落后产能，加快产业优化升级步伐。

### （四）发展以电力、煤炭为核心的能源业

中部地区在历史上就是国家经济社会发展的战略保障和战略基地。中部地区能源资源丰富，拥有三峡、葛洲坝、小浪底、三门峡四大水电站，拥有大同、宁武、西山、霍西、沁水、河东、淮北、淮南等八大煤田，是国家重要的以电力、煤炭为核心的能源基地。2014 年中部地区电力生产量 11 980 亿千瓦·时，原煤产量 13 亿吨，分别占全国总量的 21.2% 和 33.%。中部六省要充分发挥各自的资源禀赋与资源比较优势，因地制宜地发展以电力、煤炭为核心的能源产业。

湖北、河南、湖南等省的水能资源丰富，尤其是湖北河流众多，长江自西向东横贯全境，并有汉江、清江和洞庭湖的湘、资、沅、澧四水汇入干流，水能资源总量居全国前列，拥有长江三峡、葛洲坝两大世闻名的水电站。水能资源是清洁的可再生能源，具有技术成熟、成本低廉、运行灵活的特点。湖北应优先把水电发展放在能源建设战略的位置来筹划，大力发展中小水电站，把水电产业作为湖北的 21 世纪能源的重要支撑和保障来发展。

山西、安徽、河南、江西均为煤炭资源大省，火电生产和煤炭转化具有一定的规模经济效益，要重点加强煤炭高效发电、余热余压深度回收利用、燃煤二氧化碳捕集利用封存等技术的研发与应用；要推动实施煤炭、电力工业的升级优化，鼓励"煤、电、冶炼业"企业联姻重组，实现一体化发展，把中部地区的

资源优势转变为竞争优势；要加强煤炭能源的综合开发与精深利用，下大力气发展煤炭的清洁转化利用技术，开发煤化工汽车燃料，发展洁净煤的多联产技术，促进洁净煤的多联产生产企业的快速发展。所谓多联产技术，是先将煤气化，然后通过一个反应器做化工产品，最后剩下的尾气再去燃烧发电。多联产相当于把化工和发电两个过程耦合起来，能量利用效率可以提高10% ~ 15%，同时化工产品增值量比较大，并且能够实现调峰，这样资源得到充分利用，企业效益提高，同时减少污染物和二氧化碳的排放，符合节能减排的社会发展趋势。

中部六省都要规划发展可再生能源大规模开发利用技术，重点加强高效低成本太阳能电池、光热发电、太阳能供热制冷、大型先进风电机组、生物质发电供气供热及液体燃料、浅层低温地能开发利用等技术研发与应用；要推动发展新型节能电机、城镇节能系统化集成、工业过程节能、能源梯级利用、"互联网+"节能、大型数据中心节能等技术研发与应用；要促进发展智能电网技术，重点加强特高压输电、柔性输电、大规模可再生能源并网与消纳、电网与用户互动、分布式能源以及能源互联网和大容量储能、能源微网等技术研发与应用。

### （五）发展以资源深加工为前提的石油化工业

中部地区石油化工产业的发展历史较长，基础较好，尤其改革开放后获得了较大的发展，各省均形成了比较齐全的化学工业门类和体系。如河南精甲醇、化肥、烧碱、纯碱等主要产品产销量均居全国前列，其中精甲醇产量居全国第一。湖北的江汉油田、荆门石化、湖北宜化，江西的九江石化，安徽的安庆石化等在全国占有重要地位。中部的石油化工产业应延长产业链，提高产业集中度，使用节能减排技术，降低成本、提高企业竞争力，同时追踪先进科学技术，用高新技术占领产业发展的制高点。

中部地区应加速推进化工行业的兼并重组，充分发挥中石油、中石化、中海油、中国化工等战略投资者在中部化工产业重组中的引领作用，打造年销售收入超百亿企业达到10家以上；力争在关键工艺技术、节能减排技术，以及高端产品研发、生产和应用技术等方面取得新突破，推动节能减排取得积极成效，高端石化产品自给率明显提高；重点发展高附加值精细化工等产品，严格限制产能过剩的传统化工产品发展，坚决淘汰落后剩余产能，以市场需求为导向，推动供给侧结构性改革；调整优化中部石油化工产业布局，加快武汉乙烯、荆门石化等基地建设，有序建设山西、河南和安徽煤化工基地，湖北磷化工基地，追踪先进科学技术，用高新技术占领产业发展的制高点，进一步突出提升和壮大中部地区的石化产业竞争力。

## （六）发展以商贸为中心的交通物流业

中部地处祖国内陆腹地，在全国东部、中部、西部、东北四大经济区域中占中心位置，是我国东部发达地区与西部发展中地区的结合点，位于国家区域经济发展的两横、两纵经济带的交汇地带。长江、黄河、沪蓉高速公路、沪渝高速公路、沪汉蓉高铁、陇海铁路、沪昆铁路等横贯东西，京港澳高速公路、大广高速公路、京广铁路、京九铁路、焦柳铁路、京汉广高铁等纵穿南北，中部的水、陆、空现代化交通网络四通八达。中部六省省会城市武汉、郑州、长沙、合肥、南昌、太原均是地处交通枢纽地带的特大地域中心城市，尤其是武汉、郑州地处中国横贯东西、综穿南北的交通枢纽中心，具有其他城市不可替代的独特的承东启西、接南连北、吸引四面、辐射八方的区位优势。

由于区域、交通优势和历史文化、经济发展的积累，中部六省省会城市均是各省的政治、经济、文化、教育、科技中心，产业基础雄厚，商贸繁荣，具有良好的商贸、交通、物流产业基础。商业贸易是产业经济发展的基础，它为商品的流通提供了便利条件，特别是现在国家力推供给侧结构性改革的市场情况下，商业贸易的繁荣能够直接促进产业与经济的持续发展。根据我们提出的"极、核、圈（群）、带、面"的时空动态立体发展模式，中部地区应以"一极五次极"或称"一主五副"的六大省会城市为"极"，以宜昌、襄阳、岳阳、常德、衡阳、怀化、张家界、洛阳、开封、南阳、安阳、驻马店、芜湖、蚌埠、九江、赣州、宜春、大同、临汾、长治等20个主要骨干城市为"核"，六省协调规划构建一体化的以商贸为中心的交通物流网络，加强物流基础设施建设，加强物流交易市场的建设，使得中部成为我国物尽其用、货畅其流的商贸和战略物流中心。

中部地区以商贸为中心的交通物流网络，要充分发挥其承启东西、贯通南北的区位、交通、通信优势，六省联手打破行政区划界限，以京广、京九、陇海、沪昆等铁路干线，沪汉蓉、京汉广等高铁干线，京港澳、沪渝、沪蓉、大广等高速公路干线，长江、黄河、汉江、湘江、赣江等黄金水道，武汉天河、长沙黄花、郑州新郑、合肥骆港、南昌昌北、太原武宿等机场为依托，加强铁路、港口、航道、公路和机场转运设施的统一规划和建设，合理布局商贸、物流园区，完善中转联运设施；以多式联运和转运设施工程、物流园区工程、城市配送工程、大宗商品和农村物流工程、制造业与物流业联动发展工程等为重点，加快物流企业兼并重组，培育一批服务水平高、国际竞争力强的大型现代物流企业；要积极推进企业物流管理信息化，促进信息技术的广泛应用，提高物流信息化水平，形成与东部、西部、东北地区物流网络的有机衔接，努力提高中部地区的物流业水平和质量。

## （七）发展以旅游业为引领的第三产业

中部六省都是旅游资源大省，既有天作地造、令人叹为观止的自然风貌、原始生态和秀丽风景，又有举世闻名、令人难忘的历史古迹、人文景观与近现代革命遗迹。中部地区的代表景区武当山、长江三峡、神农架、明显陵、黄鹤楼、武汉东湖、武陵源（张家界、索溪峪、天子山）、衡山、岳阳楼、凤凰古城、龙门石窟、安阳殷墟、嵩山、清明上河园、庐山、三清山、井冈山、黄山、西递、宏村、九华山、云冈石窟、平遥古城、五台山、恒山、黄河壶口瀑布等，世界驰名。据统计，中部地区具有市场竞争力的、珍奇的优势旅游资源，主要包括被联合国授予世界遗产的风景名胜 13 处，中国历史文化名城 29 座，国家 5A 级旅游景区 52 处，国家重点风景名胜区 52 处，国家地质公园 24 处，国家级自然保护区 52 处，国家森林公园 156 处。中部地区的世界遗产、名山大川、淡水湖泊、历史名楼、原始森林、宗教道场、革命圣地等均举世无双、中外闻名。

加快发展第三产业是促进经济增长和扩大就业的重要途径。中部地区的旅游资源独特，发展潜力巨大，旅游业已成为中部发展最快的产业之一。中部六省应依托其独具特色的旅游资源和区位、交通优势，协调规划构建以"一极五次极"或称"一主五副"的六大省会城市为"极"，以宜昌、襄阳、岳阳、衡阳、张家界、洛阳、开封、安阳、芜湖、蚌埠、九江、赣州、大同等 20 个主要骨干城市为"核"，以重点旅游城市为支点与节点的一体化的旅游网络体系和旅游产业发展联盟，联手打造中部旅游黄金线路和旅游文化经济圈，合作拓展国内国外市场；要以供给侧结构性改革为动力，加强旅游基础设施、景区景点、旅行社的投入建设，利用中部现有的高铁、高速公路、黄金水道、空中航线和机场等优势交通资源，加强区域合作，联合打造精品旅游线路和景区，推出特色旅游产品，不断提升旅游服务质量和效益，推动旅游产业的快速发展。

中部地区要以旅游业发展为引领，大力推进服务业发展。完整的服务业包括生产性服务业和生活性服务业。生产性服务业主要包括金融保险、法律服务、会计审计、管理咨询、研究开发、市场营销、工程设计、产品维修、运输仓储和通信信息服务等，生产性服务业是知识密集型行业。生活性服务业涉及居民日常生活的方方面面，包括住宿、餐饮、家政、洗染、理发、美容、保健、洗浴、婚姻、摄影、扩印、修理、维护和清洁服务等，生活性服务业是劳动力密集型行业。中部六省应协调统筹发展生产性服务业和生活性服务业，相互支持、相互依赖,不可偏废;要大力支持与促进服务业的产业转型和提高,全力发展金融保险、科教文化、房地产、信息服务外包、咨询等高端现代服务业,加强服务业人才培养和人才引进,吸引各种资本集聚投入,提供财政税收支持,建立相应的法律法规,创造良好的环境,以促进现代服务业的快速发展。

# 第四节　产业基地集群发展

## 一、中部地区产业基地集群发展的优势和方向

产业基地是具有产业集聚效应的产业发展区域,因产业属性不同,规模不一,类型各异。产业基地建设通过招商引资,集聚相关产业的资源和要素,拉长产业链,形成规模经济效应,从而促进产业和区域经济的发展。

产业的基地化发展是世界产业发展的趋势之一。美国硅谷是世界上最著名的高科技产业发展基地,硅谷以硅芯片制造、软件、信息技术、互联网服务等高新技术产业著称于世,是世界高科技产业的发源地。据相关媒体报道,硅谷以不到全美1%的人口创造了全美5%的GDP。印度的班加罗尔是发展中国家比较成功的硅谷式的产业发展基地,据报道,班加罗尔创造的IT业产值占全印度的三分之一,已成为全球五大信息科技中心之一。我国最具实力的高科技产业基地是北京的中关村,中关村科技园是国家自主创新示范区,截至2014年底,拥有以联想、百度、京东、小米科技、方正为代表的高新技术企业15 645家,企业从业人员201.05万人,企业总收入360 575 738万元①,以上3项指标均居全国高新技术产业开发区之首,中关村未来的发展目标是成为具有全球影响力的科技创新中心。上述所列举的都是高科技产业基地,实际上产业基地不仅仅是高科技产业发展基地,也可以是传统产业发展基地,事实上世界各地都有根据资源优势、比较优势和竞争优势规划建设的各种具有竞争力的产业发展基地。

借鉴国际和国内的成功经验,中部地区应集其优势资源规划建设各种产业基地,促进产业与经济的壮大发展。根据中部地区的资源禀赋、比较优势和实际情况,中部产业基地的建设方向主要为以下方面。

---

① 中华人民共和国国家统计局. 2015. 中国统计年鉴2015. 北京:中国统计出版社.

### 1. 农业生产基地

中部地域广大，属于亚热带季风气候，四季分明，降雨充沛，光照充足，十分利于农业生产。中部地区拥有江汉平原、洞庭湖平原、鄱阳湖平原、巢湖平原、黄淮平原、汾河灌区等，自古以来就是我国传统的农业生产基地，农业发展基础较好，中部应充分利用自身的气候和资源优势，大力建设农业生产基地，促进农业发展，提升农业抗风险能力，壮大农业实力和竞争力，增加农民收入，着力解决"三农"问题。

### 2. 食品、纺织服装产业基地

中部地区农业资源丰富，河南、湖北、湖南、安徽、江西等都是农业大省，是我国重要的商品粮产区，粮棉油产量位居全国前列，生猪、鱼虾蟹、茶叶、柑橘、板栗、烟叶、中药材等特色农产品众多。中部六省应充分利用自身丰富的农业资源，大力建设食品、纺织服装产业基地，拉长产业链，扩大企业规模，提升产品质量，这样既有利于农业产业化的发展，加快推进农业资源的转化利用，又能进一步促进中部农产品加工、食品、纺织服装等产业的快速发展。

### 3. 能源产业基地

中部地区能源资源丰富，是全国的水电基地和煤炭火电基地。中部地区拥有三峡、小浪底、葛洲坝、三门峡四大水电站，拥有大同、宁武、西山、霍西、沁水、河东、淮北、淮南等八大煤田。据 2014 年的统计数据，中部地区煤炭储量1104.64 亿吨，占全国总量的 46.03%，居中国四大经济区域之首，其中山西的煤炭储量 920.89 亿吨居全国各省份之冠。中部当前应大力建设国家能源基地，不仅要向全国输出能源，更要成为就地开发利用能源的重要基地，提升中部能源产业的发展质量和竞争力，提高能源产业的经济效益。

### 4. 原材料生产基地

中部地区拥有丰富的矿产资源，煤炭、铁、铜、铝、铅、锌、金、银、锰、稀土、石膏、盐、磷、石油等主要矿产不仅储量巨大，而且种类齐全。相比东部、西部，中部的矿产资源远多于东部，矿产资源的开发、加工能力又远强于西部，矿产业及相关产业发展潜力不可限量。中部地区应大力建设原材料基地，对中部的丰富原材料进行精深加工，制造出高质量、高技术含量的下游产品，大力提高矿产资源的经济效益，把资源优势转化为竞争优势。

## 5. 现代装备制造业基地

新中国成立以后，中部地区就一直是我国社会主义工业的重要建设区域，国家曾大举进行投资建设。经过长期发展，中部地区已具备较深厚的工业发展基础，其钢铁、汽车、机床、船舶、大型工业装备、农用装备等在全国占有重要地位，中部地区拥有武汉钢铁、华菱集团、中原特钢、太原钢铁、马鞍山钢铁等著名钢铁企业，拥有东风汽车、神龙汽车、东风日产、东风本田、奇瑞汽车、江淮汽车、宇通客车、郑州日产、江铃汽车、昌河汽车、长丰汽车、大运汽车等著名汽车企业，拥有武船重工、武汉重工、三一重工、中车株车、太原重工、晋西车轴、洪都航空、昌河飞机、九江船舶、洛阳拖拉机、中联重科、江钻股份、许继电气、山河智能、轴研科技等全国著名装备制造企业。中部地区应大力建设装备制造业基地，提升装备制造业的水平和质量。

## 6. 高新技术产业基地

中部地区高校、科研院所众多，科教优势明显；中部的高新技术产业，如电子及微电子、航空航天、光机电一体化、生物工程、新材料、新能源、环保技术、医药及医学工程、精细化工等均具有较好的发展基础，"武汉光谷"的光电子产业在世界上都占有一席之地。中部地区依托武汉、长沙、郑州、合肥、南昌、太原等中心城市和省域副中心城市等，建有 24 个国家级高新技术开发区、22 个国家级经济技术开发区和 30 个省级高新技术产业开发区。中部地区应大力建设高技术产业基地，以追赶世界产业发展趋势和潮流，实现高新技术产业跨越式的发展。

## 7. 生态文化旅游休闲基地

中部旅游资源丰富，被联合国授予世界遗产的风景名胜多达 13 处，其中世界自然遗产 4 处，世界文化遗产 9 处；中国历史文化名城 29 座，国家 5A 级旅游景区 52 处，国家重点风景名胜区 52 处，国家地质公园 24 处，国家级自然保护区 52 处，国家森林公园 156 处。中部的名山大川、淡水湖泊、历史名楼、原始森林、宗教道场、革命圣地等均举世无双、中外闻名。中部应大力建设生态文化旅游休闲基地，以旅游业为抓手促进区域经济的发展。

中部地区加快推进产业基地集群发展战略的实施，有利于各种产业基地集聚资源优势，延伸、做强产业链，形成企业集群，发挥规模经济效应，优化中部的产业结构，提高区域经济竞争力，形成各产业基地相互呼应、共同发展的格局，从而促使中部经济社会的全面发展。

## 二、中部地区产业基地集群发展的战略措施

### （一）建设农业生产基地

中部地区是我国重要的粮食生产基地，水稻、小麦、油菜的产量都是全国第一。中部地区拥有江汉、洞庭湖、鄱阳湖、黄淮、巢湖等五大平原和汾河灌区，这些都是我国重要的农业生产区域。

江汉平原是由长江与汉江冲积而成的平原，位于湖北中南部。江汉平原旱地约占耕地总面积的52%，水田约占48%。旱地主要用于种植棉花，是我国高产优质棉区之一。水田主要用于种植水稻，为我国重要商品粮基地之一。江汉平原的油料作物占有重要地位，以油菜、芝麻、花生为主，是我国优质"双低"油菜的主要产区之一。江汉平原大小湖泊约300多个，是我国的著名水产区，不仅盛产青、草、鲢、鳙四大家鱼，鲤、鲫、鳜、乌鳢等鱼类亦丰，还盛产虾、蟹、鳖、贝和莲、藕、菱、芦苇和水禽，其中多种水产品为重要出口商品。

洞庭湖平原位于湖南北部，主要由长江和洞庭湖水系的湘江、资水、沅江、澧水等冲积而成，面积约1万平方千米。洞庭湖平原光照充足，雨水丰沛，土壤肥沃，为粮、棉、麻、水产和蚕丝的重要生产基地，产量居于全国前列。鄱阳湖平原是长江和鄱阳湖水系的赣江、抚河、信江、修水河等冲积而成的湖滨平原，位于江西北部及安徽西南边境，为长江中下游平原的一部分，面积约2万平方千米。平原河网稠密，湖泊众多，稻田、菜畦、鱼塘、莲湖纵横交错，是中部粮仓和重要的棉花、油料、生猪等生产基地。

黄淮平原主要由黄河、淮河下游泥沙冲积而成，位于我国河南东部、山东西部、黄河以南及安徽、江苏的淮河以北。平原多低洼区，湖泊众多，河渠纵横，涵闸密布，著名的京杭运河将大小湖泊联通，是我国南北水路的交通要道。平原稻麦两熟，还产杂粮、棉花等，是中部重要的农业生产区。巢湖平原是长江中下游平原的组成部分，位于安徽中部的巢湖地区，地势低平，低丘散布，粮食生产条件适宜，农业发达，为著名的水稻产区。汾河灌区为山西汾河引水灌溉而成，灌区土地总面积约205万亩，总耕地面积156.84万亩，主要种植作物是小麦、玉米和高粱，一年一熟。

中部地区不仅是我国重要的农业生产基地，还是我国重要的农产品交易中心。著名的郑州商品交易所是我国第一家期货交易所，成立于1990年，是全国三大期货交易所之一。目前上市交易的期货合约有小麦、棉花、白糖、精对苯二

甲酸（PTA）、菜籽油、绿豆、早籼稻等，在国际市场上的影响力逐渐显现。2008 年武汉成立国家稻米交易中心，该中心是经国家粮食局批准组建的全国区域性粮食交易市场，是武汉粮食物流基地的核心项目，有利于促进中部崛起和完善粮食流通，在进一步发挥中部粮食资源优势，促进粮食生产发展和产销衔接，搞活粮食流通，调节市场供求，服务粮食宏观调控，保障国家粮食安全等方面，发挥着重要的作用。

中部地区应以五大平原和汾河灌区为基础，以粮棉油商品交易所为依托，统筹规划，统筹发展，大力建设农业生产基地，发展农产品交易，提高农业收入，提升农业产业化水平。中部地区的湖北、湖南、河南、江西、安徽 5 个粮食主产省应重点加强以农田水利设施为基础的田间工程建设，改进农业耕作方式，提升耕地质量，健全科技支撑与服务体系，提高粮食生产科技贡献率，加快优良品种选育及推广应用，完善粮食仓储运输设施，巩固提升全国重要商品粮生产基地地位。山西要以晋中南产粮大县为重点，推进抗旱水源、农田水利等基础设施建设，加强地力培肥和水土保持，推广应用高产栽培、节水灌溉等技术，充分挖掘粮食单产潜力，增强区域粮食供给能力[①]。发展农业产业化经营，扶持农业产业化龙头企业，引导大型和特大型龙头企业向优势农副产品产区集聚，大力发展粮棉油、畜禽、水产品、果蔬及特色农产品精深加工，强化质量和品牌建设，强化营销，提高市场占有率和竞争力，促进农产品和食品加工业的发展。

## （二）建设食品、纺织服装产业基地

中部地区有着丰富的农产品原料和相应的工业基础，应大力建设食品、纺织服装产业基地，促进集群产业发展。

河南的食品产业在全国具有重要地位。2015 年，河南规模以上食品工业企业达到 3410 家，实现工业增加值同比增长 7.2%；主营业务收入突破 1 万亿元，达到 10 603.04 亿元，同比增长 8.3%；利润总额 885.05 亿元，同比增长 5.2%。河南小麦粉、饼干、速冻米面食品、方便面产量均居全国第一位，鲜冷藏肉产量居全国第三位。全国肉类综合 10 强中，河南有 3 家企业入选；全国方便面企业 10 强中，河南企业占一半。河南双汇集团成为全国最大的肉类加工企业，三全、思念速冻食品全国市场占有率超过 50%，白象集团居全国方便面行业前三名。食品工业已成为河南知名品牌最多的行业，双汇、莲花、三全等 29 家企业商标

---

① 国家发展和改革委员会 . 2010-01-12. 促进中部地区崛起规划 . http：//www.china.com.cn.

获"中国驰名商标"，华英、思念、永达等 20 家企业的 26 个产品获"中国名牌"称号①。河南成功经验就是建设食品产业基地，集聚产业发展。河南规模以上食品企业六成集中在漯河、郑州、许昌、周口、安阳、鹤壁；汤阴食品产业集聚区、漯河经济技术开发区被认定为国家新型工业化产业示范基地；遂平县产业聚集区、新郑薛店食品工业园区、郑州马寨食品产业集聚区、永城面粉产业集群等食品特色园区叫响省内外，临颍、淇县、潢川等县被评为全国食品工业强县。

湖南的农产品加工以金健米业的产业基地建设为代表，金健米业是我国粮食系统的第一家上市公司，是首批农业产业化国家重点龙头企业，国家水稻工程优质米示范基地，以优质粮油深度开发和新型健康食品研制为主业。公司目前拥有绿色、有机、优质稻核心基地 50 万亩，粮食及油料仓储能力 20 万吨，油罐储备能力 3 万吨，大米年加工能力 25 万吨，油脂油料年加工能力 20 万吨，面制品年加工能力 15 万吨，米粉、牛奶及糙米饮料年加工能力 5 万吨②。

湖北是油料作物生产大省，油菜种植面积约占全国的 1/6，年产量连续 20 年居全国之首，近年来推进精深加工，创建双低油菜品牌，种植产值和加工产值大幅上升。湖北奥星、洪森天利、中粮祥瑞等 14 家油脂加工企业组建了湖北油菜产业化战略联盟，实施产业基地建设，力争在产业研发、标准化生产、精深加工、品牌创建和市场培育等方面有所创新和发展，做大做强油菜产业基地。

中部地区的纺织、服装产业具备较强的实力。湖北襄阳是中国纺织名城，形成了从皮棉加工到纺纱、织布、化纤、印染、服装、家纺等环节的完整产业链，成为襄阳在湖北乃至全国具有影响力的拳头产业之一。2015 年，襄阳规模以上纺织服装企业 272 家，实现总产值 595.84 亿元，同比增长 11.6%③。为推动纺织服装产业发展、转型升级，襄阳制定了《襄阳市纺织服装产业发展三年行动计划》，集中力量重点建设市纺织服装产业园、市化纤纺织产业园两大特色产业园区，构筑家纺、化纤、印染三大特色板块，形成枣阳、宜城、老河口、谷城四大产业集群，规模纺织服装企业 80% 以上进入园区，实现组群基地化发展。

河南是中部地区的纺织服装大省。2015 年，河南服装业逆势上扬，全省规模以上服装企业累计完成总产量 15.75 亿件，同比增长 10.2%，高出全国 8.2 百分点，稳保全国第六名；实现主营业务收入 2455.46 亿元，同比增长 11.3%。河南服装业已培育了郑州女裤生产基地、安阳婴幼儿针织服装基地、商丘针织服装基地、濮阳羽绒制品和服装生产基地、光山县羽绒服（制品）加工基地、镇平

① 陈辉. 2016-07-14. 河南食品产业总值首破万亿，连续 10 年稳居全国第二. 河南日报.
② 佚名. 2014-06-25. 国务院部署粮食收储：新建仓容 1000 亿斤. http://www.stcn.com.
③ 襄阳政府网. 2016-06-09. 襄阳将打造成全国轻纺工业名城，2018 年行业总产值突破 800 亿. http://www.china.com.cn.

县毛衫生产基地等 6 个基地和郑州、安阳、商丘、周口、南阳、新乡、邓州市、滑县、淇县、镇平、光山 11 个纺织服装特色产业集群①。

江西是全国第六大服装生产基地、第八大纺织生产基地。"十二五"期间江西纺织服装行业产业结构不断优化，产销效益连创历史新高，在全国排位迅速前移。2015 年，江西纺织服装行业规模以上企业预计可实现主营业务收入 2560 亿元，比"十一五"末增长 2.01 倍，年均增幅达 24.7%。服装产业表现尤其突出，规模以上企业主营业务收入从 308 亿元跃升至 1317 亿元（占全省纺织行业的 51.5%），年均增长 33.7%。九大纺织服装产业基地中，有 4 个以服装为主导产业，分别是青山湖、共青城、南康、于都生产基地②。

中部六省应大力推广上述产业生产基地的成功经验，以丰富的粮棉油等农产品优势资源为基础，以产业基地规模集群发展模式来推动食品、纺织服装产业的快速发展。对于食品产业基地建设，要加快完善食品产业标准，严格规范食品添加剂控制标准，全面推行食品标准化生产，推进与信息化的深度融合；加强产品质量安全监管信息化建设，强化产地安全管理，实行产地准出和市场准入制度，建立全程可追溯、互联共享的食品质量安全信息平台，健全食品质量安全全过程监管体系；要提高农产品精深加工技术水平，大力创建食品名优品牌，不断培育和拓展市场规模，提高产品市场占有率，提高食品产业基地的规模和效益。对于纺织服装产业基地建设，要以供给侧结构性改革为动力，充分利用我国纺织服装等劳动密集型产业加速向中西部地区梯度转移的机会，规范强化产业基地建设，形成从皮棉加工到纺纱、织布、化纤、印染、服装、家纺等环节的完整产业链；要以提质增效为重心，重点实施品牌培育、品质提升工程、"互联网+"工程等，推动细分品类开发，优化产品结构，推动产业向品牌化、高档化、个性化、服务化转型，培育形成集服装流行趋势、纺织新材料、流行面料和服装品牌一体化的产业基地。

## （三）建设能源产业基地

中部地区能源资源丰富，拥有大同、宁武、西山、霍西、沁水、河东、淮北、淮南等八大煤田，在长江、黄河干流上建有三峡、葛洲坝、小浪底、三门峡四大水电站，中部是国家重要的以煤炭、电力为核心的能源产业基地。

---

① 中国纺织网. 2016-06-15. 河南服装形成一定规模，正打造产业知名品牌. http://www.texnet.com.cn.

② 金国军. 2016-01-26. 年均增长 24.7%，江西纺织服装业跃居千亿产业. 中国工业报.

中部地区的山西是我国第一产煤大省和能源生产大省，40%的国土面积含煤，全省118个县有91个县建有煤矿，2014年煤炭基础储量920.89亿吨，占全国总量的38.37%；2014年山西能源生产量64 724.71万吨标准煤，外调出省52 087.30万吨标准煤，占总产量的80.48%。河南的平顶山煤矿是我国大型煤矿之一，储量103亿吨。安徽拥有淮北、淮南煤田，储量271亿吨。湖南煤矿储量为37亿吨，主要分布在娄底、郴州、衡阳等地。中部地区大型煤炭开采和煤电企业主要有大同煤业、晋煤集团、兰花科创、潞安环能、西山煤电、神火煤电、永泰能源、阳泉煤业、安泰集团、山煤国际、太原煤气化、山西焦化、安源煤业、萍乡矿业、恒源煤电、平煤股份、大有能源、国投新集等。2014年，中部地区原煤产量13亿吨，电力生产量11 980亿千瓦·时，分别占全国总量的33.%和21.2%。

中部的湖北、河南、湖南等省的水能资源丰富，尤其是湖北河流众多，长江自西向东横贯全境，并有汉江、清江和洞庭湖的湘、资、沅、澧四水汇入干流，水能资源总量居全国前列。清江是湖北最大的内河，也是我国第一条实施梯级滚动综合开发的内河，全长423千米，落差1430米。1987年湖北成立清江开发公司，开始对清江实施梯级综合开发。经过30年的开发先后在清江上修建了"隔河岩，高坝洲，水布垭"三大梯级电站。3座电站共装机11台，总容量达332万千瓦，是迄今为止除三峡外最大的水力发电基地。中部的水电站为中部和全国提供了大量水电能源，支持了全国的经济社会发展。

当前，我国能源消费结构仍然还是过度依赖煤炭等化石能源，在全国总装机容量中，火电比例一直居高不下，在一定程度上导致环境污染，造成了高昂的环境成本。相比之下，由于核电资源消耗少、环境影响小和供应能力强等优点，成为与火电、水电并称的世界三大电力供应支柱。核电在生产过程中，二氧化硫和二氧化碳等物质基本上是零排放。对于发展核电备受关注的核辐射问题，有关专家认为，核电站的核燃料中铀-235的含量仅为4%左右，只要不发生核泄漏，一般不会对周围环境产生破坏。因此在能源产业基地建设方面，中部各省都在大力规划发展核电，使用核电这种清洁能源，既可以调整能源产业结构，又可以拉动地方经济发展。

2008年，获国家发改委批准开展前期工作的湖南桃花江、江西彭泽、湖北大畈3个内陆核电项目，已投入不少资金。截至2013年底，桃花江核电已累计完成固定资产投资46.3亿元，而彭泽核电项目、大畈项目的投入资金均已达到34亿元左右[①]。安徽准备建设芜湖核电站、池州吉阳核电站，其前期工作已经投

---

① 杨仕省.2015-09-28.31个核电厂址完成可行性初审，咸宁核电站获"路条".华夏时报.

入了大量资金。河南在颁发的《河南省能源中长期发展规划（2012～2030年)》（豫发〔2013〕37号）提出，稳步推进南阳、信阳、洛阳、平顶山等核电项目前期工作，积极争取建设条件较好的核电项目纳入国家规划并做好核电厂址保护工作，争取南阳核电项目尽早开工建设，有序推进其他具备条件的核电项目建设，力争2020年前后建成核电装机250万千瓦，2030年建成1000万千瓦。

核电站建设投资大、效益高，核电是干净、无污染的清洁能源。根据国务院正式批准的国家发改委上报的《核电中长期发展规划（2005～2020年)》，我国核电建设的发展目标是到2020年核电运行装机容量达到4000万千瓦，并有1800万千瓦在建项目结转到2020年以后续建；核电占全部电力装机容量的比重从现在的不到2%提高到4%，核电年发电量达到2600亿～2800亿千瓦·时。中部六省应抓住这一发展机遇，成为我国核电建设和开发的基地。

综上所述，中部地区的能源产业基地建设，要优化能源供给结构，提高能源利用效率，着力推动能源生产利用方式变革，建设清洁低碳、安全高效的现代能源体系；要大力加强大型煤炭基地的建设，加强煤炭资源的深层次利用，发展煤化工业；加强电力基地和电网建设，建设挖煤、发电、产品制造和深加工一体化企业，提高能源外输的能力和效益；充分利用中部丰富的水力资源，加强水电建设，开发新能源和清洁能源，发展核电站和太阳能发电等生产基地。

## （四）建设原材料生产基地

中部地区矿产资源丰富，拥有武钢、鄂钢、大冶特钢、中原特钢、安阳钢铁、舞阳钢铁、华菱钢铁、湘潭钢铁、马鞍山钢铁、南昌钢铁、新余钢铁、萍乡钢铁、太钢不锈等多家大型钢铁冶炼企业。其中武汉钢铁公司是新中国成立后兴建的第一个特大型钢铁联合企业，拥有完整的钢铁生产工艺和设备，是我国重要的优质板材生产基地，年产钢材近4000万吨，居世界钢铁行业第四位，是世界500强企业之一。2014年，中部地区生铁、粗钢、钢铁产量依次为15 162.84万吨、16 832.77万吨、20 651.48万吨，分别占全国总产量的21.24%、20.47%、18.35%。中部地区的铜、铝、铅、锌、金、银、钨、锑、钼、锂等有色金属资源也比较丰富，拥有江铜集团、江钨集团、章源钨业、赣锋锂业、中国五矿、精诚铜业、株冶集团、湖南黄金、金贵银业、湘铝集团、湘潭电化、豫光金铅、焦作万方、中孚实业、洛阳钼业、明泰铝业、五矿稀土、盛和资源等多家大型有色金属采掘冶炼企业，其中多数企业都位居其所在细分行业的龙头地位。

中部非金属矿产资源蕴藏量大，建材业比较发达，已形成水泥、玻璃及深加工、建筑陶瓷、耐火材料、新型建材等门类齐全、技术装备比较先进的建材工业体系。中部地区拥有海螺水泥、华新水泥、葛洲坝水泥、江西水泥、大同水泥、巢东股份、宁国水泥、兰丰水泥、科华水泥、狮头股份等多家大型水泥制造企业。海螺水泥产销量已连续17年位居全国第一，是目前亚洲最大的水泥、熟料供应商，其生产技术属于世界最先进水平。华新水泥始创于1907年，是我国水泥行业最早创立的企业之一，被誉为中国水泥工业的摇篮，其生产的15个水泥品种均为国家质量免检产品。2014年，中部水泥产量66 605万吨，占全国总量的27.5%，其中新型干法水泥比重超过70%。

中部地区的玻璃深加工技术处于全国领先水平。洛阳玻璃始建于1956年，是世界三大浮法玻璃工艺之一"洛阳浮法"的诞生地，是目前国内唯一同时具备0.55~25毫米生产能力的大型玻璃制造企业，公司现拥有13条现代化的浮法玻璃生产线，年产多种色调、多种规格的优质浮法玻璃2000多万重量箱，是我国中西部地区生产能力最大的综合性玻璃深加工基地。武汉长利玻璃、三峡新材都是中部地区著名的玻璃制造企业。

石膏是应用广泛的建筑材料，中部的石膏资源丰富，在全国储量超过10亿吨的9个省份中，中部地区占有湖南、湖北、安徽、山西等4席。湖北应城石膏储量大，已有400多年的开发历史，在全国乃至世界久享盛誉，该市已探明石膏储量5.1亿吨，其中一级品纤维石膏1.17亿吨，占全国储量的82.5%，素有亚洲纤维石膏王国的美誉，产量及品质均居全国之首。江西景德镇的陶瓷业自古发达，现正在向建筑陶瓷、高端陶瓷等现代陶瓷业转型发展。河南、山西的耐火材料工业比较发达。2014年，河南耐火材料制品产量4984.92万吨，占全国总产量的42.62%，同比增长11.88%[①]。山西高档耐火材料和特种耐火材料的比重较高，正规划建成国内最具竞争力的钢铁专用耐材生产基地。

中部地区是我国基础较好的化学工业基地。中部的煤、盐、磷等矿产资源储量较大，化学工业体系比较完整，化肥、农药及煤化工优势明显，石油化工、盐化工、氟化工、磷化工等行业具备一定的产业规模和技术基础。湖北宜化集团是我国最大的化工企业之一，全球最大的多元醇生产基地；亚洲规模最大的井矿盐企业，年产200万吨真空制盐；我国最大的化肥制造商，年产500万吨尿素；最大的联碱生产企业，年产200万吨纯碱；最大的氯碱化工生产企业，年产100万吨聚氯乙烯、80万吨烧碱。河南中平能化集团是我国品种最全的炼焦煤、动力煤生产基地和亚洲最大的尼龙化工产品生产基地，煤炭产能7000万吨，糖精钠、超高功率石墨电极、碳化硅精细微粉产能全国第一，尼龙、盐、工程塑料产能亚洲第一，工业丝、帘子布产能世界第一。安徽铜陵化工集团是全国重要的硫磷化

① 中商产业研究院. 2015-01-28. 2014年河南省耐火材料制品产量分析. http：//www. askci. com.

工基地之一，具有 150 万吨/年硫铁矿生产能力，120 万吨/年硫精矿选矿能力，居全国首位；硫酸年产量 70 万吨/年，化肥总量超过 150 万吨/年，均居国内同行业前列。湖南海利公司是我国重要的农药生产企业，致力于开发高新农药和精细化工产品，高新技术含量达到 90% 以上，竞争力强，市场占有率高，公司生产的氨基甲酸酯类农药在全国同类市场中占据主导地位，具有垄断优势。

中部地区新材料基地建设具有一定的基础。江西、湖南的稀土资源丰富，赣州虔东稀土、五矿稀土（赣州）公司，五矿稀土（湖南）公司都是稀土开采和加工龙头公司，是稀土发光材料、稀土永磁材料、稀土储氢材料等的生产基地。作为硅料主要原料的粉石英，江西储量非常丰富，目前已探明的保有资源储量近 2000 万吨，居全国首位。江西赛维 LDK 太阳能项目建成投产后，使江西在多晶硅铸锭和切片产业链的承上启下关键环节走在全国最前列，上饶等地在加快发展金属硅产业，九江、萍乡在加快发展多晶硅料产业，这些都为江西硅材料产业的发展打下了良好的基础。

中部地区应以上述优势原材料资源和龙头企业为基础，改造提升传统产业，优化产业空间布局，加强节能环保技术、工艺、装备推广应用，大力建设原材料基地。中部六省协调优化发展钢铁产业，推进钢铁企业兼并重组，坚决淘汰剩余落后产能，提升工艺技术水平，优化产品结构，节能减排，降低污染，提高企业的规模和效益；积极发展有色金属深加工业，严格市场准入，淘汰剩余落后产能，发展循环经济，提高资源回收利用效率，支持铜、铝、铅、锌等产品的规模化生产，建设精品原材料基地；推进建材和化工产业的发展，扩大企业规模，发展中高端产品，淘汰落后产能，提高企业技术水平；采用和发展高新技术，推动稀土材料和硅材料的精深加工产业化，提高技术水平，把资源的低价值输送转变为高价值成熟产品的制造，以提高经济效益，保护环境。

## （五）建设现代装备制造业基地

中部地区是全国的重工业基地，汽车、轨道交通设备、工程机械、船舶、飞机等产业基地在全国占有重要地位。

汽车制造产业是中部地区的传统优势产业，拥有东风汽车、神龙汽车、东风日产、东风本田、奇瑞汽车、江淮汽车、宇通客车、郑州日产、江铃汽车、昌河汽车、长丰汽车、安凯客车、大运汽车、金马股份、星马汽车等众多有影响的汽车制造企业和生产基地。2014 年，中部地区汽车产量 385 万辆，占全国总产量的 16.2%。武汉—随州—襄阳—十堰是中国著名的汽车产业走廊，2014 年，湖北汽车制造企业 1423 个，实现工业总产值 5414.38 亿元。

中车株洲电力机车是中国中车旗下的核心子公司，中国最大的电力机车研制基地、湖南千亿轨道交通产业集群的龙头企业，被誉为"中国电力机车之都"，创造了中国轨道交通装备领域的诸多记录；公司主要业务集中在电力机车、城轨车辆、城际动车组领域，公司也在大力开拓维保、总包工程、超级电容、车辆高低压电器、制动系统、磁浮车辆、储能式有轨/无轨电车等新产业领域；公司在国内外设有 20 余家子公司，2015 年实现销售收入 260 亿元、利税 41 亿元。

湖南的工程机械产业在全国乃至世界都有重要影响，形成以三一重工、中联重科、山河智能、天桥起重、中科电气等为代表的产业集群和生产基地。三一重工是全球工程机械制造商 50 强，产品线包括混凝土机械、挖掘机械、起重机械、桩工机械、筑路机械等，其中混凝土输送泵车、混凝土输送泵和全液压压路机等市场占有率居国内首位，泵车产量居世界首位。中联重科主要从事工程机械、环境产业、农业机械等高新技术装备的研发制造，主导产品覆盖 10 大类别、73 个产品系列、1000 多个品种，国内生产制造基地有 20 余个。

武船重工拥有武昌、青岛海西湾、武汉双柳三大生产基地，形成了军工、军贸、海工和大型船舶、中小船舶、桥梁装备、建筑钢结构、能源装备、特种成套设备、物资贸易和物流服务九大产品板块协调发展的格局。武船重工是我国现代化的水下、水面舰艇制造基地，形成了完整的军工建造规范和自主创新的工艺体系，为我国海军装备换代升级和国防事业作出突出贡献。武船建造的军贸产品出口到非洲、南亚、中东、南美等多个国家和地区。武船重工主要经济指标连续23 年保持两位数的增长速度，2014 年，再次实现产值、开发、销售收入过百亿元。

江西是中部地区的飞机制造中心，洪都航空是我国唯一可提供初级教练机、中级教练机、高级教练机全系列教练机的专业研制生产企业，已成为我国教练机、强击机、轻型通用飞机的科研生产基地以及航空外贸出口基地。昌河飞机是我国直升机科研生产基地和航空工业骨干企业，具备研制和批量生产多品种、多系列、多型号直升机和航空零部件转包生产的能力。

太原重工是新中国成立后我国自行设计、建造的第一座重型机器厂，曾为三峡工程研制出世界最大、质量最好、整体技术性能最先进的桥式起重机。山西利用其发达的煤炭产业，正在努力打造世界煤机装备产业基地。武汉的中铁大桥局和中交二航局是全国著名的路桥建设企业，其建桥机械在全国处于领先地位。武桥重工是我国重要的桥梁施工设备制造企业，其创造了中国桥梁装备的许多第一，产品填补了我国众多空白，并在国内长期处于领先地位，有的达到国际先进水平。

中部地区应围绕其装备制造优势产业，以提高创新能力和基础能力为重点，以核心技术、关键技术研发为着力点，推进信息技术与制造技术深度融合，加快发展智能制造关键技术装备，促进装备制造业朝高端、智能、绿色、服务方向发展；推动装备制造业由生产型向生产服务型转变，引导企业延伸服务链条、促进服务增值；中部六省要协调推进产业集聚和企业集群发展，鼓励企业兼并重组，提高产业集中度，形成以大企业集团为核心，集中度高、分工细化、协作高效的产业组织形态和生产基地，培育中部装备制造业竞争新优势。

### （六）建设高新技术产业基地

新中国成立以来，经过 60 多年的建设发展，中部地区集聚了全国一大批有影响的高等院校和科研机构，科教实力雄厚，人力资源丰富，为中部地区的高新技术产业发展和基地建设奠定了良好的科教基础和优势。据 2014 年的统计，中部地区拥有本、专科高等学校 668 所，占全国高等学校总数的 26.42%，其中"985 工程"大学 6 所，"211 工程"大学 17 所；拥有科学研究与开发机构 12 643 个，科研机构 R&D 人员 405 029 人；产品或工艺创新企业 26 841 个，占全国总量的 20.86%；产品或工艺创新企业占全部企业的比重为 31.35%[①]。

科技是强盛之基，创新是进步之本。经济新常态下，党的"十八大"以来，中部六省为着力解决其发展方式粗放、产业层次偏低、资源环境约束趋紧等急迫问题，都以科技创新作为经济稳中求进、产业转型升级的重要驱动力，下大力气优先支持发展高新技术产业开发区，扶持高新技术企业发展，兼顾发展速度与质量、统筹发展规模与结构。中部地区现有 24 个国家级高新技术产业开发区和 30 个省级高新技术产业开发区。据统计，2014 年中部地区 24 个国家级高新技术产业开发区入驻企业 12 072 个，占全国高新技术产业开发区企业总量的 16.47%；其企业从业人员 255.64 万人，占全国高新技术产业开发区企业从业人员总量的 16.84%；高新技术产业开发区企业总收入 408 838 702.90 万元，占全国高新技术产业开发区企业总收入的 18.13%；高新技术产业开发区企业出口总额 3 885 559.66 万美元，占全国高新技术产业开发区企业出口总额的 8.94%。

中部地区的武汉、长沙、郑州是国家级生物产业基地，武汉还是国家级的光电子产业、信息产业和高科技产业基地。武汉光谷是全国最大的光纤光缆、光电器件生产基地，最大的光通信技术研发基地，最大的激光产业基地，光纤光缆的生产规模居全球第二，国内市场占有率达 50%，国际市场占有率达 12%；光电

---

① 根据《湖北统计年鉴 2015》《湖南统计年鉴 2015》《河南统计年鉴 2015》《安徽统计年鉴 2015》《江西统计年鉴 2015》《山西统计年鉴 2015》和《中国统计年鉴 2015》的数据整理计算而得，本章余同。

器件、激光产品的国内市场占有率达 40%，在全球产业分工中占有一席之地，已经上市的烽火通信、长江通信都是武汉光谷的龙头企业，武汉光谷还是国家自主创新示范区。

中部六省在各自的高新区都建有软件园，发展软件信息产业，位于湖南的中国国防科技大学 1983 年研制了我国第一台亿次计算机"银河一号"，2009 年研制"天河一号"千万亿次计算机，使我国成为继美国后第二个可自主研制超级计算机的国家；2013 年研制的"天河二号"超级计算机系统，以峰值计算速度每秒 5.49 亿亿次、持续计算速度每秒 3.39 亿亿次双精度浮点运算的优异性能，位居第 41 届世界超级计算机 500 强榜首；这是继 2010 年"天河一号"首次夺冠后，中国超级计算机再次夺冠①。全球最大的高科技代工企业——富士康在中部的武汉、太原、郑州都建有工业园，为全球生产电子数码产品。湖南长沙的文化娱乐产业比较繁荣，长沙、武汉、合肥、郑州都在建设自己的国家级动漫产业园，中部有望成为全国的文化产业发展基地之一。山西是国家级的中药现代化科技产业基地。

在当前经济发展新常态形势下，产业与区域经济发展不断面临新的挑战。资源和环境约束不断强化，劳动力等生产要素成本不断上升，投资和出口增速明显放缓，过去主要依靠资源要素投入、规模扩张的粗放发展模式已难以为继，调整、优化、升级产业结构，提质增效刻不容缓。而发展高新技术产业、建设高新技术产业基地是促进产业转型升级的有效途径之一。中部地区要以创新、协调、绿色、开放、共享为其发展理念，以现有的 24 个国家级高新技术产业开发区和 30 个省级高新技术产业开发区为基础，强化高新技术产业开发与经济技术开发区的发展衔接，瞄准技术前沿，把握产业变革方向，围绕重点领域，优化政策组合，着力发展新一代信息技术、高端装备制造、生物技术、节能环保、新能源汽车、新能源、新材料等高新技术产业，促进区域经济的持续发展。

## （七）建设文化生态旅游休闲基地

中部地区拥有独一无二、具有市场竞争力、珍奇的旅游资源优势。拥有武当山、明显陵、神农架、武陵源（张家界、索溪峪、天子山）、龙门石窟、安阳殷墟、庐山、三清山、黄山、皖南古村落、云冈石窟、平遥古城等世界文化遗产和自然遗产 13 处；拥有黄山、庐山、云台山、张家界、嵩山、王屋山—黛眉山、伏牛山、龙虎山、天柱山、三清山、神农架等世界地质公园 11 处；拥有长江三

---

① 阳锡叶、李伦娥 . 2013-06-19. 国防科大研制的"天河二号"成全球最快计算机 . 中国教育报 .

峡、黄鹤楼、三峡大坝、武汉东湖、三峡人家、衡山、凤凰古城、龙潭大峡谷、清明上河园、井冈山、仙女湖、九华山、琅琊山、五台山、黄河壶口瀑布等国家5A级景区与国家重点风景名胜区104处；拥有武汉、荆州、襄阳、长沙、岳阳、洛阳、郑州、开封、南昌、景德镇、亳州、歙县、大同、新绛等中国历史文化名城29座。我国著名的"五岳"有"三岳"（中岳嵩山、北岳恒山、南岳衡山）位于中部，佛教"四大名山"有"二山"（五台山、九华山）位于中部，历史上久负盛名的"江南三大名楼"（黄鹤楼、岳阳楼、滕王阁）都位于中部；神农架被誉为"华中屋脊"和"绿色宝库"，武当山是中国道教第一山，井冈山被称为"红色摇篮、绿色家园"。

中部地区的黄河文明和长江文明历史悠久。中国始祖伏羲于河南淮阳演八卦，后来者周文王继承伏羲八卦基础，于河南安阳羑里著成《易经》；老子、庄子著书立说，分别成就了《道德经》和《庄子》；孔子弟子及再传弟子将孔子的讲学编写成册，至汉代成书为《论语》。这些古籍经典流传百世，是国学思想文化的精髓。黄帝故里、古都洛阳、开封均位于中部的河南境内。辉煌灿烂的楚文化主要发端、兴旺于湖北、湖南境内，"筚路蓝缕，以启山林"的楚人精神激励后人，代代相传；举世瞩目的楚文化艺术品独步海内外，令人叹为观止，充分体现了楚人的想象力和审美意识。上古时代尧、舜、禹的帝王都城，全国70%以上的保存完好的宋、金以前的地面古建筑物，超过119处具有珍贵价值的国家级重点保护文物等均位于山西境内。

长江中游武汉黄陂盘龙城遗址是已发现的长江流域第一座商代古城，距今3500多年，城邑和宫殿遗址壮观齐全，遗址、遗物、遗骸明显反映了奴隶社会的阶级分群。属于商晚期的湖北大冶铜绿山古铜矿是我国现已发现的年代最早、规模最大而且保存最好的古铜矿。江西清江的吴城遗址是长江下游重要的商代遗址。

中部地区的历史文化传统悠久，著名的中原文化、楚文化、晋商文化、湘文化、徽州文化、老俵文化等蜚声中外，影响深远。中部文化遗址众多，安阳殷墟、仰韶遗址、龙门石窟、云冈石窟、明显陵、襄阳古隆中、赤壁古战场、长坂坡古战场、平遥古城、凤凰古城、徽州古城、解州关帝庙、乔家大院、皇城相府等举世无双，传承久远。中部地区是我国近、现代革命起源地之一，辛亥首义、井冈山、瑞金政府、大别山、韶山、鄂豫皖等革命遗迹，教育后人，不忘初心。中部地处祖国内陆，长江、黄河、淮河等横贯境内，湖泊众多，河网密布，植被繁茂，山清水秀，空气清新，景色宜人，是生态文化旅游和修身养性、休闲娱乐的绝佳去处。

中部地区要充分利用和开发这些得天独厚的生态文化旅游资源，大力建设全国乃至世界性的文化生态旅游休闲基地。中部各省应加强合作，共同打造中部旅游市场，把旅游业的发展和文化产业的发展结合起来，利用中部丰富的文化遗产，建立主题公园或主题游乐园，比如三国主题公园、红色革命主题公园等，以打造中部自己的"迪斯尼乐园"，做强做大旅游产业。

## （八）形成产业集群，壮大产业基地

产业集群是指在一定区域内，众多联系密切的特定产业的企业及其产业链的上下游和服务的聚集。它通过分工合作，提高生产效率，降低企业的生产成本和交易成本，提高企业的市场竞争力，形成外部规模经济效益。在区域经济中当产业集群形成后，可拉长产业链，降低产业发展成本，刺激产业创新，提高产业效率，从而提升整个区域的产业竞争能力和经济实力，因此发展产业集群已成为当今产业与区域经济发展的重要手段，中部地区应该充分利用产业集群的发展形势，来进一步壮大各种类型的产业基地，提高中部的产业竞争水平。

中部地区的各种产业基地各有特点，应根据相应的产业特色来发展产业集群，进而促进产业基地的发展。中部地区应像湖南那样更加重视产业集群的规划发展，主要通过发展产业集群，来不断促进产业发展基地——产业园区的建设。湖南按照布局合理、产业集聚、企业集群、土地集约、生态环保的原则，整合、优化、提升现有各类开发区、工业园区建设，将产业集群发展规划与园区发展规划相衔接，重视产业关联度，建立起上、中、下游密切的产业链，通过信息、技术、人力、市场、产品、资金等生产要素的传递、重组和渗透，形成企业集群和产业的分工合作，着力培育、扶持龙头企业、名优产品、驰名商标和著名畅销品牌的成长壮大。中部地区应该依托武汉、长沙、郑州、合肥、南昌、太原的科技优势，抓好科技成果转化，突出转化重点，加快新一代信息技术、新能源汽车、轨道交通装备、农机装备、机器人装备、数控机床、化工成套装备、医疗器械、生物医药、新能源、新材料、节能环保等高新技术成果产业化进程，培育发展一批创新产业集群，提升产业集聚发展的实力和竞争力，把产业发展基地建成具有国际竞争力的优势产业发展高地。

## （九）做好规划和组织，发展产业基地

做好规划和组织工作，是产业基地发展的前提条件和基础。中部各省要相互配合，协调发展，科学规划产业基地的定位、目标、面积、重点、功能、层次、阶段等，严格按规划逐步实施。中部地区要立足于本区域的实际区情和优势产

业，集聚资源，吸引资本，壮大基地，扶持企业发展。中部地区各产业基地应像武汉东湖国家自主创新示范区那样，科学制定示范区发展规划和项目发展指南，明确规定基地发展信息光电子、能量光电子、消费光电子、软件等四大领域，重点发展光纤光缆、光电器件、光通信系统及设备、IP网络系统及设备、移动通信系统及设备、光电材料、工业激光设备与应用、激光生物医学仪器及成套设备、激光器与光学元器件、光电测量仪器、光机电一体化设备、光存储、光显示、光输入/输出、光源/电源、信息家电等 16 类光电产品以及集成电路设计、信息安全软件、通信类支撑软件、CAD/CAM/CAPP 等应用软件、GPS/GIS/RS、ITS 和智能建筑系统等软件产品。依据规划和项目指南开展招商引资，引入上中下游企业，加强产业配套，拉长产业链，做大做强产业，形成光电子产业集群，促进光电子信息产业的集约化发展，从而促进产业基地的发展壮大。

中部地区产业基地的建设，应着力抓住国际产业向我国梯度转移、我国东部产业向中西部梯度转移的难得机遇，完善相关产业基地的硬件建设，做到水电设施齐全，公路、铁路、水路、航空等交通快捷方便，搞好基础设施配套；中部各相关产业基地还要不断完善服务平台，充分发挥基地"一站式"的服务功能，做好工商、税务、法律、会计、金融、保险、融资、投资、外包、进出口、资产评估、管理咨询等各方面的服务，简化办事程序，提高工作效率，提升基地的服务管理水平，吸引、承接转移产业进入产业基地，推动产业基地的发展壮大，不断提高产业与区域经济的竞争能力。

# 第五节　综合交通通信枢纽联通发展

## 一、中部地区建设综合交通通信枢纽的比较优势和意义

中部地处我国内陆腹地，"得中独优"，祖国四面八方、南来北往、东西互动，必经中部地区。因此新中国成立以来，中部地区一直都是我国的综合交通通信枢纽；中部拥有由公路、铁路、水运、航空等多种现代化、立体式交通运输方式和通信信息高速公路等组成的交通通信网络，从而有力地支撑了中部地区乃至全国的经济社会发展。

中部地区公路纵横相间、密如蛛网，高速公路、国道、省道、县道、乡道，

织成了四通八达的公路交通网络。在全国"7918"①的高速公路网中，从北京出发的京台高速、京港澳高速、京昆高速，南北向的济广高速、大广高速、二广高速、包茂高速等国家干线都纵穿中部地区；东西向的连霍高速、宁洛高速、沪陕高速、沪蓉高速、沪渝高速、杭瑞高速、沪昆高速、福银高速等国家干线均横贯中部地区。由"五纵七横"12条国道主干线组成的国家公路网，其中的"四纵六横"均穿越中部地区。2014年，中部地区公路里程达1193.36万千米，其中高速公路为29 695千米，占全国总量的26.52%；道路运输业就业人数811 648人，占全国总量的20.91%；完成公路客运量584 833万人，占全国总量的30.64%；完成公路旅客周转量3403.06亿人·千米，占全国总量的28.16%；完成公路货运量953 734万吨，占全国总量的28.61%；完成公路货物周转量21 570.69亿吨·千米，占全国总量的35.35%。

中部地区铁路纵横交错，四通八达。南北向的京广线、京九线、焦柳线、洛湛线、同蒲线、太焦线等纵穿中部地区；东西向的陇海线、沪昆线、京包线、大秦线、石太线、襄渝线、汉丹线等横贯中部地区；几十条干线铁路和几百条支线铁路与主干线铁路融会贯通，构建了中部地区现代化的铁路交通网络。国家铁路发展中长期规划到2020年，将在全国建成"四纵四横"的铁路客运专线，其中的"一纵四横"均穿越中部地区。2014年，中部地区铁路营运里程达26 039.8千米，占全国总量的23.28%；铁路运输就业人数507 795人，占全国总量26.69%；完成铁路客运量56 593万人，占全国总量的24.01%；完成铁路旅客周转量3978.72亿人·千米，占全国总量的34.29%；完成铁路货运量113 044万吨，占全国总量的29.64%；完成铁路货物周转量7356.31亿吨·千米，占全国总量的26.72%。以武汉为中心，3小时内的中部省会城市的高铁网已初步形成。中部的武汉、郑州均是我国名副其实的铁路交通网心脏和中心枢纽，全国三大铁路编组站武汉、郑州占其之二，武汉目前是全国也是亚洲最大的铁路编组站。

中部地区的水运以大江大河的内河航道为主，全国六大河流的长江、黄河、淮河、海河等四大河流流经中部地区。举世闻名的长江、黄河两大主航道横贯中部，直通东西，上百条河流与之相连，通航里程达32 943千米，占全国内河航道的26.08%。长江是亚洲第一长河，拥有雅砻江、岷江、嘉陵江、沱江、乌江、湘江、汉江、赣江、青弋江、黄浦江等众多支流，以及青海湖、洪湖、洞庭湖、

---

① "7918"是指我国高速公路网工程，采用放射线与纵横网格相结合布局方案，由7条首都放射线、9条南北纵线和18条东西横线组成，简称为"7918"网，总规模约8.5万千米，其中主线6.8万千米，地区环线、联络线等其他路线约1.7万千米；2010年该工程基本建成。

鄱阳湖、巢湖、太湖等众多湖泊，干流通航里程达 2800 多千米，素有"黄金水道"之称，是我国东西向的水运大动脉。从湖北宜昌到江西湖口为长江中游，横贯中部地区的鄂、湘、赣、皖的主要经济区域。"长江是货运量位居全球内河第一的黄金水道，长江通道是我国国土空间开发最重要的东西轴线，在区域发展总体格局中具有重要战略地位。"① 2014 年长江干线完成货物通过量 20.6 亿吨，同比增长 7.3%，再创历史新高，连续 10 年夺得世界内河第一，实现"十连冠"②。长江有南通、苏州、镇江、南京、马鞍山、芜湖、安庆、九江、黄石、武汉、岳阳、荆州、宜昌、重庆、泸州等主要港口，在这 15 个港口中，中部地区占有 9 个，占港口总数的 60%。据统计，2014 年中部地区水上运输业就业人数 45 946 人，完成水运客运量 2838 万人，完成水运旅客周转量 7.14 亿人·千米，完成水运货运量 182 598 万吨，完成水运货物周转量 9155.42 亿吨·千米。

中部六省省会城市武汉、长沙、郑州、南昌、合肥、太原都拥有国际性的大型现代化航空港，即武汉天河、长沙黄花、郑州新郑、南昌昌北、合肥新桥、太原武宿等六大国际机场，大量航班往来便捷，通达海内外。中部六省还在各省的省域副中心城市、重点旅游城市宜昌、襄阳、恩施、神农架、武当山、张家界、常德、怀化、衡阳、洛阳、南阳、景德镇、九江、赣州、井冈山、宜春、黄山、阜阳、安庆、池州、大同、运城、长治、吕梁等地建有众多的地方性机场，形成中部地区的空港与航空运输网络体系，不仅把中部地区与全国各地连接起来，而且还把中部地区与世界连接起来，促进了中部地区的内外交流和经济社会发展。2014 年，中部地区航空运输业就业人数 36 442 人；武汉、长沙、郑州、南昌、合肥、太原六大国际航空港分别完成旅客吞吐量 1727.71 万人、1802.05 万人、1580.54 万人、724.09 万人、597.46 万人、793.19 万人；分别完成货邮吞吐量 143 029.6 吨、125 037.8 吨、370 420.7 吨、46 066.4 吨、46 426.0 吨、44 863.9吨。

中部地区位居全国的经济地理中心，全国的重大通信干线、光缆干线都交汇于此。我国已建成"八纵八横"光缆通信干线网，长度总计约 8 万千米之多，多数贯经中部，通达四面八方。还有许多支线光缆、连接光缆、特殊光缆、架空光缆等都穿越中部各省。在国家已建成的武汉—北京—沈阳—天津—南京—武汉、武汉—南京—上海—广州—武汉、武汉—重庆—成都—西安—武汉 3 个高速环网，武汉居于中部和全国最重要的通信枢纽中心。由于这些通信干线的支撑，有力地促进了中部通信事业的快速发展。2014 年，中部地区电信业务收入 3517 亿

---

① 国务院关于依托黄金水道推动长江经济带发展的指导意见（国发〔2014〕39 号）。

② 程璐，周国东.2015-01-08.2014 年长江干线完成货物通过量 20.6 亿吨. http://www.zgsyb.com.

元，占全国总量的 19%；移动电话交换机 43 288 万户，占全国总量的 21%；固定电话用户 4866 万户，占全国总量的 20%；移动电话用户 27 533 万户，占全国总量的 21.11%；长途光缆线路总长度 179 896 千米，占全国总量的 19.17%；互联网上网人数 14 284 万人，占全国总量的 22.02%；移动互联网用户 17 111 万户，占全国总量的 19.55%；互联网宽带接入用户 4271.8 万户，占全国总量的 21.3%。所有这些通信网络设施，为中部地区产业与经济社会的发展打下了坚实的信息服务基础。

交通通信是产业与经济发展不可或缺的重要组成部分，属于第三产业范畴。随着经济社会的不断发展和进步，产业结构的不断调整、优化和升级，人们对生产、生活的需求越来越高，交通运输、仓储物流、邮电通信、信息服务等产业发展将越来越重要。发端于 20 世纪 50 年代、延续至今的第三次科技革命，主要以电子信息业的突破与迅猛发展为标志，催生各项高新技术产业尤其是邮电通信、信息服务产业的迅猛发展，极大地带动交通运输、仓储物流、电子商务产业的快速发展，从此世界上的大多数国家都先后由工业时代进入信息时代。在当今日新月异的变革时代，没有现代化的交通通信产业，就没有产业与经济的发展。甚至可以说，交通通信产业的发展，在很大程度上决定了产业与经济的发展，决定了社会的文明与进步。

## 二、中部地区综合交通通信枢纽联通发展的战略措施

尽管中部地区的交通通信基础设施有了较大发展，但是中部地域广袤，公路网络通达偏僻地区的深度不够，山区、老区、边区、贫困地区、偏远村寨等交通相对落后；长江等主要水运通道潜力巨大，内河航道通航等级偏低，港口功能尚不完善；航空空港、地方机场等级还不高，缺乏全国性乃至国际性的航空中心枢纽；中部区域内主要经济圈或城市群之间、经济圈或城市群内各城市之间的综合交通运输网络还不健全和完善；通信网络的硬件、软件、等级、代次、管理水平等均有待提高。中部地区的交通通信网络还不能完全适应当前世界交通通信发展要求和中部崛起的发展需求，也与中部的综合交通通信枢纽的地位还不相适应。

## （一）建设中部地区综合交通枢纽和交通运输网络体系

从中部地区的综合交通枢纽中心和交通运输网络体系的角度来考察，中部的水运、航空交通相对薄弱。长江航道、港口的建设相对滞后，长江"黄金水道"

的巨大潜力还有待进一步挖掘。中部地区的空港网络体系虽然初步形成，但缺乏全国性的航空枢纽空港，国际航线还不多，国内干线、支线航线尚不完善，在一定程度上影响了中部的快速发展。着力建设中部地区水陆空立体复合式的综合交通枢纽，健全和完善主要经济圈或城市群之间、经济圈或城市群内各城市之间的综合交通运输网络，不仅有利于中部地区产业与经济的发展，而且有利于国家战略安全、经济发展和社会稳定的战略性大格局的形成。

中部地区应加快交通枢纽城市的建设，强化武汉、郑州全国性交通枢纽中心的地位和作用，进一步完善其功能；中部六省应协调构建以"一极五次极，二十增长核，六主圈九副圈，两纵三横五主带"为总体框架、一体化的立体式的水陆空综合交通运输网络体系；积极推进经济圈或城市群之间、经济圈或城市群内各城市之间高速公路建设，延长高速公路里程，加快高速公路网络体系的形成与完善；加快旅游景区路、资源开发路、县乡连通路、山区扶贫路建设，改造和完善国道、省道、县道、乡道路网体系，实现具备条件的乡镇、建制村都通沥青（水泥）路；提高干线公路技术等级，畅通道路运输，提高路网连通能力，促进中部六省县域经济的快速发展；加强中部地区与其他地区间的高速公路、国道、省道路网的连接和管理，破除行政区划障碍，提高综合服务能力与水平，畅通中部地区与全国各地的公路交通运输。

中部地区应加快铁路网建设，发展高铁经济。高铁能助推区域经济一体化发展，成为区域经济发展的新的联通干线。东西向的沪汉蓉高铁由上海出发，途经南京、合肥、武汉、重庆等城市后到达成都，是我国"四纵四横"客运专线中的最长的"一横"，横穿中部；南北向的京汉广高铁从北京出发，经过郑州、武汉、长沙、广州后到达深圳，是国家级"四纵四横"客运专线中的一条纵线，纵贯中部。两条高铁干线交叉穿越中部地区，在武汉交汇，不仅把中部各省联结在一起，而且这两条干线还向我国的东西、南北方向延伸，把中部地区与全国其他区域连接在一起。中部六省应协调规划建设以沪汉蓉高铁、京汉广高铁干线为基础，完善以武汉为中心的中部高铁网络体系，以高速铁路联结中部"六主圈九副圈"，以城际铁路联结各经济圈或城市群内各城市之间的交通运输，提高铁路运输能力和服务水平。中部地区要在国家《中长期铁路网规划》的指导和支持下，在中部高铁网的基础上，以北京、上海、武汉、广州、郑州、重庆、成都为中心建设全国性的高速铁路网，把中部地区与全国其他区域连接起来，大幅度提高通道内客货运输能力，促进区域内及区域间人流、物流、资金流、信息流的快速流动，让高铁成为中部产业与区域经济发展的"新干线"。

中部地区应加快机场建设，发展空港经济。首先要把武汉建成全国性的航空交通枢纽，乃至国际性的航空大港；再按"一极五次极"或"一主五副"的战略思路，加快建设长沙、郑州、南昌、合肥、太原五大国际空港；三是进一步提高和完善中部各省现有的地方性大型机场通航能力和运输能力；四是增加地方性新机场的建设，加强区域内支线航班的建设，形成内外结合、四通八达的航空交通网络体系。根据相关的国际航空运营经验，一个航空项目发展10年后，给当地带来的效益产出比为1∶80，技术转移比为1∶16，就业带动比为1∶12。一个大型枢纽机场的功能可以辐射到与航空相关的旅游业、服务业、金融业、物流业、房地产业、工业园区等领域，从而形成一个较大的产业链。中部地区应利用自己较丰富的机场资源，大力发展其较为薄弱的空港经济。

水运具有成本低、占地少、能耗小、安全性高、污染少、效能高等特点，是符合低碳、绿色、可持续发展要求的运输方式之一。中部地区应加强以长江干线为主的水运体系的建设，系统清理长江干线航道，建议重建南京长江大桥，使万吨船舶从上海长驱直达武汉，发挥长江"黄金水道"江海直达和干支联运的优势，提高运输能力，形成中部地区商品贸易直接通关海外的畅通格局，而不经上海、广州等地转移，减少环节，降低成本，提高效益；加快推进长江中游支流干线汉江、沅水、湘江、赣江、江汉运河等高等级航道建设，逐步提高支流航道等级，形成与长江干线有机衔接的支线水运运输网络；长江中游的湖北、湖南、安徽、江西要加强沿长江干流沿线的港口建设，特别是加强长江中游水运枢纽中心——武汉港的建设，合理布局沿江港口，完善港口设施，加快分工合作的专业化、规模化和现代化的港口建设，提高服务保障能力，大力发展现代航运服务业，充分发挥万里长江的巨大潜能，打造畅通、高效、平安、绿色的黄金水道。

综上所述，中部地区必须大力发展公路经济、高铁经济、空港经济和港口经济，这样才能充分发挥中部综合交通枢纽、综合交通运输网络的桥梁和纽带作用，满足中部产业与经济的发展需要，并为全国产业与经济社会的发展提供强有力的支撑。通过建设中部水陆空综合交通枢纽和综合交通运输网络，沿交通轴线发展和壮大中部的五大经济发展带，并以武汉为中心，把郑州、长沙、合肥、南昌、太原等次增长极以蛛网的形式联结起来，使中部的"六主圈（群）""九副圈（群）"联结成一面，"六圈"驱动"五带"，"五带"传动"六圈"，最终使中部融为一体，促使中部产业与经济的崛起。

## （二）建设中部地区综合通信枢纽和通信网络体系

中部地区应加强光缆干线网的维护和提升。光缆干线网有其生命周期，中国电信、中国移动、中国联通三家企业应对长途干线网资源进行普查，本着资源共享、充分利用的原则，对现有资源进行整合；并着眼未来，瞄准世界最新的技术水平，制定长途干线网的更新改造规划，适时敷设新的光缆干线，以逐步替代"八纵八横"干线网中那些达到使用年限的光缆，保持长途光缆干线网络的畅通无阻，保持通信行业的可持续发展①。

中部地区应加强"三网融合"体系的建设。中部的武汉、长株潭地区是国家"三网融合"试点城市，要先行先试，加快建设"1+8"武汉城市圈、长株潭城市群"三网融合"网络体系，充分发挥先行示范作用。"三网融合"是指电信网、广播电视网和计算机通信网的相互渗透、互相兼容，并逐步整合成为统一的信息通信网络。"三网融合"是为了实现网络资源的共享，避免低水平的重复建设，形成适应性广、容易维护、费用低的高速宽带的多媒体基础平台，是未来信息化的发展趋势。中部地区应以"三网融合"建设为契机，提高"三网融合"传输能力和水平，加快发展新一代信息技术，推进中部信息化的进程。中部地区要打破行业垄断、体制壁垒，推动广电、电信业务双向进入，加快有线数字电视网络建设和整合，推动电信网宽带工程建设，研究制定网络统筹规划和共建共享办法，积极推进网络统筹规划和资源共享，充分利用现有信息基础设施，发挥各类网络和传输方式的优势，避免重复建设，实现网络等资源的高效利用。

国家应以北京、上海、广州、武汉、成都为中心，加快全国性的通信网络建设。中部地区应以武汉为中心，以长沙、郑州、南昌、合肥、太原为拱卫，加强电信建设投资，增加长途光缆的铺设里程，降低资费水平，增加移动电话和互联网的用户，形成中部健全完整的区域通信网络体系；要加快光纤互联网入户工程建设，使用先进适用的互联网技术，加快互联网的普及和消费，大力提高消费服务能力和水平；要加快"村村通"工程的建设，既要村村通电话、村村通电视，又要村村通互联网，稳步推进农村信息化进程。

中部六省应统筹经济圈或城市群发展的物质资源、信息资源和智力资源的综合利用，推动互联网、物联网、云计算、大数据等新一代信息技术的创新应用，实现新一代信息技术与城市经济社会发展的深度融合，强化信息网络、数据中心等信息基础设施建设，大力发展信息服务经济，如服务外包业等。服务外包是指企业将自身非核心的IT业务和基于IT的业务流程剥离出来后，外包给企业外部专业服务提供商来完成的经济活动。通过服务外包，一方面发包企业能优化自身的资源配置，降低成本，增强企业核心竞争力；另一方面接包企业能赚取利润，获得发展。中部地区应利用自身通信枢纽的优势，大力发展服务外包业务。武汉

---

① 汤博阳.2008-12-03."八纵八横"干线网筑起中国通信业的脊梁. http：//www.sohu.com.

正在大力建设中部地区的金融中心，为此，金融后台服务业是其重点发展的方向。金融后台（back-off）服务是金融服务外包的一种，是指与金融机构直接经营活动相对分离，并为前台业务提供支撑的功能模块和业务部门，如数据中心、清算中心、银行卡中心、研发中心、呼叫中心、灾备中心、培训中心等，这些功能模块和业务可以由银行以外的实体来承包运作。截至 2016 年，武汉区域金融中心的集聚效应正在逐步彰显，已有中国人民银行、建设银行、交通银行、招商银行、光大银行、中国邮政储蓄、银联商务、泰康人寿、国华人寿、长江证券等 33 家金融机构后台中心入驻①。

总之，加快建设中部地区的综合通信枢纽，形成信息高速公路网络和信息流动平台，促进跨地区、跨行业、跨部门的信息共享服务和业务协同，强化信息资源社会化的开发利用，推广智慧化信息应用和新型信息服务，以信息的流动把社会与社会、个人与个人、地区与地区联为一体，把整个中部地区融为一家。中部的信息高速公路与物质性的综合交通枢纽交叉融合所组成的交通通信枢纽，如织网般把中部的经济增长极、增长核、主副经济圈（群）和经济带联成一体，形成一片，为中部的产业与经济发展提供完善、坚实的基础设施，可以大大提高中部的区域经济实力和竞争力。

## （三）建设中部地区物流网络体系

中部地区的综合交通通信枢纽及其网络体系不仅承担人员流动的任务，还要担负起物质产品及其相关信息的流通责任。把物品、商品、半成品、原材料及相关信息从生产地向消费地的转移过程就是物流。中部地区应在综合交通通信枢纽及其网络体系的基础上，建设发达的物流网络体系，以充分发挥综合交通通信枢纽及其网络体系的作用。

中部地区的物流网络体系建设，应充分利用其发达的水陆空交通网络和中国经济地理心脏的地位，将公路、铁路、水路、航空和物流充分结合，促使交通运输业向综合物流业发展。把公路、铁路、水路、航空建成物流的重要干线，建设铁路集装箱运输体系，提高铁路物流的规模和效率；扩大航空线路，增加航班，进一步完善和提高航空物流水平和能力；充分发挥公路延伸、集散、到户的功能，实行公路物流门对门的服务，提高公路物流的水平；充分发挥水路低碳、绿色、高效、安全的特点，利用长江黄金水道和支流干线网络的水运能力，形成水运物流；实行公路、铁路、水路、航空的无缝对接，建立全方位、多辐射的物流

---

① 尹永光 . 2016-06-20. 区位优势助力武汉集聚金融资源，为发展大数据金融产业作积淀 . 长江商报 .

体系，开拓综合、全面的物流代理市场，在中部地区构筑起与海陆空相连接的立体式"大物流"的格局。

把武汉、郑州建成全国性的物流枢纽中心，把长沙、合肥、南昌、太原建成中部区域性物流中心；依托武汉、郑州等全国性和其他区域性物流节点城市，扩大开放，打破地方分割，消除垄断，建设中部地区统一的物流通道和市场；构建物流信息平台和物流园区，鼓励创建大型专业批发市场和物流企业，建立各方共享的物流资源交易平台，引导生产企业和商贸企业采用先进物流技术，推广供应链管理和智能化、自动化管理，积极发展电子商务和网上交易，统筹建设一批保税物流中心；中部的物流网络体系要围绕农业生产、食品轻纺、能源、原材料、现代装备制造、高新技术、生态文化旅游休闲等产业基地建设和发展，发挥自身优势，突出特色物流，加强各类生产资料和生活资料的流动和转移，促进中部乃至全国产业与经济的发展。

当前在信息高速公路和物流体系的快速发展条件下，物联网已经渐行渐近，融入了人们的日常生活。物联网通过传感器、射频识别技术、全球定位系统等技术，实时采集任何需要监控、连接、互动的物体或过程，采集其声、光、热、电、力学、化学、生物、位置等各种需要的信息，通过各类可能的网络接入，实现物与物、物与人的广泛链接，实现对物品和过程的智能化感知、识别和管理，使人与物智慧对话，物与物智慧对话。据预测，到2020年，世界物物互联的业务，与人人通信的业务相比，将达到30∶1，因此"物联网"被称为是下一个万亿级的通信业务。我国早在1999年就启动了物联网核心传感网技术研究，研发水平处于世界前列；在世界传感网领域，我国是标准主导国之一，专利拥有量高；我国是目前能够实现物联网完整产业链的国家之一；我国无线通信网络和宽带覆盖率高，为物联网的发展提供了坚实的基础设施支持；我国已经成为世界第二大经济体，有较为雄厚的经济实力支持物联网发展。中部地区应在全国物联网的建设中占有一席之地。

在中部地区建设综合交通通信枢纽及其网络体系的过程中，要特别注意信息安全问题。这不仅涉及企业的生存发展，还涉及国家经济、政治、军事、社会等战略性的安全保障。中部地区应利用自己的科教优势，发展新一代的信息技术和信息安全技术，发展具有自主知识产权的信息技术设备和核心部件，发展具有自主知识产权的信息知识产品，既要与外界充分交流互动，吸取外界的信息，同时又要保护自身信息的安全，不仅要保障企业的健康发展，而且还要保护国家的战略安全。

# 第六节　传统产业优化升级发展

## 一、中部地区传统产业优化升级的必要性和意义

中部地区传统产业主要是指传统农业、传统工业、传统服务业等，其特点以劳动密集型、资源耗费型、经营粗放型为主，经济附加值低，劳动效率不高，经济效益有限。依据统计资料，将 2015 年中部地区的产业结构层次与同期的东部地区对比考察，中部的三次产业结构比重为 10.79∶47.37∶41.84，东部的三次产业结构比重为 5.64∶43.57∶50.79；中部第一产业比重高于东部 5.15 百分点，且高于全国平均水平 1.79 百分点；中部第三产业比重低于东部 8.95 百分点，且低于全国平均水平 8.66 百分点①。

对比东部地区乃至全国的三次产业结构平均水平，中部地区的产业结构层次水平不高，尤其是第一产业比重偏高，第三产业比重明显偏低，产业结构优化升级速度显著偏慢。

传统农业是人类社会最古老的产业，主要是依赖农户的分散生产，效率低下，自然条件依存度高，抗风险能力低，农民收入低，社会保障低等。中部六省除山西外都是全国的农业大省，传统农业占比高，"三农"问题突出，农业产业化水平低，经济效益低下，主要表现为：农业结构仍然以种植业为主，统计表明中部地区历年的种植业比重都占 50% 以上②，比重明显偏高，而林业、牧业、渔业所占比重明显偏低；内部产业结构比例失调，优质产品有限，品种结构单调，难以满足市场需求，农业增产不增收、减产必减收的现象时有发生。中部六省农业生产组织化程度低、规模小，一家一户分散经营，无市场定价权和话语权，大量农村劳动力滞留农业，剩余劳动力难以转化，致使人均产值远低于全国其他地区，成为严重制约农业发展和农民增收的瓶颈。

中部地区工业以传统工业为主，无论是发展规模、质量还是效益，均与现代

---

① 根据中部六省统计局、东部十省统计局和国家统计局各自发布的"2015 年国民经济和社会发展统计公报"数据加工计算而得，本章余同。

② 根据《湖北统计年鉴 2015》《湖南统计年鉴 2015》《河南统计年鉴 2015》《安徽统计年鉴 2015》《江西统计年鉴 2015》《山西统计年鉴 2015》数据加工计算，2014 年中部地区种植业占农业总产值比重为 56.26%。

工业的要求差距较大，主要表现为轻重工业结构比例失调，重工业年平均比重都占 60% 以上①，远高于发达省份与全国同期水平，工业结构重型化趋势明显，且有不断扩大的态势。钢铁、有色金属、火电、水泥、玻璃、建材、重化工等重型化产业基本都是支柱产业，主要以能源耗费和原材料为主，精深加工、高端装备制造和就地转化利用不足，与当代新型工业化的绿色环保、节能减排、循环经济的发展趋势相背离，而护肤、美容、日化、食品、烟酒、饮料、家电、服装、家具等高税利轻纺产品，尤其是高新技术产业产品的发展严重滞后，轻工业内部结构比例不当，没有发挥中部地区资源禀赋和原材料的比较优势，使轻工业的发展成为工业化进程的"软肋"。

中部地区的传统服务业多数还处于垄断经营的局面，市场准入限制多，民营资本难以进入教育、科研、医疗、卫生等应为商业化经营的领域，造成竞争不充分，产业总量规模不大，发展速度和市场化程度滞后。当前中部地区第三产业仍然集中在批发、零售、餐饮、交通运输、仓储、邮电等传统产业，经营方式落后、科技含量低、信息化水平低、竞争能力弱、发展空间小。现代金融保险、法律服务、会计审计、管理咨询、信息服务、教育培训、研究开发、市场营销、工程设计、创意开发、产品维修、运输仓储、物流配送、电子商务、通信服务和产权交易等知识密集型生产性现代服务业发展严重不足，文化、体育、旅游、洗染、保健、婚庆、绿化、保洁、家政、看护、托幼等生活性服务业发展也相对滞后，在一定程度上还不能满足经济发展和城镇居民的生活需要。

综上所述，中部地区的传统农业、工业、服务业，尽管对中部的产业与区域经济的发展发挥了不可替代的支撑作用，但是存在问题也比较明显：农业效益低下，"三农"问题严重；工业"三高一低"，轻重结构不合理；服务业发展不全面，规模经济效益不够等。因此，中部地区对传统产业的优化升级刻不容缓，必须通过对传统农业的调整、改造、优化和升级，才能实现农业产业化经营，切实解决其"三农"问题；必须通过对传统工业的信息化改造、技术创新、组织结构创新，加大科研与开发的投入，才能着力解决"三高一低"问题，走新型工业化道路；必须通过对传统第三产业的调整、完善和升级，全面发展生产型和生活型服务业，不断提高服务质量和水平，才能实现传统服务业向现代服务业的转变、升级和换代，更好地满足生产和生活的不断提高的需求。实现中部地区传统产业的优化升级，既有利于其转变经济发展方式，赋予传统产业新的活力，又有

---

① 根据《湖北统计年鉴 2015》《河南统计年鉴 2015》《安徽统计年鉴 2015》《江西统计年鉴 2015》《山西统计年鉴 2015》数据，2014 年湖北、河南、安徽、江西、山西的重工业比重分别为 64.56%、64.90%、66.19%、67.13%、93.31%，《湖南统计年鉴 2015》无轻重工业结构比重数据，但考察湖南有统计数据的年份其重工业比重均高于 60%。

利于新兴产业与区域经济的快速发展，对中部的全面崛起具有极其重要的现实意义。

## 二、中部地区传统产业优化升级的战略措施

### （一）加快农业的优化升级，实现农业的产业化经营

中部地区的农业优化升级，只有以农民增收为核心，以产业结构调整为主线，加大农业基础设施和生态环境建设投入，积极扶持农产品加工业，努力培育农业产业化龙头企业，大力发展区域特色产业，加快优质农产品产业带建设，推动"粮经饲"统筹、"农林牧渔"结合、"种养加"一体化发展，才能实现从以种植业为主向种、林、牧、渔多业并举的转变。

中部地区的江汉平原及鄂北岗地区与洞庭湖平原及湘中南丘陵地区，应重点建设以平原为主的优质双季香稻、"双低"油菜、武昌鱼及蟹虾鳖鳝鳅颡鮰鳜莲等名特水产品、三元猪产业带，以丘陵山地为主的优质茶叶、柑橘、板栗、烟叶、银杏、魔芋、中药材产业带；鄱阳湖平原及赣中地区应尽力建设"双低"油菜、优势棉花产业带，赣南脐橙、南丰蜜橘、赣北早熟梨产业带，鄱阳湖区大闸蟹与青虾、彭泽鲫鱼等水产品产业带；淮河平原及皖中南山圩地区应着力构筑优质小麦、水稻、"双低"油菜、脱毒山芋产业带，皖北黄牛产业带，沿淮、淮北优良猪产业带和沿江水产品产业带；豫北黄淮平原及南阳盆地地区应全力打造优质高筋小麦、低筋小麦、高蛋白饲用玉米、脱毒红薯、优质苹果、"四大怀药"、烟叶、茶叶产业带，沿黄优质稻米产业带，南阳黄牛、固始鸡、槐山羊产业带；汾河谷地及雁北地区应倾力建造太行、吕梁两山优质杂粮、干鲜果产业带，雁门关绒山羊产业带，汾河谷地瘦肉型猪、秸秆养牛产业带。

中部地区的农业产业化经营，要把分散的农户以农业资源的优化配置、规模经济效益和市场销售渠道网络为纽带组织起来，成立产销一体化的订单式农业合作社，实施"企业+基地+农户+订单+市场"的农产品产销模式，由粗放式农业经营向集约式农业经营、新型农业化发展。中部地区要像河南那样大力扶持农产品加工企业做大做强，着力发展粮棉油、畜禽、水产品、果蔬、冷冻食品及特色农产品深加工、精加工，强化农产品加工质量和名优品牌培育；要加强农产品、加工食品的市场信息的收集、传递和联通，下大力气完善农产品、食品销售网络渠道，鼓励互联网企业建立产销衔接的农业服务平台，加快发展涉农电子商务，提高农产品市场占有率，将中部各农业大省建成全国的农业强省。

中部地区要以"六主圈九副圈"为基础，推进农业与观光游览、旅游休闲、教育文化、医疗卫生、健康养生、种养体验等深度融合，发展都市农业、观光农业、体验农业、养生农业、创意农业等新业态，推进农业产业链和价值链的延伸发展，拓展农业多种功能，提高综合效益；要加快建立多形式利益联结机制，培育融合主体、创新融合方式，积极发展农业生产性服务产业，推进农业生产全程社会化服务创新试点，积极推广合作式、托管式、订单式等服务形式，支持多种类型的新型农业服务主体开展专业化、规模化服务，实现农业产业化经营的快速发展。

## （二）加快工业的优化升级，走新型工业化道路

中部地区的轻工业发展滞后和工业结构的重型化趋势，表明当前仍处于工业化初期阶段向中期阶段推进的关键时期。在当前经济新常态形势下，随着资源和环境约束的强化，劳动力等要素成本的上升，过去主要依靠资源要素投入、规模扩张的粗放发展模式已难以为继，中部地区的传统工业调整结构、优化升级、提质增效已是刻不容缓。根据资源禀赋和要素成本的比较优势，中部地区应充分发挥人口密集、劳动力资源丰富、农产品资源富有、科教基础雄厚、全国经济地理中心、交通四通八达的优势，以信息化、技术改造、组织创新为内容，加快传统工业结构的优化升级，走新型工业化道路，切实搞好工业园区建设，提高工业经济的核心竞争力。

一是利用当前劳动密集型产业正在由东部向中西部梯度转移的难得契机，千方百计地引进国内外资金与先进技术，加快传统轻工业结构的调整与升级换代，大力发展以农产品精深加工为重点的食品、轻纺、服装等制造业，特别是食品、饮料、卷烟、纺织、服装、塑料、医药、家电等劳动密集型产业，提高产品的技术与价值含量，扭转长期向东部输出原材料与粗加工产品的不利局面。

二是充分发掘武汉、长沙、郑州、合肥、南昌、太原等"一主五副"中心城市科研院所众多、人才储备丰厚的科教资源优势，利用现有的 24 个国家级、30 个省级高新技术产业开发区的优惠政策措施与配套基础设施，扶持开发一批产业化前景明朗、具有市场潜力或拥有自主知识产权的高新技术产品，大力发展电子信息、光机电一体化、生物医药、新材料、装备制造、软件产业化等节能高效、科技含量高的新兴产业，力争在战略性新兴产业方面实现"弯道超越"的跨越式发展。

三是加快传统工业的技术创新，用新一代信息化技术等各种高新技术改造传统产业，实施重大技术改造升级工程，推进信息技术与制造技术的深度融合；支

持企业瞄准国际同行业标杆，力争在关键技术工艺、节能减排和升级换代产品等方面实现重点领域向中高端的群体性突破，大力开发绿色、低碳技术，发展循环经济，提高新型工业化水平。

四是充分发挥中部地区的资源禀赋与比较优势，大力推动煤炭、钢铁、有色、电力、汽车、石化、建材等传统支柱产业的优化升级，鼓励产业龙头企业通过兼并、重组、托管、联合等形式整合行业内部的高耗能、低效益的中小企业，形成以大企业集团为核心，集中度高、分工细化、协作高效的产业组织形态；拉长产业链条，增加产品的经济技术附加值，并以节能减排降耗来降低生产经营成本，培育强势产业集群，提升重工业的经济效益水平。

### （三）加快第三产业的优化升级，提升服务业质量和水平

中部地区第三产业的优化发展，应从实际区情出发，以优化结构、拓展领域、扩大总量、提高层次为重点，在继续搞好商品流通、餐饮娱乐、交通运输、邮电通信、房地产、仓储服务、旅游观光等传统产业升级换代的同时，着重发展与现代制造业紧密相关的金融保险、物流配送、管理咨询、技术研发、会计服务、信息服务、经营服务、法律服务、教育培训、人力资源和产权交易等新兴行业，以"六主圈九副圈"为重点的生态文化旅游业。逐步形成以传统产业为基础，新兴产业为支撑，布局合理，城乡统筹发展的现代第三产业新格局。

一是优化第三产业国有经济布局，积极引入市场竞争机制，尽快按市场主体资质和服务标准逐步形成公开透明、管理规范的统一市场准入制度，降低"门槛"，加快推进第三产业的产业化、市场化的进程；除政府基本公共服务以外的领域实现由"政府办"向"社会办"的转变，经营开发服务类事业单位要转企改制，全面推进学校、医院、企事业单位以及有条件的机关后勤服务设施面向社会开放，加大资产重组力度，组建第三产业大集团，彻底改变第三产业部分行业垄断经营严重、市场准入限制过严和透明度较低的状况。

二是尽快制定、完善相关政策法规，放开生产性服务业投资领域，加速市场化进程，大力发展资本服务、会计服务、信息服务、经营服务、技术研发、人力资源、法律服务等七大类为代表的知识密集型生产性服务业，建设信息发布、传输和交流平台，提供各种信息咨询和服务，培育服务外包提供商龙头企业与品牌，构筑与先进制造业紧密融合的完整产业链条，推动中部地区先进制造业与现代服务业的共赢发展，推进各类专业市场的升级换代。

三是以"为民""利民""便民"为宗旨，以开拓市场、提供服务、扩大消费为中心，以市场化、产业化、社会化、现代化为方向，优化提升传统生活性、

劳动力密集性服务产业，组织城镇下岗员工和农村剩余劳动力竞争上岗，扶持发展商贸、旅游、文化、体育、住宿、物业、餐饮、洗染、理发、美容、保健、洗浴、婚庆、摄影、扩印、修理、维护、绿化、保洁、家政、看护、托幼等生活性服务产业，扩大服务领域，培训专业服务人员，执行持证上岗制度，提供各种周到、卫生、高效的生活服务，提高人们的生活质量和水平。

四是充分利用中部地区发达的水陆空交通网络和经济地理中心的区位，特别是武汉、长沙、郑州、合肥、南昌、太原等"一主五副"中心城市连南接北、承东启西、得"中"独厚的区位优势和水陆空交通枢纽基础，加快现代物流园区建设，利用长江黄金水道和支流干线网络，四通八达的铁路、高铁、高速公路、国道、省道网络，不断提高的航空物流网络等，把公路、铁路、水路、航空建成物流干线，实行公路、铁路、水路、航空的无缝对接，建立全方位、多辐射、立体式的"大物流"的格局，形成以"一极五次极，二十增长核，六主圈九副圈，两纵三横五主带"为框架的中部现代物流网络体系。

五是大力整合中部地区独具特色的旅游优势资源，充分利用其由高铁、高速公路、黄金水道、空中航线、机场等构成的交通网络优势，大力发展中部六省省会城市为中心的"六主圈（群）"以历史名城、工商重镇、文化名楼、都市风貌、百年名校、宗教禅林、大江大湖、温泉湿地、山岳森林等为代表的历史、文化、教育、商务、会展、都市、生态旅游产业；着力打造中部的"九副圈"和重点、特色旅游城市以世界文化遗产、世界自然遗产、世界地质公园、国家5A级景区、国家重点风景名胜区、国家地质公园、国家级自然保护区、国家森林公园等为代表的历史、文化、自然、生态、地质、森林等特色旅游，不断提升旅游服务质量和效益，推动旅游产业的快速发展。

# 第七节　县域经济突破发展

## 一、中部地区县域经济发展的意义和问题

中部地区过多的农业人口和大量过剩的农村劳动力，使得农民收入增长偏慢，导致"三农"问题表现得尤为突出。要想从根本上解决中部的"三农"问题，必须从城乡统筹和区域经济协调发展的角度来发展县域经济。

"郡县治，则天下安"。县域经济既是区域经济发展的基础层次，也是统筹

城乡经济发展的结合部。发展县域经济，是指淡化以至消除"二元经济结构"的过程，它既是县域新型工业化、信息化、城镇化和农业现代化的过程，也是大量农业劳动力转向非农业劳动力的过程，因此"县域经济"通常是指具有上述经济特征的经济区域，而不是县（市）级行政区划。县域经济属于区域经济的范畴，是区域经济发展最基础的层次，区域经济发展得好的地方，县域经济发展得也好；县域经济发展得好的地方，区域经济发展肯定也好。

由 2015 年第十五届全国县域经济与县域基本竞争力百强县榜单统计，百强县（市）主要分布在东部沿海地区，江苏、山东和浙江 3 省份共 65 个县（市）上榜，其中江苏上榜数量最多共 26 个，且包揽了榜单的前五名，其余依次为山东 21 个、浙江 18 个、辽宁 7 个、福建 6 个；中部六省仅有 12 个县（市）上榜，其中湖南 4 个、河南 2 个、湖北 2 个、江西 2 个、安徽 1 个、山西 1 个[①]。江苏、山东、浙江都位于我国东部地区，区域经济发达，县域经济发展也位居全国前列。2015 年，江苏、山东、浙江 3 个省份实现的地区生产总值分别为 70 116.40 亿元、63 002.30 亿元、42 886.00 亿元，依次占国内生产总值的 9.69%、8.71%、5.93%；中部河南、湖北、湖南、安徽、江西、山西六省实现的地区生产总值分别为 37010.25 亿元、29 550.19 亿元、29 047.20 亿元、22 005.60 亿元、16 723.80亿元、12 802.60 亿元，依次占国内生产总值的 5.12%、4.08%、4.01%、3.04%、2.31%、1.77%[②]。

可见，县域经济的突破发展，对中部地区的产业与经济社会的发展至关重要。如果没有县域经济跨越式的发展，即使在经济社会的其他方面有所发展，中部崛起仍然缺乏持续发展的基础层次和环节，这种崛起也是脉冲式的、一时的、短暂的，回落是必然的。所以，中部的真正崛起必须建立在县域经济发展的坚实基础之上，才具有可持续性。中部地区县域经济的发展与我国东部较发达地区相比，仍然相对滞后，主要存在以下问题。

一是中心城市拉动辐射不强，周边县（市）承接转移不够。依靠区域中心城市拉动，承接中心城市产业转移，形成产业发展特色和优势产业集群，是县域经济发展的有效途径。全国县域经济实力最强的江阴、昆山、张家港、常熟、太仓等，就是在上海、苏州、无锡、常州和南通等长江三角洲城市群的辐射带动下形成的苏南最强经济强市集群，且每年均包揽全国县域经济与县域基本竞争力百强县的前五名；湖南的长沙县、浏阳市、宁乡县、醴陵市就是在长株潭城市群的

第九章　中部地区产业优化发展建议

---

① 王杨.2015-08-23.2015 年全国百强县排名：江浙鲁包揽 65 个，9 省无一上榜．http：//www.guancha.cn.

② 根据东部三省统计局、中部六省统计局和国家统计局各自发布的"2015 年国民经济和社会发展统计公报"数据加工计算而得，本章余同。

辐射带动下形成的中部地区最强经济强县（市）集群；成都市的双流县，郑州市的新郑市、巩义市，南昌市的南昌县，合肥市的肥西县，大连市的庄河市等均是中心城市的郊区县（市）壮大发展县域经济，成功进入全国县域经济百强县（市）的典型。中部地区的"一主五副"中心城市和"六主圈（群）"除长株潭城市群外，其他中心城市和"主圈（群）"等对周边县域经济的辐射带动力还不强；而周边县（市）承接中心城市和"六主圈（群）"的产业转移，更是做得不够。

二是三次产业层次水平不高，产业优化升级速度偏慢。中部地区的三次产业结构不仅县域经济严重落后于东部先进省份，即使全区域的产业结构水平也显得较为滞后。表 1-1 表明，总体上看中部地区的产业结构层次已由 1980 年的"二、一、三"的低级状态，发展成为 2015 年的工业化过程的"二、三、一"的格局。但与同期的东部地区对比考察，中部地区第一产业比重高于东部地区 5.15百分点，中部地区第三产业比重低于东部地区 8.95 百分点；即使与同期的全国产业结构平均水平对比考察，中部地区第一产业比重也高于全国平均水平 1.79百分点，中部地区第三产业比重也低于全国平均水平 8.66 百分点。对比东部地区乃至全国的三次产业结构平均水平，中部地区的产业结构层次水平不高，尤其是第一产业比重偏高，第三产业比重明显偏低，产业结构优化升级速度显著偏慢。

三是特色产业无规模优势，产业集群竞争力较弱。特色就是竞争力，特色就是优势，县域经济的活力就在于具有特色优势的竞争力。浙江县域经济的快速发展，得益于其在全国极具特色优势的"一乡一品"的"块状经济"的成长壮大。河南的经济总量和工业快步跨入全国第一方阵，其县域经济的特色优势产业的跨越式发展发挥了至关重要的作用。河南的肉制品、方便面、速冻食品、面粉等产品销量全国第一，形成以"双汇""莲花""三全""思念""白象""华英""永达"等为代表的一大批全国知名品牌[①]。中部其他五省县域经济经过多年的培育发展，也形成一些有地方特色的产业集群和区域品牌。但多数产业集群规模不大，且以资源型产业集群居多，生产加工型产业集群偏少，产品市场占有率不高，龙头企业辐射带动能力不足，产业集群整体竞争力较弱。部分县（市）的特色产业结构趋同，产业龙头企业和精品名牌产品少，科技含量不高，参与市场竞争主要是靠"低成本、低价格"，特色优势竞争力不强。

四是市场主体发育不够，非国有经济实力有限。中部地区县域产业层次不高，产业规模不大，经济总量有限，经济发展不快，主要问题还是市场主体发育

---

① 陈辉.2016-07-14.河南食品产业总值首破万亿，连续 10 年稳居全国第二.河南日报.

不够。我国东部沿海江苏、山东、浙江县域经济的发展，与其较发达的非国有经济，尤其是民营经济的发展是密不可分的。如表 6-4 所示，2014 年按控股企业法人单位统计，中部六省的私人控股、港澳台商控股、外商控股企业法人单位数与上述东部三省对比，差距显著。从 2014 年的数据来看，在民营企业的数量和效益，港澳台资企业和外资企业的数量和效益等方面，中部地区都比东部地区落后不少。据全国工商联发布的 2015 中国民营企业 500 强榜单数据统计，位居 2015 年中国民营企业 500 强上榜企业前列的浙江、江苏、山东、广东分别有 136 家、90 家、54 家、41 家上榜，中部河南、湖北、湖南、江西、山西、安徽上榜企业分别只有 16 家、15 家、8 家、8 家、5 家、3 家[①]。由此可见，中部地区除少数民营企业有一定的规模外，能带动县域经济发展的龙头企业屈指可数。非国有经济，尤其是民营经济实力有限，严重阻碍了中部地区县域经济的快速发展。

## 二、中部地区县域经济突破发展的战略措施

县域经济的地域范围一般包括大量的农村区域，但县域经济的发展并不等于农村经济的发展。县域经济的本质是区域经济，而区域经济的发展务必是三次产业比例、协调、持续发展的结果。因此不能就农业来发展农业，不能以农业发展的思路来发展县域经济。我们主张，县域经济的发展要在科学发展观的指导下，根据"极、核、圈（群）、带、面"的时空立体动态发展模式，以非国有经济，尤其是民营经济为主体，以县域新型工业化、信息化、城镇化和农业现代化为核心内容，才能实现县域经济社会的全面发展。

### （一）发挥中心城市的战略引领辐射效应，扶持经济强县（市）建设突破发展

根据"极、核、圈（群）、带、面"的时空动态立体发展模式，区域经济的崛起要培育自己的"增长极"，增长极具有"极化"和"扩散"的双重作用，从而可以带动整个区域经济的发展。中心城市或省域副中心城市就是县域经济发展的增长极。中心城市经济实力强大，辐射影响面广，围绕中心城市能够形成城市圈或城市群，然后由城市圈（群）来带动、辐射圈（群）内或邻近区域的县域经济的发展，从而解决县域经济发展落后的问题。

---

① 中华全国工商业联合会．2015-08-25.2015 中国民营企业 500 强分析报告．http：//www. xinhuanet. com.

纵观全国县域经济发展得好的区域，其县域经济的发展路径与模式虽各有千秋，但都有个共同的特点，就是依靠区域中心城市或副中心城市强大的经济实力和带动辐射力，形成相应的经济圈或城市群，在经济圈（群）的带动下，重点建设若干或一批经济强县（市），然后在经济强县（市）的覆盖下，促进整个县域经济的快速发展，在县域经济发展的同时也就解决了县域农业、农村、农民的问题。在全国县域经济百强县（市）排前五名的江阴、昆山、张家港、常熟、太仓等五市，就位于由上海、苏州、无锡、常州和南通等所围成的长江三角洲城市群内，因长三角城市群的中心城市和大城市等的产业和资源梯度转移到城市群内的这些县（市），从而促进了这些县（市）的快速发展，并一举解决县域经济发展的问题。湖南在长沙为中心的"长株潭""品"字形城市群的辐射带动下，形成了长沙县、浏阳市、宁乡县、醴陵市等所组成的中部地区最强经济强县（市）集群。成都市的双流县，郑州市的新郑市、巩义市，南昌市的南昌县，合肥市的肥西县，大连市的庄河市等，均是中心城市带动郊区县（市）发展壮大成为全国经济百强县（市）的典型。这些百强县（市）的显著特点都是在中心城市的带动下，大力推进县域新型工业化、信息化、城镇化和农业现代化，并以新型工业化为核心和前提，对信息化、城镇化和农业现代化形成支撑和带动。其成功经验主要是承接区域中心城市、副中心城市的产业转移，围绕产业特色，大力发展优势产业集群，全面提升产业素质，增强市场竞争力，最终形成各具特色的县域经济的全面发展。

当前中部地区县域经济整体实力不强，统筹能力不足，难题破解的最好办法即以中部"一极五次极"或"一主五副"中心城市引领、带动县域经济发展战略，来谋划中部的县域经济发展。集中"一主五副"中心城市和省域副中心城市等的优势资源优先扶持发展重点县（市），以"不平衡发展"来破解"发展不平衡"①。这样既有利于发挥中部中心城市、省域副中心城市等的经济带动辐射作用，又有利于以集中优势、重点突破、强力推进的重点县（市）经济强县（市）建设，带动中部地区县域经济的全面发展。

湖北"1+8"武汉城市圈应在武汉的带领下，发展圈内或邻近区域的县域经济。可将武汉周边的仙桃市、汉川市、大冶市和赤壁市从行政区划上直接划入武汉市，使其成为武汉的郊区市，这样既可弥补武汉原来的市辖区不能参加全国县域经济百强县（市）评比的缺憾，也可加快促进武汉城市圈建设，大力增强武汉的经济实力，提升武汉作为全国中心城市的排行地位，还可拆除因行政区划形成的各种阻碍要素流动的藩篱，使仙桃、汉川、大冶和赤壁能依托武汉的拉动引

---

① 钟新桥. 2008-07-22. 以"不平衡发展"破解"发展不平衡". 湖北日报.

擎和辐射带动效应，有效承接武汉的产业转移，积聚优势产业集群与产业带，全面提升经济发展规模和经济发展水平，并成为全国县域经济百强县（市）。

湖南以长株潭城市群为中心构建"3+7"泛长株潭经济圈，以长沙县、浏阳市、宁乡县、醴陵市、望城县、炎陵县、茶陵县、攸县、株洲县等县（市）为主体，进一步加速发展长株潭地区的县域经济，辐射带动"3+7"泛长株潭经济圈县域经济发展。河南以"一极双核"（郑州为增长极，洛阳、开封为增长双核）、"两轴扩张"（陇海线、京广线为两轴）为支架构建中原城市群，以新郑、巩义、偃师、荥阳、新密、禹州、登封、永城等县（市）为主体，加快推进中原城市群的县域经济发展。江西按照"一极一核"（南昌为增长极，九江为增长核）和环鄱阳湖的景德镇、上饶、鹰潭、抚州等4个支点城市为主体框架构建环鄱阳湖经济圈，辐射带动南昌县、丰城市、贵溪市、广丰县、樟树市、乐平市、高安市等县（市）县域经济发展。安徽以"一极一核一带"（合肥为增长极，芜湖为增长核，一带为皖江城市带）为主体构建泛皖江经济圈，辐射带动肥西、肥东、当涂、无为、宁国、繁昌、桐城、广德等地的县域经济发展。山西以太原为中心，以忻州、吕梁、晋中、阳泉为支点构建太原经济圈，辐射带动孝义市、介休市、柳林县、灵石县、清徐县、沁源县等县（市）的县域经济发展。

中部地区除了"一极五次极"的"六主圈（群）"外，还有"九副圈（群）"，它们也应在经济增长核城市的带动下，大力发展县域经济。鄂西生态文化旅游圈要加快推进宜昌、襄阳两个增长核城市和荆州、十堰、恩施、荆门、随州等其他城市的建设，依靠这些区域性城市，有效拉动周围县（市）的发展。尤其要以宜昌为中心重点辐射带动枝江市、宜都市，以襄阳为中心重点辐射带动枣阳市、宜城市等县域经济的快速发展。豫北城市群在安阳及鹤壁、濮阳的带领下，发展安阳县、林州、辉县、濮阳县等地县域经济。豫南黄淮城市群在驻马店及漯河、信阳等城市的带动下，发展泌阳、邓州、舞钢、西峡、项城、固始等地的县域经济。豫西南城市群在南阳的带动下，发展南召、桐柏、方城、内乡、西峡、淅川等地的县域经济。大湘西经济圈在张家界、怀化的带领下，发展龙山、永顺、凤凰、沅陵、溆浦、洪江等县（市）的县域经济。皖北经济圈在发展蚌埠—淮南—淮北城市群的基础上，发展凤台、凤阳、濉溪、涡阳、颍上、蒙城、临泉等地的县域经济。赣南经济圈在赣州、宜春的带领下，发展吉安、赣县、万安、兴国、于都、永新、永丰、芦溪等地的县域经济。晋北经济圈在大同及朔州的带动下，发展山阴、大同、怀仁、繁峙、代县、宁武等地的县域经济。晋南经济圈在临汾、长治及运城、晋城的带领下，发展城市群，并大力发展河津、洪洞、高平、泽州、沁水、阳城等地的县域经济。

在发展经济强县（市）的过程中，中部地区应效仿我国东部地区的做法，实行扩权强县（市）政策，即赋予经济强县（市）较大的管理权、人事权和财政权，以使这些强县（市）发展得更好更快。可以采取"省直管县（市）"的行政体制，除去地级市这个中间环节。应进一步完善扩权强县（市）的政策措施，将扩权县（市）扩大到所有有条件的县（市），依法对行政许可事项、行政审批审核事项进行清理，按照能放则放的原则，再下放一批对县域经济发展有重要促进作用的经济社会管理权限，赋予县（市）更大的自主权和决策权。继续实行激励性的财政政策，完善"县（市）财省管"的管理体制，财权要与事权、行政管理权相匹配，提高县（市）自我发展能力。省在对县（市）进行资源配置时，应集中力量，避免分散；进行县域经济发展的配套改革，县域的政府管理、城镇化制度、产业政策等都应进行改革和调整，以达到协同步调，共同促进县域经济发展的目的。

经济强县（市）是县域新型工业化、信息化、城镇化和农业现代化的典型代表。中部地区在我国经济发展过程中具备一定的基础，县域经济不像西部地区那么薄弱。在中部地区中心城市的引领、带动下，中部有条件建设一大批经济强县（市），进而再由经济强县（市）促进县域经济的全面发展，以不平衡发展来破解发展不平衡问题。县域经济占到中部经济的一半，只有县域经济发展了，中部才能真正崛起。

## （二）加快产业结构的优化升级，强力推进县域工业化进程

比较全国县域经济发展较好的东部沿海地区，中部地区县域经济发展的差距主要表现为工业化发展水平相对落后。农业稳定、工业致富、新型工业化是县域经济发展不可逾越的阶段，没有工业的快速发展，就没有县域经济问题和"三农"问题的彻底解决。中部要依托"一极五次极"中心城市、经济增长核城市和当地的资源优势及区位优势，加快产业结构的调整升级，切实搞好工业园区建设，把加快推进新型工业化作为促进县域经济及其经济强县（市）建设的中心任务，促使工业化成为带动县域经济发展的主导力量，扶持一批工业经济强县（市）脱颖而出。

一是促进县域经济结构优化升级。中部地区各县（市）应围绕产业基础和资源条件，重点培育3~5个优势产业，延伸产业链，做大做强，形成特色支柱产业；围绕县域自身的优势产业和企业，打破区域、部门界限，推进产业在县域内的配套协作，带动县域经济结构调整；整合资金、技术、人才等优势资源，推进信息技术与制造技术的深度融合，加快培育一批成长性好的中小企业、高新技术改造传统产业的示范企业、科技型农业及农产品加工重点龙头企业，以自主创

新为动力，加快提高企业核心竞争力；深入开展小纸厂、小水泥、小煤矿、小火电、小化工、小化肥、小农药、小矿山等专项治理工程，坚决压缩落后剩余产能，采取切实有效的措施，促使工业能耗下降，强化产品全生命周期的绿色管理，努力构建高效、清洁、低碳、循环的绿色制造体系，发展循环经济，促进工业经济的优化升级和可持续发展。

二是抓好开发区和工业园区建设。中部地区各县（市）应集中已有的优势资源，通过建立工业园区来集聚工业发展，实现县域的新型工业化。利用好园区建设的贷款，完善园区基础设施建设，改善招商引资的硬环境；加强县（市）开发区、工业园区管理，合理确定开发区和园区各分区的功能定位，充分发挥园区的聚集辐射功能、示范作用和体制机制创新功能作用，促进企业向园区集中发展、向关联特色产业聚集发展，形成分工协作、布局合理的产业群、产业园和产业链；把园区建设与培育特色产业、优势产业结合起来，节约用地，提高土地集约利用水平，提高园区单位面积的产值利税贡献率；加强工业项目的筛选，确保项目符合国家产业政策、环保政策和安全生产要求；大力促进小城镇建设，将发展工业园区、开发区与发展城镇化建设结合起来，通过产业兴镇、工业兴镇，带动农村劳动力就地就近转移消化，以县域的新型工业化促进信息化、城镇化的快速发展。

三是推进县域产业集群发展。中部地区各县（市）应围绕自己的优势产业，延长产业链，做大做强特色产业集群和龙头企业；积极引导社会资源、生产要素等向龙头企业集聚，支持龙头企业采取多种方式，对上下配套企业进行重组、并购、改造，形成以龙头企业为核心、集中度高、分工细化、协作高效的产业组织形态，促进产业集群的快速发展；引导关联产业、企业、项目与龙头企业链接，实施资源整合和产业融合；引导中小企业向"专、精、特、新"发展，与龙头企业形成专业化分工、配套生产；引导产业内部分工向精细化发展，提高产业集群的专业化水平；引导企业产品向上下游延伸，带动一批项目，拓展产业集聚空间；引导产业集群的核心企业不断增加研究开发投入，加快产品升级换代，逐步将一些配件及特定的生产工艺分离出来，衍生或吸引更多的相关企业集聚，形成一批新的专业化配套生产企业。

## （三）以农产品加工业为龙头，以工业化带动农业产业化发展

中部地域广袤，四季分明，雨水充沛，光照充足，利于农业生产。中部地区拥有江汉平原、洞庭湖平原、鄱阳湖平原、巢湖平原、黄淮平原、汾河灌区等优势农业田源，自古就是我国传统的农业生产基地，农业发展基础较好。中部的湖

北、湖南、河南、安徽、江西等都是名副其实的农业大省，山西也是盛产小米、杂粮、干果、肉牛等北方特色农产品的省份。据统计，2015 年中部地区粮食总产量 18 719.70 万吨，占全国总量的 30.12%，居全国四大经济区域之首；"双低"油菜籽、花生、芝麻、柑橘、肉猪出栏头数、蜂蜜、淡水鱼类等农产品产量均雄踞全国四大经济区域之冠①。中部的优质棉花、三元猪、名特水果、名优蟹虾、茶叶、烟叶、银杏、魔芋、中药材等在全国也占有重要地位。

但是，中部六省除河南外其他五省都不是农业强省，差距主要表现在农业产业链条不长，农产品加工转化增值率偏低，精深加工比例不高，农业产业化经营水平偏低。中部地区偏低的农业产业化水平、过多的农业人口和大量过剩的农村劳动力，导致中部农业规模经济效益不高，农民收入增长偏慢，"三农"问题仍然十分突出，县域新型工业化、信息化、城镇化、农业现代化发展仍然处于相对滞后的状况。

农业发展的出路在于产业化经营，农产品加工业发展的滞后，直接制约了农业产业化的发展。要依托和发挥中部地区的农业资源优势，大力发展农产品精深加工业，培育一批龙头企业和具有全国影响的名牌产品，推广"龙头企业+合作组织+农户"和"农产品行业协会+龙头企业+合作组织+农户"的经验模式，支持企业与农民建立紧密的利益共同体，实现农业生产从粗放型到集中型，从分散农户到企业化模式，从单纯农产品生产到生产、收购、加工、仓储、物流、销售、服务"一条龙"的产业链条延伸，大力拓展具有市场需求的绿色食品、特色食品、精加工食品、深加工食品等特色产品的生产经营。要加大招商引资力度，认真总结招商引资中的经验教训，抓住国内外产业与经济发展的新趋势和资本流动、产业转移的新机遇，不断创新招商引资的方式方法，提高招商引资的效果。招商主体应由政府为主转向企业、中介组织为主。在引进项目中，打"特色牌""优势牌""资源牌"，围绕农业发展和农产品加工产业链招商，围绕培育优势产业、特色产品、骨干企业招商，不以污染环境、破坏资源为代价，注重引进技术含量高、成长前景好的大企业、大项目，带动一批关联企业和广大农户的经营发展，形成一个上中下游完整的农业产业链，以工业化带动农业产业化的发展，以生态效益型农业的产业化促进县域经济的持续发展。

中部地区的江汉平原、洞庭湖平原、鄱阳湖平原、巢湖平原、黄淮平原、汾河灌区、长江流域、沿黄河等地，要依托已建成的优质水稻、棉花、"双低"油菜、水产养殖、三元猪养殖、黄牛养殖、速生林等产业带和生产基地，重点发展

---

① 根据中部湖北、湖南、河南、安徽、江西、山西六省统计局和国家统计局各自发布的"2015 年国民经济和社会发展统计公报"数据加工计算而得，本章余同。

优质稻米、纺织服装、食用油和油脂、水产、禽蛋、肉类加工、纸品等精深加工业；豫北黄淮平原、南阳盆地、鄂北岗地、湘中南丘陵、淮河平原、皖中南山圩等地，要依托已建成的优质小麦、高蛋白饲用玉米、脱毒山芋、脱毒红薯、生猪养殖、黄牛养殖、固始鸡养殖、槐山羊养殖等产业带和生产基地，重点发展优质面粉、饼干、速冻米面食品、方便面、肉类加工、饲料加工等精深加工业；沿长江、黄河、淮河、海河、汉江、赣江、湘江、洛河、新安江等众多流域地区，鄱阳湖、洞庭湖、巢湖、洪湖、梁子湖、太平湖、柘林湖、石燕湖、天堂湖等广大湖区及各地库区，要加快水产生态无公害养殖示范产业带建设，发展优势鱼类及蟹虾鳖鳝鳅颡鮰鳜莲等名特淡水水产品精深加工业；中部的平原谷地、山区丘陵等地，要依托已建成的各种特色农产品产业带、生产基地，因地制宜、集聚生产要素，大力发展各具特色的优质茶叶、柑橘、板栗、苹果、烟叶、银杏、魔芋、玉米、杂粮、楠竹、苎麻、桂花、蚕丝、蜂蜜、香菇、食用菌、干鲜果、生猪、山羊、黄牛、中药材等名特产品的精深加工业。

## （四）以工促农、以城带乡，促进县域城镇化发展

随着区域中心城市的不断发展，中心城市、副中心城市和大城市的土地资源越来越稀缺，经济发展的成本越来越高，产业与经济的发展必然向中小城市转移。发展中小城市是经济社会发展的必然趋势，而县域正是建设中小城市的良好载体。工业要集聚发展，农业要延伸增值，城镇要有产业基础，三者之间是相辅相成、相互促进的关系。因此，要坚持工业反哺农业、城市支持农村和"多予、少取、放活"的方针，大力推进县域城镇化进程，把产业发展、园区建设与城乡公共事业、城镇建设有机结合起来，以产业发展带动城镇化建设，以城镇化建设推动产业发展。

一是实施城乡一体化发展。按照发挥中心城市的战略引领辐射效应，扶持经济强县（市）建设突破发展的规划要求，中部地区的经济强县（市）建设首先要以"1+8"武汉城市圈、"3+7"泛长株潭经济圈、中原城市群、泛皖江经济圈、环鄱阳湖经济圈、太原经济圈等"六主圈（群）"为中心，实施以市场为导向、以产业为链条、以企业为主体、以利益为纽带、以政府为推力的区域经济一体化模式，加速圈（群）内资源整合，推进基础设施建设一体化、产业布局一体化、区域市场一体化、体制创新一体化、招商引资一体化、城乡发展一体化进程，构筑以"一极五次极"为中心的"六主圈（群）"内包括所有县（市）的城市紧密经济联合体，统筹规划"六主圈（群）"内县（市）卫星城镇的城镇化建设，真正形成产业基础好、资源节约、环境友好、城镇密集，能够引领带动产

业与经济发展乃至中部崛起的最具经济活力的"六主圈（群）"。其次是中部的"九副圈（群）"分别以宜昌、襄阳、安阳、驻马店、南阳、张家界、怀化、蚌埠、赣州、宜春、大同、临汾、长治等13"经济核"城市为中心，辐射带动周边县（市）的城镇化建设和县域经济发展。

二是大力发展城镇经济。城镇经济是以城市为载体和发展空间，二三产业繁荣发展，经济结构不断优化，资本、技术、劳动力、信息等生产要素高度聚集的地区经济。城镇经济发展得好，就能吸引大量的农民进城工作、生活和定居，从而实现县域经济的发展和提升。要鼓励和引导农村富余劳动力向二三产业和城镇转移就业，努力打破城乡壁垒，加快形成城乡统一的劳动力市场，加强就业培训，拓展农民进城务工的渠道，建立健全城乡就业服务体系，保护进城务工经商农民的合法权益；要统筹解决农民工进城居住、社会保障、子女上学等问题，放宽中小城市落户条件，将在城镇稳定就业和居住的农民有序转变为城镇居民，平衡城乡关系、工农关系。

三是加强农村土地流转管理。农村土地流转是指农户把土地承包经营权中的使用权让渡给其他农户或经济组织的行为。土地流转的形式有转包、转让、入股、合作、租赁、互换等方式。通过土地流转既能实现土地的适度规模经营，提高土地的产出效益，增加转入土地的农民的收入，又能通过土地流转，如宅基地换住房，承包地换社保等，有利于出让土地的农民在城镇里定居，从而提高农村城镇化率，推进城乡一体化进程。要进一步明确农村土地承包管理部门的职能责任，赋予工作权力，给了必要的财力支持，做到"有人管事"，"有钱理事"；逐步建立规范的农村土地流转程序，建立相应的土地流转制度和规定，采用统一格式的文书档案资料，使用土地流转合同和文本，及时指导农户签订规范的土地流转合同，加强流转过程管理；对土地流转过程中的纠纷、矛盾，进行调节，稳定农户土地流转行为；进一步强化农村土地集体所有的观念，支持乡村干部依法管理集体土地，增强农民依法流转土地的法律意识，查处土地的违法流转行为。

四是加快土地流转中介服务体系的建设。利用现已初步建成的农村劳动力信息资源系统，在提高系统信息传递速度的基础上，收集发布土地流转的供求信息，促成农户之间、农户与产业化公司之间的土地流转和信息沟通；建立土地流转的法律服务组织，为流转双方提供民事仲裁、公证、法律咨询与援助；建立农地技术经济评估组织，以便保证土地流转的价格和土地用途的经济合理性；建立土地流转的管理咨询组织，为土地流转及后期经营策略提供咨询和跟踪服务；建立土地流转的金融保险机构，同时大力发挥民间金融的力量，提供土地交易担保、交易信贷、经营保险等多种形式的金融服务。

## （五）加大政策扶持力度，放手发展民营经济

中部地区县域产业结构层次不高，经济规模不大，经济发展不快，产业活动单位偏少，说到底还是市场主体发育不够，非国有经济尤其是民营经济发展不够。改革开放以来，国有经济陆续退出许多竞争性的行业，县域经济领域内国有经济成分不占主体地位，因此，发展县域经济主要依靠民营经济，民营经济是县域经济发展的根本。确立县域经济以民营经济为主体，加大政策扶持力度，放手发展民营经济，事关中部地区县域经济可持续发展的大局。

一是加大政策支持和统筹力度。地方政府要进一步解放思想，更新观念，制定与完善更为积极的财税、金融、工商、人才、劳动、技术、信息和管理等政策、法规、制度及配套措施，形成良好的市场经营机制与竞争环境，降低各种门槛，放宽准入领域，简化登记手续，鼓励民营资本进入法律法规未禁入的基础设施、公用事业、社会事业、金融服务业及其他垄断行业和领域，享受同等政策待遇；要强化依法保障与促进民营企业的发展，对滥用职权、侵犯民营企业权益的单位和个人依法严肃查处，保障民营企业的合法权益；要开通政府与企业的信息沟通渠道，加强产业指导，引导投资方向，避免盲目投资，减少资源浪费，想方设法激活民间投资，千方百计推进大众创业、万众创新，努力培育更多的法人主体和产业活动单位；政府财政要根据创业创新需要，统筹安排各类支持民营企业和创业创新小微企业的资金，加大对创业创新活动的支持力度，强化资金预算执行、监管和绩效评价。

二是采取有效措施力促民营企业做强、做大、做优。地方政府要规范民营企业的组织形式，引导投资者按照相关法律来创办民营企业，建立和完善法人治理结构，规范企业的产权制度，引入现代化的管理模式；鼓励民营企业规模做大、经营升级，有条件的可以兼并重组国有或集体企业，实现资本扩张和扩大再生产；鼓励民营企业与大集团、大企业合作，为大集团、大公司进行配套，把外地名牌产品和资本引进来，实现小企业大协作，小资本大集聚，借助外力，在市场竞争中把企业做大做强；鼓励民营企业强强联合，扩大规模，聚合内力，夯实基础，提高效益，增强企业抵御经济风险的能力；鼓励民营企业增强技术创新能力，实行科技兴企战略，引进人才，引进技术，提高市场竞争能力；督促民营企业实施品牌战略，做好商标注册和商标保护工作，引导企业参与名牌产品和著名商标的评比工作，推动民营企业创名牌，提高产品知名度，扩大市场占有份额。

三是发展创业创新县域平台。地方政府要依托国家级、省级、市级高新技术产业开发区、经济技术开发区的引领、辐射和带动，全力支持各个县（市）创

建、发展产业资源集聚区、创业创新企业和小微企业密集区，推动县域民营企业集群集聚发展；推动县域民营企业、小微企业创业基地城镇示范发展，鼓励有条件的地方出台各具特色的支持政策，积极盘活闲置的商业用房、工业厂房、企业库房、物流设施和家庭住所、租赁房等资源，为民营企业创业者提供低成本办公场所和居住条件；支持龙头企业结合县域特点建立电子商务交易服务平台、商品集散平台和物流中心，推动县域民营企业依托互联网创业创新发展；支持电子商务第三方交易平台渠道下沉，带动城乡基层创业人员依托其平台和经营网络开展创业，促进县域民营企业的壮大发展；引导和支持地方中小金融机构开展面向县域民营企业和基层创业创新活动的金融产品创新，发挥县域地理和软环境优势，支持县域民营企业创业创新发展。

四是规范民营经济的健康发展。市场经济以诚实守信为基础，是成熟、健全的信用经济和法制经济。少数民营企业的违约、掺杂使假、以次充好、不讲究信用等行为，严重损害了市场经济秩序，也影响了民营企业自身的发展。地方政府既要为民营企业的发展创造宽松的经营环境，又要加强对民营企业的监督和管理。中部各地政府应不断强化民营企业经营者的信用意识，以打造民营信用企业为目标，加强民营企业行业协会的建设，充分发挥其自律管理的作用，增强民营企业的诚信意识；充分发挥媒体的舆论监督作用，对少数企业违法违约和失德行为进行适时曝光；建立民营企业信用的收集、整理、公示制度，强化民营企业诚信的跟踪考评，并建立起民营企业诚信档案，逐步实行企业信用评级制度，提高企业信用的透明度和知名度；强化行政执法监督，依法查处民营企业的违法违规行为，维护、规范民营经济健康发展。

# 第八节　区域一体化统筹发展

## 一、中部区域一体化统筹发展的必要性

根据科学发展观的指导思想，贯彻创新、协调、绿色、开放、共享的发展理念，依据"极、核、圈（群）、带、面"的时空动态立体发展模式，中部地区崛起必须走区域一体化统筹发展的道路。统筹简单讲是指统一规划，合理调度，全面安排。统筹发展是指从战略的高度出发，全面考虑产业与经济发展的结构互补性、上中下游环节的联系性，促进产业与经济要素的自由流动，加速产业的整合

与重组，实行产业发展的分工与合作，以产业的整体优势参与市场竞争。通过合理安排，统筹协调，最终实现区域产业与经济的健康、持续发展。

统筹产业与经济的发展必须在区域一体化的基础上实现。因为产业与经济的整体发展需要各种要素，如信息、资金、人才、设备、原材料、供应商、制造商、技术开发、经销商、物流公司、售后服务等，这些要素分布于区域内不同的地理位置，如果没有区域的一体化，这些要素会相互隔断、甚至相互排斥，产业与经济的健康、快速发展就无从谈起。区域一体化是指区域内各个行政主体逐步融合为一个单一实体的过程。一体化发展涉及区域内经济、政治、法律、文化、社会等各个壁垒的消除，是全面互动并形成一个整体的过程。区域一体化为统筹产业与区域经济社会的发展打下了基础和提供了前提条件，没有区域一体化，就难以实现区域产业与经济社会的统筹发展。

区域一体化是第二次世界大战后历史发展的必然趋势，也是当代世界经济的一个重要特征。据世界贸易组织统计，全球共有各类区域性的经济与贸易组织100余个，其中大多是20世纪90年代后建立的，区域一体化已成为世界经济与政治格局中不可忽视的力量，它的发展将对世界经济与政治的格局产生重大影响。现在世界各大洲都有自己的区域一体化组织，如欧洲联盟、北美自由贸易区、亚太经合组织、东南亚国家联盟、南亚区域合作联盟、海湾合作委员会、独联体经济联盟、黑海经济合作组织、南方共同市场、中美洲共同市场、安第斯集团、西非经济共同体、南部非洲发展共同体、澳新自由贸易区等。

目前区域一体化发展最好的是欧洲联盟。第二次世界大战前的欧洲经济实力强大，长期称雄于世界。第二次世界大战后，欧洲国家的世界地位大幅度下降，欧洲各国越来越希望在政治、经济上联合起来，以达到与美国、苏联、日本等经济强国相抗衡的目的。1957年3月，法、德、比、荷、卢、意6国签订了《罗马条约》，成立欧洲经济共同体（简称欧共体），通过建立关税同盟、实施共同农业政策、协调经济和社会政策，将成员国经济融合在一起，象征欧洲正式走上一体化道路；随着欧共体统一市场建设的顺利开展，1991年12月，欧共体各成员国建立欧洲联盟（简称欧盟）；1999年，欧洲单一货币欧元成功启动，现在欧元成为世界上和美元抗衡的重要货币；2009年11月具有欧洲宪法性质的《里斯本条约》生效，比利时首相范龙佩被选为欧盟理事会主席，即第一位欧盟"总统"出现，推进了欧盟向着更高层次的一体化迈进。尽管联盟的一体化还存在很多问题，但在国际政治舞台上，一体化的欧洲用"一个声音说话"，在维护和发展自身利益上，比单个的欧洲国家更有力量。

我国在区域一体化方面也取得了一定的成就，区域一体化发展走在前列的地区主要有长三角、珠三角和京津冀地区。早在2008年国家就分别对长三角、珠三角地区的一体化发展提出明确的要求，以后又将"京津冀协同发展"上升为国家三大战略之一。2009年国家通过的《促进中部地区崛起规划》指出，要加强中部粮食生产基地、能源原材料基地、现代装备制造业及高技术产业基地的建设，强化中部综合交通运输枢纽地位，加快形成沿长江、陇海、京广和京九"两横两纵"经济带，积极培育充满活力的城市群。2010年国家发改委公布了《〈促进中部地区崛起规划〉实施意见》以及《关于促进中部地区城市群发展的指导意见》，前一个"意见"对如何建设中部地区的"三基地一枢纽"提出具体的实施意见，明确了中部建设的八大任务和相应的保障措施；后一个"意见"对如何建设中部地区的六大城市群提出具体的指导意见，并且明确要求中部城市群要实施一体化发展，即做到市场一体化、基础设施一体化、社会管理一体化、城乡一体化等。2012年国务院颁发了《国务院关于大力实施促进中部崛起战略的若干意见》，指出当前和今后一个时期是中部地区巩固成果、发挥优势、加快崛起的关键时期，为大力实施促进中部地区崛起战略，推动中部地区经济社会又好又快发展提出了若干意见。

以区域的一体化实现产业与经济的统筹发展，有利于促进资源的整合集聚。产业与经济的发展需要大量的资源，如技术、劳动力、资金、市场、交通运输、通信网络、信息等，区域内不同地方的资源条件具有差异，有些资源在某地区比较充足，有些资源在另一地区蕴藏量大，通过互利共赢的一体化过程逐步建立"合作机制共商、开发成本共担、发展成果共享"的统筹推进机制，把各地的资源整合在一起，使资源有效集聚，并形成产业化，从而促进区域产业与经济的发展；以区域的一体化实现产业的统筹发展，也有利于形成规模经济。在市场经济条件下，要使资源尽可能合理配置并取得最大的经济效益，就必须实现规模经济。在区域一体化的基础上，统一安排区域资源，合理配置，能取得最大的产业规模经济效益；以区域的一体化实现产业与经济的统筹发展还有利于避免同构竞争。通过区域一体化，生产要素和资源自由流动，再加以统筹规划、系统安排，避免了产业同构、资源浪费、恶性竞争，最终有利于产业与经济的健康发展。

中部地区拥有武钢、鄂钢、大冶特钢、中原特钢、安阳钢铁、舞阳钢铁、华菱钢铁、湘潭钢铁、马鞍山钢铁、南昌钢铁、新余钢铁、萍乡钢铁、太钢不锈等多家钢铁冶炼企业，但其中有规模、影响较大的只有武钢、马鞍山钢铁、华菱钢铁、太钢不锈等几家企业，其余都是规模不大，效益偏低，污染严重，竞争力差的中小型钢铁企业。中部地区钢铁企业的状况就是整个中国钢铁产业状况的缩影。我国钢铁产业集中度不高，产业分散，地方保护严重，各钢铁企业不仅缺乏配合、协调，而且还相互明争暗斗，架空了中国钢铁工业协会，使得我国钢铁企业在对外采购铁矿石时，缺乏话语权，谈判屡屡失败，无奈只好高价购买外国的铁矿石。2005年，进口铁矿石价格比上年度增长71.5%；2006年，比上年度上涨19%；2007年，上涨9.5%；2008年，上涨79.9%～96.5%。2009年由于金融危机的影响，世界铁矿石价格下跌，但我国认为下跌幅度不够，拒绝跟进，铁矿石价格的长协机制摇摇欲坠。2010年，随着我国经济企稳好转，铁矿石现货矿价已超过长协矿价一倍左右。国外三大矿企分别明确宣布，以基于现货市场变化的季度定价方式取代传统的年度定价，以更有效地反映市场变化。我国是全球最大铁矿石进口国却连续6年痛失"话语权"，令我国钢铁业损失惨重，过去6年我国钢铁企业因铁矿石价格谈判无话语权，铁矿石定价太高损失金额高达7000亿元人民币[①]，历史教训可谓沉痛深刻。

中部地区的江西、湖南拥有丰富的稀土资源，再加上我国内蒙古、山东等地的稀土资源，我国是世界第一大稀土资源大国，在全球已探明的9261万吨稀土资源工业储量中，我国达到6588万吨，占71.1%。2009年，我国稀土产量12.48万吨，供应了全球95%以上的需求。我国稀土的生产量、出口量和消费量都居世界第一，但我国却没有掌握稀土生产和销售的话语权。据统计，1990～2005年，我国稀土出口量增长了近10倍，但价格却下降了50%，在全球高科技电子、激光、通信、超导等行业对稀土原材料需求呈几何级数增长的情况下，我国稀土出口价格不升反跌[②]。与此同时，由于开采技术的落后和企业的急功近利，许多开采企业"吃一半，扔一半"，不仅浪费资源，而且对生态环境造成极大的破坏，一片青山，几个月以后就满目疮痍、黄土一片。

我国大量进口铁矿石，却没有进口铁矿石的价格话语权；我国大量出口稀土，却没有出口稀土的价格话语权。一进一出，我们都蒙受巨大损失，原因就在于我们区域发展缺乏一体化，产业与经济发展缺乏统筹协调。我国钢铁企业全国遍地开花，缺乏全国性的统筹发展，产业集中度低，企业之间各自为政，而国外的铁矿石出口公司必和必拓、力拓矿业、巴西淡水河谷3家公司却联合起来，共同涨价。稀土产业方面，我国稀土产地之间缺乏区域一体化和产业统筹发展，稀土出口企业恶性竞争、竞相压价，导致外国大量廉价囤积我国宝贵的稀土原材料。

欧盟现有28个成员国[③]，人口5亿人左右，正式官方语言有24种，成员国之间千差万别，但欧盟的一体化取得了巨大的成就，欧洲联盟依照《里斯本条约》，已实现了农业政策、税收、外贸、外交与安全、货币、内部市场的大统一，

---

① 国研中心. 2010-03-24. 铁矿石价格谈判6年，已令中国损失7000亿元. http：//www.ifeng.com.
② 高云才. 2010-09-06. 我国稀土供应全球50%以上需求，长远看难以为继. 人民日报.
③ 常红. 2016-06-24. 2016年6月23日英国脱欧公投结果出炉，英国将脱离欧盟. http：//www.163.com.

成为当今世界上经济实力最强、一体化程度最高的国家联合体。我国是社会主义国家，实行社会主义市场经济制度，拥有强大的宏观调控机制和能力。我国从中央到地方形成了垂直型的发展和改革委员会体系，能更有力地集中全国的资源，进行全国性的协调和统筹，应该在区域一体化、产业与经济统筹发展方面取得更好的成效。我国应该树立全国一盘棋的思想，对区域的产业与经济发展进行全国性的统筹规划，各省之间和地方政府之间相互协调配合、分工合作，改变各自为政、市场分割的状态，实现全国产业与经济社会发展的一体化统筹发展，避免铁矿石进口和稀土出口的沉痛教训再次重演。

## 二、中部区域一体化统筹发展的战略措施

### （一）实施区域发展改革一体化

中部地区目前比较突出的问题是分散力大于向心力，中部各省之间缺乏合作和凝聚力，从而使得"中部地区"概念只有其形，而无其实，中部地区整体崛起谈何容易。2004 年国家提出中部地区崛起的发展战略不久，中部各省就为谁是中部地区龙头争个不亦乐乎；之后，国家重视城市群的建设，中部各省又开始角逐龙头城市群之位；2009 年 9 月，国家原则通过了《促进中部地区崛起规划》，中部各省又展开了抢政策、占先机的暗战。此外，中部各省还纷纷"向外"发展。湖南想融入"泛珠三角"；江西想融入"长珠闽"；安徽则大力实施"东向战略"，加速融入长三角；山西则与"环渤海经济圈"展开融合；所谓的"中部地区崛起"就仅剩下河南与湖北在苦苦支撑。中部六省既害怕被东部地区边缘化，又不愿意进行内部合作，这种画地为牢、各自为政的做法，严重阻碍了中部地区的整体发展和进步。

按照国家促进中部地区崛起规划的要求，中部地区是作为全国重要的经济区域板块之一来统筹规划发展的，是从整体战略角度来发展的，但中部地区的现状是其分散性大于整体性，中部六省各自为"战"，远没达到国家促进中部地区崛起战略规划的要求。由于历史和政策的原因，特别是改革开放以后，中部地区产业与经济的发展相对滞后，缺乏有绝对实力和影响力的区域中心，不像北京、上海、广州、深圳等区域中心一呼百应，但正因为如此，中部各省更应该融合起来，协调合作，共同发展。

中部地区现建有省际联席会议制度和中部论坛，但这些机构和相应的协调机制都过于松散，缺乏严肃性、强制性和约束力，难以促进中部地区实质性的整体

发展。为了解决中部地区分散力大于凝聚力的问题，把中部地区凝聚成真正的区域经济板块，我们认为首先要逐步实施中部地区发展改革的一体化。所谓区域发展改革的一体化是指打破区域内各自为政、条块分割、地方保护的格局，实行全区域的上令下行的大一统的发展与改革管理机制，其最终目的是通过建立中部地区无内部边界的发展与改革空间，进行无边界的统筹管理，加强产业、经济、社会各方面的协调、配合、改革、创新，最终实现区域产业和经济社会的全面、健康发展。为实现这一最终目的，实现中部地区发展与改革的一体化，我们认为当前首要的任务是建立中部地区理事会。

中部地区理事会是协调中部六省的主要决策、领导机构，其职责是全面协调中部六省经济社会各方面的事务，对中部地区实行一体化的发展与改革管理。中部地区理事会的成员是中部六省省长和国务院中部办公室主任，理事会的主席由各省省长轮流担任，称为"中部理事会轮值主席省"，任期一年，任职顺序按各省省名的第一个字的笔画，从少到多排列，如果第一个字的笔画相同，就比较第二个字的笔画。中部地区理事会至少每年举行两次会议，时间可定为每年年初和每年中期。

中部地区理事会下设总务理事会和专门理事会。总务理事会由各省的省级发展和改革委员会主任参加，又称为发改委理事会，其主要职责是从总体上来负责规划、执行中部地区理事会的决议。专门理事会是各省的各个省级职能管理部门分别组成的理事会，分别由各省级部门的首长组成，又称为厅局长理事会，这些省级部门包括经济和信息化委员会、财政厅、商务厅、教育厅、科学技术厅、人力资源和社会保障厅、国土资源厅、环境保护厅、住房和城乡建设厅、交通运输厅、水利厅、农业厅、民族宗教事务委员会、公安厅、监察厅、民政厅、司法厅、文化厅、卫生厅、人口和计划生育委员会、审计厅、外事侨务办公室、体育局、广电局、工商行政管理局、税务局、统计局等部门，它们分别组成各自的厅局长理事会，负责各自部门事务的区域一体化。中部地区理事会具体结构，如图9-1所示。

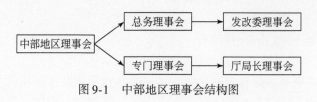

图9-1　中部地区理事会结构图

为了保证中部地区理事会的严肃性和合法性，应制定相应的法规，来确保中部地区理事会的决议得到贯彻执行，违者将依法受到惩处。可以由中部六省的人大开会，审议和制定纲领性的、有强制约束力的相关法规，如《中部地区经济社会一体化发展协议》《中部地区理事会条例》等，可以在中部六省进行充分的讨论和研究，一旦成为法规，各省必须执行。在符合中部地区相关法律法规的条件下，中部地区理事会的决议或决定，必须由各省不折不扣地执行，做不到的或没完成的必须受到法规的制裁，以保证中部地区的一体化发展取得实质性的成效。

中部地区理事会打破了以往中部地区那种松散的、无约束力的协调机制，形成了一种紧密的、强制性的、有行政规范的协调机制，具有合法性和强大的约束力，是把中部地区凝聚在一起的切实可行的办法，能有力地推进中部地区经济社会一体化的发展。

中部地区理事会在推进发展与改革一体化的同时，不可忽略推动社会管理的一体化。应整合社会管理资源，完善社会管理制度，促使社会公共事务的统一管理，推动基本社会保障制度一体化，建立统一的低保制度，推动失业保险等社会保障关系互联互认和医疗、养老保险关系的正常转移接续；搞好区域内的义务教育，加大投入，整合教育资源，促进教育基础设施共建共享，保证人们能均衡接受高质量的教育，推动教育事业一体化发展；加快区域科技创新平台的建设，统筹重要的科研设施和机构的建设，实现区域内的共建和共享，促进科技成果转化；共同推动区域精神文明建设，发展文化体育事业，创建区域文化品牌，弘扬和引导区域文明风尚；加强区域公共安全和应急救援指挥体系建设，加强区域公共卫生工作，建立统一的医疗救助体系，公立医院和私立医院相结合，解决群众看病贵、就医难的问题，建立统一的疾病防控机制。

中部地区应在中部地区理事会的领导下，先在"六主圈（群）""九副圈（群）""两纵三横五主带"同时实行发展与改革的一体化，然后在中部各省内部进行协调，推行发展与改革一体化，最终目标是实现整个中部地区发展与改革管理的一体化。如长株潭城市群实行同一个财政政策，三个城市还实行了同一个关于环保的政绩考核标准，在三个城市成立同一支环保执法队伍，在省环保局设立长株潭执法大队，统一进行环保执法等。

## （二）实施区域市场一体化

在中部地区理事会强有力的领导下，中部六省充分发挥市场机制的作用，以市场来配置资源，区域内各经济要素自由流动，资源自由配置，降低成本，消除市场障碍，取得区域内效益的最大化。中部六省应在中部地区理事会的领导下，实施区域市场的一体化。

建立统一的要素市场。建立统一、开放、有序竞争的信息、人力、物资、资本、金融、技术、知识产权、商贸、物流、旅游、服务等各类要素市场，实现生产要素跨区域合理流动和资源优化配置。建立区域统一的人力资源市场，完善人才评价体系和人力资源开发配置机制，建立有利于人才交流的户籍、住房、教育、人事管理和社会保险关系转移制度，养老保险和医疗保险互认互通；建立区域统一的资本市场，推动产权交易市场合作，支持银行等金融机构跨地区经营，加快金融机构组织创新，建立中央与地方共同监管、各负其责的机制；建立区域统一的技术市场，实施统一的技术标准，实行高技术企业与成果资质互认制度；商贸交易开展异地购票、异地托运、异地交费及异地"一卡通"业务，全面开通鲜活农产品运输"绿色通道"和农产品的无障碍交易；共同开发旅游市场，打造旅游整体品牌和生态旅游文化，规划精品旅游路线，统一规划经营旅游产品。

建立统一的劳动力市场。要努力打破城乡壁垒，解决城乡居民机会不均等和劳动力市场的地区分割问题，应创造条件尽快取消对农村居民的各种非国民待遇的政策规定，取消现存的城乡分割的劳动力市场，加强就业培训，拓展农民进城务工的渠道，建立健全城乡就业服务体系，使得农民有与城镇居民均等的就业机会和公平竞争的市场和法律环境；放宽中小城市落户条件，统筹解决农民工进城居住、社会保障、子女上学等问题，鼓励和引导农村富余劳动力向二三产业和城镇转移就业，加快形成区域内城乡统一的劳动力市场。

统一规范市场秩序。进一步整顿和统一规范市场秩序，清理、修订、废除各地阻碍要素合理流动的限制性规定，加快放开垄断行业竞争性环节，实行区域统一的市场准入负面清单制度，只要法律未禁止的，都应允许进入和经营，努力降低制度性的交易成本；努力营造公平合理、平等互利、统一规范的市场环境，打击各种违法经营活动，规范市场主体行为和市场竞争秩序，清理整顿对企业的乱收费、乱罚款和各种摊派；加强价格监管，禁止价格欺诈、价格操纵等行为；加强区域信用体系建设，以完善信贷、纳税、合同履约等信用记录为重点，推进区域社会信用信息交换共享，规范信用服务行业发展，开展联合监督管理，构建规范统一的"信用中部"。

在市场一体化过程中，中部的六大主圈（群）首先应分别做好各自圈（群）内的一体化发展。如"1+8"武汉城市圈早在2006年就全力推进金融市场一体化，以武汉为中心的电子支付系统当年就在城市圈内全面开通；中国人民银行武汉分行举办金融支持武汉城市圈一体化发展主题活动，在完善金融机构体系、整合产权交易市场、规范专业中介机构、加快金融电子化等方面提出具体目标与要求。"1+8"武汉城市圈商品市场融合也十分活跃，武汉市的龙头商企武商、中百、中商三大集团在圈内其他8个城市已发展数十个超市连锁经营网点和大型百货购物中心。"1+8"武汉城市圈互为客源市场的无障碍旅游区、人事政策对接和网络互联的人才一体化、劳动者平等就业的城乡一体化、信息网络互联互通的宽带骨干传输系统一体化等的正面效应已经开始显现。"1+8"武汉城市圈统一开放、竞争有序、服务周到、监管有力的市场体系已初具雏形。

2015 年 7 月 22 日，经国务院同意，中国人民银行会同国家发改委、科技部、财政部、知识产权局、银监会、证监会、保监会、国家外汇局等国家相关部委批复同意了湖北省上报的《武汉城市圈科技金融改革创新专项方案》，"1+8"武汉城市圈成为全国第一个科技金融改革创新试验区。"方案"的全面实施，对于推动"1+8"武汉城市圈内 9 个城市实行金融同城化管理、金融服务一体化，全面推进科技金融改革创新，促进经济转型升级和国家自主创新战略等具有十分重要的意义。"方案"明确了"1+8"武汉城市圈科技金融改革创新的八项重点任务，核心要素主要有两个：一是创新，包括政策上的创新，金融组织体系的创新、金融产品和服务的创新、金融市场的创新和管理方式的创新等；二是融合，包括科技与金融融合发展、区域的融合发展等，特别是"1+8"武汉城市圈各城市金融服务一体化和长江中游城市群金融合作等①。

中部地区的其他主圈（群）如"3+7"泛长株潭经济圈、中原城市群、环鄱阳湖生态经济圈、泛皖江经济圈、太原经济圈等，也都应首先实现圈（群）内的市场一体化。在此基础上，中部 9 个经济副圈（群）比照主圈（群）的做法，实现副圈（群）市场的一体化。之后各省的主圈（群）与副圈（群）之间进行协调和调整，实现各省域范围内的市场一体化。中部各省实现市场一体化之后，由中部的"两纵三横五主带"相联结，通过五大经济带的传动实现中部各省之间的市场一体化，最终中部六省融为一体，消除各种障碍，实现中部地区市场的一体化。

## （三）实施区域基础设施一体化

基础设施一体化是区域一体化的物质基础和支撑条件，只有具备完备的基础设施，要素在区域内或区域间的自由流动才有物质载体，才能减少信息的阻塞。基础设施的一体化还有助于弱化行政管理界限，减少市场阻碍。目前我国基础设施一体化做得较好的区域是长三角地区和珠三角地区。

长三角地区城际轨道交通网统一规划，分期建设，逐步投入运营。2012 年

---

① 林建伟，徐冰.2015-08-06. 央行等 9 部委发布《武汉城市圈科技金融改革创新专项方案》. 湖北日报.

前已建成南京-镇江-常州-无锡-苏州-上海城际轨道交通线和上海-嘉兴-杭州城际轨道交通线，构筑长三角地区城际轨道交通网的主轴；2013年，长三角地区迎来了宁杭城际铁路和杭甬高铁两条重点线路的开通运营；2015年，长三角地区新开通宁安城际铁路和新金丽温铁路。根据长三角地区城镇间的客流需求和轨道交通网规划，到2017年，长三角地区将有18条城际轨道交通线路开工建设，总里程近2958.54千米，形成以上海为中心，沪宁、沪杭（甬）为两翼的城际轨道交通主构架，覆盖区内主要城市，主要技术装备达到国际先进水平，基本形成以上海、南京、杭州为中心的1~2小时都市圈①。

珠三角地区的轨道交通网络建设正全面铺开，规划建成16条线路长度1430千米，形成"三环八射"的路网格局。届时，珠三角城际轨道交通网不仅将大大缓解珠三角9个城市和清远市的交通拥堵压力，而且会将珠三角城市融合为一个超级"大社区"，优化资源配置，实现经济均衡发展。同时还会打造出珠三角"9+1"城市"一小时生活圈"。到2020年，建成后的珠三角城际轨道交通网络（含高铁）将达到3800千米左右，形成以广州、深圳、珠海为主要枢纽，覆盖区域内主要城镇，便捷、快速、安全、高效的城际轨道交通网络，交通密度和辐射力将有望赶上伦敦都市圈的水平②。

中部地区基础设施的一体化建设，应在中部地区理事会的领导下，统一规划实施。中部地区是我国的综合交通通信枢纽，基础设施建设有一定的基础。公路、铁路密布，如蛛网般把中部连成一片。中部地区的各大城市都有大型机场与区内外、国内外通航往来。长江黄金水道横贯中部地区，联东通西。武汉、郑州是全国的综合交通枢纽中心，尤其是武汉的全国性枢纽地位更为明显。目前以武汉为中心，形成三大高速铁路交通圈：连接上海、北京、广州、成都、西安、南昌的"米"字形高速客运网络；武汉与中部地区主要城市2小时到达铁路交通圈；中部到环渤海、长三角、珠三角、成渝等全国重要经济区域3~4小时到达的快速客运交通圈。在货运方面，将建成武汉至全国东西南北各方向的大能力区际货运通道和通达世界各地的双层集装箱国际联运通道。

中部地区的高速公路发展较快，基本形成了区域内部通达、四方纵横延伸、网状放射发展、东西南北联通的高速公路网络。中部地区高速公路通车里程从1995年的535千米增加到2014年的29 695千米，占全国总量的26.52%，其中河南的高速公路通车里程居全国第三位。南北向的京港澳、济广、大广、二广、

---

① 李改革. 2016-07-28. 2016-2017年长三角地区新增开工18条城际轨道交通线路. http://www.rail-transit. com.

② 曾勇. 2012-11-13. 珠三角城际轨道交通网络建设提速，打造"9+1"城市"一小时生活圈". http://www. people. cn.

京台等全国性的高速公路干线均纵穿中部地区；东西向的连霍、宁洛、沪陕、沪蓉、沪渝、杭瑞、沪昆、福银等国家高速公路干线均横贯中部地区。中部地区应在国家规划的统筹指导下，进一步加强高速公路的"外连内通"，构建中部与东部、西部区域接轨、中部各省相互沟通的高速公路大通道，建成各省之间半日到达、各区域间当日到达的密织高速交通网。中部地区要畅通所有高速公路线路，减少高速公路的收费站，实行"一卡通"到达，实行电子收费系统，减少阻碍，提高通达效率。中部地区要提高国道的等级和维护水平，减少国道的收费站点，应把公路建成准公共产品，加强中部各城市间的城际交通系统的建设，实现城际的快速通达。

中部地区基础设施比较欠缺的是航空和水路的建设。中部地区应按"一极五次极"或"一主五副"的战略思路，充分发挥武汉与北京、青岛、上海、广州、深圳、香港、澳门、厦门、台湾、南宁、贵阳、成都、重庆、西安、兰州、呼和浩特、银川等超大城市、特大城市、重要城市的距离均约 1100 千米左右的地域优势，把武汉建成全国性的航空交通枢纽，乃至国际性的航空大港；加快建设长沙、郑州、南昌、合肥、太原五大国际空港；进一步提高和完善中部各省现有的地方性大型机场通航能力和运输能力，完善其设施，提高其功能；加强地方性新机场的建设，加强区域内支线航班的建设，形成内外结合、四通八达的航空交通网络体系。

万里长江横贯中国东中西部，连接沿海和广袤内陆，水量大、航道深、不结冰、水面宽阔，极具航运价值。"长江是货运量位居全球内河第一的黄金水道，长江通道是我国国土空间开发最重要的东西轴线，在区域发展总体格局中具有重要战略地位。"① 长江水运具有成本低、能耗小、安全性高、污染少、效能高等特点，是符合低碳、绿色、可持续发展要求的运输方式。中部地区应加强以长江干线为主的水运体系的建设，清理长江干线航道，建议重建南京长江大桥，使万吨船舶从上海长驱直达武汉，发挥长江"黄金水道"江海直达的优势，提高运输能力；长江中游的湖北、湖南、安徽、江西四省，要加强沿长江干流沿线港口，如武汉、宜昌、荆州、岳阳、黄石、九江、安庆、芜湖、马鞍山等港口建设，特别是加强中部水运枢纽——武汉港的建设，疏浚航道，拓宽码头，完善港口设施，提高港口的通航能力和服务保障能力，充分发挥长江黄金水道的水上运输功能。

中部地区要统筹建设区域供水、排水、供气、供电、通信、垃圾污水处理和区域性防洪排涝、治污工程等重大基础设施。加强能源网络建设，统一区域的能

---

① 国务院关于依托黄金水道推动长江经济带发展的指导意见（国发〔2014〕39 号）。

源使用；加强信息网络的建设，建设区域信息高速公路，共享信息设施；通过水、陆、空、管道的全面建设，打造中部地区现代化、立体式的综合交通枢纽，实现中部基础设施的一体化，为中部经济社会的发展打下坚实的物质基础。

在基础设施一体化方面，中部地区的长株潭城市群做得比较好。长株潭城市群现在已实现"五同"，即交通同环、电力同网、金融同城、信息同享、环境同治。长株潭城市群通信一体化升位成功并网，信息网络规划遵循"立足省情、适度超前、政府主导、市场牵引、讲求实效、突出重点、产用结合、促进发展"原则，充分发挥三市的地理优势、网络优势，以建设先进、适用、安全、规范的综合信息网络为目标，以信息资源开发利用为核心，以重大信息应用系统建设为突破口，努力提高信息产业在三市国内生产总值中的比重；逐步实现广播电视网网络设备和用户设备数字化、三市同城计算机网络互联互通和信息资源共享，重点建设 10 项信息应用系统和 9 类数据库，建设五大信息技术产品生产基地，初步建成长株潭全区域性高速信息网络；电力一体化已经按照适度超前的原则，建设长株潭电力网络；长株潭城际快速通道正式形成，两条主干道的通车，使长株和长潭之间的通行时间节省了 1/3，形成了半小时经济圈，时空的拉近把三市经济社会融合成一体化的整体。

## （四）实施区域产业布局一体化

由于产业发展缺乏统筹规划布局，中部地区产业的结构性矛盾日渐凸显：一是各自为政的产业发展格局没有根本性改变，以行政区划为特征的产业发展形态仍占主导地位，争资源、抢项目现象仍然大量存在，要素配置效率不高，资源浪费严重。二是产业布局比较分散，产业集聚效应不明显。第一产业落后，第二产业比重过大，现代服务业发展相对滞后，产业协同效应不强，整体竞争力不高。三是产业主要集中在价值链低端，产业结构趋同，同质化的竞争导致较低的经济效益。四是自主创新和技术研发能力不强。缺乏自主创新，产业技术水平较低，产品拓展市场的能力不强。五是污染比较严重，环境约束明显，产业缺乏可持续发展能力。

为解决上述问题，中部六省必须在中部地区理事会的领导下，实施产业的布局一体化发展，要根据中部各地的资源禀赋、比较优势和竞争优势等进行系统的一体化规划布局，强调目标明确，整合资源，协调分工，合作共赢，统筹发展。根据"极、核、圈（群）、带、面"的时空动态立体发展模式，中部地区的产业布局一体化发展，以"一极五次极，二十增长核，六主圈九副圈，两纵三横五主带，中部整体崛起"为战略性布局的总体思路，明确"一主五副"中心城市、经济核城市以及六大经济主圈（群）、九大副圈（群）、"两纵三横"五大经济带的产业发展定位，着重抓好"六圈五带"重点区域的支柱产业和战略性新兴产业的统筹布局发展，形成核心突出、支撑力强、辐射面广的区域产业布局一体化发展格局。实施资源整合与开放共享，加强产业横向错位融合、纵向分工协作，加快制造业与服务业、信息化和工业化、农业与非农产业相融合，实现区域产业协同发展和竞争力明显提升。实行统筹兼顾，局部利益服从整体利益，短期利益服从长远利益，统筹协调城市与乡镇、存量与增量、供给与需求、产业发展与环境保护之间的关系，推进中部地区的产业全面、协调、可持续发展。

在农业方面，中部地区的江汉平原、洞庭湖平原、鄱阳湖平原、黄淮平原、巢湖平原和汾河灌区等都是我国重要的农业生产基地，是水稻、小麦、棉花、玉米、油菜、芝麻、水产品及茶叶、香菇、蔬菜、瓜果等特色农产品的重要产区。中部六省应在中部地区理事会的统筹协调下，对这六大农业生产区域进行统一规划布局，确定各个生产区域的重点生产的农作物、水产品及特色农产品，要集中连片，形成生产基地，实现机械化、现代化、专业化的生产，提高产量，提高农产品的生产质量，提高农业生产效益。加强农产品交易市场的建设，大力发展农产品期货交易，把武汉建成全国稻谷、水产品、茶叶、中药材、水果、干果、蔬菜等农产品的交易中心，建立大型交易市场。把郑州建成全国小麦、棉花、白糖、菜籽油、绿豆等农产品的交易中心，解决农民卖难问题，增加农民收入，使农民既增产又增收，减少农产品加工企业收益的波动和面临的风险。提升农业产业化的水平，加强农产品加工业的发展，实行"企业+基地+农户+订单+市场"的产业化发展模式，创造农产品加工品牌，扩大市场占有率，促进农业发展，带动农民致富。

在工业方面，应在中部地区理事会的统筹规划下，对中部地区的支柱产业，如煤炭、钢铁、汽车、有色金属、装备制造、建材等进行统筹规划布局，兼并重组，淘汰落后剩余产能，节能减排，保护环境。破除地方保护，允许有条件的企业在区域内无障碍地进行兼并重组，壮大发展，提高规模和效益。充分发挥武汉、长沙、郑州、合肥、南昌、太原等"一主五副"中心城市的科教资源优势，以现有的24个国家级、30个省级高新技术产业开发区为基础，大力支持发展产业化前景明朗、具有市场潜力的战略性新兴产业，如新一代信息技术、新能源汽车、高端装备制造、光电子、节能环保、生物医药、新能源、新材料等，既重视各地的资源禀赋与比较优势，更加重视其竞争优势，统筹规划，而不能一哄而上。利用当前劳动密集型产业正由东部向中西部梯度转移的难得契机，大力布局发展以农产品精深加工为重点的食品、轻纺、服装等制造业，特别是食品、饮料、卷烟、纺织、服装、塑料、医药、家电等劳动密集型产业，提高产品的技术与价值含量。加快传统工业的技术创新，用新一代信息化技术等各种高新技术改造传统产业，实施重大技术改造升级工程，推进信息技术与制造技术的深度融合，大力开发绿色、低碳技术，发展循环经济，提高新型工业化水平。

在第三产业方面，应在中部地区理事会的统筹规划下，以优化结构、拓展领域、扩大总量、提高层次为重点，以开拓市场、提供服务、扩大消费为中心，以市场化、产业化、社会化、现代化为方向，在继续搞好商品流通、餐饮娱乐、交通运输、邮电通信、房地产、仓储服务、旅游观光等传统产业升级换代的同时，放开生产性服务业投资领域，加速市场化进程，大力发展以资本服务、会计服务、信息服务、经营服务、技术研发、人力资源、法律服务等七大类为代表的知识密集型生产性服务业。充分利用中部地区发达的水陆空交通网络和得"中"独厚的区位，特别是武汉、长沙、郑州、合肥、南昌、太原等"一主五副"中心城市承东启西、连南接北的区位优势和交通枢纽，加快规划布局电子商务、现代物流产业的快速发展。大力整合中部地区独具特色的旅游优势资源，协调规划构建以六大省会城市为"极"，以"二十增长核"城市为支点，以重点旅游城市为节点的一体化的旅游网络体系和旅游产业发展联盟，联手打造中部旅游黄金线路和旅游文化经济圈，推出特色旅游产品，提升旅游服务质量，合作拓展国内国外市场，推动旅游产业的快速发展。

中部地区的产业布局一体化发展，要在中部地区理事会的统一领导和协调下，鼓励产业发展机制创新，实现区域内经济要素无障碍流动，产业资源自由配置，打破现有的产业分割格局，建立利益协调和保障机制，破除行政和市场壁垒，构建统一开放、竞争有序、充满活力的市场环境，为产业布局一体化发展提供制度保障。鼓励优势产业跨行政区划空间集聚，提高自主创新能力，培育出一批具有较强竞争力的企业和优势产业集群。围绕大企业、大项目来形成基于产业链的专业化分工和产业化协作体系，增强上下游产业配套能力，形成各中心城市、经济核城市、各经济圈（群）、主副经济带之间的产业整体融合、错位关联、互补互促、合理竞争、共生共荣的产业一体化发展格局。

### （五）实施区域城乡发展一体化

区域城乡发展一体化就是要把工业与农业、城市与乡村、城镇居民与农村居民作为一个整体，统筹谋划、综合研究，通过体制改革和政策调整，促进城乡在规划建设、产业发展、市场信息、政策措施、生态环境保护、社会事业发展等方面的一体化，改变长期形成的城乡二元经济结构，实现城乡在政策上的平等、产业发展上的互补、国民待遇上的一致，让农民享受到与城镇居民同样的文明和实惠,使整个城乡的经济社会实现全面、协调、可持续发展。

中部的城乡发展一体化要在中部地区理事会的领导下,从新型工业化、信息化、城镇化、农业现代化同步发展的战略思路来规划实施。无农不稳,无工不富,没有工业难以致富,中部地区必须在其广大的县域大力推进新型工业化。可以在"一极五次极"或"一主五副"中心城市和"二十增长核"城市引领、带动和辐射下,县(市)、乡镇承接城市产业的转移,打破二元经济结构,推动县(市)、乡镇等县域经济的快速发展。中部地区县域经济的发展应以民营资本为主,根据资源禀赋和各种优势条件,扶持各类民营企业发展特色产业,开发特色产品,提高企业效益,以特色优势来保证县域经济的健康成长和壮大。县(市)、乡镇由于资源有限,可以把有限的资源集中起来,大力建设工业园区,吸引企业入驻,给企业创造良好的生产经营环境,提高企业和工业园区的竞争实力。要大力发展劳动密集型产业,尤其是完善中小企业的配套发展,提高新型工业化的水平。对县(市)、乡镇范围的工业化发展,不可片面地、无条件地强调发展新兴产业和高技术产业,或过多、过早地用资本密集型企业代替劳动密集型企业,以免阻碍县(市)、乡镇的劳动力从第一产业向二三产业的梯度转移。

县域工业化的发展,必然会促进人才和劳动力的集聚,因此中部地区应大力发展中小城镇,以城带乡,以城促乡,以工业化、城镇化的发展来有效融合城乡的一体化发展。中小城镇的发展能够有效地吸纳农村富余劳动力,给工业发展提供人力资源,同时增加农民收入,带动县域经济的发展。在县域范围要加强农村土地流转管理,实行土地集约使用,把农民集中起来居住,逐渐向城市化发展,离土不离村,离土不离乡。通过大力发展劳动密集型产业,以吸引更多的人口进入中小城镇定居,以充实中小城镇的内容和实力。中小城镇应承接中心城市和经济增长核城市的产业转移,大力发展第三产业和服务业,如发展都市观光农业、建设中心城市和经济增长核城市的后花园、建设大城市的宜居中心等,为中心城市乃至整个城市圈(群)服务,从而提高城镇化的水平。

中部地区要实行覆盖县(市)、乡镇的医疗保险和养老保险,提供统一的社会保障,以使农民在中小城镇里住得起、住得好。对位于城市群地区和大城市周边的中小城镇,鼓励经济发展和集聚人口,分担中心城市和大城市的功能;对拥有特定的不可替代资源的中小城镇,鼓励依托优势资源朝特色鲜明、功能独特、环境优美的方向发展;对位于农产品主产区和重点生态功能区的中小城镇,支持其健全公共服务职能,以吸引农村人口进入城镇定居。

中部地区县域范围广大,应加强农业现代化的发展,以工促农,以工哺农。根据党的"十八大"提出的"确保到2020年全面建成小康社会"的目标要求,国家应调整国民收入分配，逐步增加对中部、西部和广大农村的转移支付，增加农村居民的收入。建立公平合理的农村义务教育体制，积极探索农村医疗和基本社会保障制度的创新问题，建立农村社会保障体系。应稳妥有序地改革户籍管理制度，逐渐解决在城镇就业的农村人口进城定居落户的问题，积极推进城镇农村人口待遇市民化，使其在就业、教育、住房和社会保障等方面，享有与本地户籍市民相同的待遇。

中部六省应在中部地区理事会的统一领导和协调下，改革流动人口管理制度，促使流动人口融入到城市中去。可以实行居住证制度，对于流动人口最基础的需求，如租房、基本医疗服务、义务教育等，在取得居住证的同时就应及时到位；对于福利性的需求，如低保、救助、政府保障性住房、户籍等，可以在居住证使用一定时期后准时到位。逐步完善流动人口的社会保障制度，优先建立健全农民工的工伤保险、基本医疗保险和养老保险制度，并完善全国社会保险关系的转续制度，逐步消除人口流动障碍，实现"农村人口城市化，外来人口本地化"。

### （六）区域一体化统筹发展的时空进程

根据科学发展观的指导思想，牢固树立和贯彻落实创新、协调、绿色、开放、共享的发展理念，依据经济发展场论的时空动态立体发展模式，中部的区域一体化统筹发展可以从时空两方面来考察。从空间结构来看，应该表现为"极、核、圈（群）、带、面"5个层次的立体性；从时间长度来看，应该服从人类生命周期规律和人类活动周期规律的制约。所以中部的区域一体化统筹发展是空间和时间的函数，是时空动态变化综合作用的结果。我们认为中部的区域一体化时空动态立体发展，直至全面崛起，预计需要区域统筹、区域融合、区域一体、区域发展4个阶段共计60年的时间，时间跨度为2021~2080年。

第一阶段区域统筹。就是打破中部区域内各地方行政区划界限，主要通过区域范围强有力的立法立规，建立中部地区理事会和相应的下设理事会，以便统一中部区域内的行政管理，消除行政分割、各自为政的现象；在中部地区理事会的领导下，消除中部区域内的市场壁垒，允许经济要素自由流动，建立统一、开放、有序竞争的中部区域大市场体系；完善中部地区的基础设施，实现基础设施的共享，建立中部地区现代化的、立体式的综合交通通信网络，加强区域内外的交流和沟通。区域统筹阶段，规划以10年时间实施中部区域发展改革一体化、市场一体化和基础设施一体化。

第二阶段区域融合。在中部地区理事会的领导下，明确"一极五次极"中心城市、"二十增长核"城市、"六主圈（群）九副圈（群）"、"两纵三横五主带"的产业发展定位，实施资源整合与开放共享，加强产业横向错位融合、纵向分工协作，加快制造业与服务业、信息化和工业化、农业与非农产业的深度融合，根据各地的资源禀赋、比较优势和竞争优势等进行系统的一体化的产业规划布局。区域融合阶段，规划以 10 年时间实施中部区域产业布局一体化。

第三阶段区域一体。在中部地区理事会的领导下，从新型工业化、信息化、城镇化、农业现代化同步发展的战略思路出发，把工业与农业、城市与乡村、城镇居民与农村居民作为一个整体，来统筹谋划、综合研究，通过体制改革和政策调整，促进城乡在规划建设、产业发展、市场信息、政策措施、生态环境保护、社会事业发展等方面的一体化发展，改变长期形成的城乡二元经济结构。区域一体阶段，规划以 10 年时间实施中部区域城乡发展一体化。

第四阶段区域发展。在中部地区理事会的领导下，中部区域各个方面的一体化发展不断巩固、提高，并完全融为一体；中部地区一体化发展的内容不断充实，一体化发展的水平不断提升，消除各种障碍，产业与经济得到质的飞跃和提高，最终实现中部地区的整体崛起和繁荣。区域发展阶段，规划以 30 年时间实施中部地区名副其实的整体崛起。

中部区域一体化统筹发展的时空进程，如表 9-1 所示。

**表 9-1　中部区域一体化统筹发展时空进程表**

| 一体化阶段 | 一体化目标 | 一体化核心内容 | 一体化效果 |
| --- | --- | --- | --- |
| 第一阶段：区域统筹<br>10 年时间，2021 ~ 2030 年 | 发展改革一体化<br>市场一体化<br>基础设施一体化 | 建立中部地区理事会及其下设理事会，制定中部地区一体化的法律和法规，以确保中部地区理事会的合法性和约束力；建立统一、开放、有序竞争的中部地区大市场体系，各经济要素自由流动；建立中部地区现代化的、立体式的、网络状的综合交通通信枢纽 | 建立无内部边界的行政空间，实行上令下行的、无障碍的、统一的发展与改革体系，促使区域内各方面的协调和配合；打破地方保护，打破区域内的市场壁垒，整个市场畅通无阻；形成中部地区一体化的交通通信网络，建立联结东部、西部的综合交通通信枢纽 |
| 第二阶段：区域融合<br>10 年时间，2031 ~ 2040 年 | 产业布局一体化 | 明确"一极五次极"中心城市、"二十增长核"城市、"六主圈（群）九副圈（群）"、"两纵三横五主带"的产业发展定位，根据各地的资源禀赋、比较优势和竞争优势等进行系统的一体化的产业规划布局 | 形成各中心城市、经济核城市、各经济圈（群）、主副经济带之间的产业整体融合、错位关联、互补互促、合理竞争、共生共荣的产业一体化发展格局 |

| 一体化阶段 | 一体化目标 | 一体化核心内容 | 一体化效果 |
|---|---|---|---|
| 第三阶段：区域一体<br>10 年时间，2041～2050 年 | 城乡发展一体化 | 从新型工业化、信息化、城镇化、农业现代化同步发展的战略思路出发，通过体制改革和政策调整，把工业与农业、城市与乡村、城镇居民与农村居民作为一个整体，来统筹规划城乡发展一体化 | 改变长期形成的城乡二元经济结构，实现城乡在政策上的平等、产业发展上的互补、国民待遇上的一致，促进新型工业化、信息化、城镇化、农业现代化的一体化发展 |
| 第四阶段：区域发展<br>30 年时间，2051～2080 年 | 中部地区整体崛起 | 一体化内容不断充实，一体化水平不断提高，各方面的发展完全融为一体，整体发展取得质的飞跃，形成一个强大的区域经济体 | 产业与经济社会发展取得质的飞跃和提高，中部地区位列全国区域经济板块发展的前列，实现中部地区全面的、整体的崛起和繁荣 |

第九章　中部地区产业优化发展建议

# 参 考 文 献

白永秀，赵勇．2011. 中国城市化发展模式转型：由"被动城市化"到"主动城市化"．领导之友，(9)．

蔡昉．2009. 中国"三农"政策的 60 年经验与教训．广东社会科学，(6)．

曹广忠，部晓雯，刘涛．2011. 都市区与非都市区的城镇用地增长特征：以长三角地区为例．人文地理，(5)．

曹广忠，刘涛．2010. 中国省区城镇化的核心驱动力演变与过程模型．中国软科学，(9)．

陈栋生．2007. 区域协调发展和区域发展总体战略．浙江经济，(10)．

陈建军，黄洁．2008. 集聚视角下中国的产业、城市和区域：国内空间经济学最新进展综述．浙江大学学报（人文社会科学版），(4)．

陈黎，徐梦洁，侯为义，等．2010. 长江三角洲城市群空间结构的分形特征研究．江西农业大学学报（社会科学版），(12)．

陈明星，陆大道，刘慧．2010. 中国城市化与经济发展水平关系的省际格局．地理学报，(12)．

陈群元，喻定权．2009. 我国城市群发展的阶段划分，特征与开发模式．现代城市研究，(2)．

程恩富．2013. 习近平的十大经济战略思想．人民论坛，(34)．

杜为公，钟新桥．2010. 高级经济学理论研究．武汉：湖北人民出版社．

杜为公，钟新桥．2014. 西方粮食经济理论新发展研究．武汉：湖北人民出版社．

杜为公，钟新桥．2015. 湖北饲料用粮安全评估研究．武汉：湖北人民出版社．

方创琳，宋吉涛，蔺雪芹．2010. 中国城市群可持续发展理论与实践．北京：科学出版社．

方创琳，姚士谋，刘盛和，等．2011. 中国城市群发展报告．北京：科学出版社．

方创琳．2009. 城市群空间范围识别标准的研究进展与基本判断．城市规划学刊，(3)．

方创琳．2011. 中国城市群形成发育的新格局与新趋向．地理科学，(9)．

高丽娜，蒋伏心．2010. 空间经济学与区域经济学的分异与融合．南京师大学报（社会科学版），(6)．

顾朝林，等．2007. 全球化与日本城市化的新动向．国际城市规划，(1)．

国家统计局，国家发展和改革委员会．2015. 工业企业科技活动统计年鉴2015. 北京：中国统计出版社．

国家统计局国民经济综合统计司，国家统计局农村社会经济调查司．2015. 中国区域经济统计年鉴2014. 北京：中国统计出版社．

国家统计局国民经济综合统计司．1999. 新中国五十年统计资料汇编．北京：中国统计出版社．

国家统计局国民经济综合统计司．2010. 新中国六十年统计资料汇编．北京：中国统计出版社．

国家统计局能源统计司．2015. 中国能源统计年鉴2014. 北京：中国统计出版社．

国家统计局人口和就业统计司．2014. 中国人口和就业统计年鉴2014. 北京：中国统计出版社．

国家统计局社会科技和文化产业统计司，中宣部文化体制改革和发展办公室．2015. 中国文化及相关产业统计年鉴 2015. 北京：中国统计出版社.

国务院第三次全国经济普查领导小组办公室. 2013. 中国经济普查年鉴北京：中国统计出版社.

胡树华. 2007-12-15. 实施中部区域创新工程，推动中部五省联动发展. http：//www. central-inno. cn ［2007-12-15］.

纪宝成. 2008. 中国经济发展研究报告 2008. 北京：中国人民大学出版社.

李力行. 2010. 中国的城市化水平：现状、挑战和应对. 浙江社会科学，(12).

李练军，曹小霞. 2008. 中部地区经济发展现状、优势与战略研究. 生产力研究，(11).

李仁安，申家峰. 2007. 中部地区城市群城市竞争力评价研究. 武汉理工大学学报，(8).

李仁贵. 2005. 西方区域发展理论的主要流派及其演进. 经济评论，(6).

李永禄，龙茂发. 2002. 中国产业经济研究. 重庆：西南财经大学出版社.

连玉明. 2010. 中国城市"十二五"核心问题研究报告. 北京：中国时代经济出版社.

连玉明. 2011. 中国国力报告（2010～2011）. 北京：中国时代经济出版社.

梁昊光. 2013. 中国区域经济发展报告（2012～2013）. 北京：社会科学文献出版社.

梁昊光. 2015. 中国区域经济发展报告（2014～2015）. 北京：社会科学文献出版社.

刘乃全，郑秀君，贾彦利. 2005. 中国区域发展战略政策演变及整体效应研究. 财经研究，(1).

刘晴，郑基超. 2007. 中部地区利用外资的现状、问题及对策. 华东经济管理，(5).

刘士林. 2013. 中国城市群发展指数报告（2013）. 北京：社会科学文献出版社.

刘耀驰，高栗，等. 2010. 湘江重金属污染现状、污染原因分析与对策探讨. 环境保护科学，(4).

刘勇. 2011. 中国城镇化发展的历程、问题和趋势. 经济与管理研究，(3).

陆大道. 2002. 关于"点—轴"空间结构系统的形成机理分析. 地理科学，(1).

孟可强，陆铭. 2011. 中国的三大都市圈：辐射范围及差异. 南方经济，(2).

孟祥林. 2008. 核心城市与腹地间的关系：以京沪为例的经济学分析. 城市发展研究，(2).

彭荣胜. 2005. 中部崛起"龙头"之争及国家区域政策选择. 科技进步与对策，(11).

秦尊文. 2010 论长江中游城市群的构建. 江汉论坛，(12).

石贤光. 2007. 基于引力模型的中原城市群空间范围界定. 现代经济（现代物业下半月刊），(10).

苏东水. 2002. 产业经济学. 北京：高等教育出版社.

孙翠兰. 2008. 区域经济学教程. 北京：北京大学出版社.

孙久文，邓慧慧，叶振宇. 2008. 京津冀区域经济一体化及其合作途径探讨. 首都经济贸易大学学报，(2).

唐茂华. 2011. 城市化演进的多元形式及其借鉴：基于历史和跨国视角. 学习与实践，(1).

王德利. 2013. 首都经济圈发展战略研究. 北京：中国经济出版社.

王红霞. 2006. 城市群的发展与区域合作：城市与区域合作发展研究热点综述. 上海经济研究，(12).

王丽，邓羽. 2013. 城市群的界定与识别研究. 地理学报，(8).

王裙，周均清．2009．基于多核模型的城市群空间结构演变研究：以武汉城市群为例．华中科技大学学报（城市科学版），（3）．

王慎行．2011．城市化发展模式及启示．改革与发展，（11）．

王小鲁．2010．中国城市化路径与城市规模的经济学分析．经济研究，（10）．

魏后凯，蒋媛媛．2009．长江流域地区开发规划：现状与展望．学习与实践，（11）．

吴凯，卢布，袁璋．2006．中国三大区域农业经济结构的现状及其未来走向．中国农学通报，（4）．

吴垠．2010．中国城市化道路的检视与思考：后工业化经济试验区的前瞻性探索．中国工业经济，（10）．

祥金吉，魏守华，刘小静．2011．产业同构背景下长三角产业一体化发展研究．现代城市研究，（2）．

辛晓梅．2005．区域发展战略与规划．合肥：中国科学技术大学出版社．

许学强，周一星，宁越敏．2009．城市地理学．北京：高等教育出版社．

姚士谋，陈振光．2006．我国城市群区空间规划的新认识．三江论坛，（10）．

殷广卫，薄文广．2011．基于县级城市的城乡一体化是我国城市化道路的一种政策选择．中国软科学，（8）．

曾鹏，黄图毅，网菲菲．2011．中国十大城市群空间结构特征比较研究．经济地理，（4）．

张广，威赵曦．2011．论新型二元经济战略下中国特色城市化发展的制度安排．武汉大学学报（哲学社会科学版），（5）．

张伟，马彦琳．2011．国外城市集群发展动力研究述评．城市问题，（8）．

张学良．2013．中国区域经济发展报告（2013）．北京：人民出版社．

张亚斌，黄吉林，曾铮．2006．城市群"圈层"经济与产业结构升级：基于经济地理学理论视角的分析．中国工业经济，（12）．

赵憬，党兴华，王修来．2009．城市群空间结构的演变：来自中国西部地区的经验证据．经济评论，（4）．

赵瑞霞，胡黎明，刘友金．2011．基于Logistic模型的城市群空间结构模式研究．统计与决策，（3）．

郑秉文．2011．拉美城市化的教训与中国城市化的问题："过度城市化"与"浅度城市化"的比较．国外理论动态，（7）．

郑春勇．2011．论地方政府合作与区域空间结构的协同演化：以珠江三角洲城市群为例．广东商学院学报，（3）．

钟新桥．2004a．湖北农业发展的现状与问题分析．科技创业月刊，（9）．

钟新桥．2004b．我国中部地区产业结构布局现状与调整战略研究．上海经济研究，（11）．

钟新桥．2004c．中部地区资源禀赋和要素成本的比较优势研究．统计与决策，（9）．

钟新桥．2005a．中部地区产业结构布局现状与调整战略研究．经济问题探索，（2）．

钟新桥．2005b．中部地区经济发展分析及对策研究．经济问题探索，（11）．

钟新桥．2008a．湖北县域经济发展分析与对策建议．武汉工业学院学报，（4）．

钟新桥．2008-07-22b．以不平衡发展破解发展不平衡．湖北日报，5．

钟新桥．2009a. 河南产业结构发展分析．科技创业月刊，(11)．

钟新桥．2009b. 河南产业结构调整战略研究．科技创业月刊，(12)．

钟新桥．2009c. 湖北产业结构发展分析与调整战略研究．武汉工业学院学报，(2)．

钟新桥．2009d. 湖北产业与县域经济发展研究．武汉：湖北人民出版社．

钟新桥．2009e. 以经济强县建设带动湖北县域经济发展．科技创业月刊，(3)．

钟新桥．2010a. 安徽产业结构发展分析．科技创业月刊，(1)．

钟新桥．2010b. 安徽产业结构调整战略研究．科技创业月刊，(2)．

钟新桥．2010c. 湖北产业战略性布局研究．武汉工业学院学报，(3)．

钟新桥．2010d. 湖南产业结构发展分析与调整战略研究．武汉工业学院学报，(1)．

钟新桥．2010e. 江西产业结构发展分析与调整战略研究．武汉工业学院学报，(2)．

钟新桥．2010f. 山西产业结构发展分析．科技创业月刊，(3)．

钟新桥．2010g. 山西产业结构调整战略研究．科技创业月刊，(4)．

钟新桥．2012. 中国中部地区产业布局与发展战略研究．武汉：武汉理工大学出版社．

钟新桥．2014. 湖北产业战略性布局与发展研究．北京：科学出版社．

钟新桥，杜为公．2010. 经济学前沿理论研究．武汉：湖北人民出版社．

钟新桥，杜为公．2014. 西方区域经济学新发展研究．武汉：湖北人民出版社．

朱俊成．2011 基于多中心与区域共生的长三角地区协调发展研究．中国人口资源与环境，(3)．

朱迅．2014. 让市场决定京津冀经济圈副中心．中国高新技术产业导报，2.

朱政，郑伯红，贺清云．2011. 珠三角城市群空间结构及影响研究．经济地理，(3)．

邹军．2005. 都市圈规划．北京：中国建筑工业出版社．

Akita T. 2003. Decomposing regional income inequality in China and Indonesia using two-stage nested Theil decomposition method. The Annals of Regional Science, (1).

Barham B, Boucher S. 1998. Migration, remittances, and inequality: Estimating the net effects of migration on income distribution. Journal of Development Economics, 55 (2).

Barro R J, Sala-I-Martin X. 1997. Technological diffusion, convergence, and growth. Journal of Economic Growth, (1).

Bilsborrow R E. 1992. Rural poverty, migration, and the environment in developing countries: Three case studies. https://core.ac.uk/download/pdf/6242853.pdf [2015-12-20].

Bilsborrow R E, Carr D L. 2001. Population, agricultural land use and the environment in developing countries//Lee D R, Barrett C B. Tradeoffs or synergies? Agricultural intensification, economic development and the environment. New York: CAB eBooks.

Bohringer C, Jochem P, 2006. Measuring the immeasurable: A survey of sustainability indices. Ecological Economics, 63 (1).

Bose G. 1996. Agrarian efficiency wages in a dual economy. Journal of Development Economics, (2).

Bourguignon F, Chiappori P A. 1992. Collective models of household behavior: An introduction. European Economic Review, (36).

Butcher K F, Card D. 1991. Immigration and wages: Evidence from the 1980s. Economic Impact of

Immigration, 81 (2).

Card D. 1990. The impact of the mariel boatlift on the Miami labor market. Industrial and Labor Relations Review, 43 (2).

Chau M, Fang X, Sheng O R L. 2007. What are people searching on government web sites. Communications of the ACM, 50 (4).

Cho D, Chang M H. 2000. From Adam Smith to Michael Poter, Evolution to Competiveness Theory. Singapore: World Scientific.

Cooke P, Urenga M G, Etxebarria G. 1998. Regional system ms of innovation: An evolutionary perspective. Environment and Planning A, (30).

Davidsson P, Honig B. 2003. The role of social and human capital among nascent entrepreneurs. Journal of Business, (3).

Edward B. 1999. Barbier, Endogenous growth and natural resource scarcity. Environmental and Resource Economics, (1).

Fujita Ma, Hu D. 2001. Regional disparity in China 1985 – 1994: The effects of globalization and economic liberalization. The Annals of Regional Science, (1).

Galanakis K. 2006. Innovation process: Make sense using systems thinking. Technovation, (11).

Giovannetti E. 1999. On the evolution of regional asymmetries. https://core.ac.uk/download/pdf/142132.pdf [2013-1-20]

He C. 2003. Location of foreign manufacturers in China: Agglomeration economies and country of origin effects. Papers in Regional Science, (3): 351-372.

He J. 2002. The regional concentration of China's interprovincial migration flows, 1982, 90. Population and Environment, (2).

Hofkes M W. 2001. Environmental policies. Environmental and Resource Economics, (1).

Legendijk A, Cornford J. 2000. Regional institutions and knowledge-tracking new forms of regional developmentpolicy. Gooforum, (31).

Martin L. 1999. Sequential Location Contest in the Presence of Agglomeration Economics. http://wenku.baidu.com/link?url=sbfLCt0KuDpUf2zfdFf4uFny3tm5LkOJwzcYRE8S6XtDLU5TqOnGbGpQT96tXoTr92v0VLnbbOmp5YzFBubKahGfKqdbNdceuWDaNG6oVJy [2015-12-20].

Martin P L, Huffman W, Emerson R, et al. 1995. Immigration Reform and U. S. Agriculture. http://ageconsearch.umn.edu/bitstream/131301/2/TaylorandMartin.pdf [2015-12-20].

Michael E. 1990. Competitive of Nations. Porter: The Free Press.

Petersen M, Rajan R G. 1995. The effect of credit market competition on lending relationships. The Quarterly Journal of Economics, (2).

Petersen M, Rajan R. 1994. The Benefits of lending relationships: Evidence from small business data. The Journal of Finance, (1).

Quah D T. 1997. Empirics for growth and distribution: Stratification, polarization, and convergence club. Journal of Economic Growth, (1).

Thompson P, Dinopoulos E. 1998. Schumpeterian growth without scale effects. Journal of Economic

Growth, (4).

Wang Z Q, Swain N J. 1995. The determinants of foreign direct investment in transforming economies: Empirical evidence from Hungary and China. Weltwirtschaftliches Archiv, (2).

Wei Y D. 2000. Investment and regional development in Post-Mao China. GeoJournal, (3).

Ying L. 2000. Measuring the spillover effects: Some Chinese evidence. Papers in Regional Science, (1).

Zhang Q, Wei Y, Chen Y, et al. 2007. Environmental damage costs from fossil electricity generation in China. Journal of Zhejiang University Science A, (11).

参
考
文
献

# 后　记

　　在多项国家级、省部级科研任务的完成和本书的写作过程中，我指导的硕士研究生范志雄、钟炎君、熊倩和蒋昊等同学，积极参与了大量的调查研究、资料收集与部分写作工作。在此，一并表示最衷心的感谢！

钟新桥

2016 年盛夏

于武汉金银湖畔